经济分析的行为逻辑丛书

经济分析的行为基础

现代经济学的硬核批判

朱富强◎著

中国社会科学出版社

图书在版编目（CIP）数据

经济分析的行为基础：现代经济学的硬核批判／朱富强著．—北京：
中国社会科学出版社，2020.5
（经济分析的行为逻辑丛书）
ISBN 978－7－5203－5941－2

Ⅰ.①经…　Ⅱ.①朱…　Ⅲ.①现代经济学—研究　Ⅳ.①F091.3

中国版本图书馆CIP数据核字（2020）第022800号

出 版 人　赵剑英
责任编辑　喻　苗
责任校对　胡新芳
责任印制　王　超

出　　版　中国社会科学出版社
社　　址　北京鼓楼西大街甲158号
邮　　编　100720
网　　址　http://www.csspw.cn
发 行 部　010－84083685
门 市 部　010－84029450
经　　销　新华书店及其他书店

印　　刷　北京明恒达印务有限公司
装　　订　廊坊市广阳区广增装订厂
版　　次　2020年5月第1版
印　　次　2020年5月第1次印刷

开　　本　710×1000　1/16
印　　张　31
插　　页　2
字　　数　493千字
定　　价　148.00元

如果对斯密的著作展开一种更广泛的和没有偏见的阅读和理解，自利行为的信奉者和鼓吹者是无法从他那里找到根据的。事实上，道德哲学教授和先驱经济学家并不是过着一种惊人的精神分裂症的生活。实际上，恰恰是现代经济学家把斯密关于人类行为的广泛观念狭隘化了，这可以被看作是现代经济理论的一个主要缺陷。经济学的这种贫困化是与经济学与伦理学的分离密切联系在一起的。

——阿马蒂亚·森

如果我们为他人所做的牺牲太多，就不免自暴自弃；如果我们过分地发展自己的人格，就不免自私自利。

——涂尔干

人类知识中最有用而又最不完备的就是关于人的知识。

——卢梭

目　　录

第一篇　经济人的演化逻辑及其历史背景

第二篇　经济人内涵及其分析范式的审视

第三篇　真实的人性及其行为机理的探索

第四篇　"为己利他"行为机理的特性解析

第五篇　经济人与"为己利他"机理的比较

导　言

在过去的近20年里，笔者对现代经济学思维和方法展开了系统审视，并由此形成了六大批判：数理逻辑批判、流行范式批判、研究定向批判、理论硬核批判、普适性批判和纯粹市场批判。进而，这六大批判大致对应了四套丛书的基本主题：数理逻辑批判和流行范式批判是对现代经济学方法论尤其是逻辑关系的反思，研究定向批判和理论硬核批判是对现代经济学的逻辑前提尤其是人性假设这一硬核的反思，普适性批判是对中国经济学范式的探索，纯粹市场批判则是对社会秩序扩展性的审视。其中，本丛书起步最早、跨度也最长，其他著作很大程度上可以看作是从这套丛书中分离出来的。因此，导言部分在介绍本书的研究架构和主要内容的同时，也对丛书的研究架构和重心做一简要说明。

一　丛书的研究架构和重心

为构建“极高明而道中庸”的学说体系，经济理论必须一方面来自人伦日用，另一方面又超越经验而上升到超验层次。显然，这就对理论的逻辑前提和逻辑关系提出这样两点要求：（1）经济行为主体不能还原为相互冷淡的原子个体，而是应该与人性发展保持历史的、逻辑的一致；（2）经济行为逻辑不能等同于物理或数的形式逻辑，而是要考虑具体社会关系下人的行为逻辑。同时，通过对逻辑关系和逻辑前提这两大维度的审视，我们也不难发现这样两点事实：（1）越是早期的经济理论，逻辑关系出错的可能性就越大；（2）越是数理化程度高的经济理论，逻辑前提出错的可能性就越大。尤其是，所有经济理论都是在特定时空下提出的，其假设前提往往具有历史局限性。因此，现实问题意识就要求注重对理论的逻辑前提进行反思。有鉴于此，本丛书努力跳出现代主流经济学常规范式的桎梏，从熟视无睹的社会现象中反思和审问既有理论，进而重新审视现代主流经济学的“假设的现实不相关性”命题，尤其集中审视现代主流经济学体系的理论硬核——经济人假设。

（一）本丛书的内容框架

任何学科都需要首先确定它的研究对象和内容，进而衍生出相应的研究方法。那么，经济学的研究对象是什么呢？根本上就在“人”。休谟说：“一切科学对于人性总是或多或少地有些关系，任何学科不论似乎与人性离得多远，它们总是会通过这样或那样的途径回到人性。即使数学、自然哲学和自然宗教，也都是在某种程度上依靠于人的科学；因为这些科学是在人类的认识范围之内，并且是根据他的能力和官能而被判断的”；“在我们的哲学研究中，我们可以希望借以获得成功的唯一途径……是直捣这些科学的首都或心脏，即人性本身；一旦被掌握了人性以后，我们在其他各方面就有希望轻而易举地取得胜利了。”[①] 进而，奥地利学派甚至将经济学等同于人类行为学，并集中探究人类计划以及源自这些计划的行为。

有鉴于此，经济学的根本议题就在于探究真实世界中的人类行为机理，考察具体社会关系中的人类互动方式，探析行为互动所衍生出的社会经济现象及其对人类社会发展的影响。这又需要转向社会制度的研究，通过完善游戏规则以及增进社会信任和伦理认同来引导社会行动，促使人们采取与社会整体利益相一致的行为方式。正是基于这一思路，本丛书致力于考察真实世界中的人性，从具体的人伦日用中提炼人类行为的一般机理——“为己利他”行为机理。显然，相对于经济人假设来说，“为己利他”行为机理体现出更为合理的人性假设，从而构成了本丛书的核心术语。正是基于“为己利他”行为机理，我们可以清晰地认识现实社会中人们何以无法合作、如何才能合作以及社会合作的形态等，由此可以对整个经济学研究方法和分析框架进行反思。

---

① 休谟：《人性论》（上册），关文运译，商务印书馆 1997 年版，第 6—7 页。

第一，社会科学理论所基于的假设前提往往会因特定的社会历史背景和个人知识结构而滋生出系统性的或非系统性的缺陷。具体而言，(1) 每个时代和社会都会面临不同的问题和环境，因而社会科学理论具有强烈的历史性和社会性；(2) 每个人的认知都会受制于特定的时代环境，因而社会科学理论所依赖的假设就应随着社会发展而不断修正。相应地，理论发展首先要根据社会历史环境变化对其假设前提尤其是核心假设进行完善。本丛书基于现实问题意识来引发对经济学体系所根基的经济人假设进行解剖。

第二，核心假设的确定和修正并非先验或臆想的，应该遵循一些基本要求。这包括两大具体方面：(1) 充分借鉴奥卡姆剃刀原则，将原来过多的假设条件逐渐删去，使得相关理论能够经受得起波普尔证伪主义的检验；(2) 社会科学在应用奥卡姆剃刀原则时尤其需要注意假设抽象化的限度，防止理论与现实发生明显背离，无限度的抽象实际上也会使理论丧失经受波普尔意义上的证伪特性。相应地，对人类行为的合理抽象应该兼顾嵌入在人性中的双重内容。本丛书基于这一原则来修正经济学的人性假设。

第三，经济人假设的问题在于，它仅仅体现了人性中的动物性本能，而没有反映人类特有的亲社会性；进而，它只是体现了孤立状态下的工具理性，而没有反映社会关系中的交往理性。相应地，经济人分析范式主要适用于工程学领域，适用于分析孤立的个体行为，而难以解释和解决社会合作行为。相反，通过契合基于动物性的本能诉求和基于亲社会性的手段选择，就可以获得“为己利他”行为机理，这是对人性所做的更为合理而可行的抽象。本丛书基于“为己利他”行为机理来解析真实世界中的社会互动。

第四，经济人假设和“为己利他”行为机理在人类社会中往往会内化为人的偏好以及凝结成社会规范，由此而孕育出不同特质的文化和文明。其中，根基于工具理性的经济人行为与强烈的个人主义文化相通，由此导向物质文明的偏盛和武力争夺的兴起；相反，嵌入价值理性的“为己利他”行为机理将带来浓郁的集体主义文化，由此孕育出对社会和谐和精神文明的关注。显然，这两大取向充分体现在中、西方社会中，从而形塑出特质相异的两大文明。本丛书基于“为己利他”行为机理来探究文明的合作性本质及其异变。

实际上，林毅夫倡导的新结构经济学致力于研究一个经济体（可以是一个国家也可以是一个地区）的经济结构和其转型的决定因素和影响，但使用的却是现代主流的新古典经济学所构建的理性经济人分析方法。问题是：人的理性及其行为本身是否具有结构性？进而可以做这样的延伸思考：经济结构究竟是如何形成的？发达国家经济是否存在结构性？结构性是否市场经济的一般特征？自由市场经济的结构是如何形成的？不同社会形态的经济结构会有何差异？理性经济人能否为结构经济夯实微观基础？显然，这一方面需要借鉴社会学中的结构主义分析，需要从市场结构、人口结构、社会阶层、社会组织以及法律制度等方面来探究人的行为，由此深入个体意识和主体间意义背后的社会根源；另一方面则需要深入辨识现实世界中的人类理性内涵和特征，而不能设定一个先验的假设并由此做抽象的推导而获得对社会的论断。根本上说，社会经济现象是人类行为及其互动所衍生的，经济学也就必须关注“人”，必须探究具体社会关系中的人性及其行为方式。

这套丛书指出，现实世界中的人类理性包含了三大内容：认知力、意志力和亲社会性。显然，这三大内容在不同个体身上的量度和比重往往存在很大差异，由此就决定了人类的个体理性呈现出结构性，进而导致人类的行为方式也表现出明显的差序性，由此塑造出各种社会经济形态。进而，通过对真实世界中人性及其行为机理的探索和梳理，本书还提炼出了人类行为的一般机理：为己利他，由此也就可以确立对具体社会关系中人类行为的分析框架。这种人性观和行为机理具有这样的双重意义：（1）它根植于中国传统文化中，由此可以更深入地认识中国社会经济现象，因而也就应该成为构建中国经济学范式的微观行为基础；（2）它也与亚里士多德、斯密等西方大哲的认知相通，并且已经为目前行为经济学的大量实验所证实，因而也就可以为现代经济学体系的优化和发展提供更为坚实的微观行为基础。

最后，要指出的是，任何流派之所以不同于其他流派，之所以有其自成一体或者更为完善的学说体系，根本上就在于它采用了不同于其他或以往的新的哲学思维，进而确立了新的分析方法和出发点。相应地，新结构经济学要为结构分析夯实逻辑基础、进而构建具有学理性的学术体系，也就需要有不同于新古典经济学的微观基础和分析框架。显然，基于人性结构（有限理性）和权力结构（人际相异性）的结合并由此展开具体问题的剖析，我们就可以揭示出所有现实社会经济的结构性，不仅包括新结构经济学集中剖析的转型经济国家和发展中国家，而且可以剖析自由市场经济中的结构问题；不仅可以揭示社会经济结构的成因，而且可以甄别各类结构形成的不同机理。从这个意义上说，新结构经济学要取得真正的发展和推广，也就应该将人性及其行为方式的结构性纳入研究框架，这就如庞巴维克将门格尔的边际思维从财货拓展到时间而形成迂回生产说、并由此大大推进了奥地利学派一样。

（二）本丛书的研究重心

本丛书侧重于从假设前提尤其是作为行为基础的经济人这一核心假设来审视现代主流经济学体系，它从具体的人伦日用中提炼人类行为的一般机理——“为己利他”行为机理，进而以此来对真实世界中的行为互动以及相应规范进行深入考察。这些研究内容分别体现在本丛书的不同专题中，这里做一简要介绍。

第一，《关注“人”的经济学：现代经济学的定向批判》。本书主要目的在于确立经济学科的本质特征、研究对象、研究内容以及相应的研究方法，进而对现代主流经济学的地位进行审视。为此，本书展开对经济学说史的系统梳理，并由此考察经济学科的演变轨迹及其相应的时代背景。一方面，集中于经济学研究内容和研究方法的演化轨迹：在内容上，主要考察边际革命引起的争论以及变革时的社会背景；在方法上，主要探究历史归纳和抽象演绎、原子主义和整体主义、同质化均衡和异质化演化的差异及其形成背景。另一方面，致力于对经济学应然面目的揭示，由此来深刻辨识经济学理论的抽象性：它是具有限度的抽象，并且要逐渐回归具体；进而，致力于沟通研究内容与研究方法之间的对应性，由此推动经济学的合理化发展以成为一门更为完善、成熟的学科。

第二，《经济分析的行为基础：现代经济学的硬核批判》。本书主要目的在于揭示真实世界中的人性及其行为机理，由此对现代主流经济学的硬核进行审视。为此，本书对经济人假设的形成和确立做了系统的学说史梳理，考察了其在经济学中确立起支配地位的演化过程和历史背景，剖析了其主要特征以及经济人模型化分析的内在缺陷。实际上，经济人假设为现代主流经济学所沿袭主要根基于自然主义和工程学思维，由此却混同了人处理自然物的工具模式和与社会互动的行为模式。究其原因，真实世界中的社会互动所依据的主要是交往理性而非工具理性，具有强烈的亲社会性而不是经济人的无伦理性。相应地，通过剖析社会互动的行为特征及具体社会关系中的理性内涵，就可以提出更为合理的“为己利他”行为机理，由此替代“经济人”而作为经济学的硬核。

第三，《协作的策略：“为己利他”行为机理与博弈思维》。本书主要目的是探寻具体社会关系中的互动行为及其策略思维，由此来推动合作博弈的发展。其实，现代博弈论面临两大问题：（1）在社会实践中如何避免低收益水平的囚徒困境？（2）在理论上如何解释社会现实往往要比推理结论更优的现象？但主流的非合作博弈迄今为止并没有有效解决这一点，由此就带来博弈论研究的转向——寻求协作的策略。要从理论上加以逻辑分析，根本上涉及对现实人性及其行为机理的理解，也涉及对人类理性内涵的理解。一般地，人类不同于其他动物的根本特性就在于，他能够考虑长期利益而抑制短期私欲，因而认知力和意志力就成为人类理性的重要特征。同时，处于社会关系中的人类个体，不仅关注自身，也会关注社会和他人利益，因而亲社会性也是人类理性的重要特征。正是基于由“认知力 + 意志力 + 亲社会性”构成的人类理性，人们在日常社会中更倾向于遵循“为己利他”行为机理。显然，按照这一行为机理，人们在采取策略行为时往往会纳入他人利益的考虑。这不仅体现了人类互动行为中的交往合理性要求，而且也有助于促进个体行为协调和社会互惠合作，从而为协作策略提供了思维基础。

第四，《合作的文明：“为己利他”行为机理与社会规范》。本书主要目的在于基于“为己利他”行为机理来探寻人类文明和社会规范的根本特性。一般地，“为己利他”行为机理的扩展和沉淀，逐步孕育出为社会成员所遵守的社会规范和伦理道德；社会伦理的不断沉积和凝化，又会在更大地域乃至世界范围内被接受而最终孕育出人类文明。因而，伦理道德和人类文明都内含了人类认同和合作倾向。正是基于“为己利他”行为逻辑，本书挖掘了应然伦理的根本特点，进而从“为己利他”行为机理被实施的广度和深度中认识伦理的实然形态；同时，本书又剖析了人类文明所内含的合作性本质，并对文明的现实特点及发展趋势进行考察。事实上，基于从本质到现象的研究路线，本书系统剖析作为应然的规范伦理和作为实然的元伦理，通过引入伦理的内生性考虑将两者沟通起来；由此，就可以更深刻地把握文明的实质，更清晰地界定文明的起源：人类文明根源于社会伦理的扩展，亲社会性以及生成的“为己利他”行为机理则是人类文明的微观基础，因而人类文明从本质上说就具有合作性。

二　本书的研究结构和内容

承继《关注“人”的经济学：现代经济学的定向批判》一书将经济学研究中心转向“人”之后，面临着一个基本问题：我们如何从纷繁芜杂的社会活动中提炼出有助于认识世界的行为机理？譬如，现代主流经济学以理性经济人作为观察个体行为和社会现象的出发点，也作为进行制度安排的基本依据。但显然，这马上就会遇到经济学方法论大家博兰提出的两个困境：（1）道德困境，“倘若该抢劫犯抢劫银行的选择是一个理性的选择，那我们怎么加以反对呢?”（2）理智困境，“处于这种处境的任何人，都会选定去做同样的事，这样一来，形势的个性就变成了一句空话。倘若任何人都将做同样的事，则关于所做选择的个人主义的特征也就不复存在了”①。根本上，这些问题涉及哲学和心理学。由此，我们就需要思考：现代主流经济学是如何认识人性及其行为机理的？作为现代经济学基石的经济人假设又具有多大程度的合理性？经济学如何确立更为合理的人性假设？这些就是本书所致力于探究的主要议题。

（一）本书的内容结构

《关注“人”的经济学：现代经济学的定向批判》一书指出，尽管经济学的研究内容已经从工程学方面显著地拓展到了伦理学方面，但现代主流经济学仍然沿用工程学的研究思维，采用了自然主义分析线路并保持经济人这一核心假设。也即，现代主流经济学在分析人对物的处理方

---

① 博兰：《批判的经济学方法论》，王铁生等译，经济科学出版社 2000 年版，第 234 页。

式和与他人的互动行为所基于的行为模式都是一致的。由此就需要审视：这种人性假设合乎现实吗？本书致力于探究现代经济学这一硬核的合理性，进而探索如何修改和完善这一根本性课题。

本书主要包括三大部分，并细分为5篇。

第一部分“经济人假设的起源及其问题”集中对经济人假设的成因进行梳理以及对经济人假设的缺陷进行剖析。事实上，对现代经济学的硬核——经济人假设——进行反思，首先要了解它在经济学中支配地位确立的演化过程及其相应的社会背景，进而要对这一假设的内在特质以及对现实行为进行分析时所遇到的问题进行剖析。为此，本部分又分成两篇：其中“经济人的演化逻辑及其历史背景”从思想史的角度梳理经济人假设得以确立其支配地位的渊源和进程，并考察相应的内在逻辑和历史背景；“经济人内涵及其分析范式的审视”则通过考察经济人假设的实质内涵来审视其现实性，进而剖析了经济人模型化分析的弊端。

第二部分“现实中的人类行为及其特点”集中剖析现实世界中的人类行为及其基本特征。事实上，对现代主流经济学的经济人假设这一硬核进行反思，不能仅仅停留在揭示其缺陷的层次上，而是需要对之进行修正和完善，并提出更为现实的替代性的人性假设。由此，我们又需要从起源学的角度对现实中的人类行为进行探究，进而提炼出人类行为的统一性。为此，本部分又分成两篇：“真实的人性及其行为机理的探索”从起源学和社会心理学角度剖析人性的形成和发展并由此挖掘人类行为的一般机理；“‘为己利他’行为机理的特性解析”则是对“为己利他”行为机理的基本特性展开系统剖析并由此推导出一些相关结论。

第三部分“经济人与‘为己利他’机理的比较”则从心理学基础和社会文化基础两方面对经济人假设和“为己利他”行为机理的合理性做更为深入的比较分析。事实上，人类不同于其他动物的重要特征就在于，他能够考虑长期利益而抑制短期私欲，因而认识力和意志力就成为人类理性的重要内容。同时，在现实生活中，人类理性的内涵还表现为互惠合作的亲社会性，因为人类个体要实现自身需求的满足往往需要甚至必须与他人合作。显然，亲社会性使得人们往往愿意牺牲自身利益来帮助他人，进而体现出“为己利他”行为特征。因此，“为己利他”行为机理就可以为行为经济学确立微观分析基础。

（二）本书的主要观点

第一，现代主流经济学对经济人行为的推崇主要依据人类利益自然和谐一致这一“无形的手”原理。问题是，“无形的手”原理是否真实存在？其实，在经验主义人性论兴起的中世纪后期，这一点就存在很大争论：马基雅维利等宣扬“私恶为害”的观念，孟德维尔等则提出了“私恶即公益”命题；后者之所以逐渐流行，主要是源于西方社会经济竞争的加剧以及斯密“无形的手”的宣扬。

第二，经济人假设根基于功利主义，而功利主义的原初出发点是从社会角度追求“最大多数人的最大利益”。但是，由于“最大多数人的最大利益”这一功利主义目标本身存在歧义，由此就衍生出对功利主义的两种不同理解：行为功利主义和规则功利主义。这两种功利主义概念分别为社会科学的不同分支所接受，其中经济学接受了行为功利主义而注重于行为的手段选择，从而孕育出了经济人假设。

第三，经济人成为现代主流经济学的硬核在思想史上有两个重要分水岭。具体表现为：（1）斯密的“无形的手”预定协调观赋予了自利行为的合理性，从而使得“自利”为主流经济学家所强调，赋予个体行为的效用最大化这一目的诉求；（2）边沁的社会功利主义原则赋予了效用的计量性，从而使得“效用”为主流经济学家所普遍接受，发展出基于理性计算的数理模型化分析。最后，两者结合就为经济人假设的出现及其支配地位的确立奠定了思想史的基础。

第四，经济人假设在经济学中的支配地位也显示了历史的、逻辑的一致性。具体表现为：（1）资本主义物质文明的膨胀使得对物质的追求上升到欲求层次，从而产生资源的稀缺性与欲望的无穷性之间的紧张，以致经济学转向了资源配置的研究；（2）货币拜物教式的金钱理性崛起为经济人假设披上了理性的外衣和逻辑合理性，古典经济学强调的“自利”和“理性”蜕变为现代主流经济学的“自私”和“工具理性”；（3）形式逻辑的兴起将丰富多样的追求转变为可量化的效用单位，并由此构建根基于理性人的数理模型。

第五，“经济人”概念本身也经历了历时性的演变：古典时期所界定的是内含特定社会伦理关系的自利人，边际革命之后逐渐退化为追求效用最大化的经济人，新古典经济学则进一步将之抽象为更中性的原子理性人。相应地，早期的理性概念是指实现最大化目的的有效手段选择，新古典经济学将之转化为行为的内在一致性，后来对理性的观察视角又从行为选择转向了自然选择。结果，随着理性内涵的演变及其外延的不断扩大，经济人行为逐渐成了一个同义反复的数学运算。

第六，经济人假设根源于功利主义哲学，后者原本是将社会整体利益视为个人行为的目的，“自利”则是实现“社会利益最大化”目标的手段。从这个意义上说，“经济人”内含着“为他利己”行为机理，但这本质上颠倒了人类行为的目的和手段。同时，伴随着功利主义的蜕化，行为功利主义逐渐排斥了“社会利益最大化”目的而片面强调“自利”手段，最后连“自利”手段也蜕变为“目的”本身，最终就导向了现代经济学的“经济人”假设。

第七，现代经济学通过放宽“经济人”外延而将利他行为和合作现象等纳入经济人分析框架之中。但是，这种扩大化偏好依然没有克服经济人分析的内在缺陷：（1）忽视人类行为的历史性，仅以现在和将来考量行为方式；（2）忽视了日常生活中的习惯行为和下意识反应；（3）行为功利主义仅仅反映动物性本能一面；（4）无法解释团体行为与个体行为的差异，也无法解释不同团体间的利他主义差异；等等。

第八，本能源于生理反应，它是人和其他动物所共有的；“性”则是社会的产物，只有人类的活动才是社会性的。同时，虽然人具有先天性本能，但本能在人性中占有的成分将随着社会性活动的增加而逐渐降低，乃至人性就不再等同于本能。同时，社会互动关系的不同使得人性呈现出多层次性，并且具有不断演进性。从这个意义上说，以经济人作为人性假设显然存在明显不足。

第九，人类行为以“己”的需要为根本出发点，作为个体的“小我”就是核心“己”，而“己”的圈层扩展则形成不断膨胀的“大我”。从这个意义上说，人性及其行为中都嵌入了“利己”和“利他”两大特性，而“利他”则是实现“为己”目的的有效手段。相应地，“为己利他”行为机理不仅有助于促进社会合作，而且也是对真实世界中人类行为的合理抽象。

第十，“为己利他”行为机理不仅可以将“利他”和“利己”统一起来，而且有助于理解社会秩序的扩展。一般地，需求层次越高以及亲社会性越强，个体的通感能力越强，移情效应就越显著，行为者更倾向于践行“为己利他”行为机理。同时，基于“为己利他”行为机理还可以得出一系列的重要推论，有助于更好地理解和分析不同个体的偏好和具体的行为方式。

第十一，“为己利他”行为机理的形成和践行是以合作剩余的存在为社会基础的，这也就是变和博弈情境。基于“为己利他”行为机理的基本行为方式是互惠合作，因而互惠合作是“为己利他”行为机理得以形成和持续扩展的重要动力源。同时，“为己利他”行为机理的践行和扩散还与社会互动频率有关，因而“为己利他”行为机理的扩散过程就呈现出明显的圈层轨迹。

第十二，经济人分析范式使用的理性概念存在明显的逻辑悖论：基于行为功利主义的定义及其行为分析实质使用的是有限理性，而在理性模型的构建和宏观经济的分析上实际使用的却是完全理性。结果，现代主流经济学对短期行为评价和长期的现象预测之间就出现了断裂。其实，基于“为己利他”行为机理被践行的程度这一视域，可以更好地区别有限理性和完全理性这两个概念，由此识别各种现实行为的理性程度，进而理解不同程度和形态的社会合作。

第十三，经济人假设以早期的还原主义心理学为理论基础，仅仅反映动物性的本能需求而忽视人类的亲社会性，不仅无法揭示“无形的手”来自何处以及如何运作，也无法理解“囚徒困境”与现实相悖的现象。“为己利他”行为机理则以新近的人本主义心理学为理论基础，将人类基于动物性的本能目的和基于亲社会性的实现手段结合起来，从而可以更好地挖掘“无形的手”是如何运作而实现协调的。

第十四，行为经济学对人性有两大假设：一是具有自我保存的动物性本能，二是具有关注他人感受的亲社会性。相应地，人类行为就具有双重特性：一是潜含着“为己”的根本目的，二是倾向于采用“利他”的手段来实现“为己”目的。因此，“为己利他”是人类的一般行为机理。同时，行为经济学对人类行为的分析有两大维度：一是个体的亲社会性水平，二是互动者之间的关系状态。因此，这两大基本假设以及相应分析维度为行为经济学提供了坚实的微观逻辑基础。

（三）“为己利他”行为机理

本书提出“为己利他”行为机理是基于对人性演化的追根溯源考察，并契合了心理学、社会学、伦理学等诸多社会科学领域的知识和思维，它体现在人类社会的方方面面，有助于更好地解释和预测人们的日常行为，从而可以更好地体现现实世界的一般行为机理。同时，“为己利他”行为机理可以更好地解释人类社会中的基本现象——合作，乃至可以很好地解释和预测不同情境中的社会合作程度。

事实上，“为己利他”行为机理得以施行的半径决定了人类社会的合作范围和领域，“为己利他”行为机理的扩展也意味着人类社会分工的扩展和深化。因此，基于“为己利他”行为机理，并结合其他一些知识，我们就可以大致推测主体的偏好及其可能采取的行为方式。为此，本书从中推导出一些有关人类行为的基本公设。

公设 1：就个体特性而言，一般地，个体的亲社会性越强，就越愿践行“为己利他”行为机理。

推论 1—1：一般来说，教育程度越高，亲社会性越强，就越愿践行“为己利他”行为机理。

推论 1—2：一般来说，年龄越大、阅历越丰富，亲社会性越强，就越愿践行“为己利他”行为机理。

公设 2：就对方特性而言，一般地，对方的亲社会性越强，就越愿践行“为己利他”行为机理。

推论 2—1：一般来说，对方对自己的态度越友好，就越愿践行“为己利他”行为机理。

推论 2—2：一般来说，对方对他人的态度越友好，就越愿践行“为己利他”行为机理。

公设 3：就双方关系而言，一般地，互动双方的私人关系越紧密，就越愿践行“为己利他”行为机理。

推论 3—1：一般来说，互动双方的亲缘关系越强，私人关系越密切，就越愿践行“为己利他”行为机理。

推论 3—2：一般来说，互动双方的共同偏好越多，私人关系越密切，就越愿践行“为己利他”行为机理。

公设 4：就互动特性而言，一般地，个体之间的互补性越强，就越愿践行“为己利他”行为机理。

推论 4—1：一般来说，个体间的异质性越高，互补性越强，就越愿践行“为己利他”行为机理。

推论 4—2：一般来说，个体的需求层次越高，互补性越强，就越愿践行“为己利他”行为机理。

公设 5：就互动频率而言，一般地，社会互动的频率越高，“为己利他”行为机理就越容易得到践行。

推论 5—1：一般来说，共同体规模越小，互动越频繁，“为己利他”行为机理就越容易得到践行。

推论 5—2：一般来说，组织的文化氛围越浓郁，互动越频繁，“为己利他”行为机理就越容易得到践行。

公设 6：就社会发展而言，一般地，社会发展水平越高，“为己利他”行为机理就越容易得到践行。

推论 6—1：一般来说，社会的整体生活条件越高，“为己利他”行为机理越易践行。

推论 6—2：一般来说，个人的相对生活水平越高，“为己利他”行为机理越易践行。

公设 7：就社会结构而言，一般地，社会结构越有序，“为己利他”行为机理就越容易得到践行。

推论 7—1：一般来说，社会收入分配越公平、社会保障体系越发达，“为己利他”行为机理越易践行。

推论 7—2：一般来说，社会成员的种族背景越复杂、种族隔离程度越高，“为己利他”行为机理越难践行。

公设 8：就社会制度而言，一般地，社会制度越成熟、完善，“为己利他”行为机理越容易得到扩散。

推论 8—1：一般来说，法律制度越健全，“为己利他”行为机理越容易得到扩散。

推论 8—2：一般来说，市场伦理越成熟，“为己利他”行为机理越容易得到扩散。

公设 9：就社会文化而言，一般地，个体本位主义越严重，“为己利他”行为机理越难以得到扩散。

推论 9—1：一般来说，商业主义越发达、物质文明和金钱理性越偏盛，“为己利他”行为机理越难以得到扩散。

推论 9—2：一般来说，市场竞争越激烈、相对效用的追求越强烈，“为己利他”行为机理越难以得到扩散。

第一篇
经济人的演化逻辑及其历史背景

《关注“人”的经济学：现代经济学的定向批判》一书梳理了经济学说史中以“人”为基本考察对象的倾向，探讨了经济学科的研究目的及与内容范畴及其后来的演化过程；同时，又剖析了现代主流经济学的形成背景、研究特色以及定向偏误，特别是梳理了主流经济学中基于功能主义的抽象化研究路径的历程，以及相应的人性假设问题；最后，辨析了抽象分析对理论研究的意义及其重新回到具体的内在要求，从而提出了重新构建以人为本的伦理经济学的必要性。当然，为了弄清这些问题，首先要从思想史角度梳理经济人假设得以在经济学中确立其支配地位的渊源和进程，进而考察相应的历史背景。

第一章

经济人行为是私恶还是公益：人性观的溯源分析

【导读】现代主流经济学推崇经济人行为的主要依据是私恶可以通达公益的“无形的手”原理。问题是，“无形的手”原理是否真实存在？其实，在经验主义人性论兴起的中世纪后期，这一点就已经出现了很大争议：马基雅维利等宣扬“私恶为害”观念，孟德维尔等则提出了“私恶即公益”命题。然后，由于西方社会对个人主义的崇尚以及斯密对“无形的手”原理的宣扬，“私恶即公益”命题逐渐流行，乃至经济人假说最终成了现代主流经济学的理论基石。

第一节　引言

人性假设是经济学理论体系的硬核和基石，而目前占支配地位的则是理性经济人假说。一般地，理性经济人假说有两大基本内容：（1）每个人都只关心自身的经济利益，即都是理性的效用最大化者；（2）个人对自身利益的关心和追求可以实现社会或整体利益的最大化，即个体利益和集体利益是天然地和谐一致的。那么，这种经济人假设有多大程度的合理性？存在何种不足？它又是如何产生的？其实，基于不同的历史背景和不同的观察视角，人们获得的人性认知是有差异的；而且，随着社会科学各分支的相继独立，这些差异性看法也为不同领域的学者所继承和发扬，由此确立了基于不同人性假设的分析框架。显然，经济人假设也只是在经济学科从其他社会科学中独立出来以后才逐渐流行的，在某种角度上，它不仅体现了特定时期西方社会占主流的宇宙观和认识论，而且与西方社会根深蒂固的心理文化相适应。因此，要对经济人假设有个清楚而全面的认识，就需要从起源学的角度对其产生、发展以及变异的整个轨迹进行探究，而这一研究本身是一个巨大的工程。当然，西方社会对人性的真正探索是在中世纪后期，随着生活世俗化的展开而开始的。因此，本章也尝试追溯此时西方社会的人性认知，并由此对经济人假说的早期端倪做一探索。

第二节 西方社会对人性探悉的历史背景

布洛克指出，西方思想对待人和宇宙曾经流行过三种不同的模式：（1）超越自然的，也即超越宇宙的模式，集焦点于上帝，把人看成是神创造的一部分；（2）自然的，即科学的模式，集焦点于自然，把人看成是自然的一部分，像其他有机体一样；（3）人文主义的模式，集焦点于人，以人的经验作为人对自己、对上帝、对自然了解的出发点。其中，神学模式自从古罗马后期就已形成，现代形态的人文主义模式则到文艺复兴时期才真正形成，而科学的模式更是到 17 世纪以后才形成；其背景是，当时商业和工业的兴起引发了人们对自然的思考，而且，即使到那时，三种模式也是共存的。① 进而，如果把眼光放得更长远一些，我们就会发现，严格的道德主义伦理在西方社会中长期占支配地位：整个中世纪时期的经院哲学总体上都在排斥物质利益的享乐，而把道德伦理等同于严格的禁欲主义。究其原因：（1）在基督教看来，人来到世间是带有原罪的，因而人性本恶，须背负为赎罪而遵从上帝旨意的义务；（2）在基督教看来，人生的幸福不在于肉体的快乐，因为这种尘世的快乐虽然能满足一时的愿望，但毕竟是有限的，而只有追求上帝才是无限的幸福。为此，基督教的基本教导就是：苦难乃是人类堕落以后不可避免的结果，而获得幸福的最终希望是在来世获得救赎。

当然，正统的基督教也并非完全不关心人类世俗命运的改善问题，

---

① 布洛克：《西方人文主义传统》，董乐山译，生活 · 读书 · 新知三联书店 1997 年版，第 12 页。

只不过它认为，人类本身是有原罪的，从而无法通过自身来获得这些幸福，而是只能依靠上帝的恩宠。然而，文艺复兴却使人们逐渐相信，仁慈的上帝并不欲使世界成为忏悔受难之所，而欲使之成为快乐幸福之所。因此，幸福是上帝所指定的世俗生活的目标，而过去的人类之所以不能实现潜在的幸福，主要在于无知而非原罪，上帝所制定的救赎工具是理性而不是恩宠。尤其是，随着善行施舍遭贬黜和民族国家的出现，对国家财富的追求日益盛行，并成为解决稀缺性经济问题的最重要手段，这也是重商主义兴起的沃壤。然而，此时迅速发展起来的更活跃和更贪婪的经济形式虽然已被接受，但总体上经院哲学对思想的控制并没有放松，这就导致一些不满教会的专断和压制的宗教人士开始思考并酝酿改革。其中，两个关键的宗教改革家是路德和加尔文。例如，路德的基本观点是：（1）修道士的生活毫无价值，不能成为在上帝面前为自己辩护的理由；（2）修道士生活放弃现世的义务是自私的，是逃避世俗责任；（3）履行职业的劳动则是胞爱的外在表现，履行世俗义务是上帝应许的唯一生存方式。

正是基于这种历史背景，西方社会开始启动了从宗教活动到世俗活动的转变历程，创造活力也从宗教活力转向了经济活力，此时个人追求自己利益也逐渐受到了社会的认可。与此相适应，商业、金融和工业资产阶级也就开始兴起和壮大，这使得世俗生活日益取代原先基于救赎的宗教性活动，导致欧洲社会结构发生了急遽改变；进而，意识形态和精神面貌也开始发生变化：世俗生活中的功利主义道德观逐渐取代了义务道德观。特别是，当工商业者在社会结构方面的地位不断上升到一定程度后，他们的思想也逐渐灌输给了整个社会，并扩散到了所有的阶级里，直至人类思想和行动的所有领域。事实上，商业膨胀的一个重要结果就是，出现了世俗知识分子，这包括世俗医生和律师、世俗艺术家和工匠，以及古典文学研究者，他们逐步排挤了宗教分子。结果，到 17 世纪以后，经济问题开始不再被认为是一个道德问题，而是具有了新的意义。相应地，此时探讨经济问题的也不再是原先的宗教学者，而是一批被称为经验主义者的新群体。这些代表新兴资产阶级的哲学家都在一定程度上批判了禁欲主义的宗教道德哲学，他们不是从上帝而是从人本身寻找伦理原则，从而建立起了提倡人的自由和尊严、价值和才能的伦理学。

其中的代表人物是培根，他开始把新时代的利益定为道德原则，奠定了从经验出发的英国经验主义哲学传统，并开始创建和发展出功利主义的伦理学。从培根开始，经过霍布斯、洛克、狄德罗、霍尔巴赫和贝克莱的发展而到休谟时，这种思潮达到彻底的发展阶段。事实上，休谟也正是从人的本性角度而不是从世界的本性角度出发，倡导功利主义哲学，强调“利己心才是正义法则的真正起源”。

文艺复兴之后的很长一段时期，西方社会都呈现出这样的思潮：一方面，学者们大多已经认识到，人们具有追求世俗生活的需要，以致人类本能上的利己特性已成了“被解放的普罗米修斯”；另一方面，整体利益还是为整个社会所强调，以致只有促进社会整体利益的行为才被称为道德的，即善的。例如，牧师兼道德哲学家哈奇森强调：“一个实质上善的行为，就我们能判断这一行为的趋势而言，就是确实地倾向于整体的利益，或这个整体中某些部分的利益的行为，而不管行为者的感情是什么”，“形式上善的行为是由于它来自一种恰当的善良感情”，“最好的行为是实现最大多数人的最大幸福的行为，同样，最坏的行为是引起最大多数人的最大不幸的行为”。[①] 这意味着，尽管追求个人物质利益的世俗生活已经获得了普遍的认同，但是，在人类这种自利行为所产生的可能后果以及相应的道德评价上，学术界却仍然存在分歧。一般地，各种不同的看法大致可以归为两类：（1）强调人类利益之间的冲突性，从而注重外在的社会规范的建立，持此类观点的学者有马基雅维利、霍布斯等；（2）强调私人利益和集体利益之间的和谐一致性，从而主张实行自由放任的社会秩序，持此类观点的主要学者是孟德维尔。显然，正是基于这两大不同看法，才导致社会科学的不同分支或流派发展出了不同的人性假说，并由此导致了政策主张和制度设计上的差异。

第三节 马基雅维利等人的“私恶为害”观念

到了15、16世纪，随着世俗生活的普及和发展，世俗功利主义也开始在欧洲盛行开来：个体之间、各势力集团之间为了世俗利益而展开了

---

① 转引自梯利《伦理学导论》，何意译，广西师范大学出版社2002年版，第108页。

激烈斗争，政治混乱、内战与宗教战争、暴力统治和革命不断很大程度上就是当时状态的写照。正是在人人互为战争的状态中，人们努力寻找获得生存乃至壮大自身实力的途径，从而导致工具理性在社会生活中的蓬勃发展。其结果是：一方面，基于个体利益的考量，导致了伊壁鸠鲁主义以及行为功利主义的兴起；另一方面，基于社会利益的考虑，又导致了国家主义以及规则功利主义的兴起。因此，随着世俗生活的普及和发展，一大批学者也开始从历史、经验以及周遭的现状来思考人生，思考人类社会的共同生活。但显然，基于这些功利行为和无序社会的经验事实，人们很难得出社会和谐的乐观看法，相反，却更容易得出“人的自私自利将导致全面追逐权力和统治地位，由此导致持续的冲突和战争”的结论。[①] 为此，当时的学者一方面开始总结人性及其行为特点，另一方面努力探寻如何利用人性及其行为来为特定的目的服务。其中，首先对人性及其行为以及相应的社会秩序的建立进行系统阐述的是佛罗伦萨的外交官马基雅维利，他在《君王论》一书中着重论述了政治权力和道德的关系。[②]

我们可以对马基雅维利的观点做简要的梳理。(1) 人有一个统一的、永恒不变的共同人性，这就是自私或利己的本性，而权力欲望和财富欲望则是人性的基础；因此，要建立政治制度和生活秩序，就必须了解和研究人的本性。(2) 人类行为的目的是唯一的，手段应当从属于目的；因此，政治应该摆脱道德的束缚，政治家也应该不顾道德原则而只顾功利原则。(3) 只要目的是正当的，什么手段都可以使用；进而，衡量统治者的政治标准只有一个：他所从事的增强、扩张和保持国家的政治手段是否成功。为此，马基雅维利考察了世界上的两种斗争方法：一是运用法律，二是运用武力；前一方法是属于人类特有的理性行为，而后一方法则是属于野兽的行为。显然，前者常常让人力不从心，从而必须诉诸后者以心求得它的帮助。由此，马基雅维利强调，君主必须懂得怎样

---

① M. 鲍曼：《道德的市场》，肖君、黄承业译，中国社会科学出版社 2003 年版，第 5 页。

② 究其原因大致有二：(1) 当时欧洲各国都已经相继建立了民族统一国家，而意大利还处在封建割据之中，更具切身的体验，也面临着更强控制的压力；(2) 中世纪以后在欧洲发生的个人解放运动基本上都是与主权的和独立的民族国家的兴起紧密联系在一起的，这些国家都力图使自己从中世纪大帝国的统治中解放出来。

善于运用野兽和人类理性行为斗争方法：不仅必须懂得善于运用野兽的方法，而且要同时效法狐狸和狮子，因为狮子不能防止自己落入陷阱，而狐狸不能抵御豺狼。也即，君主必须是一只狐狸以便防人陷阱，同时又必须是一头狮子以便使豺狼惊骇。①

在马基雅维利看来，君主与之打交道的经济代理人都是机会主义者，他们时刻准备损害君主的利益。因此，君主在被劝告去从事互惠的甚至有优先权的机会主义活动的任何时候，"只要使君王约束自己的理由不存在"就应该且撕毁合约。原因有二：（1）君主作为国家的缔造者，由于本身置身于法律之外，从而不受法律的惩罚；（2）道德来源于法律，因而君主的行为也就不受道德的约束。马基雅维利写道："一个人如果在一切事情上都想发誓以善良自恃，那末他苟且偷安于许多心怀鬼胎的人当中定会遭到毁灭。所以说，君王如要保持自己的地位和权势，就必须学会怎样不做好事情，并且必须学会视情况的需要与否，采取与之相应的措施"；"君王必须有足够的明智远见，善于深谋远虑，知道怎样避免那些使自己亡国的邪恶行径的发生，并且如果可能的话，不妨保留某些不致使自己亡国的恶行；如果没有那些恶行，就难以挽救自己国家的话，那末他也不必要因为对这些恶行的责备而感到不安。假如我们对每一件事情都进行一番细细推敲，就会察觉某些事情表面上看起来好像是好事，可是如果君王照着办就等于自掘坟墓；而另一些事情表面上看起来是恶行，但是如果君主照办了，却会给他乃至国家带来莫大的安全和福祉。"②正是基于功利主义的视角，马基雅维利将国家追逐权力描绘为目的本身，即一项好的政策指的是对国家权力最有效地做出贡献的政策，从而将政治科学与道德宗教相分离。

正是由于持守着一种性恶论的人性观，马基雅维利推崇个人利益为主要动力，强调目的与有效手段的联系。显然，这种蕴含了功利主义和实用主义倾向的理性主义思潮深深地影响了后来的主流经济学。例如，威廉姆森就认为："描述人类本性的基本行为假设的起源应归功于组织理论和政治科学，即西蒙提出的有限理性和马基雅维利提出的

① 马基雅维利：《君王论》，徐继业译，光明日报出版社 2001 年版，第 114—117 页。

② 同上书，第 102、103 页。

机会主义。”[①] 而且，基于这种性恶论，马基雅维利还强调，政府必须把保障个人财产和人身安全作为最高目标，因为这是人性所具有的最普遍的愿望。马基雅维利的一个最为赤裸的说法是：人们可以泰然自若地宽恕谋害他父亲的凶手，却不会饶恕剥夺他继承权的人。正是受马基雅维利对人性探究的开先河之左右，性恶论直接影响了此后几个世纪的一大批学者，尤其是霍布斯、孟德维尔、斯密、边沁等人。拉斯基认为：“整个文艺复兴都可以从马基雅维利的学说里表现出来：有对权力的渴望、对成功的崇拜、为达目的不择手段、拒绝中世纪的束缚、坦白的异教精神、相信国家的统一会带来的民族的强盛。”[②] 当然，不同学者从中获得的启发是有差异的。例如，孟德维尔从中得出了自利心有利于促进公共利益的思想，而马基雅维利的悲观思想则在一个世纪后的霍布斯的著作中得到进一步的阐述。事实上，马基雅维利仅仅强调诸侯之间私恶为害的思想，而霍布斯则继承了马基雅维利的国家理由说，并将这一理论扩展到整个国家和社会，因而霍布斯也被称为哲学界的马基雅维利。

霍布斯 1651 年出版的《利维坦》一书建立了以人性论为基础、以自然法理论为中介、以主权（君权）至上为最高原则的三分性体系，它描述了人们在自然状态下的自然权利，以及渴望和平和安定生活的共同要求使得能够出于理性而订立契约，转让权利，组成国家。霍布斯认为，自然状态受着自然法的支配，在自然创造人类之初，人本来是平等的，表现为人类身体和能力上的平等，并且也是天生自由的。但是，恰恰是人类本性的这种平等和自由性，使人与人之间变成了敌人；因为“任何两个人如果想取得同一东西而又不能同时享用时，彼此就会成为仇敌”。实际上，霍布斯承袭了马基雅维利的性恶说而主张人的自然本性“主要是自我保存，有时则是为了自己的欢乐”，“在达到这一目的的过程中，彼此都力图摧毁或征服对方”。但是，“侵犯者本人也面临着来自别人的同样的危险”，因而自然状态下的人是自私自利、恐惧、贪婪，并且相互

---

① 威廉姆森：《反托拉斯经济学：兼并、协约和策略行为》，张群群、黄涛译，经济科学出版社 1999 年版，第 75 页。

② 拉斯基：《思想的阐释》，张振成等译，贵州人民出版社 2001 年版，第 60 页。

之间是防范、敌对和残暴好斗的。“由于人们这样相互疑惧，于是，自保之道最合理的就是先发制人，也就是用武力或机诈来控制一切他所能控制的人，直到他看到没有其他力量足以危害他为止”；结果，如果听任与生俱来的自私而不对其加以管束，必将导致人们像狼一样处于“一切人反对一切人的战争状态”。①

因此，在霍布斯看来，如果不存在通过道德呼吁和宗教戒律改良人的可能性，人类摆脱人与人之间的敌对状态的唯一出路，就是寻找能使大家畏惧并指导其行动以谋求共同利益的公共权力。当然，尽管霍布斯耸人听闻地描述了没有管束的自然状态下的逐利行为的后果，但他还是认为，理智的人类是可以找到相对乐观的解决办法的：（1）人们可以通过订立契约转让个人权力，从而建立来自每个人所转让的自然权利的公共权力权威，社会契约就是人类摆脱自然状态的必经之路；（2）被授予公共权力的个人或集体能把大家的意志化为一个意志，能把大家的人格统一为一个人格，大家服从他的意志和判断。因此，霍布斯认为，通过社会契约而统一在一个人格之中的一群人就组成了国家。而且，霍布斯认为，通过契约建立起来的主权者的权利是至高无上的，是不可推翻的，人民的义务是绝对服从，任何反叛都意味着社会的解体。究其原因，霍布斯把人视为是自私自利、不合作以及寻衅好斗的，只有完全的且绝对的权力才能在如此不驯的人群中维持和平和秩序。也就是说，在社会状态下，存在了一个强大的外部机构，主权者对那些损害公益的追求私利的行为进行了限制；并且，主权者也应当是至高无上的和不受法律约束的。

显然，正是看到了个人理性地逐利所产生的问题，马基雅维利和霍布斯等都对放任的个人主义持悲观的态度，从而极力宣扬国家或政府的无限权力，并主张公共生活中的伦理原则应当完全服从于管理国家的政治需要。② 这种思想在当时也非常普遍。譬如，霍布斯的思想先驱格劳秀斯就认为，人们把他们的主权让渡给了统治者后，统治者就像获得其私

---

① 以上参见霍布斯《利维坦》，黎思复译，商务印书馆 1985 年版，第 93 页。

② 博登海默：《法理学：法律哲学与法律方法》，邓正来译，中国政法大学出版社 2004 年版，第 42 页。

人权利一样操握这一主权而且他的行为也不受法律控制；尽管统治者有义务遵守自然法原则和万民法原则，但一般而言，即使他滥用权力，人们也无权反抗他，除非在某些明显的篡权或公然滥用权力的情形下。当然，霍布斯也认为，建立主权者的统治乃是为了寻求和平，因此统治者的最高义务就是增进人民的安全和福利，使他们免遭敌人的侵犯、允许他们致富，并确保他们享有一种“无害的”自由。显然，这是一种明显的个人主义和自由主义的态度，是一种把法律实施委托给“开明”专制君主的自由主义，这在当时有着相当广泛的影响。譬如，推行开明专制的普鲁士腓特烈大帝时期的法学理论家沃尔夫（C. Wolff）就认为，人类最高的义务便是力求完善，而努力促进他人完善相结合的自我完善的这种道德义务乃是正义和自然法的基础，君主的任务就是促进和平、安全和自足，以保证其臣民过上美满的生活。此外，马基雅维利和霍布斯等人基于当时的社会经验而得出了“人是自利且不合作的动物”这一悲观主义观点，这一观点也受到很多人的热烈追捧。例如，斯宾诺莎认为，在自然状态中，人受欲望和权力意志支配的程度要高于受理性支配的程度，并且，个人权利的范围取决于他的力量的大小。再如，普芬道夫（S. Pufendorf）也赞同霍布斯的这一观点：人是受自爱和自私本性强烈驱使的，而且在人的本性中还有一定的恶意和攻击性。

当然，随着17、18世纪后自然法要求与政府权力的主张之间冲突的日益明显，格劳秀斯和普芬道夫等在强调自然法把自爱赐予人类的同时，也开始认识到人性中还具有一种追求与他人交往、在社会中过一种和平的社会生活的强烈倾向，从而强调自爱会受到人的社会性冲动的制约。例如，普芬道夫认为，与人性的两方面特性相对应，也存在两种基本的自然法原则：一是要求人们竭尽全力保全自身及其财产，二是要求人们不可扰乱人类社会。也即，每个人都应当积极地维护自己以使人类社会不受纷扰。正因如此，马基雅维利和霍布斯过分注重统治者利益的利己主义理论也遭到另一些学者的激烈反对。首先，在霍布斯的《利维坦》出版不久，英国的哈林顿就写了《大洋国》对其人治思想进行批判。哈林顿把各种利益分成三种：一是个人利益，二是国家利益，三是人类利益，后两者也就是整体利益或共同利益。哈林顿强调整体利益，认为整体利益才是自然法则，这种自然法则不仅使人与人之间互相帮助，而且也促使一切个体采取某种方式达到自己的完美境界。其次，以新柏拉图主义者昆布兰（R. Cumberland）为代表的剑桥学派也对霍布斯宣扬的利己主义做了批评。该学派认为以人类共同利益为基础的仁爱才是最根本的自然法，全体人的共同福利就是理性的命令，也是事物的本性。基于全体人的福利和仁爱原则，该学派认为，个人幸福要同公共幸福相统一，除了通向全体人的共同幸福的那条道路外，再没有其他道路使人可以实现自己的幸福。再次，自由主义思想的倡导者洛克也对此进行了批判。洛克认为，自然状态下是一种和平、善意和互助的状态，人们订立契约也不是要把全部权利转让给国家，而只是转让裁判权。因此，洛克将人类的自由精神和追求幸福的目标联系起来，从而对社会的发展显得更为乐观。最后，沙夫兹伯利（Shaftesbury）创立了情感伦理主义，从人存在和生活的社会性批判霍布斯将人看成是游离于社会生活之外的孤立存在者的观点。沙夫兹伯利认为，人的幸福满足是以社会性为基础的，因而利己和利他是统一的，这扭转了当时以霍布斯、斯宾诺莎等为代表的纯粹利己主义的价值路线。

总之，从中世纪后期的文艺复兴一直到启蒙运动这一段时期，西方社会的知识分子开始发展出了一种从人而非从上帝思考社会的经验主义思潮。这种思潮主张实践经验的作用，认为道德应当从人的本性的事实中和人的生活的事实中引申出来，要注重人的经验事实。正因如此，古典自然法哲学在其研究进路方面也完成了一个从对人性的目的论知识进路到因果论和经验论知识进路的转换。[①] 事实上，亚里士多德和阿奎那等人的自然法都是建立在一幅人们努力奋斗使自身完善的图景之上，人的本性或多或少被认为是人的最大的潜力。但是，霍布斯、洛克、斯宾诺莎以及孟德斯鸠等人却开创了新的研究途径而形成一种关于人的观念：以对人的特性的考察和对决定或影响人的行为的因果律的研究为基础。而且，为了从社会实践中发现人性的基础，当时的思想家如霍布斯、孔狄亚克、哈特利（D. Hartley）、休谟、斯宾诺莎等都主张基于联想心理主义而开创关于人性、人类知识和人类行为的科学。当然，他们所采用的

① 博登海默：《法理学：法律哲学与法律方法》，邓正来译，中国政法大学出版社 2004 年版，第 41 页。

联想主义心理学总是带有个人的、内省的特征，这种心理学几乎只涉及一些有关个人心理反应的简单假设，而其余一切都是根据这些假设推论出来的。正因如此，当时形成了夸张的个人主义，个人可以不顾社会传统约束去追求自己的合理利益，从而导致了个人主义的泛滥。与此同时，西方思想中根深蒂固的二元论习惯，除了强调个体的自省动机外，还强调人类生活的外省层面，要使个体利益与集体利益，使个体道德意识和社会道德意识维持平衡。因此，为了这种西方二元主义平衡免受个人主义的威胁，霍布斯引入了惩罚的法律来作为对抗个人自私、维持社会福利的力量，这导致了利维坦的诞生。

第四节 孟德维尔等人的"私恶即公益"命题

上面指出，基于人们追求世俗利益所滋生的功利主义盛行的现实，马基雅维利、霍布斯等人从中发展出了私恶的个人主义人性观；同时，由于这种个人主义是对西方传统思想中的二元主义平衡的破坏，于是又引入了国家或君王等制约个体行为的力量。当然，需要指出，尽管基于联想主义心理学的认知方式往往被视为经验的，但它在本质上又不是实验的或归纳的，事实上也并不符合客观情况，结果，不同人基于不同的角度往往会联想出对人性及其行为的不同看法。熊彼特就评论说："霍布斯是用他所谓的决定性因素即个人贪图享乐的利己主义来描述实际行为。这在他看来也许是最符合实际情况的，但事实上只不过是一假设或假说，而且是一个显然不符合实际情况的假设。针对这种理论，沙夫兹伯利提出了另一种假说，即利他主义假说。他认为，对于习惯于社会中生活的人来说，产生同情心和重视他人利益的自然程度，丝毫不亚于产生自私心和重视自身利益的自然程度。在这一假说之上，他还添加了另一也是得自于内省的假设，根据这一假说之上，有德的人会从行善中感到快乐，而不管他们对行为善的结果有何看法。这就是特别著名的沙夫兹伯利的道德观念论。虽然这种理论的解释价值不是很大，但因为所涉及的'心理学'极其简单，所以他获得了成功。哈奇森系统阐述了沙夫兹伯利的观点。在这三个人的影响之下，休谟创造出了和蔼可亲、放荡不羁、仁慈厚道、有节制地追求享乐的道德典型，而这一道德典型正是他自身的写照。……同样，亚伯拉罕·塔克也把个人欲望的满足看作是个人行为的最终目的和普遍动机。认为边沁也有休谟和塔克的观点，我想是不会错的。边沁认为，一个人唯一能够信赖的就是他自己的利益，但他又加了一个限制条件，强调人们追求私利是有理性的或开明的，也会考虑到他人的利益、感情和反应。"①

事实上，自17、18世纪以降，由于西方新兴的各民族国家大多已经完成统一，社会相对安定，法制也逐渐建立，从而个人把更多精力放在了经济领域。而且，由于受到启蒙思想影响的个人开始摆脱世界观的教条主义、宗教束缚和政治压迫而追求个人目标和利益，从而又促进了社会经济的迅猛发展。特别是在商业贸易领域，自由放任的政策获得了巨大的成功，整个西方社会特别是英国社会经济获得了长足的持续发展。正是基于这种背景，从达德利·诺斯、斯图亚特、哈奇森、洛克到斯密等人逐渐接受了当时源于自然科学界的自然法流派主张：如果说上帝的意愿是创造了一种不加干涉就可以和谐、自动起作用的机制的话，那么自由放任主义就是社会事务中最高现实的智慧，自然规律将引导经济体系以及人们的各种活动。相应地，此时在苏格兰、英格兰以及法国等地开始出现一群主要关注人类物质方面的需求并对世俗秩序持乐观理想的学者，这导致源于古希腊伊壁鸠鲁的享乐主义开始重新抬头，这种享乐主义强调，"善是可欲的""善是快乐"。

同时，随着享乐主义思潮在整个社会的逐渐蔓延，甚至一些宗教界人士的观点也开始发生了这样的转变：个人行为的目的是使自己的痛苦降至最低，而个人追求自己的利益则可以导致整个社会的利益最大化。例如，斯密在格拉斯哥大学的老师哈奇森，尽管是一位受任命的长老派牧师，却也逐渐产生了与严格禁欲主义的神父所推崇的虔信的苦行主义存在尖锐不同的思想。哈奇森认为，人的本性是向善的而不是向恶的，世界更多的是充满了快乐而不是苦难。一方面，哈奇森继承了沙夫兹伯利的仁爱理论，但又不同于沙夫兹伯利对利己主义自爱动机的道德肯定，认为只有出于仁爱、人道、善良、同情的动机且谋求公共福利的行为才具有道德的意义；另一方面，哈奇森也认同沙夫兹伯利有关自爱和仁爱

① 熊彼特：《经济分析史》第1卷，朱泱等译，商务印书馆1991年版，第197—198页。

共存的观点，但只是在经验事实层面上承认自爱存在的客观性，而在价值判断层面上则专注于仁爱。事实上，哈奇森不仅重视道德行为动机的无私性，也强调行为结果的利他性。因此，道德善就具有两个要素：仁爱动机和公益目的。而且，哈奇森还进一步探究了道德价值量的计算，从而提出了“最大多数人的最大幸福”原理：凡产生最大多数之最大幸福的行为，便是最好的行为，反之，便是最坏的行为，从而开启了功利主义的滥觞。此外，哈奇森还进一步发展了他的“道德牛顿主义”，不仅强调仁慈而且强调功利，由此来解释社会不同利益之间的相互和谐原则。

其实，正如前面指出的，自霍布斯论证人的本性是恶的以及由此推出了利维坦之后，性恶论就引发了莫尔、昆布兰、沙夫兹伯利以及哈奇森等人的批判。不过，尽管哈奇森等就道德准则上批判了霍布斯的利己主义，但他也对这种自爱性的事实存在做了肯定，并且就这种行为的结果表达了乐观态度。正是这种乐观态度影响了孟德维尔，他从中看到了人类社会分工的存在，分工本身就是建立在对个体利益的追逐之基础上，但这种每个人根据其利己本性的分工行为却可以达致社会利益的最大化，这与功利主义原理的“善”相一致。正是基于这种分工思想，孟德维尔认为，公益的实现总以私欲得到满足为前提，人们既然存在不同的需要，便决定社会各个成员之间必须相互服务。这种思想为后来的洛克、休谟、斯密、伯克（E. Burke）等人继承，也成为哈耶克所谓自生自发扩展秩序的基础，哈耶克认为，应该把“劳动分工”一词以及对这种现象更清晰的认识归功于他。[①]

孟德维尔的观点主要体现在1705年出版的一首讽刺诗《抱怨的蜂巢，或骗子变为老实人》中，1714年又在对原诗加上注释上以《蜜蜂的寓言，或个人劣行即公共利益》为书名出版。其中，公共利益指的是社会经济的发达，社会财富的增加；个人劣行指的是个人追求自己的快乐和利益，即所有的自私都是劣行，只有自我牺牲才是美德。该书中的讽刺诗借记述蜜蜂的生活而讽刺人世，诗中说：在蜜蜂的社会里，如果（被认为的）劣行和奢侈风行，那么这个社会就繁荣昌盛；如果代以（被

① 哈耶克：《经济、科学与政治：哈耶克思想精粹》，冯克利译，江苏人民出版社2000年版，第571页。

认为的）道德和俭朴，那么这个社会就冷落衰退。这同样体现在人类社会中："律师们的艺术是在人们之间制造纠纷，他们对待法律，就像贼行窃前那样审视店铺，为的是找到可利用的漏洞，为他们罪恶的目的辩护"，"医生们轻视病人的生命，只是盯着荣誉和财富"，"商人们在市场上卖掉掺假的货物"；但是，"无数的人们都在努力，满足彼此之间的虚荣与欲望，到处都充满邪恶，但整个社会却变成了天堂"。因为正是"奢侈驱使着百万穷汉劳作，可憎的傲慢又养活了一百万穷汉"，"在这种情况下，穷人也过着好日子"；而一旦"随着傲慢和奢侈的减少，一切艺术和技巧都相继消失"，整个社会将一片萧条。① 为此，孟德维尔提出两个重要观点：(1) 在劣行和美德之间没有中间地带，不能一方面指责奢侈和追求私利为劣行，另一方面又把它描述为经济繁荣不可或缺的先决条件；(2) 各个人如果自由进行利己的活动，其结果会自然而然地增进社会全体的繁荣，其利益比最初以非利己为目的而进行的活动要大得多。

孟德维尔强调，一个人所以成为社会动物，不是源于友情、善性、恻隐之心以及装模作样的殷勤厚意，而是源于他那最卑鄙和最可恶的本性，这本性是使他能够适合于这个最大的、世俗地说也就是最幸福和最繁荣的社会的最必要条件。当然，孟德维尔还是借用了传统概念的内涵：(1) 基督教教义崇尚克己禁欲的教条，它把所有一切追求私利的行为都看成是"恶"行；(2) 基督教的道德主义将集体利益视为"善"，是人类行为的根本性社会目标。不过，与霍布斯以及基督教宣扬人性堕落论相反，孟德维尔提出了新的见解：(1) "人性本'恶'这一问题无法通过消除人的这一本性以及阻止人遵从其自然的驱动力量而得到解决。恰恰相反，应该创造社会条件，使人能够摆脱严格的意识形态或事实上的藩篱而得以遵从其本性。如果实现了这些条件，就不仅能够避免人的情感和激情带来的弊端，也能够将其潜在的破坏性理论引导到对个人和整体均有益的方向上来"。② (2) 追

① 参见杨春学《经济人与社会秩序分析》，上海三联书店/上海人民出版社 1988 年版，第 55—56 页。

② M. 鲍曼：《道德的市场》，肖君、黄承业译，中国社会科学出版社 2003 年版，第 9—10 页。

求个体利益的“恶”行不仅可以有效实现集体利益这一社会“善”，而且“把我们变成社会动物的伟大原理，支撑着社会的一切生意和行业的牢固基础，无一例外全是罪恶”。[①] 正因如此，孟德维尔继承霍布斯的性恶论并将之发扬到了极致：自尊和虚荣的自私行为比所有的美德行为对社会发展的作用都要大；正是这种乐观的个体主义精神产生了“私恶即公益”这一流行至今的命题，以致只关注个人利益的理性人后来逐渐演化为经济学中占支配地位的经济人假设。

然而，由于孟德维尔把整个世界都看成是邪恶的，这对当时还处于强调节俭美德的苏格兰道德传统构成了巨大冲击，尤其挑战了当时以沙夫兹伯利为代表的英国主流哲学将个人美德与公共利益统一起来的思想。究其原因，当时的美德依旧强调对欲望的克制，占据主流的基督教伦理就认为，人性只要打上自爱和追逐私利的烙印就是美德之敌。为此，孟德维尔这本书也就为当时社会各界所不容。例如，当时的大主教贝克莱就斥责《蜜蜂的寓言，或个人劣行即公共利益》为“亘古未有的最坏的书”，而斯密的老师——哈奇森甚至不攻击《蜜蜂的寓言，或个人劣行即公共利益》就会连课也讲不下去。哈耶克写道：孟德维尔“已经成了一个恶魔般的人物、一个虔诚可敬之士感到惊恐的名字、一个这样的作家：人们有可能私下阅读他的书，以享奇谈怪论之乐，但是谁都知道他是个道德怪物，往往不可被他的思想所感染”[②]。不过，这些批评反而扩大了该书的影响，它不仅成为当时每个年轻人书架上必备的书，而且由于无人不读该书，也就难免受其影响。事实上，即使斯密也在课堂上不断感受其书思想的熏陶，从而产生了市场自发作用的乐观主义态度；而且，该书提出的“私恶即公益”命题，从此也就成了经济学界不可避免的争论焦点，并逐渐为大多数经济学家所接受，也成为休谟及其后继者的社会哲学的基础。

总之，正是由于文艺复兴和启蒙运动之后，追求世俗利益的社会实践使得人们产生了对神性、神权的怀疑和批判，此时的一些学者也开始

---

① 转引自哈耶克《致命的自负》，冯克利等译，中国社会科学出版社2000年版，第9页。

② 哈耶克：《经济、科学与政治：哈耶克思想精粹》，冯克利译，江苏人民出版社2000年版，第573页。

撇开了人之先验本性的探究，而专注于对特定时期下的人类行为进行观察，以此来提出新的人性学说并进而构造理论大厦。事实上，世俗社会对物质利益的追逐及其滋生出的功利主义的日盛和工具理性的膨胀，都使得现实生活中人的逐利本能日益鲜明地展现在人们眼前，从而引起了对传统基督教教条的反思。当然，对基于逐利本能而行动所产生的后果，不同的学者却存在着不同的看法：（1）早期马基雅维利、霍布斯以及当时的基督教主流哲学家得出了较为黯淡的评价，因而主张利用其他社会机构以及法律的或道德的力量加以制约和调和；（2）随着市场经济的发展，后来的孟德维尔、洛克、达德利·诺斯、孟德斯鸠、休谟以及达文南特等人开始对个人自发逐利的活动持乐观的态度，他们“确信理智的思考和权衡不仅会促使人为了自身的利益而将其狂热的激情与感情转化为‘理智的自爱’和启蒙的利益心，而且确信明智的权衡与预测还将使他们能够直接实现和平合作的优势，也就是说，在没有国家压制与惩罚威胁的资源基础之上”①。尤其是，孟德维尔在《蜜蜂的寓言，或个人劣行即公共利益》中把所有的自私都看成劣行，只有自我牺牲才是美德，而劣行和美德之间没有中间地带；他一方面指责奢侈和追求私利为劣行，另一方面又把它描述为经济繁荣不可或缺的先决条件。这样，孟德维尔把个体逐利行为视为社会整体利益增进的基本途径来颂扬，从而开了行为功利主义的先河。

第五节 结语

西方社会对人性的经验主义探究是文艺复兴和启蒙运动之后，当时由于生活世俗化的逐渐普及，人们越来越关注物质方面的需求，从而促进了物质文明的发展以及功利主义的兴起。正是在这种情势下，西方社会道德观也从义务论转向了目的论，从目的的实现角度来评价行为的“善”与“恶”。尤其是，目的论与功利论结合而产生了功利主义评价标准，它从提高物质利益的角度来评估人的行为。当然，资本主义早期的功利主义主要是规则功利主义，因为它关注社会的整体功利以及社会制

① M. 鲍曼：《道德的市场》，肖君、黄承业译，中国社会科学出版社2003年版，第7页。

度的改革，将那些有助于社会整体利益增进的社会制度视为“善”的。这正如沃特金斯指出的：“18世纪早期的思想领袖与基督教先驱一样，关怀的惟有独立并凌驾于政治制度之上的社会福利，这使他们认为，国家组织不大值得重视。国家不论组成方式如何，只要保证让社会执行其无上重要的职能，他们便无条件地效忠于这个国家。惟有在希望一次次破灭之后，中产阶级才认识到，要把国家权力限制于制定的范围之内，必须先建立适当的政治制度。现代的宪政主义，便是这种痛苦经历换来的结果。”① 问题是，社会整体利益是如何持续提高的？它可以凭借个体对私利的追逐行为来实现吗？显然，在这一问题上形成了不同的看法，从而出现了不同的人性观。同时，正是基于不同的人性观，不同学者进而又提出了不同的政治制度主张：马基雅维利、霍布斯等主张引入外来的权力来抑制“恶”行的泛滥，而孟德维尔等人则主张充分发挥个体的“恶”行以最有效地实现公益。当然，不管这些学者无论是在对人性的认知上还是在对政策的主张上都存在着何等差异，但他们的终极关怀大致是相同的，都是体现在公益的最大化上。

正是基于社会公益的考虑，在启蒙运动初期的新兴中产阶级不是否定、反对和削弱国家的权威，相反还运用和发展了主权理论来对抗宗教、封建以及其他传统力量，从而伸张了主权国家的权力。实际上，启蒙运动对当时教会特权发动猛烈攻击的主要目的仅在于，通过彻底解放经济市场，使之不受传统基督教体制的束缚。正因如此，大多数启蒙思想家都是国家专制主义的支持者，或者说，他们大多支持开明专制。究其原因，在他们看来，劝说一个君主来推动启蒙运动，显然要比劝服一大群教育程度较低的人更容易。确实，在启蒙运动之初，开明专制曾取得较大的成功，在国家权力的保障下重商主义也得到快速的推行，从而为资本主义的发展夯实了基础。不过，随着工商业的进一步扩张和竞争的加剧，依靠国家干预的经济增长方式就日益暴露出严重的问题。（1）面对顽强的保守主义，表面上的胜利往往流于短暂的现象，开明专制君主所取得的成果往往被其不开明的继承者搞得丧失殆尽；（2）随着工商业的

---

① 沃特金斯：《西方政治传统：现代自由主义发展研究》，黄辉等译，吉林人民出版社2001年版，第91页。

持续发展和市场竞争的日趋激烈，中产阶级本身需要更大的自由，从而导致自由放任思潮的出现。正因如此，尽管孟德维尔的“私恶即公益”命题在提出之初遭到了猛烈的批判，但是，经过斯密“无形的手”原理的宣扬，其逐渐开始为社会所接受并得到迅速传播，以致被现代主流经济学当成伟大的洞见。究其原因：（1）孟德维尔的观点似乎在斯密的《国富论》中得到了印证或者得到更有条理的阐述，并且与自边际革命以降的主流经济学对自由市场和既有制度百般维护的思路相一致；（2）一些学者也从自然秩序角度为这种自由放任思潮提供了自然神学的理论基础，从而进一步赋予了其合理性，这些都导致了经济人思想的萌芽。

第 二 章

行为目的观的二分化溯源：功利主义的两种内涵

【导读】现代主流经济学往往将经济人视为只关注个人利益的冷淡个体，但实际上，早期西方社会更关注集体利益，功利主义也是源于对集体利益的关注。同时，由于“最大多数人的最大幸福”这一功利主义目标本身存在歧义，又衍生出了对功利主义的两种不同理解：行为功利主义和规则功利主义。进而，这两种内涵的功利主义分别为社会科学的不同分支所接受和发扬，其中，经济学接受了行为功利主义而注重于行为的手段选择，最终塑造出了经济人这一假设。

第一节　引言

现代主流经济学将行为者视为只关注个体利益而相互冷淡的原子个体，关注行为的选择原则，从而主要遵循行为功利主义原则。与此不同，社会学等领域的学者却特别强调个体行为所受到的文化的、心理的、习俗的、制度的等方面的制约，关注社会制度的确立原则，从而主要遵循规则功利主义。正因如此，尽管“人”是社会科学所有分支的共同研究对象，但它们对人性假设的设定却是迥异的。只要稍微罗列一下就可以发现，有关人性的假设是众说纷纭的，有经济人和道德人、社会人和政治人、理念人和从众人、原子人和社群人以及等级人和契约人，等等。那么，为什么出现如此多的人性假设？在如此多重的人性理解中哪个更为合理、真实呢？其实，西方社会在人类行为目的上一直存在着一种二元主义传统：（1）义务（道义）论的，它强调个体行为应该与社会体现善的规则相符合；（2）目的（功利）论的，它主张善的行为仅仅是为了实现最大化的目标。而且，这种二元主义的共同特点是：不仅关注个体利益，而且也关注集体利益。当然，如何平衡两者的关系，也就是千百年来西方学者不断求索之巅。

一方面，集体利益是西方社会最初的也是根本的关注之所。自古希腊开始，西方社会就形成了自然主义思维，它不仅形成了从个体出发观察世界的思路，而且将个体视为决策的基本单位。不过，在从古希腊到中世纪的漫长时间内，个体的经济活动都从属于伦理活动，都重视城邦或教会共同体的集体利益。事实上，尽管基督教强调个人的灵魂得救，启蒙运动强调个人的世俗快乐，从而呈现出明显的个人主义倾向；但是，这些个人主义也是相对的，嵌入了强烈的社会因素。例如，基督教教义认为，最崇高的理想之一就是要将全人类团结在一个爱与仁慈的社会当中，从而建立了严格的道德共同体——教会；相应地，很多信徒也乐于在监狱或医院里进行奉献，热衷于慈善和福利事业。同样，即使启蒙运动最终促进了个人自由的大发展，并合理化对个人利益的追求，将之当作社会进步的基本途径；但是，启蒙运动的先驱们根本关注的还是公益，他们相信，社会进步原则不仅可以增进特殊个人的快乐，而且也能增进整个社会的快乐，因而公益就代表着自由主义政治观的终极抱负及其终极力量。

另一方面，如何取得个人利益和集体利益之间的平衡是困扰学者的千年难题。自古希腊进入人类学时期，大量的智者就充当了哲学王的角色，努力设计出平衡个人利益和集体利益的制度。例如，古希腊思想就主要体现在两个方面：（1）关乎城邦政治生活与社会生活的善的问题；（2）关乎城邦公民的个人行为的善的问题。为此，古希腊城邦的宪法在很大程度上也就是一组关于如何把善秩序化为一种生活方式的原则表达，其目的就是促使城邦成员享受最善的生活。然而，迄今为止，这一难题都没有得到很好的解决，以致成为现代制度设计的症结所在。譬如，当基督教教义取得支配权后，西方社会明显形成了根深蒂固的反人文主义的传统，偏重的是社会（基督教世界）利益而不是个人利益，却没有真正解决这两者之间的平衡问题。同样，随着生活世俗化的发展，个人利益日益得到重视，但这种没有被解决的问题只是从宗教层面转到了世俗层面，以致个人利益和公共利益之间的关系重新成为众多知识分子的奋斗之所。

由于西方社会长期存在着这种二元主义的人性观，基于观察的视角不同，不同学者对个人利益和公共利益之间关系也就有了不同的看法。例如，马基雅维利和霍布斯等人注意到了其中潜含的不一致性，而孟德维尔和洛克等人则洞悉出不一致的背后隐藏着和谐之处。在很大程度上，也正是由于对两者关系的解读和认知存在不同，社会科学的不同分支乃至经济学的各流派在人性假设上才呈现出明显的不一致性。（1）在经济学中，首先是休谟对基于个人行为的乐观主义理想做了详尽的综述，而斯密借助“无形的手”的比喻对这一思潮的基本思想做了精确的描绘。事实上，人们总是将经济人假设与斯密联系起来，其原因就在于斯密的“无形的手”原理是如此深入人心。（2）在政治学以及法学界，自马基雅维利和霍布斯做了开创性工作后，边沁承袭了强大的个人主义将危害二元主义平衡的看法。因此，他特别强调了人们利益之间的冲突存在，并完善和系统化了功利主义学说，从而为立法和道德权威奠定了理论基础。

正因为从中世纪晚期到启蒙运动乃至资本主义兴起的初期，西方的道德哲学都是注重社会利益，因而兴起于此时的功利主义的原初出发点也就在于实现最大多数人的最大善。但是，后来却衍生出了行为功利主义和规则功利主义两种内涵，其中，行为功利主义将个体的乃至个体一次性行为的功利量作为衡量标准，在此基础上又逐渐衍生出经济人假设。那么，边沁的功利主义是如何分化而殊途发展并最终形成经济认知的？一个重要的原因就是商业文明的迅猛发展以及相应竞争的日益加剧，世俗利益的激烈争斗使得人们对自身物质利益关注不断加深，这促发了一些学者开始反思传统的道德信条，这在探究物质生活领域的经济学中表现得相当明显。同时，一旦经济学将其研究集中到个体的利益上来，就开始偏好工程学的分析思维，从而导致自然科学化的科学分析范式在经济学中逐渐偏盛，最终抽象出了经济人这一假设。有鉴于此，本章力图对边沁的功利主义重新做一梳理，目的有二：（1）为了阐明行为功利主义和规则功利主义的演化过程及其特点；（2）以此来探究人性假设在不同学科之间的分化过程。

第二节 功利主义的主要内容

功利主义是一种伦理理论，其萌芽最早可追溯到古希腊时期伊壁鸠鲁的快乐主义学说，中间经过基督教伦理的熏陶，到17、18世纪初步形成了为资本主义发展所利用的功利理论。持功利思想的学者有霍布斯、洛克、昆布兰、哈奇森、孟德维尔、休谟、斯密、卢梭、霍尔巴赫以及爱尔维修（C. A. Helvetius）等，最后，边沁做了综合并构建了古典功利主义的基本框架。因此，在功利思想的演变和发展过程中也形成了多种思潮：神学功利主义、政治功利主义以及边沁构建的古典功利主义，等等。例如，佩利（Paley）等提出的神学功利主义把行善作为正当性的检验标准，认为道德就是“在服从神的意志的条件下，为求永久的幸福，而对人类行善”。[①] 葛德文（Godwin）提出的政治功利主义则确立了快乐和痛苦的基础地位，认为“道德是考虑到最大限度的普遍福利而确定的行为准则……任何行政当局可以推行的唯一公正的法令也必须是最符合公众利益的”，“人类所最理想的境界是在尽量少侵犯个人独立性的情况下维持集体的安全”。[②]

如果说哈奇森是近代功利主义思想的先驱，那么，边沁就是功利主义学说的系统阐释者和集大成者，而中间则经过了孟德维尔、休谟、斯密等人对自利行为的阐发，从而使得业已萌发的功利主义思想得到进一步的发展。边沁既反对体现理性的自然法，又反对鼓吹习惯法的历史法学，而是认为，被承认有权制定法律的个人或群体为法律而制定出来的任何东西都是法律。而且，边沁断言：正如自然界有自己的规律一样，人类也有自己的规律，这规律就是“趋乐避苦”，这里的苦和乐就是功利。[③] 边沁所说的功利是指任何客体的这样一种性质，它倾向于给利益相

① 转引自宋希仁《西方伦理思想史》，中国人民大学出版社2004年版，第288页。

② 同上书，第289页。

③ 边沁：《道德与立法原理导论》，时殷弘译，商务印书馆2000年版，第369页。

关者带来实惠、好处、快乐、利益或幸福，或者倾向于防止利益相关者遭受损害、痛苦、祸患或不幸。进而，如果利益相关者是一般的共同体，那就是共同体的幸福；如果是一个具体的个人，那就是这个人的幸福。因此，功利是区分是非、善恶的标准，也是衡量人类行为好坏的唯一标准。这就导向了功利原理：它按照看来势必增大或减少利益有关者之幸福的倾向，亦即促进或妨碍此种幸福的倾向来赞成或非难任何一项行动。显然，如果当事人是一个特定的个体，那么功利原则就是增进该个体的幸福；而如果当事人是社会，那么功利原则就是增进该社会的幸福。

那么，如何计算功利的量呢？边沁认为这取决于七大因素：强度（快乐和痛苦有多强烈）、持续性（持续多长时间）、确定性（这种感觉导致的可能性是什么）、迫近性（还有多久发生）、丰度（即继生性，如果是快乐的，是否继之而来的也是同种感觉）、纯度（是否可能继之而带来相反的感觉）和广度（范围，能够影响多少人）。要估计行动对共同体利益影响的总倾向，边沁主张将所有快乐的值加在一起，同时把所有的痛苦的值加在一起。这样，如果快乐的总值较大，则差额表示有关当事人全体或它们组成的共同体的、行动的总的良善倾向；如果痛苦的总值较大，则差额表示有关当事人全体或它们组成的共同体的、行动的总的邪恶倾向。显然，如果在公共领域把这种计算固定下来，就变成了经济学家的成本—效益的分析策略。①

当然，边沁所指的快乐并非仅仅是源自物质的，而是多方面的，包括：感官之乐、财富之乐、技能之乐、和睦之乐、名誉之乐、权势之乐、虔诚之乐、仁慈之乐、作恶之乐、回忆之乐、想象之乐、期望之乐、基于联系之乐和解脱之乐等；痛苦也包括匮乏之苦、感官之苦、棘手之苦、敌意之苦、恶名之苦、虔诚之苦、仁慈之苦、作恶之苦、回忆之苦、想象之苦、期望之苦以及基于联系之苦等。在上述大类中，边沁又细分小类。例如，即使就感官之乐一项而言，边沁又指出了味觉、嗅觉、听觉、视觉、触觉、醉酒、性交、健康以及新奇等 9 种。② 显然，如果考虑现代

---

① 阿尔蒙德：《探索伦理学：通向善恶王国的旅行》，刘余莉等译，中国社会科学出版社 2002 年版，第 44 页。

② 边沁：《道德与立法原理导论》，时殷弘译，商务印书馆 2000 年版，第 90—91 页。

经济学中“泛效用”的概念，那么，就可以把这种功利计算与经济学的效用分析结合起来。不过，需要指出的是，以边沁为代表的功利主义注重的是福利提高，而福利有丰富的内涵，它在很大程度上体现为一种主观感受或者说是心理上的享受，大致可以等同于快乐；但是，现代主流经济学却把福利看成了理性和私利的偏好的满足，而一个人偏好的满足又并不总是意味着这个人更幸福。因此，以最大的幸福或快乐为目标的功利主义不同于以偏好的最大满足为目标的功利主义。例如，吸食海洛因对那些上瘾者而言是一种偏好的满足，但它并不会带来幸福或快乐。

同时，与现代主流经济学不同的是，边沁强调的主要不是个人功利而是社会功利，他把功利主义概括为不是使个人幸福而是使社会幸福达到“最好境界”的科学；而且，在边沁看来，不存在不同利益之间的自然而然的和谐，每个人追逐自己的私人利益目标不会使公共幸福最大化。因此，功利原理不仅应用于私人的每项行动，而且适用于政府的每项措施。事实上，正是基于这种功利原则，边沁还区分了政府的日常工作、非日常工作和人们可随时要求处理的工作。在边沁看来，政府的职责就是通过避苦求乐来增进社会的幸福，而社会幸福则主要体现在四个方面：生存、安全、富足和平等，这也是公共政策的重要目标。其中，安全是主要的和基本的目标，个人的自由也必须服从于一般安全的考虑，甚至如果不牺牲自由就无法制定法律；平等是仅次于安全的目标，这凸显了边沁对社会大众的关怀，机会的平等也有赖于法律规则的界定。显然，边沁并不以自由作为法律控制的主要目标，也不承认自然权利，而是在相当程度上承认了政府活动的合法性。为此，他偏离了严格的自由放任立场，并把政治制度和法律制度都视为实行功利的工具和手段：一项法律、制度的好坏就在于它是否能够“为最大多数人谋得最大的幸福”。

正因为“最大多数人的最大幸福”被边沁当作判断是非和好坏的标准，因此，以后的边沁主义者大多拥护对个人行为制约的立法行为，试图从功利主义原理出发来改革法律和立法科学，从而实现个体幸福与社会福利之间的和谐。至于制约的方式，边沁指出了四种约束力：自然的、政治的、道德的和宗教的。其中，自然约束力是指那些未受任何人意志干预和未受任何超自然力介入而发生在现世的快乐或痛苦；政治约束力是指由共同体内一个或一群特殊人所控制的；道德约束力是指由共同体内偶然的人掌握，所依据的是每个人的自发意向而非业已确立的规则；宗教约束力则是直接来自一个超然玄虚的最高存在。根据这四种来源，人类为实现功利就有四种基本的制裁方式：（1）物理的制裁，如疾病等，这是因为自己的不小心而遭受毁灭；（2）政治的制裁，如法律的判决等，这是因为自己有罪被法律判决而毁灭；（3）道德的制裁，如舆论的谴责等，这是自己平时受人厌恶发生了灾祸没有援救而毁灭；（4）宗教的制裁，如上帝的惩罚，这是自己得罪上帝又不忏悔而毁灭。[①] 显然，这意味着在任何共同体内，个体追求自己的功利都要受到其他相关利益者的约束，共同体或政府机构的功能在于通过赏罚来促进社会幸福。

第三节　功利主义的二分发展

功利主义的基本精神是：根据“两利相权求其大，两害相较取其轻”原则来实现“最大多数人的最大幸福”。显然，这是从“最大多数人”和“最大幸福”这两个维度来界定同一定义，这就会造成概念内涵本身的歧义，甚至内含了矛盾的逻辑。究其原因，“最大多数人”和“最大幸福”并不总是相同的。例如，三个人可以通过民主投票决定剥夺一个人的财产或生命，这满足“最大多数人”的利益，但并不一定满足“最大幸福”，因为被剥夺者所受的损失往往会大于多数人所获得的收益总和。显然，这涉及偏好强度和密度之间的差异：（1）基于“人”而言，最大多数人的幸福可能损害少数人的利益，这是多数民主的暴政问题；（2）基于“功利”而言，完全可以少数人占据社会上的极大财富而造成社会不平等，基于帕累托原则和希克斯—卡尔多补偿原则实行的结果往往会如此。

那么，究竟应该追求最大多数人的幸福还是最大的社会幸福呢？在很大程度上，正是基于不同的理解和认知，最大幸福原则既可以为那些拥护福利国家的人所采用，也可以为放任主义的崇拜者所采用。[②] 更为重

① 边沁：《道德与立法原理导论》，时殷弘译，商务印书馆2000年版，第81页。

② 博登海默：《法理学：法律哲学与法律方法》，邓正来译，中国政法大学出版社2004年版，第112页。

要的是，如果在三个人构成的社会中，其中两个人从虐待另一个人的行为中获得巨大快乐，那么功利主义就表明这个人应该受到虐待吗？相应地，随着功利主义的发展以及内在问题的显露，围绕道德终极标准适用范围以及道德终极标准就衍生出了两种不同的理解观点：行为功利主义（act utilitarianism）和规则功利主义（rule utilitarianism）。并且，各个学科对功利主义内涵也开始出现了不同理解，从而又进一步导致了不同学科在人性认知上的差异发展。

（一）行为功利主义的含义及问题

行为功利主义的代表是斯马特（J. J. Smart），它从每个具体的行为角度来判断它的正当性，要求每一种个体行为，包括其所有的形式和细节都应接受功利主义的检验。按照行为功利主义的主张，道德行为只受制于一个原则——功利原则，行为的正当与否完全在于它是否能够带来更多的功利或导致更少的反功利；而且，对于任何给定的情况，道德上正确的行为应该是使社会效用最大化的某种特定行为。也就是说，尽管边沁功利主义考虑到的是整体社会的功利大小，但行为功利主义却主张将这种效用最大化的功利主义原则直接应用于每个人的行为（或行动）；并且主张，只要每一个行为是符合功利原则的，就是善的行为。正是由于功利主义的这种转换，行为功利主义就为经济学所接受，并最终转化为经济人假设：一方面，行为功利主义强调每个行为和环境的特殊性，从而带有强烈的主观主义色彩，此时，善就不再是普遍的，而是我或大多数人更为偏好的；另一方面，自新古典经济学开始，经济学就在给定的社会制度框架下进行现象分析和解释，而不再考虑不同制度间的转化问题。事实上，按照行为功利主义公式，任何收益超过成本的项目都是值得追求的。

当然，这种行为功利主义也可以在边沁的论述中找到端倪和依据。边沁将功利原理定义为“这样的原理：它按照看来势必增大或减小利益相关者之幸福的倾向，亦即促进或妨碍此种幸福的倾向，来赞成或非难任何一项行动”①。显然，这种观点预设了一个前提，即任何一项行动所

① 边沁：《道德与立法原理导论》，时殷弘译，商务印书馆2000年版，第58页。

具有的所有特定且具体的结果都是能够为行动者本人所知道，从而每个行动者都可以根据这一“已知结果”的功利来判断该行动。从这个意义上说，边沁本人更关心的是每一项行动应该在整体上产生出最大限度的快乐。显然，这与行为功利主义并不一致。尽管如此，后继者还是把行为功利主义追溯到边沁，甚至把他视为行为功利主义的先驱。其主要原因有二：（1）边沁认为，善具有包容性，如果组成社会的个人是幸福美满的，那么整个国家就必然幸福昌盛，因此，个人在自由地追逐功利的同时能够促进社会功利随之增加；（2）边沁确信，个人利益是集体利益的基础，损害个人利益也就是损害公共利益，因此，他把个人利益推到至高无上的地位：唯有个人利益是现实的利益，不能为了他人利益而牺牲个人利益。有鉴于此，边沁的一些追随者如西季威克等坚持认为，行动者可以通过全面比较其行为的整体功利来判断行动。摩尔指出：“每个行动者都必须始终担负起这样一种责任，即在任何特定的场合中，他都必须对他所能采取的所有行动进行比较，进而做出决定并采取那种在整体后果上具有最大内在价值的那种行动。”① 因此，学术界通常把早期以边沁为代表的功利主义称为“行为功利主义”，其成员包括西季威克、摩尔等人。

其实，边沁的思想存在明显的矛盾：一方面，他将政府职能界定为使绝大多数人取得最大幸福；另一方面，他又把个人的绝对自由选择视为取得全体最大幸福的唯一途径。当然，在启蒙运动初兴之时，边沁表现出一个活跃的改良主义者，更为关注属于公共领域的社会经济行为，而不是属于私人领域的理性最大化行为；为此，他积极试图运用其理论为社会政治制度服务，是边沁的改良功利主义而非李嘉图式的技术经济学对当时的思想产生重大刺激和影响。不过，边沁的双重思想显然为不同学者所继承：（1）边沁关注社会利益的思想主要在哲学法律界产生影响，如后来以奥斯汀为代表的分析实证法学就继承了功利主义哲学，将功利原则视为检验法律的最终标准；（2）经济学界则主要继承了边沁思想中的行为功利主义，当时许多经济学家毫不犹豫地宣称功利主义对于

① 转引自哈耶克《法律、立法与自由》第2、3卷，邓正来等译，中国大百科全书出版社2000年版，第26—27页。

经济理论具有头等重要的意义，如杰文斯甚至把经济理论定义为“快乐和痛苦的计算”。其原因在于，在经济学界，斯密的“无形的手”原理在英国是如此深入人心，以致在边沁之后出现了一个科布登学派，这个学派主张将天赋人权学说和边沁学说结合起来，不但要最大限度地发挥个人能力，并且要限制政府的权力。特别是，这个学派的思想还为曾担任四届首相的格莱斯顿所实施，并由于当时英国在世界上遥遥领先的地位而在世界范围内产生了巨大影响。因此，随着边际效用学派将经济学的研究对象转向私人领域，经济学界重新复兴、继承并发展了斯密提出的经济人分析思路，并撇开了制度和伦理因素对行为的影响。结果，边沁原初较为全面的功利主义就逐渐被内缩为单一的行为功利主义。

然而，这种行为功利主义本身也存在一些缺陷：（1）它需要非常强的信息条件；（2）增进个体功利的行为并非一定导致整体功利的提高。例如，根据行为功利主义，我们在考虑是否要撒谎时就要比较撒谎和讲真话所带来的快乐和痛苦：如果发现讲真话带来更多的快乐，讲真话就是正确的行为；如果是相反的结果，那么撒谎则是可取的。也即，按照行为功利主义，撒谎并不总是坏的，这要视情形而定。显然，由于在每一次特定行为时，我们并不能对行为的后果有充分的认识，从而也就无法对一些特殊情况做准确的预测，因而行为功利主义并不是行为选择的有效依据。同时，行为功利主义还会产生消极结果，那些违约行为的受益人往往将自己所从事的具体行为当作一般规则的例外，从而也就会影响对该行为负面效果的评价。事实上，行为功利主义对个人权利和义务界定并不敏感，甚至过分强调权利而忽视了义务。正因为忽视义务，每个人按照他个人的功利计算而采取行动，结果在长期上反而会导致更多的反功利。譬如，根据行为功利主义，商业中违反合同的行为也可能是善的，因为这往往符合某种功利增进的要求。进一步地，人类社会的一切现象如犯罪、色情、歧视等都可能符合行为功利主义原则，正如目前的那些经济学帝国主义所分析的那样。问题是，如果大家都违反合同，那么，整个商业将会萎缩乃至崩溃。正因如此，每个人都有维护商业合同的义务，这是与其长期利益一致的。

（二）规则功利主义的兴起及发展

一般地，行为功利主义往往会“夸大例外而抹煞常规、夸大道德规范之间的冲突情况而抹煞道德规范一致的情况”。[①] 譬如，一个恶棍可以从欺凌或杀人中增加快乐，因而行为功利主义原则将鼓励他杀人；但是，如果整个社会都将杀人接受为一条行为规则，就减少了普遍快乐。那么，如何解决这一矛盾呢？这就需要引入理性。康德提出的绝对律令就强调：永远如此这般行动，以便能够合乎理性地让你据以行动的那条法则变成普遍法则。也即，每个人的行动所遵循的规则应该通过自身的一致而成为一条普遍的自然法则。相应地，约翰·穆勒则指出，个人利益与集体利益往往并不相冲突，关键是个人利益必须以理性人的负责任生活为基础。为此，一些学者主张把道德哲学和经济学结合起来而发展出了规则功利主义，其基本思想是：对行为性质的判断应该与它对社会总体效用和长期效用的影响相联系，并致力于考察公益的最大化。

从学说史看，规则功利主义思想可以追溯到休谟、康德等，詹姆斯·穆勒、约翰·穆勒、埃几沃斯、佩利以及后来的经济学家哈罗德（Harrod）和海萨尼等则是发扬光大者。显然，正是在这些思想基础上孕育出了道德哲学中的功利主义流派。例如，佩利指出，一种行动若要得到道德上的认可，“就必须在整体上和长时段中都是有利的或适当的；就如人们在计算后果的时候那样，必须把所有的后果都考虑在内，而不论这些后果会以什么样的方式产生或在多么遥远的将来产生”[②]。也就是说，规则功利主义学派将整个道德哲学建立在效用最大化的经济理论上，或者说，建立在社会效用最大化的要求上。它主张，社会中某种行为可能创设的效果是唯一的，而不是与具体环境相联系，如通过以往违约的后果就可大致判断出所有违约行为都是违反道德的。在很大程度上，这种思维已经应用到了社会制度的改革以及公共政策的制定中，如福利经济学就是研究如何把某些道德原则（社会正义、公平分配、帕累托最优、

① 王海明：《人性论》，商务印书馆 2005 年版，第 306 页。

② 转引自哈耶克《法律、立法与自由》第 2、3 卷，邓正来等译，中国大百科全书出版社 2000 年版，第 26—27 页。

个人自由等）应用于经济活动中。

显然，规则功利主义认为，在最高原则（功利原则）与个别的道德行为之间还需要有约定的道德和社会规则。因此，规则功利主义就可以这样定义：只有当行为符合一系列规则，且对这些规则的总体接受会产生最大的净快乐时，行为才是正确的。由此，规则功利主义提出了高于行为功利主义的判断原则。究其原因，根据这一规则，功利主义的选择标准应首先应用于可供选择的可能的道德规则，而不是直接应用于可供选择的可能的行为；而“正确的道德规则”在这种情况下被定义为：如果每个人都遵守的话，将使社会效用最大化的特定行为规则。① 例如，从人类社会长期实践的效果来看，讲真话一般会产生更好的结果，有助于整个社会的信任和合作。所以，人类道德往往鼓励讲真话，康德的绝对道德律令甚至强调，撒谎永远是错误的。同时，规则功利主义可以使人们充分认识到个人权利和义务在道德、社会方面的重要性，因此，规则功利主义观念也经常被应用于立法工作：一个合乎道德的政治体制必然能够为其所有社会成员带来巨大的利益净值；一个政策如果能够产生利益净值，就是合理的政策，这种观点也预示了帕累托有效境界。

实际上，规则功利主义体现了边沁功利主义的主要内涵。理由是，边沁一直强调，不存在不同利益之间的自然而然的和谐，每个人追逐自己的私人利益目标不会使公共幸福最大化。边沁对规则功利主义的重视可用如下几点加以说明：（1）他试图从功利主义原理出发来改革法律和立法科学，把功利主义概括为不是使个人幸福而是使社会幸福达到“最好境界”的科学；（2）他偏离了严格的自由放任立场，在相当程度上承认了政府活动的合法性；（3）他还区分了政府的日常工作、非日常工作和人们可随时要求处理的工作，认为直接依附于最大幸福原则的四项公共政策的重要目标依次是生存、安全、富足和平等；（4）他把平等列为一项经济政策的目标，也开拓了穆勒所追随的道路，穆勒在此基础上又发展了分配的新观点。正是对边沁改良主义的继承和发扬，穆勒强调，功利主义的幸福原则是利他的而非利己的，因为它的理想是“所有相关

① 《海萨尼博弈论论文集》，郝朝艳等译，首都经济贸易大学出版社 2002 年版，第 333 页。

之人的幸福”。[①] 因此，早期以边沁为代表的功利主义实际上超越了狭隘地追求个人利益的享乐主义，并把引导人类实现最大多数人的幸福的最大化伦理学加于之上；而且，边沁继承了霍布斯有关个人主义会危害社会利益的思想，而积极寻求各种对反社会行为进行制约的措施。

显然，边沁的这种看法与孟德维尔是相对立的，但它为当时的学者所普遍接受，甚至还成为古典学者的基本观点。例如，尽管斯密崇尚自由放任，但他并不就是认为国家无所事事。在斯密看来，举办和维护那些私营企业无利可图的公共福利事业和公共设施以及改革教育等都是国家的积极作用。实际上，斯密之所以强调国家减少干预，主要目的是为了限制当时的国王及其臣僚对经济的任意破坏。例如，斯密就多次强调，资产阶级的个人利益“从来不是和公共利益完全一致”，而且，“一般地说，它们的利益在于欺骗公众，甚至在于压迫公众。事实上，公众也被他们所欺骗所压迫”。[②] 此外，斯密还明确指出，把资本用来支持产业的人，通常既不打算促进公共利益，也不知道自己能在什么程度上促进这种利益，他所盘算的只是想要达到个人利益。不过，斯密同样也深受孟德维尔的影响，极力强调“他受一只看不见的手的指导，去尽力达到一个并非他本意想要达到的目的，也并不因为事非出于本意就对社会有害。他追求自己的利益往往使他能比真正出于本意的情况下更有效地促进社会的利益”。[③] 但需要指出的是，斯密强调的“无形的手”更是引导普遍大众基于正直、勤勉和节约的生产活动，而不是引领上层人士基于阿谀、愚昧和浪费的反生产性活动。特别是，在斯密看来，与当时君主政府肆无忌惮的垄断影响相比，自由放任政策对整个社会的经济发展还是更优的。

最后，从博弈论的角度看，行为功利主义个人的道德行为本身具有非协调博弈的性质，它展示了每个局中人最大化社会效用的逐步行为；

---

① 博登海默：《法理学：法律哲学与法律方法》，邓正来译，中国政法大学出版社 2004 年版，第 113 页。

② 斯密：《国民财富的性质和原因的研究》下卷，郭大力、王亚南译，商务印书馆 1974 年版，第 243 页。

③ 斯密：《国民财富的性质和原因的研究》上卷，郭大力、王亚南译，商务印书馆 1972 年版，第 27 页。

而规则功利主义个人的道德行为却具有了协调博弈的性质，它用规范方式展示了一个所有局中人对某个特定道德策略的严格承诺，即使当这种策略规定的一些个人行为被孤立考虑时并不能最大化社会效用。显然，正是由于行为功利主义所要求考虑的是最大化社会效用的逐步行为，它反而会破坏个人的权利和义务，从而陷入了囚徒困境；而规则功利主义对于一个全面道德策略的承诺是独立于社会效用最大化的逐步行为的，从而可以充分认识个人权利和义务的道德有效性，① 这有利于达成社会的合作。例如，在投票悖论中，根据行为功利主义原则就不可避免地会产生非理性的活动（或者说是理性的无知），显然，如果利用规则功利主义就可以在相当程度上解决这个矛盾。因此，尽管经济学界在理论上往往基于行为功利主义进行分析，但是，“在现实生活中，人们对规则功利主义更加偏爱。这是因为我们无法对某一特定行为的所有后果进行充分了解，也不能对一些特殊情况进行预先的准确的预测。行为功利主义所产生的消极后果是人们往往认为自己所从事的具体行为是一般规则的例外情况。如果我们是违约行为的受益人，这就会影响我们对该行为负面效果进行评价的客观性，自然不自然地对其严重程度人为削弱”。②

关于这一点，海萨尼给出了系统的阐述：“这两种功利主义理论在解决这个道德决策问题时使用不同的规则。对这两种理论来说，道德决策问题都是解决社会效用的最大化问题。但是这两种理论在解决该最大化问题时面临截然不同的数学约束。一个行动（行为）功利主义者假设所有其他人的策略（包括其他功利主义者的策略）都是给定的，于是他的任务就是在别人的策略都保持不变的情况下通过选择自己的策略以最大化社会效用。与此相反，一个准则（规则）功利主义者不仅把他自己的策略看作是最大化社会效用时需要决定的变量，而且把其他准则（规则）功利主义者的策略也看作是最大化社会效用过程中需要决定的变量。对一个准则（规则）功利主义者来说，他的最大化问题要面临下面两个数学约束。其一是所有的准则（规则）功利主义者所选取的策略必须是相同的（因为根据准则功利主义的定义，所有的准则功利主义者都要求遵

① 《海萨尼博弈论论文集》，郝朝艳等译，首都经济贸易大学出版社 2002 年版，第 331 页。

② 乔治：《经济伦理学》，李布译，北京大学出版社 2002 年版，第 73 页。

循相同的道德原则）。另一个是所有的非功利主义者的策略应该是给定的"；相应地，"两种功利主义理论在决定规则上的差异，特别是在解决最大化问题时所面临的约束的差异，（就具）有非常重要的现实意义。表现之一是准则功利主义更加有利于在不同的人之间进行组织协作以及策略调和（调和效应）"，"与行动功利主义相比，准则（规则）功利主义的最大优势还在另一个方面，即它能够恰当地考虑道德准则在人们预期和激励方面所起到的作用（预期和激励效应）"。[①]

第四节　结语

边沁的功利主义本身蕴含了双重含义：行为功利主义和规则功利主义，它们都是对中世纪基督教强调禁欲克己的道德伦理的反动，而是把快乐当作世俗生活的目的，视为基本的善，甚至是唯一的善，而痛苦本身是恶。从本原上讲，边沁提倡的主要是规则功利主义，它以遵守或违反一项道德规则所带来的总体效果进行评估，并通过制定规则来实现社会福利的最大化。事实上，边沁甚至认为，主权者的权威是无限的而不受法律限制，而人们之所以服从主权者就是因为服从的利益大于不服从的利益，这是源于传统习惯。然而，尽管边沁的功利主义强调，通过制定一系列的规章制度可以有效地增进社会的福利，人类发明的一切首先都是为了达到快乐的目的；但是，随着对手段的重视，那些开始被当作实现快乐的手段却渐渐地通过联想而变成了人们直接欲望的对象。例如，金钱和货币本身是作为一个手段被看重的，但对守财奴来说，它却成为一个自在的目的；并且，随着金钱理性的盛行，由此产生快乐的观念开始与金钱的联系变得日益牢固，以至人们宁愿放弃一切快乐也不肯放弃金钱。正是由于金钱理性的强化以及经济学侧重个体主义分析的基本路径，导致了行为功利主义哲学为后来的主流经济学所广泛接受，从而开始将原来视为手段的东西当成了目的。

其实，西方社会中一直存在二元化的人性观：（1）它基于自然主义

---

① 海萨尼：《道德和理性行为理论》，载森、威廉姆斯主编《超越功利主义》，复旦大学出版社2011年版，第62—64页。

强调个体主义行为以及个体道德意识；（2）它又从城邦共同体、道德共同体等出发强调维护集体利益和社会道德意识。显然，这种二元主义传统源于古希腊，但经由中世纪而直到启蒙运动时期都一直存在。正如沃特金斯所说："启蒙运动的领袖也和那些基督教先驱一样，对人性的自省与外省因素采取平衡的观点，这使他们的政治思想得以沿着西方二元主义的传统路线发展下去。"① 当然，由于对个体理性行为对集体利益的之影响的看法不一样，因而不同的学者对待个体主义的态度也不一样。例如，巴斯夏就指出，如果认定人的利益是彼此对立的，就会求助于强制，而如果认为事物原本就是和谐的，当然也就无须借助强制。② 事实上，正是基于当时经济发展依赖于发挥个体的主动性和积极性的事实，以及基于社会财富最大化（社会最大幸福）而不是基于社会财富均等（最大多数人的幸福）的关怀视角，经济学逐渐采用了行为功利主义原则，把个体的功利权衡视为行为合理化的基础，从而使得经济人假说逐渐被经济学所采信。不幸的是，正是由于市场主体倾向于基于个人功利原则采取行动，其结果往往就是强化了冲突，进而导向市场失灵和社会困局。

按照海萨尼的理解，功利主义的兴起本身就是基于对道德直觉主义的理性批判，后者将人们生活于其中的社会制度安排视为道德上完全正当的，而功利主义则坚持所有的道德信条都要接受理性的检验。其中，行动（行为）功利主义认为，每个人的行动应该由功利主义的标准来直接评判，从而在行动人所处的环境中，一个道德上正确的行动就会最大化社会效用；与此不同，准则（规则）功利主义则认为，功利主义准则首先不应该应用到个体行动，而应该应用到主导这些行动的基本准则上，从而一个道德上正确的行动是遵守那些应用到这种情形下正确的道德准则。进而，海萨尼指出，正确的道德准则是指那些在某一事情发生的特定情形下，如果所有社会中每一个人都遵守时就会最大化社会效用的行为准则。③ 那么，哪一种功利主义能最大化社会效用？社会在哪种准则下

---

① 沃特金斯：《西方政治传统：现代自由主义发展研究》，黄辉等译，吉林人民出版社 2001 年版，第 84 页。

② 巴斯夏：《和谐经济论》，许明龙等译，中国社会科学出版社 1995 年版，第 36 页。

③ 海萨尼：《道德和理性行为理论》，载森、威廉姆斯主编《超越功利主义》，复旦大学出版社 2011 年版，第 45—46 页。

将会变得更好？针对这些根本性问题，海萨尼的回答是：准则（规则）功利主义更具优势。譬如，在是否应该遵守承诺这点上，一个行动（行为）功利主义者考虑的问题是：这次不遵守承诺的行为将增加还是减少社会效用？与此不同，一个准则（规则）功利主义者考虑的问题是：在决定是否应该遵守承诺方面，哪一种道德准则将会最大化社会效用？相应地，一个行动功利主义者就可能考虑不遵守承诺这种在总体上不利于社会的情形，只要他认为这一次的不守承诺可以给该行动带来更大收益。但是，这种不守承诺的行为却会降低人们对承诺的信心。与此不同，一个规则功利主义者尽管也会考虑不遵守承诺所带来的后果，同样更会考虑采纳一个允许经常性的不遵守承诺的无因果行为所带来的后果。所以，海萨尼指出："在认识社会制度的重要性，坚信这些权利和义务不应该由于眼前的社会效用所危害等方面，准则（规则）功利主义与传统道德准则非常接近。"①

① 海萨尼：《道德和理性行为理论》，载森、威廉姆斯主编《超越功利主义》，复旦大学出版社 2011 年版，第 65 页。

第三章

经济人何以成为经济学的硬核：思想史中的端倪

【导读】 经济人假设之所以会成为现代主流经济学的硬核，在思想史上主要有两个重要的分水岭：一是斯密关于“无形的手”之“预定协调”的观点赋予了自利行为的合理性，从而使得“自利”为后来的主流经济学家所片面强调，乃至赋予了个体效用最大化这一偏至诉求；二是边沁关于效用加总的功利主义原则赋予了效用的计量性，从而使得“效用”为后来主流经济学家所普遍接受，乃至进一步发展了基于理性计算的数理模型化分析。显然，正是两者的结合，为经济人假设的出现及其在经济学中的支配地位奠定了思想史的基础。

第一节 引言

经济人是现代主流经济学的核心假设，这里有两个关键字眼：一是“现代”，早期经济学理论并不是建立在经济人假设这一基石之上；二是“主流”，绝大多数的非主流或异端经济学都对“经济人”假设的合理性持保留或批判的态度。那么，经济人假设是如何产生的呢？现代主流经济学为何如此固执地将经济人行为作为经济分析的基础呢？布里奇曼（Bridgeman）主张，要理解人类的行为，就必须对研究思想是如何支配行动的那些成果给予更加自觉的关注。詹金斯（Jenkins）也指出，要穷究人类社会中各种制度的目的，就不能不探究人类的思想进程和社会进程。[①] 因此，本章从思想发展史的角度对经济人逐渐在现代主流经济学中取得支配地位的成因做一探源。

其实，通览一下自古希腊诸大儒到启蒙运动先驱的那些经典著作，我们可以发现，先辈哲人们进行探究的基本出发点在于对社会公益的关注，正是基于这一诉求，促进了个体主义和人本主义的兴起和发展。在很大程度上，个体主义和人本主义都体现了自爱和爱人的结合，体现了对他人和社会利益的关注，而不仅仅是局限于个人锱铢小利。正因如此，斯密关注的是“国富”及其获得的途径，而不是个体的发财致富之术；同样，边沁关注的是“公益”及其法律保障，而不是宣扬自由放任的机会主义。所以，森写道：“对资本主义的早期捍卫者来说，很清楚，资本主义的出现和发展涉及释放人们的贪欲之外的其他某种东西。曼彻斯特的自由派人士并非只是为了贪欲和自爱的胜利而战。他们的人性概念包容了更广阔的价值观领域。虽然对于人类能够——而且将会——做些什么，他们可能过于乐观了，但他们正确地看到了人们具有某种自发的相互之间的感情，而且相信人们会对开展互利行为的需要有一种开明的理解。”[②]

然而，尽管早期学者关注的是最大多数的最大善，但是，在实现途径上却存在不同的理解：（1）依赖于利益间天然一致的信条；（2）依赖于利益间人为一致的信条。显然，斯密的基本主张是拥护按照自然秩序和谐来确立大量信心的天然一致理论，强调个人的自我利益是人类的本性，在自由经济中可以实现自我协调。与此不同，边沁虽然承认个人基本上是利己的，但否认利己主义带来的任何自然和谐，而是认为通过法官的制裁可以实现个人利益间的人为一致。当然，尽管斯密强调人本性上是自利的，但是自利并不等于贪欲，人的现实行为也不一定是自私的，因为人的偏好中本身已经嵌入了社会伦理，从而具有“克己”的倾向。同样，尽管边沁强调判断人的行为的标准是功利原则，但这种功利原则也不是简单的行为功利原则，而是建立在一定的社会规范的基础之上。

---

① 参见威廉姆森《资本主义经济制度》，段毅才译，商务印书馆 2002 年版，第 67 页。

② 森：《以自由看待发展》，任赜、于真译，中国人民大学出版社 2002 年版，第 262 页。

在很大程度上，正是由于后人及其追随者对斯密伦理学和边沁功利主义存在着不同解读，从而形成了不同学科的人性假设基础。同时，主流经济学则承袭了这样两种倾向：（1）源于斯密的“无形的手”理论，但随后的抽象化精炼导致了对“公益”这一目的的舍弃，而局限于对自利心的阐发；（2）源于边沁的功利主义原理，但内在的逻辑矛盾导致了对“最大多数人”的舍弃，而偏重于对行为功利的计算。显然，前者产生了个体效用最大化这一偏至诉求，后者则产生了对效用的理性计算，两者相结合就为经济人假设的出现及其在经济学中的支配地位奠定了思想史的基础。

第二节 “无形的手”的流行及效用的最大化诉求

一般认为，斯密关于人性观有两个基本渊源：（1）源于英国传统上注重的公益和克己的基督教道德，它认为，个体利益与社会利益可以自然地和谐统一，追求欲望并不有损于美德的培养，尽管欲望追求的基本途径在于“义中生利”；（2）源于孟德维尔首倡的“私恶即公益”的反叛思潮，它强调，自利是人类行为的出发点，主张政策要“因民之所利而利之”。而且，斯密充分地将这两种思想渊源有机结合起来，从而成就了其统一的社会认知观。

一方面，在斯密之前，英国社会占主流的是以沙夫兹伯利、洛克为代表的道德主义哲学传统，斯密继承了这一传统。事实上，这一道德主义传统强调私人利益和公共利益和谐一致的观点，但在对美德的看法以及追求这种公利的途径上，斯密与这些先驱之间却存在着明显的冲突。例如，基督教传统道德哲学强调逐利是一种恶的行为，克己和禁欲则是善行，每个人追求这种善也将导向一种整个社会的善；但是，斯密却接受其老师哈奇森的观点，把追求自身的快乐也看成是一种美德，而不再是恶。实际上，斯密两部著作——《道德情操论》和《国富论》——的出发点都是反对中世纪流行的说教：幸福和美德是不相容的，真正美德是禁欲主义的自我抑制。为此，斯密以自然神学体系为基础，在继承古希腊的自然法则学说的基础上注入了苏格兰的世俗观念，从而重新对人的本性展开了深刻的剖析。在斯密看来，只有发现个人的永恒不变的本性，才能解释社会、国家、政治、经济和道德。那么，人的本性究竟如何呢？斯密强调，人的行为自然地由自爱、同情、正义感、劳动习惯、追求自由的欲望和交换这六种动机所推动，自然秩序就是从人的本性中产生的。

另一方面，在斯密之前，孟德维尔已经认识到现实生活中个体的逐利动机，斯密也深受他的影响。事实上，孟德维尔将追求私利视为人的本性，而将人类的一切行为都贬低成或是公开或是经过伪装的自私；同时，他也认识到个人利益与社会利益之间的共生性，认为个人的逐利行为最终将有利于整个社会。不过，由于孟德维尔继承了早期道德主义者的说辞而将人的逐利行为冠以"恶"的名声，从而夸张性地抛弃道德主义而支持性恶说。斯密却认为，追求快乐本身是善的，从而在一定程度上批判了孟德维尔把快乐视为恶的传统教条。阿巴拉斯特写道："斯密深深地受到了孟德维尔著名的私恶即公益之悖论的影响，而作为一个道德学家，他也对此表示不满。而事实上，他对此的惟一答复表明，孟德维尔人为地使冲突尖锐化了，如果自私的行为不仅没有杀害其他人，而且在实际上对有利于他们的话，那么，它未必应担当罪恶之名。除此之外，斯密赞同并扩展了孟德维尔的分析。"① 也就是说，尽管斯密的著作具有强烈的伦理学色彩，但孟德维尔所强调的"个人的逐利行为有利于社会"的思想几乎全部潜在地被斯密所吸收。哈耶克说，"孟德维尔是亚当·斯密经济自由主义观点的先驱，这是他长期以来得到公认的地位"。② 只不过，斯密的分析更深入，他不仅分析了自由市场经济下个体如何追求自身利益，而且还从分工角度来说明此类行为如何有利于他人。

当然，孟德维尔的观点在提出之初曾遭受各方面的批判。例如，斯密就认为，孟德维尔的基本出发点是错误的，为此，他不但告诫众人"这种外观非常容易欺骗那些不老练的人"；还特别谴责孟德维尔将人的嗜好和欲望看成劣行，认为"这位作者的见解几乎在每一方面都是错误

---

① 阿巴拉斯特：《西方自由主义的兴衰》，曹海军译，吉林人民出版社 2004 年版，第 317 页。

② 哈耶克：《经济、科学与政治：哈耶克思想精粹》，冯克利译，江苏人民出版社 2000 年版，第 581 页。

的”。[①] 但是，由于更大的个体自由与当时的经济发展要求相适应，因而斯密在一定程度上又认可了孟德维尔的描述，认为它“以一定的方式观察到的人类天性的某些表现。乍看起来似乎有利于他的这些见解。这些表现给孟德维尔博士以虽则粗鲁和朴素然而却是活泼和诙谐的那种辩才加以描述和夸张之后，给他的学说加上了某种真理或可能是真理的外观”。[②] 而且，斯密强调指出：“无论这个体系显得如何有害，如果它不在某些方面接近真理，它就决不能欺骗那么多的人，也决不会在信奉更好的体系的人们之间引起那么普遍的惊慌。”[③] 为此，斯密大体上接受了孟德维尔的基本结论和政策主张，强调源于利己心的冲动通过“无形的手”的媒介可以带来客观的社会利益的增加，因而这种促进物质生产和积累的利己心非但不是恶的，相反，人们获取这种财富的途径同时也是获取美德的途径。正是由于斯密通过“无形的手”为孟德维尔的学说“加上了某种真理或可能是真理的外观”，从而使得“私利即公益”命题开始深入人心。

其实，斯密批判孟德维尔的主要原因在于，孟德维尔把自利视为恶行，只不过认识到这种逐恶行为有利于公益。斯密说：孟德维尔“把每种激情，不管其程度如何以及作用对象是什么，统统说成是邪恶的，这是孟德维尔那本书的大谬所在。他就这样把每样东西都说成是虚荣心，即关系到他人的情感是什么或者他人的情感应当是什么的那种虚荣心；依靠这种诡辩，他作出了自己最喜爱的结论：个人劣行即公共利益”[④]。但是，斯密认为，不仅人类社会通行的正义、仁慈、谨慎等都是美德，都是值得鼓舞的；而且，自爱本身就是美德，追逐私利本身是无可厚非的。斯密写道：“这种被人们争相效仿的美德”，并不仅仅是“自尊心和奉承的产物”，而“自爱心常常会成为具有美德这种品质的行为的动机”。[⑤] 显然，从把自爱上升到美德这一点看，斯密的伦理学已经比孟德维尔离中世纪强调禁欲的道德哲学更远了，因为孟德维尔毕竟还没有突

① 斯密：《道德情操论》，蒋自强等译，商务印书馆 1997 年版，第 406 页。

② 同上。

③ 同上书，第 413 页。

④ 同上书，第 412 页。

⑤ 同上书，第 407 页。

破中世纪把追求享乐看成恶行的教条，而只是指出这种私恶对社会所带来的积极意义。因此，从某种意义上说，斯密是在另一种行为价值观下继承和发扬了孟德维尔的几乎所有的内容和论断，在斯密看来，在个人性的东西和社会性的东西背后存在着某种“预定协调”使得两者趋于一致，正是这种“预定协调”将伦理和经济联系了起来。

在某种程度上，斯密的人性思想与儒家认知也是相通的，如同孟子批评墨子的兼爱是“无父”一样，这里斯密批评孟德维尔的“自私”也是“无父”。当然，对自利行为的评价转变也与时代的发展有关。日本著名马克思主义者河上肇曾指出，“个人劣行即公共利益”在孟德维尔提出的时候是悖理的；但是，随着资本主义经济的发展，劣行的概念随之发生变化，牟利、增殖乃至奢侈，被认为是符合甚至就是伦理和道德本身了。牟利、增殖不必说了，因为一旦解除了宗教教义的束缚，这些就被认为是道德的了。那么，奢侈怎么会被认为是道德的呢？孟德维尔认为，随着欲望的种类及其重要性的增加，人们为满足对方的欲望而进行的劳动就增加，这样就能互相协同而成为一体，就能促进社会经济发展，因而不应非难欲望。对于欲望，人们区别必要的和奢侈的唯一标准，就是以是否为维持我们生命所必需为界限。如果是这样，差不多所有的东西都是奢侈品了。由于这样，消费奢侈品纵使是劣行，却能使社会经济发展：这就是公共利益。其后，休谟从功利主义出发，认为行为对于社会全体如果是有利的就是德而不是恶，斯密等都接受了休谟看法。这样，个人劣行即公共利益，就再也不是悖论了。

因此，斯密进一步阐发了“经济人”思想，并明确主张利己是经济发展的动力。一方面，斯密强调，社会中个体“受一只看不见的手的指导，去尽力达到一个并非他本意想要达到的目的，也并不因为事非出于本意就对社会有害。他追求自己的利益往往使他能比真正出于本意的情况下更有效地促进社会的利益”。[①] 斯密举例说：“我们想的食物，并非来自屠夫、酿酒商或面包师的仁慈，而是来自他们对自身利益的关心。我们不把注意力放在他们的博爱仁慈之上，而是放在他们自己的利己自私

① 斯密：《国民财富的性质和原因的研究》下卷，郭大力、王亚南译，商务印书馆 1974 年版，第 27 页。

之上。”[①] 另一方面，斯密又把人们追求财富的动因归于人与自然的关系，认为人天生就具有一种创造欲望和创新能力，它驱使他展开经济活动，促进财富增加；这种“迷恋”激起人们辛勤工作的热情，鼓励人们去创造物质文明和精神文明。在斯密看来，随着社会的发展，“人生的伟大目标”就变成了“引人注目、被人关心、得到同情、自满自得和博得赞许”，因为人们肉体所需要的必需品只要“最低级劳动者的工资就可以得到满足”，他们之所以拼命追求财富，就是由于“虚荣而不是舒适或快乐”；事实上，“富人因富有而洋洋自得，这是因为他感到他的财富自然而然地会引起世人对他的注意。……相反，穷人因为贫穷而感到羞辱……人们认为，这使大人物变成众人羡慕的客观对象，并补偿了因追求这种地位而必定要经历的种种辛苦、焦虑和各种欲望的克制”。[②]

当然，在社会“预定协调”的认同强度方面，斯密与孟德维尔还是存在一些差异。在斯密看来，自利行为并非一定有利于公益，从而强调了自制和克己的重要性。斯密指出，就“基于自利心的生产活动可以增进社会收益”而言，这“就中等和低等阶层”是比较适当的；但是，对那些处于垄断地位的“上流社会”而言，则并非如此。譬如，斯密就曾多次强调，资产阶级的个人利益“从来不是和公共利益完全一致”的；而且，“一般地说，他们的利益在于欺骗公众，甚至在于压迫公众。事实上，公共也被他们所欺骗所压迫”。[③] 同时，斯密还明确指出，把资本用来支持产业的人，通常既不打算促进公共利益，也不知道自己能在什么程度上促进这种利益，他所盘算的只是想要达到个人利益。此外，斯密在晚年一直担任着苏格兰海关和盐税委员会委员的官职，而这个委员会的职责就是：起诉自私者、授权没收和烧毁自私者所使用的船只、打破非法的遏制、调查私有财产，并作为重商主义的税收机关而起作用。然而，后来的主流经济学继承者却日益偏重于斯密的“无形的手”思想，而忽视他对政府应有作用的阐述。正如米尔斯写道：“自从亚当·斯密在

---

① 斯密：《国民财富的性质和原因的研究》上卷，郭大力、王亚南译，商务印书馆 1972 年版，第 14 页。

② 斯密：《道德情操论》，蒋自强等译，商务印书馆 1997 年版，第 15 页。

③ 斯密：《国民财富的性质和原因的研究》下卷，郭大力、王亚南译，商务印书馆 1974 年版，第 243 页。

这方面出色地开了一个好头之后，一个重大的机遇却被在经济学领域占据中心地位的后来的几代人给浪费掉了，因为他们没有能够很好地利用亚当·斯密为他们奠定的良好基础。相反，他们固守并且发展了斯密的理论遗产中错误的东西，却没有重视并向前推进斯密关于政府在促进经济发展所应起的作用的理论——在斯密看来，政府在促进经济发展方面所承担的角色，就是通过提供适当的结构和激励，使工业革命的潜力能够得到开发和实现。”①

不幸的是，尽管斯密提出的“无形的手”之“预定协调”原理为后来的绝大多数经济学家所接受，但是，他们大多片面地继承了斯密有关自利心的内容，而抛弃了嵌入在“自利人”中的伦理关系，进而把脱嵌于社会关系的自私心当成人类行为的唯一动力。例如，马尔萨斯就反对帮助穷人，并且认为上等阶级的特权和财富会有益于社会整体。马尔萨斯指出：“以仁爱心代替自爱心的社会原动力，不但不能生出幸福的结果，且将使今日仅一部分人所感到的贫乏的压迫，为社会全体所感到。”② 李嘉图则一方面秉承边沁的功利主义哲学，但另一方面又吸收了斯密的“原子”经济观，试图把一切社会经济现象还原抽象为个人行为。由于李嘉图在经济学界的影响，从此基于个体福祉考虑的行为功利主义开始逐渐成为判断社会行为的准则。事实上，在李嘉图眼里，经济人“只有一种活动，即谋利的活动；只有一种要求，即生利的要求；只有一个目的，即成为富人的目的。……在李嘉图的大著里，我们找不到几个关于精神文化的字样，因为在他假定的那种社会，那种市场里面，是用不着那些字样的”。③ 后来，伴随着达尔文对自然界中自然选择学说的发展，这种“适者生存”的进化规则也开始被用于对社会现象的理解，并日益盛行于经济学界。实际上，在理解斯密人性观及其自由经济主张时，我们应该清楚地认识到斯密所针对的是熟人社会而不是现代的陌生人社会。

---

① 米尔斯：《一种批判的经济学史》，高湘译，商务印书馆 2005 年版，第 110 页。

② 马尔萨斯：《人口论》，曹末风等译，商务印书馆 1959 年版，第 79 页。

③ 王亚南：《政治经济学史大纲》，中华书局 1949 年版，第 244 页。

第三节 功利主义的内涵退化及效用的计量特性

一般地，早期西方社会对人性及其行为的分析有两条路径：(1) 道义论的，人的行为应该与社会体现善的规则相符合；(2) 目的论的，善的行为仅仅是为了实现最大化的目标。基于两者的结合，边沁提出了影响深远的功利主义原理：实现最大多数人的最大利益。但是，这一经典命题本身却内含着逻辑上的矛盾：某个行为可能会产生最大额度的善，而另外的行为可能会使更多的人受益。正因如此，边沁又指出，公益并非是私益的简单加总。后来，西斯蒙第则进一步指出："个人利益常常促使它追求违反最大多数人的利益，甚至归根结底可以说是违反全人类的利益。"① 在这种情况下，功利主义公式中的"为最大多数人"这一概念就逐渐被理解为，在决定某个行为的全面后果时，这一概念单纯要求人们考虑每个人的福祉而不要求人们选取那些受益范围较广的行为。正因如此，在斯密的自利人以及行为功利主义的基础上就孕育出了经济人这一概念：(1) 斯密的自利人强调每个人都潜在地追求自己的效用最大化；(2) 功利主义则强调人的效用（快乐）是可以计算的。显然，两者相结合，人类行为就可以被看作并被解释为在所处情境中对特定需要的理性反应，经济行为也就被看作对于预期的快乐与痛苦的刺激而做出的理性反应。正因如此，经济学就把其预设仅仅局限在目的论关系上，仅仅从理性主义的、目的论的计算和选择出发来理解人类行为。相应地，经济人就具有两个基本含义：(1) 最大化自身利益；(2) 基于理性的计算。

一般地，这种最大化公设在经济学中的最初出现可以追溯到西尼尔。由于社会矛盾和冲突日益发展，经济家被卷入了反映社会冲突中各种利益集团地位的规范化或伦理学的阐述中，比较注重研究社会福利问题，结果经济学理论存在许多的争论，此时社会主义思想也在争论中蔓延。面对这种现象，西尼尔开始反对在经济学中应用伦理学和讨论福利问题，宣称要建立非价值、非道德、非意识形态取向的"经济学"，取消经济学对惹起无穷争论的福利（实际是收入分配）问题的研究。因此，承继萨

① 西斯蒙第：《政治经济学新原理》，何钦译，商务印书馆 1997 年版，第 243 页。

伊路线，西尼尔成为纯理论的倡导者。西尼尔认为，政治经济学“是论述自然、生产和财富分配的科学”，而不是有关福利问题的讨论；相反，只要伦理学是经济学理论的构成部分，科学进步就永远也不可能使经济学家达成一致。显然，一旦将经济学中那些不科学、伦理学的命题消除掉，就只剩下几条经济生活的经验主义原则；此时，通过运用演绎推理的逻辑方法，经济学家就能够找出这些经验主义原则蕴含的理论和实践观点，而这些结论的运用和实施并不是作为科学家和经济学家所关心的，而是伦理学家和立法者所关注的问题。为此，西尼尔力图从一些公认的前提出发来确立一些基本原则，并围绕这些原则形成一个纯科学的结构。由此，他还提出了政治经济学中的四个基本命题，并从这四个基本前提出发进行演绎和推理，最后得出结论。其中，他提出的第一个公设就是：每个人都要求以尽可能少的牺牲来获得追加的财富，也即每个人都希望使自己现时贴现的满足总量和牺牲总量之间的差额最大。

西尼尔对人性的分析以及对政治经济学研究对象和方法的界定逐渐为西方主流经济学所接受和发扬。事实上，约翰·穆勒就把追求快乐的行为称为善，他说，上帝对其创造的生物充满慈爱，他当然希望他们快乐；因此，可以为最大多数的人们带来最大利益与快乐的行为必定反映了上帝的意志。而且，尽管约翰·穆勒认识到个人行动的局限性，但还是主张“只有通过竞争的原则，政治经济学才有了具备科学特征的资格”。[①] 此后，根据西尼尔所提出的个人经济利益最大化公设，越来越多的学者主张应将人类活动的经济方面抽象出来，以确立政治经济学的研究对象。在政治经济学的发展过程中，经济人假设得以发展的一个重要环节还在于，约翰·穆勒进一步对斯密关于人类行为的看法做了形式化的处理。他从人类行为的各种动机中抽象出经济动机，即财富最大化的动机，从而奠定了经济人假设的第一块基石——自利原则。到了 19 世纪末期，意大利经济学家帕累托正式提出了“经济人”一词。

当然，需要指出的是，约翰·穆勒虽然主张经济学基本上是一门抽象的科学，并强调以假说性的而无须以事实为基础的假定为基础来得出一般化的结论；但是，他也承认，由于太多的其他动机和感受被抽象掉，

---

① 转引自雷斯曼《保守资本主义》，吴敏译，社会科学文献出版社 2003 年版，第 88 页。

经济学只能得出近似的真理，而不得不在适当考虑其他因素的作用后对它加以修正。因此，约翰·穆勒主张经济学应该与其他学科更好地沟通，而不是着眼于狭隘的领域。例如，穆勒强调，“实际上，政治经济学是同社会哲学的很多其他分支学科不可分割地纠缠在一起的。除了一些单纯的枝节问题，也许没有任何实际问题，即令是其性质最接近于纯粹经济问题的问题，可以单独地根据经济前提来决定”。此外，同时期的西斯蒙第则极力否认古典经济学从“经济人”得出的结论：每个人的利益就是社会全体利益，而是认为两者之间存在矛盾。因此，西斯蒙第直接鼓吹经济干预主义，主张通过立法的手段，工人被赋予新的有尊严的地位，有保障的工资里也包括这样一些补贴：疾病、失业和老年赡养，并把这些都看成是企业产生成本的一部分，并要求取缔童工；同时，他也要求对工作时间施以上限，对工资施以下限，实行利润分享以促进劳动阶级向上流动，通过累进税制进行财富再分配。正因如此，西斯蒙第的观点和政策被认为是现代的，他的思想预示了现代福利国家对于社会正义的关心，这些政策建议也最终为西欧和北美所采纳。

事实上，随着“自制”在资本主义发展中的丧失，经济人的行为越来越脱离了伦理的内容，原先沟通个人利益和社会利益的“预定协调”也开始丧失了现实的根据，因而伦理和经济也开始割裂了。在这种情况下，由李嘉图始作俑，经济学的研究对象由生产问题转向了分配问题，因而社会问题开始取代原先的“预定协调”，与此相适应，伦理和经济也不再是统一的而是对立的。相应地，包括约翰·穆勒在内的大多数古典经济学者实际上都并非完全赞同纯粹的自利行为，而是主张制定规则对个人行为进行制约。在这种背景下，德国的历史学派还掀起了对斯密“自利人”学说的批判，他们强调，斯密的经济学体系是“唯物主义”的体系和“利己主义”的体系，是一种个体主义经济学或世界主义经济学的主张，从而必然会成为社会改良的理论障碍。因此，历史学派积极引入外在的伦理约束来解释现象、解决问题，这为后来以凡勃伦为首的美国制度学派的兴起打下了基础，并衍生出了伦理经济学派。

不过，同属德国学派的另一以门格尔为首的边际效用学派，却继承了斯密的个体主义行为的思想，认为用外在的伦理规范来制约个体行为是“中世纪禁欲世界观”的残余；相反，理论经济学应该是一种“精密科学”，因而它片面地发展了经济人中的利己思想，而将“克己”的伦理关系抛弃了。例如，门格尔就强调，自利动机是经济学分析的基本预设，社会是由各个自利的个人所组成的，自由放任政策、生产调节应该可以在尽可能广的范围内发挥作用。[①] 为此，边际效用学派积极主张回到斯密去，这有两方面的原因：（1）为解决方法论上的问题而提出的要求；（2）为宣传和贯彻斯密的观点。正因如此，尽管经济学与其他社会科学之间是如此的不可分割，但边际革命的兴起还是极大地改变了经济学发展的方向。其基本原因在于，边际效用学派的抽象分析需要以个体主义的人性假设为基础，并且必须将非经济的因素抽象掉。尤其是，这种边际主义思想又为英国和其他各国的新兴学者所发扬：首先，重要的推动者是杰文斯，他将数学和行为功利主义哲学结合起来，构建了经济学的逻辑体系；其次，更重要的则是瓦尔拉斯，他强调经济学的科学化途径与数学化倾向的一致性，并构建了一般均衡的思想体系；最后，马歇尔等新古典经济学家进一步以行为功利主义为基石，通过引进实证主义的“行为”概念，将经济人假设归结为在一定的约束条件下求极值问题。[②] 此时，经济学终于演变为以稀缺和竞争为前提的个人选择的一门学科，这一定义最终为罗宾斯所界定。

当然，将效用看成是可计算的也存在问题，因为边际效用学派的效用毕竟是主观的，主观的东西如何有一个客观的计量和比较标准呢？为此，主流经济学又做了进一步的发展。首先，埃几沃斯提出了“无差异曲线”一词，用来表示一个人能够产生相同的效用水平的各种各样的两种产品的组合；其次，帕累托又利用了埃几沃斯的无差异曲线代替一般边际效用论者所用的“需求曲线”分析作为他价值论的出发点，用曲线的位置高低去比较消费者的偏好程度；最后，希克斯等则把无差异曲线和预算结合起来，将偏好变为一个可以最大化的指数，从而避免了价值判断。此外，萨缪尔森进一步提出了显示偏好理论，试图将消费者行为理论从“心理”复苏中解脱出来，从而形成了考察人类行为的新视角。

---

① 王军：《现代奥地利经济学派研究》，中国经济出版社2004年版，第6页。

② 程恩富、胡乐明等：《经济学方法论：马克思、西方主流与多学科视角》，上海财经大学出版社2002年版，第191—193页。

20世纪70年代以后，弗里德曼等进一步发展了工具主义，从而抛开经济学内容中的人文色彩，并确立了一种以抽象的人性观作为分析的基本假设。在理想情形下，人们具有完全有序的偏好、完备的信息和无懈可击的计算能力，在深思熟虑后，会选择那些能比其他行为更好地满足其偏好的行为。

第四节 结语

从思想史的角度，经济人思想始于斯密的人性观，它赋予自利行为以合理性；后来则受到功利主义的激励，它赋予效用以计量性。不过，经济人思想又偏离了两者的原初内涵，是对斯密人性观的偏至化发展和对边沁功利主义的内缩化理解。事实上，斯密仅仅在经济领域强调了追求私利带来的好处，而且，这还是基于“克己”的限制之下。因此，斯密运用自利人所研究的领域相对于前人而言是收窄的，这种“经济学化”的分析实际上也就取消了经济人分析的普遍适用性。① 但是，随着经济学帝国主义心态的膨胀，现代主流经济学又重新拓展了其研究领域，只不过把这些领域都贴上了“经济”分析的标签，从而使得这种经济人分析的内在缺陷又重新暴露了出来，甚至大大扩大了。同样，边沁的功利主义包含了义务论和目的论两大内涵：义务论强调对既定社会义务和规则的遵循，目的论则关注某一特定目的的实现；进而，两者结合就形成了规则功利主义或伦理普遍主义，它强调个体行为必须遵守一定的法律制度，并为实现最大的共同幸福。正因如此，边沁的功利原理本身是针对法律制度的设立而言的，而不是个体行为的基本原则。

然而，随着“无形的手”原理的流行，主流经济学认为个人的逐利行为有助于社会整体利益的实现，而个人逐利行为的基础就是对一次性行为的功利衡量。于是，现代经济学转向以功利原理来评估和指导个体的行为，从而形成了强盛的行为功利主义或伦理利己主义。在这种情况下，行为功利主义成为人类行为的指导原则，并进一步蜕变成经济人行为模式，这样，功利主义就开始了由目的论或后果论向原则论或义务论

---

① M. 鲍曼：《道德的市场》，肖君、黄承业译，中国社会科学出版社2003年版，第12页。

的转变。事实上，行为功利主义指导下的行为往往是短视的，并且只关注行为者个体的利益。在很大程度上，行为功利主义主要适应于孤立的个体行为或者人与自然之间的互动层面，而当它扩展到社会整体上或者人与人之间的互动层面时，其隐含的缺陷就会暴露出来，如囚徒困境现象的凸显，等等。尽管如此，经济人分析方法依旧在不断向其他社会领域逐渐渗透，以致经济人模型也逐渐被推广认同为整个社会科学的基本行为模型。M. 鲍曼指出，经过“托马斯·霍布斯、贝尔纳德·孟德维尔以及‘苏格兰道德哲学’的经典代表大卫·休谟、亚当·斯密和亚当·弗格森。通过马克斯·韦伯、路德维希·冯·米塞斯、卡尔·门格尔、弗里德里希·哈耶克、卡尔·波普尔、汉斯·阿尔伯特以及詹姆斯·布坎南等人”的宣扬和发展，① 经济人假设不仅为经济学科而且为整个社会学理论形成奠定了基础。

可见，西方社会的行为理念经历了一个否定之否定的发展过程。在漫长的中世纪，基督教注重精神需求而反对物质需求，强调美德追求而反对利益追逐，遵循上帝的教导成为行为的信念源泉和唯一原则。但是，随着由宗教活动转向世俗生活，尤其是随着商业文明和物质生产的发展，源于上帝的美德伦理和义务论逐渐式微，而基于世俗生活需要的功利思潮逐渐偏盛，这种功利思潮与收益最大化相结合产生了功利主义行为原则。显然，功利主义行为原则主张要以最小的牺牲获取既定的收益目标，它具有强烈的目的性，从而导致西方社会的伦理学由义务伦理学转向目的伦理学。不过，早期功利主义行为原则主要针对的是社会利益，目的是促进整个社会利益的增进和和谐，从而也具有强烈的责任关怀，也是责任伦理学的一种。但是，随着功利主义进一步蜕变为行为功利主义，它越来越注重社会个体对自由市场规则的遵守，乃至功利主义原则被赋予越来越浓重的原则论倾向。相应地，西方社会的理论学由目的伦理学和责任伦理学又开始向信念伦理学复归，尽管这种信念伦理学不再是美德伦理学而是功利伦理学。正是受这种功利伦理学的支配，现代经济学越来越关注一般规则的建设，而忽视可能产生的后果以及行为者应有的责任，从而产生了当前社会的困境。

---

① M. 鲍曼：《道德的市场》，肖君、黄承业译，中国社会科学出版社2003年版，第123页。

第四章

经济人何以成为经济学的硬核：内在逻辑和背景

【导读】经济人假设在经济学中的支配地位显示了历史与逻辑的一致性：首先，资本主义物质文明的膨胀使得人们对物质的追求上升到欲求层次，从而产生资源的稀缺性与欲望的无穷性之间的紧张，以致经济学转向了资源配置的研究；其次，货币拜物教式的金钱理性的崛起为经济人假设披上了理性的外衣和逻辑上的合理性，并将古典经济学强调的“自利”和“理性”蜕变为现代主流经济学的“自私”和“工具理性”；最后，形式逻辑的兴起将丰富多样的追求转变为可量化的效用单位，并在此基础上开始构建基于理性行为的数理模型。

第一节 引言

早期的西方学者是从社会整体利益的角度来界定和规范人类行为以及探究人性的，这不仅是实然性的，也是规范性的。当然，自摆脱上帝的宣谕而从生活经验中探究人性以来，学者们基于不同视角提出了多种看法，乃至对人性的认知也存在着广泛争议。但不管如何，西方社会的认知还是存在一定的连续性，因为其文化心理以及由此产生的认知思维是根深蒂固的。事实上，现代经济学的经济人假设就是脱胎于早期的功利主义哲学，而早期功利主义实际上又与基督教道德伦理密切相关，它强调的是公益。正如《圣经》教导说：“谨防任何形式的贪欲，因为一个人所拥有的财产的多少并不能确保其生活的安宁，即使他拥有的远比他需要的多。”[①] 既然如此，现代经济学的经济人假设为何又给人以自私自利或对他人或公共利益漠不关心的印象呢？这就涉及功利主义的发展以及与个体主义的结合。事实上，早先的功利主义与规则和道德联系在一起，它关注社会关系的整体性，但后来却演化为基于个人功利算计的行为功利主义，正是在此基础上衍生出了“经济人”这一概念。那么，这种基于个体福祉的行为功利主义又是如何形成并日益强盛的呢？进而，基于自利内涵的经济人假设又是如何在经济学界确立其支配地位的呢？这就有关于人类需求的发展历程以及社会交往的方式的发展。事实上，经济人假设在经济学中支配地位的确立与特定的社会背景息息相关。因此，本章就经济人假设形成的学术演变进行梳理，并考察这种演变的社会环境和物质基础。

第二节 资本主义物质文明的策动

韦伯曾经指出，资本主义的兴起是新教伦理的结果。不过，在拉斯基看来，韦伯将新教伦理和资本主义发展这两者的年代顺序搞颠倒了，因为关于职业的新教思想明显是“受到资本主义精神的影响。新社会已经有一百五十年的历史了；到了那个时候，新社会对天主教的影响至少已经像清教对它的影响一样深远了”。[②] 事实上，在资本主义物质文明壮大之前，“劳动时间、产品质量、销售方法、利润的特点，所有这一切都要受在本质上按照某种道德标准制定出来的一套专责的限制。对这种道德标准的遵守是他能够在天堂获救的必要条件。……财富在当时是一种具有社会意义的基金而不是属于各个人的财富。财富的占有者并非为了自己或为了自己的利益而享有它；他代表着社会的利益，只是一个财富的管理者”；但是，“随着资本主义精神的出现并逐渐占据了主导地位，中世纪的这种精神消失了。社会意义上的财富概念被个人主义的财富概

---

① 转引自多蒂《资本主义与贪婪》，载 J. L. 多蒂、D. R. 李编《市场经济：大师们的思考》，林季红等译，江苏人民出版社 2000 年版，第 7 页。

② 拉斯基：《思想的阐释》，张振成等译，贵州人民出版社 2001 年版，第 53 页。

念所取代。从前必须由教会认可行为准则这种概念逐渐变为由功利主义认可就行的概念”。[①] 当然，之所以会发生这种转变，就在于“在原有体制的束缚下，生产力的潜力不能够得到充分的发展。具有新思想的人和他们带来的新方法逐渐地为人们指明了一条通向财富的道路，而这些财富的取得在旧的社会里是无法想象的。财富的吸引力激起了人们对财富的期望，但是他们生活的那个社会所能提供的社会基础却满足不了这一期望。因而，人们开始怀疑这些社会基础的合法性”。[②]

显然，拉斯基的观点与马克思比较接近：生产力的发展要求解除人们身上的思想束缚，一旦解除，个人就可以充分发挥他的创造力，从而促使物质财富大发展。当然，个人对世俗生活的追求不仅促使了功利主义的盛行，也会因对物质利益的争夺而展开竞争，从而促进了资本主义文明的发展。在资本主义早期，这种竞争对物质财富的发展是有利的，从而物质利益的追求逐渐为社会舆论所接受；并且，还日益得到学术界在理论上的支持，出现了“私恶即公益”的流行观点。此后，个人利益与公众利益间的和谐一致观念逐渐渗入到清教的世界观中，经济人假设也得到了宗教力量的维护，这也是为什么清教伦理与自由主义日益相融的原因。事实上，在古典自由主义者看来，尽管人的幸福和满足并不取决于食品、衣物和住房，而是主要取决于人们内心的追求与渴望；但是，人们这种内在的、心灵的富足感不能来自外部世界，而只能来自他们自己的内心，任何外在的调节都不可能触及人们的最高或最深层次的追求。例如，米塞斯指出，自由主义本身就是“一种真正研究人类行为的学说，其着眼点和最终目的是促进人们外在的物质福利，而不是直接满足人们内在的、精神上的以及形而上学的需求。它并不向人们许诺幸福和满足，而是尽一切可能将外部世界所能提供的物质用来满足人们的诸多要求”。[③] 因此，早期自由主义把目光仅仅盯在物质福利上，希望通过物质满足为人们的内心生活发展创造一个良好的外部条件。

---

① 拉斯基：《思想的阐释》，张振成等译，贵州人民出版社 2001 年版，第 42—43 页。

② 同上书，第 44 页。

③ 米塞斯：《自由与繁荣的国度》，韩光明等译，中国社会科学出版社 1995 年版，第 46 页。

然而，这种仅仅考虑物质外部条件的自由主义也是有问题的。一方面，正是由于新教伦理强调外在的扩张和超越，使得西方人的“生命自我之支撑点，并不在生命自身之内，而安放在生命自身之外，这就造成了这一种认识的一项不可救药的致命伤”；结果，“你向前追求而获得了某种的满足，并不能使你的向前停止。停止向前即生命空虚。人生的终极目标，变成了并不在某种的满足，而在无限地向前”。[①] 另一方面，正是由于自由主义把人生的追求放在物质方面，导致自从禁欲主义着手重新塑造尘世并树立起它在尘世的理想起，物质产品对人类生存就开始获得了一种前所未有的控制力量；[②] 而且，这种控制力量不断增长，以致理性的禁欲主义总存在一个悖论：它们自己创造了它们所拒斥的财富，而这种悖论同时又损害着各个时期的禁欲生活。[③] 事实上，正如丹尼尔·贝尔指出的，资本主义精神具有截然不同的两面：（1）韦伯所分析的禁欲苦行主义；（2）桑巴特和凡勃伦等揭示的贪婪攫取性。这两个矛盾的特性分别构成了资本主义的宗教冲动力和经济冲动力，而且这两个动力的关系在不同时期并不一致。一般地，在资本主义上升时期，两者相互促进、相互制约：禁欲苦行的宗教冲动力造就了精打细算、兢兢业业的经营作风，而贪婪攫取的经济冲动力则培养了开拓边疆、征服自然的冒险精神和勃勃雄心。但是，在资本主义开发完成以后，这两者却开始相互仇视和相互排斥，造成了资本主义的严重精神危机。结果，资本主义精神中相互制约的两个基因只剩下了经济冲动力一个方面，而另一个至关重要的制衡因素——宗教冲动力——却逐渐消逝了。

因此，当竭尽天职已不再与精神的和文化的最高价值发生直接联系的时候，或者说，当天职已转化为经济冲动力，从而不再感受到精神和文化价值的时候，个人也就根本不会再试图找什么理由为精神和文化价值辩护了。正因如此，随着资本主义物质文明的勃勃发展，财富的追求就逐渐被剥除了其原有的宗教和伦理含义，结果那些禁欲苦行的新教徒

---

① 钱穆：《人生十论》，广西师范大学出版社 2004 年版，第 3 页。

② 韦伯：《新教伦理与资本主义精神》，于晓等译，生活·读书·新知三联书店 1987 年版，第 142 页。

③ 韦伯：《儒教和道教》，王容芬译，商务印书馆 1995 年版，第 155 页。

不见了，代之的是追求炫耀性消费的有闲阶级。按照凡勃伦的观点，有闲阶级不是通过劳动创造产品而是忙于掠夺对他们不起作用的产品，之所以如此，不是为了满足他们的物质需要，甚至也不是为了满足他们的精神的、感观的和智力的需要；相反，是希望以一种能够显示他们财富的方式进行消费，从而能够显示其权势、地位、荣誉和成功。显然，这种有闲阶级在资本主义社会具有最为庞大的成员基础，其行为方式在资本主义社会也得到最为充足的反映。而且，正是由于资本主义物质文明的膨胀，物质财富占据了财富中的绝大比重，因此人们越来越把物质财富独立出来进行分析，这就逐渐构成了古典主义以及新古典主义经济学所研究内容的基本范畴。

事实上，功利主义的创始人和集大成者边沁原初强调的并不仅限于物质方面，他在《道德与立法原理导论》一书中就曾列出了他称之为"我们感官之清单"的 15 种快乐。然而，随着资本主义物质的勃兴，西方社会开始将之都归结为物质一项，如后来的加里·贝克尔所称，这些快乐在一定程度上都可以通过从市场获得的产品"生产"出来。[①] 因此，经济人假设和经济学的财富最大化研究形成了相互强化的共生关系：正是为了确定性的财富分析，经济学舍弃了其他因素而集中关注节俭动机；同样，正是凭借经济人假设，古典经济学家才将追求财富的人类行为从人类的其他社会行为中分离出来，并确立为经济学的研究对象。特别是，受孔德科学实证主义的影响，社会科学开始向"科学化"方向发展，首当其冲的就是经济学。而为了使得这种科学化分析具有确定性结果，就必须舍弃其他一些不确定的因素。正如凯恩斯指出的，除了自利的财富动机外，其他的动机对个人行为的影响力和方向都是不确定的。正因如此，到了古典主义时期，经济学就逐渐排除伦理学等因素而日益专注于工程学方面的论述了。

正是由于资本主义物质文明催生的不是人类的实际需要（needs），而是不断膨胀的欲求（wants），因此，随着功利内涵的内缩和形式主义的僵化，以及人类将多样化的快乐越来越局限在物质利益上，就使得功利

① 贝克尔：《人类行为的经济分析》，王业宇等译，上海三联书店/上海人民出版社 1995 年版，第 164 页。

主义的膨胀逐渐达到了危险的边缘。施蒂格勒就指出，在20世纪中期的美国，一份虽然可能是难以下咽却足以满足身体营养需要的饮食的年支出大约是60美元。鲍尔丁则进一步指出，即使今天，这样水平的饮食年支出也就是200美元多一点。[①] 然而，正如加尔布雷思在《富裕社会》中指出的，由于生理上的需求早已获得了满足，人们越来越容易受到广告和推销术的影响，从而产生了对华而不实的小玩意儿的需求，消费者主权已经被生产者主权所取代。[②] 而且，市场上的需求本身就是难以确定和量化的，因此，当人们还没有弄清楚怎么回事时，就已经陷入了欲求而非需要的泥潭。显然，当欲求超过了生理本能而进入心理层次，就逐渐膨胀为无限的要求；此时，人们所追求的已不再是满足实在需要的那些效用，而是社会攀比、争斗以及相互压榨等相对的效用。与此相适应，社会也不再被看作是人的自然结合，有着共同目标，而成了单独的个人各自追寻自我满足的混杂场所。[③]

正是基于上述逻辑，资本主义社会在强调物质积累的同时，逐渐将物质积累活动变成了自身的目的；结果，物质文明不断膨胀的同时，人们的精神日渐空虚。事实上，从亚里士多德、洛克、斯密到一大批古典经济学家都只是将物质生产看作是提升价值理性的手段，而现代经济学却变成了专为个人多变要求服务的“实用科学”。正如麦金太尔所说：“贪欲在亚里士多德看来是一种罪恶，现在却成了当代生产活动的动力。……艺术、科学和竞赛只被少数专门家理解为是劳动；我们其余的人则只能在余暇时间作为旁观者或消费者来获得一些附带的好处。”[④] 而且，尽管贝克尔等倡导的经济学帝国主义开始把自利的含义从原初的单纯追求个人的经济利益扩展到对名誉、地位、尊重等精神的追求，从而将“利他”行为都纳入“自利”的个人效用函数进行分析；但是，这种

---

① 参见卢兹、勒克斯《人本主义经济学的挑战》，王立宇等译，西南财经大学出版社2003年版，导言。

② 布劳格：《凯恩斯以后的100位著名经济学家》，冯炳坤等译，商务印书馆2003年版，第104页。

③ 贝尔：《资本主义文化矛盾》，赵一凡等译，生活·读书·新知三联书店1989年版，第68页。

④ 麦金太尔：《德性之后》，龚群等译，中国社会科学出版社1995年版，第286—287页。

分析思路并不能解决实际问题，反而加速引发人类困境的勃兴。

崇尚自由市场的新古典经济学声称，只要在自由竞争的条件下，追求自我利益的行为就可以促进各种利益的增长。但实际上，良好的伦理价值才是成功的经济的重要特征，经济政策往往只有在塑造它的文化价值系统内才会相对合理，才能成为一种有效的手段。其实，资本主义之所以能够在西方兴起和壮大也就在于，存在相适应的新教伦理，而新教伦理的扭曲也成了现代资本主义的发展障碍。从某种意义上讲，仁爱和诚实也是交换机制的最基本的润滑剂，信用和诚实的丧失直接导致了律师费用、预防犯罪开支、安全保卫和监狱看守等费用的巨额增加。正如一位采购经理所说："如果你和供应商建立起信任感，你就不需要一大批律师了。"[①] 从某种意义上讲，正是公司之间、公司和员工之间信任感的差异，成为导致日美企业效率差异的根源。所以，福山指出，未来只有那些具有高度的社会信任和社会合作的国家才能把经济搞得最好，这也是笔者所强调的建立在高度协调水平基础上的和谐社会。

然而，巴西前总统卡多索在1996年的《人类发展报告》中指出，当前经济支配一切，决定政治决策和社会行为的界限；正是在物质文明膨胀和经济人的支配下，自由市场作为一种主导的意识出现，将手段当作了目的，加剧了竞争，以致现代资本主义社会在效率的名义下产生一种严重的自恋式的个人主义。[②] 基于相似的认识，丹尼尔·贝尔甚至认为，破坏资本主义价值理性的（新教伦理的）不是现代主义，而是资本主义制度本身。例如，丹尼尔·贝尔列举了分期付款的直接信用制度等，这些正是资本主义推崇和极力发展的工具理性。事实上，一项对美国人民最关心的严重社会问题的调查发现：犯罪占20%，缺乏道德占14%，政治方面占13%，预算赤字占7%，经济占6%，失业占6%，吸毒占6%，无家可归占3%。这表明，失范行为已经成为人们最关心的严重问题，人们的内在社会性格是非常重视伦理道德的。[③] 所以，布隆克指出，越来越多的事

① 转引自萨克森宁《地区优势：硅谷和128公路地区的文化与竞争》，曹蓬等译，上海远东出版社1999年版，第168页。

② 参见布隆克《质疑自由市场经济》，林季红译，江苏人民出版社2000年版，第257页。

③ 庞树奇、范明珠主编：《普通社会学理论新编》，上海大学出版社1998年版，第167页。

实证明了熊彼特在1942年的预测：资本主义的意识形态将逐步削弱资本主义本身所赖以建立和取得成功的“前资本主义”的社会和道德基础。[①]

可见，由于资本主义物质文明的膨胀使得人们对物质的追求不再是满足自身的需求，而是追求相对的满足，变成了一种新型的欲求。相应地，资源的稀缺性与欲望的无穷性之间的紧张关系获得关注，从而经济学的研究也转到了资源的配置领域，并由此产生了对行为功利主义及其衍生的经济人的认同。事实上，正如丹尼尔·贝尔指出的，作为思想体系，清教教义的转化经历了200多年的时间；它从苛刻的加尔文命定说开始，经过爱德华兹的美学启发，发展到爱默生的超验主义，最后融入了内战后的“斯文传统”；作为一套社会实践理论，它终于演变成社会达尔文主义为猖獗的个人主义和赚钱行为辩护的根据，并成为制约小城镇社会的法则。[②] 但是，这种膨胀的物质追求最终又促使了人类自身需求以及人类之间关系的异化，并成为制约人们生活质量真正提高的关键。所以，乔治写道：“一些评论家将美国体系特别归结为功利主义与道德软化。他们认为美国的富足正在侵蚀其工业结构与繁荣状况。人们对伦理道德大肆排斥，取而代之的是放纵挥霍与享乐主义。效率至上与迅速发展也存在消极作用，它造成了奢侈浪费与人为商品废弃现象的蔓延。生产出的产品并不追求尽可能长的使用寿命，因为这样做可以创造持续的更新需求从而保证产品的长期销路。……整个美国社会弥漫着一种盲目乐观的情绪，人们相信事情会越来越好，物质产品的丰富将会永远延续，只要认真关注现状，未来自然错不了。我们将会为这种乐观付出代价，甚至是整个未来。”[③] 可见，正是对物质追求的强调和怂恿导致西方伦理已经偏离了古典自由主义的要求，因为根据米塞斯的观点，自由主义的根本目的是要通过促进物质繁荣来增进人深层次的心灵追求，它要求通过像满足其自身的需要一样来改善同胞的物质供应条件而实现“发财致富”。[④]

---

① 布隆克：《质疑自由市场经济》，林季红译，江苏人民出版社2000年版，第267页。

② 贝尔：《资本主义文化矛盾》，赵一凡等译，生活·读书·新知三联书店1989年版，第108页。

③ 乔治：《经济伦理学》，李布译，北京大学出版社2002年版，第15—16页。

④ 米塞斯：《自由与繁荣的国度》，韩光明等译，中国社会科学出版社1995年版，第53页。

但现实显然不是如此。

第三节 金钱理性崛起的催化效应

如果说物质文明促进了经济人假设兴起的内因，那么，货币拜物教式的金钱理性的崛起则是进一步促使了经济人泛滥的动力，它进一步为经济人假设披上了理性的外衣和逻辑上的合理性；并且，正是在泛市场竞争的成本—收益分析下，古典经济学强调的“自利”和“理性”就蜕变为现代主流经济学的“自私”和“工具理性”。其实，只要对经济学研究对象和研究方法的演化过程做一梳理，我们就可以发现，依靠货币对效用的度量是经济学将其研究内容逐渐局限于物质财富方面以及采用抽象演绎分析的基本依据；而且，正是由于货币的引入，人类劳动满足自身需求的动机转变成了对货币的追求，最大化效用的理性假设也就转变成了某种金钱理性。在实践中，尽管货币和金钱为市场经济体制的建设提供了强大的工具理性，促使整个社会功能系统专门化的迅猛发展；但是，也正如哈贝马斯指出的，货币的循环过程和权力的循环过程却不断侵犯生活世界，消解语言交往结构。结果，随着社会制度系统的发展，人类的交往理性以及日常生活逐渐被扭曲了，人们的生活越来越金钱化和官僚体制化，越来越不以语言媒体而以金钱和权力为媒介进行交往，以致工具理性也成为经济学所理解的理性内涵。

美国老制度学派代表人物之一的米契尔（Mitchell）指出，经济理性并不是人类的根本天性，而是随着金钱制度的兴起而出现的。究其原因，金钱概念培养了人们的推理能力，使人们经济生活合理化，而货币的使用就为那种生活的理性理论奠定了基础。[①] 米契尔的老师凡勃伦则更为深刻地揭示出，在资本主义社会存在工业资本（工业中的物质生产资料）和金钱资本（不参加生产的股本）分立的矛盾：金钱资本的价值是由为它们的所有者赚取收入的能力来决定，对物质生产不起什么作用；随着信用制度的发展，以价格计算的营业量和以总物质计算的生产量之间的差距不断扩大，每一次金钱资本的增加不必使物质的有用财货作等量的

---

① 转引自韦森《社会制序的经济分析导论》，上海三联书店 2001 年版，第 155 页。

增加。正是基于这种看法，凡勃伦将近代文明称为金钱文明。

我们知道，古典经济学分析的基本特征是价值分析，而货币的引入则使经济学从揭示本质因果关系的价值分析转到解释外在现象之间功能关系的价格分析。尽管萨伊、西尼尔、杰文斯、门格尔、瓦尔拉斯等已经逐渐偏向了对价格的关注，但完全抛弃价值而用价格进行经济分析的先驱是马歇尔。马歇尔认为，经济体系纷繁复杂，人类行为的动机又多种多样，因而有必要寻找一种系统研究的方法可以把那些变量降到可以处理的地步。事实上，在马歇尔看来，虽然不是所有的动机都可以衡量，但由于人们在生活中追求经济利益，都同货币发生了联系，因而可以通过货币对经济动机进行衡量；经济科学能够成为相对严格的社会科学，就是因为货币经济社会中市场价格所提供的各种“动机力量”的严格尺度在起作用。这样，马歇尔对经济活动的规律的探索就变成了对商品和劳务价格的研究，在这种情况下，他抽象地探讨了供给和需求两种力量的相互作用，以解释均衡价格的形成。马歇尔的追随者内维尔·凯恩斯等人虽然也认识到人们除了追逐财富这种欲望外，还存在其他的动机，并在不同情形下可能决定着人的经济行为。但是，他们认为财富以外的动机的影响是散在的、不确定的和不可靠的，因而不能成为需要考虑的第一位的东西。相反，经济人这个抽象完全是合理的和必要的，经济人的活动完全取决于其追求财富的欲望。①

当然，新古典经济学家也承认，获取货币并非人类行为的目的，而是达到目的的手段；相应地，人们“并不是为了赚钱而赚钱，而是为了得到用货币所能购买到的东西”。② 例如，马歇尔就指出：“金钱是达到目的之一种手段，如果目的是高尚的话，则对这种手段的欲望也不是卑鄙的。”③ 但问题是，现代经济学却由此过分强调了工具理性，而在资本主义工具理性的促使下，获取货币变成了人所追求的目的，以致人们开始丧失自我。凡勃伦指出，在资本主义社会，一个人的社会地位决定于他

① J. 内维尔·凯恩斯：《政治经济学的范围与方法》，党国英、刘惠译，华夏人民出版社2001年版，第9页。

② 罗宾斯：《经济科学的性质和意义》，朱泱译，商务印书馆2000年版，第31页。

③ 马歇尔：《经济学原理》上卷，朱志泰译，商务印书馆1964年版，第42页。

所持有的财富，是否与他具有相同身份的人们以及比他具有较高身份的人们所持有的财富相当。凡勃伦写道：人们“累积财富时所寻求的目的，是在争取在资力上与社会中其余成员相形之下的优势。一个普通的、正常的人，如果在这样的对比下显然居于劣势地位，他就不免要一直在怨尤中度日，不能满足于当前处境；如果一旦达到了社会的、或社会中属于他的那个阶级所谓的正常的金钱标准，他原有的长期不满情绪将为另一种心情所代替，那时他所片刻难安的将是，怎样使他自己的金钱标准与这个平均的金钱标准之间的差距能够扩大、再扩大。但个人之间的这种歧视性对比的演进是无止境的，在这种对比下的个人绝不会居于那样的有利地位，以致在金钱地位的角逐中，跟他的竞争者相形之下，竟不想再爬高一步”①。

20 世纪西方最有影响的基督教哲学家之一 R. 尼布尔曾指出，除了利己外，个人也有无私的冲动；但是，如果受追逐私利的社会群体的利己理性的影响，那么，群体的利己主义和个体的利己主义纠缠在一起就只能表现为一种群体自私形式。特别是，在群体形成了形式主义占支配地位以后，集体往往表现更具极端性的一面，这就不可避免地会影响到个体的行为选择。② 而且，理性也往往具有自身缺陷和不足：第一，个体的利己性自然冲动的力量强度常常超过理性的控制力，尤其是当个体将自己的利己冲动与社会群体的冲动混在一起时，或竭力证明自己的利己冲动是社会和谐的不可或缺的部分时，理性往往显得软弱无力，有时甚至为其提供道德的合法性支持。这样，理性实际上赋予了利己冲动一种在非理性自然冲动中所不具有的理性力量，成为利己冲动的面纱或工具，虚伪成了理性不可避免的副产品。第二，理性伦理的本质是在自己的利益与他人的利益和社会的利益之间寻求平衡与和谐，但往往又会退回到功利主义立场。因此，舒马赫在某种程度上就将主流经济学称为“物质享乐教”，他说：“物质享乐教是一种贫寒的不能令人满意的宗教……经济学不关心现实，它使我们脱离现实……你不能说这不是一门好的科

① 凡勃伦：《有闲阶级论》，蔡受百译，商务印书馆 1964 年版，第 26—27 页。

② 尼布尔：《道德的人与不道德的社会》，蒋庆等译，贵州人民出版社 1998 年版，第 21、203 页。

学——它合乎逻辑，十分系统，包含着辛勤的劳动和艰难的思索——但它的出发点错了，它的道德根基和形而上学的基础错了。而一旦没有开好头，就再也走不上正路了。”①

最后，需要指出，金钱理性的盛行也催生了人类行为的自我实现或者自我预期效应：如果我们认为大多数人是功利主义的，那么我们自己也就会功利主义地行事。雅各布（P. E. Jacob）等的研究表明，大学教育对学生的价值观影响非常大，这些影响即使在大学毕业后也会持续很多年。譬如，大四学生的价值观就比大一学生的价值观更为一致，因为这些学生在四年中经受了共同价值观的熏陶，这也从侧面反映了不同社会文化的存在。事实上，这种自我实现效应在人类社会中非常广泛。譬如，以前由父权制社会所成功塑造的社会舆论和教育认为，女性不是独立主体而是依附于男性的，是种族的保护者，她们的生活应以妇道为中心；因此，女性也会自觉地接受和认同自己的这种依附地位，她们所有的本能和欲求都有意识地或无意识地指向这个目标，儒家社会中所谓的“三从”（在家从父、出嫁从夫、夫死从子）和“四德”（妇言、妇容、妇功、妇德）都比较容易为广大妇女所接受。相反，在现代社会，一旦“女子和男子一样是社会中的平等主体”这一观点得到普遍宣传，那么妇女也就不再局限于传统角色了，甚至产生畸形的女权激进主义。他们片面强调男女平等，不但抹杀了根植于男女之间因生理差别而自然产生的社会分工，甚至片面模仿男性那些已经被严重蜕化了的社会习性。究其原因，当前的市场仍然是男性主导的市场，它往往更深刻地反映了男性的行为特征；而对这种市场行为的大肆宣扬，必然使得那些进入市场的女性可以模仿男性的行为。

可见，正是由于金钱理性的兴起，导致经济学开始逐渐将注意力集中在货币的需求上，从而产生了对人类需求分析的进一步简约和抽象：把人对物质的追求转化为对货币的追求。显然，货币的同质性便利了理论的分析，从而提升了经济人分析的合理性。事实上，主流经济学之所以强调根基于经济人行为的市场机制运行的有效性，正是受了金钱理性

① Schumacher E. F., “An Interview with E. F. Schumacher”, *Catholic Worker*, MAY, 1977, p. 4.

价值观指导的结果。这种金钱理性把对金钱的获取视为人类行为的根本目的，并把这种获取金钱的自由视为人类最根本的自由。所以，布罗代尔指出："为社会不平等辩护的一切论断都偏袒金钱。"① 此外，不但金钱理性强化了经济人的研究路径，而且经济人的这种理论假说又进一步推动了实践中金钱理性的膨胀。正如弗洛姆所说："创造一种确定的社会品格的不只是经济基础，而且创造某些观念的也不只是经济基础。已经创造出来的观念亦影响社会品格，并直接影响到社会的经济结构。"② 当然，这种简化的分析也潜藏着严重的危机，它将价值的、情感的东西给丢掉了。正如哈贝马斯指出的，正是金钱理性的兴起使得工具理性大大膨胀了，但同时也进一步扭曲了人们的交往关系，并导致价值理性逐渐消解。

第四节 理性形式主义取向的强化

如果说金钱理性赋予经济人行为以理性和合理的色彩，那么，理性的形式主义倾向则为经济人假设进入理论分析提供了分析上的有用工具，从而进一步使经济人假设在经济学中的支配地位得以确立。正是在形式主义的支配之下，个人目的的最大化必须可以量化，而效用就成为量化的基本单位，因而边际效用理论开始盛行了；在此基础上，一切东西都可以进行交换，也都可以量化，可以货币化。而且，为了更好地进行形式化的表达，效用论又出现了新的发展：基数效用被序数效用所取代，从而避免了效用之间的比较困难；同时，在序数效用的基础上发展出了帕累托改进和优化的概念，这个概念进一步鼓噪了"拔一毫而利天下吾不为"的理念，因为"拔一毫而利天下"有损于自身而不符合帕累托优化原则。相反，由于市场交换是理性人的"自愿"行为，在一个抽象的"无形的手"的指导下，通过市场竞争可以实现最大多数人的最大利益。

---

① 布罗代尔：《15 至 18 世纪的物质文明、经济与资本主义》第 3 卷，孙福生等译，生活·读书·新知三联书店 1993 年版，第 727 页。

② 弗洛姆：《人的呼唤：弗洛姆人道主义文集》，毛泽英等译，上海三联书店 1991 年版，第 19 页。

正因如此，经济学舍去了人类的具体市场行为，这种拍卖人的先验存在为原子主义的经济人理念提供了支持。

一般来说，经济学科的形式化起源于对经济学研究的抽象化发展，这种抽象化路径从李嘉图开始，经过西尼尔、穆勒的发展逐渐成为经济学的主流。例如，穆勒认为，由于人性的多重性和复杂性，经济学就往往从非经济的考虑中进行抽象和提炼而只考虑人的三个动机：（1）对劳动的厌恶；（2）铺张放纵、及时行乐的愿望；（3）人口原理。而且，随着经济学朝科学化的方向发展，以后的经济学家大都认同这样的观点：经济学基本上是一门抽象的科学，是以假说性的无须以事实为基础的假定为基础得出一般化的结论。特别是到了边际效用学派兴起之时，由于经济学研究对象的转变而使得这种主张得到进一步的强化。例如，维塞尔等就强调，尽管心理活动是多种多样的，但可以把主要的心理活动抽象出来，这就是人的欲望最大化的目的。自此，经济学就由一门主要研究国家如何增加财富的学问，变成了研究资源最优配置的学问。也即，主要讨论消费者如何取得最大效用，厂商如何取得最大利润等问题。

同时，金钱理性的兴起又进一步强化了经济学科的形式主义倾向。事实上，金钱理性之所以能够强化经济人假设在经济学中的应用，其主要途径也正是在于，它使得丰富多样的人类理性衰退成以利益为圭臬的形式理性。一位年老的以色列钻石商曾经说道："我初做这种生意时，人们的观念是：真诚和守信就是做生意的方式，正经人不会考虑采取不同方式来经商。而现在，尽管许多交易仍然是在守信和真诚的基础上完成的，但是这么做是因为，这些品质被认为对生意有利，是赚取利润的手段。"① 其实，在现代市场经济中，由于不断发展和膨胀的工具理性可以在更大交易网中追踪商业声誉效应，结果，商业信任也越来越变得具有算计性，而失去了传统的社会价值。正是建立在形式理性的基础上，经济学将人类行为做了一系列的分界，并基于经济人框架来进行解释。例如，弗登博格等就写道："如果存在一种最优长期合约，那么就存在一种连续最优合约，这种合约可以通过一连串的短期合约来予以履行。"② 但

---

① 威廉姆森：《治理机制》，王健等译，中国社会科学出版社 2001 年版，第 320—321 页。

② 转引自威廉姆森《治理机制》，王健等译，中国社会科学出版社 2001 年版，第 185 页。

显然，这里犯了合成谬误的错误，因为一次次短期理性并不必然导向长期理性。关于这一点，我们可以用图 4—1 所示的蜈蚣博弈进行说明：在蜈蚣博弈中，每一博弈方采取 D（或 d）策略都是短期理性的，但这种发展的结果几乎是所有的可能结果中最差的一种。

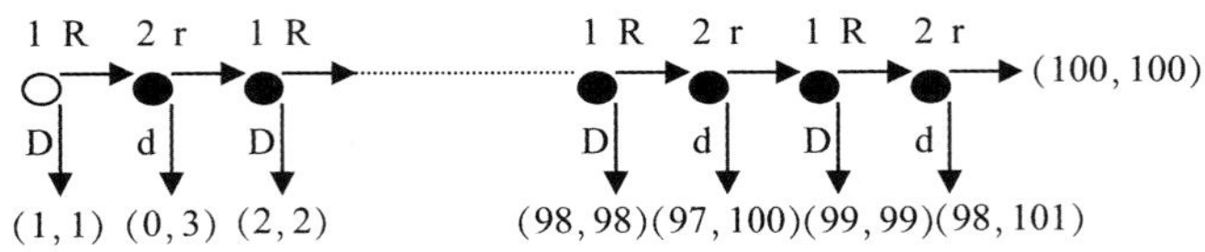

图 4—1 蜈蚣博弈

其实，西方社会的理性主义有两大主要渊源：（1）源于撒克逊的思想传统，由于现代经济学主要是英美经济学占主流，因而现代经济学中的理性可以追溯到这种传统。一般地，撒克逊传统强调社会发展的演进性，强调理性本身与文明的演化相互成长，一切社会进步都必须以传统为基础；进而，社会现状就是人们社会行动无意的结果，而不是人们可以设计和追求结果。例如，马歇尔就非常强调经济的“连续原则”，信奉“自然不会跳跃”的格言，肯定经济世界是不断变化和缓慢演进的，同时也强调经济思想的连续性。（2）源于欧洲大陆的高卢传统，由于大陆法是经拿破仑在欧洲大陆推广的，因而大陆法系中的这种理性可以追溯到这一传统。一般地，高卢传统信奉理性至上主义，从笛卡儿开始这种理性主义就强调从人的理性出发，把新时代的理性定为道德的原则，创建和发展了先验主义伦理学；后来，经过斯宾诺莎，到莱布尼茨达到完善的发展阶段。显然，总的来说，撒克逊的经验主义传统强调感性，认为一切理论需要到实践中验证，需要从历史中去探寻；相反，高卢的建构主义传统则注重理性，认为从逻辑规律就足以推导出真理。当然，两者在不同学科中得到的继承性存在不同，而且，在经济学中实际上也形成了法国经济学和英国经济学在理念、思维路径以及政策上的差异，这一点我们可以通过比较魁奈经济学与斯密经济学、瓦尔拉斯一般均衡和马歇尔局部均衡而得到更深的认识。

然而，尽管现代经济学源于撒克逊传统，但一旦西方利己主义的价值观披上数学理性的工具后，就断然抛弃了助其成长的演进主义传统，而滑入到建构理性主义的路径上。实际上，正如前面指出的，英国经济学一直发展到马歇尔，主流思想都在注重演进；但是，二战后由于“经济计划”盛行，经济学越来越演变为应用性科学，并开始为计划经济服务，因而构建理性也大为兴旺。此时，英美传统的经济学也开始了发展的转向，特别是来自法国的德布鲁与阿罗合作，运用当时经济学界尚无人知晓的拓扑学方法提供了一般均衡存在的确定的数学证明，最终把经济学引向了构建理性的发展路径。为了便于经济学的抽象分析，经济人也开始被赋予理性的色彩，这形成了经济人假设的发展轨迹。所以，哈耶克就指出，“甚至像‘经济人’这一著名提法也不属于原来意义上的英国进化传统。如果稍微夸张一点的话可以说，在那些英国哲学家看来，人在本性上是懒惰、懈怠、短视和浪费的，只有通过环境的压力，才能使其行为更节俭一些，并使其学会精心主义让手段适合于目的。‘经济人’的提法及其类似构想，与其说是进化传统，不如说是属于理性主义，它们只是年轻时期的穆勒引入古典国民经济学的。”①

正是以抽象的逻辑出发，现代主流经济学呈现出一种日益“科学”的面貌，踌躇满志地对其他社会科学领域进行入侵和征服。例如，在分析妓女卖淫合法化问题时，波斯纳基于市场交易的有效性来分析，从而认为“卖淫是婚姻性行为的替代和补充；而同样，黄色作品可能是强奸的替代和补充”。② 按照现代主流经济学的理性分析框架，妓女的卖淫行为是两个成人之间同意的自觉的交易行为，这种行为使得双方都获利。因此，妓女的卖淫行为符合科斯有效性定理和社会财富最大化原则，也符合卡尔多—希克斯有效性定理。R. 尼布尔曾指出，理性本身并没有利弊的明显区分，因为理性归根结底是一种工具，既能服务于善，也能服务于恶。③ 一般地，理性的恶的应用有两种表现：（1）把一致性强加于现实之上，凡不符合一致性规律的就会被当作不真实而加以拒绝；（2）建

① 哈耶克：《自由宪章》，杨玉生等译，中国社会科学出版社 1999 年版，第 94 页。

② 波斯纳：《法律的经济分析》（上、下），蒋兆康译，中国大百科全书出版社 1997 年版，第 203 页。

③ 尼布尔：《道德的人与不道德的社会》，蒋庆等译，贵州人民出版社 1998 年版，导论。

立起一种虚假的可靠性，从而使人背离超越理性检验的信仰。显然，现代经济学正是通过这两种方式将抽象的、形式主义的经济人假设运用于各个方面、各种场合以及各类领域，从而借助理性这一貌似中性的词汇为恶行进行辩护。

当然，尽管主流经济学强调人性的抽象是理论化和科学化的研究需要，但问题是，这种抽象已经越来越脱离现实；而且，主流经济学基于经济人的分析也不是科学的数学计算的结果，而是由西方的意识形态所控制的学说。[①] 譬如，就卖淫而言，这显然违背了社会财富的最大化原理，因为它不但会导致家庭中出现各种问题，而且也增加了社会的犯罪行为等；相反，如果基于"为己利他"行为机理进行分析，我们就会得出截然不同现代主流经济学的结论。例如，就家庭组织而言，由于家庭是与个人利益最密切相关的，个人要提高收益，就要增加家庭的福利而不是损坏整个家庭的福利；而由于嫖娼或卖淫都会导致家庭成员的损失，反过来又会损害自身的利益。因此，不去嫖娼和卖淫就是社会人的合理选择。显然，尽管现代经济学自誉为一门科学，但它本身却内含了极强的不确定性和浓厚的意识形态倾向。社会学家默顿（R. K. Merton）曾列举了社会中存在的四种失范行为：创新、形式主义、退却主义和造反。在某种程度上可以说，正是形式主义的过度泛滥，加速了社会的失范和越轨行为。因此，重新关注真实的人性，注重伦理的影响，反思我们流行的经济学思维和方法，也就是我们时下的迫切任务。

可见，正是形式逻辑的兴起使得基于效用最大化的理性分析具有更强严密性，从而最终确立了经济人假设在现代经济学分析中的支配地位。从某种意义上讲，形式逻辑越是受到重视，经济人在经济学中的地位也就越巩固。当然，形式主义的泛滥也导致了社会中经济人行为的偏盛，这不仅颠倒了人类行为的目的和手段这一对关系，而且也造成了理论上的困惑和实践上的失范。马克思和恩格斯评论说："把所有的各式各样的人类的相互关系都归结为唯一的功利关系，看起来是很愚蠢的"，因为"这种看起来是形而上学的抽象之所以产生，是因为在现代资产阶级社会

① 麦乐怡：《法与经济学》，孙潮译，浙江人民出版社 1999 年版，第 56 页。

中，一切关系实际上仅仅服从于一种抽象的金钱盘剥关系”①。正因如此，柏克就特别不喜欢当时主流经济学家的著作，认为在这种经济学家理论的指导下，结果大家只关心个人的满足，而忘却了自己对他人和社会整体的责任。柏克感叹道：“骑士制度已经不复存在，现在是诡辩家、经济学家和计量学家的天下了。”② 而且，由于主流经济学对经济人行为的鼓吹，使得人们在社会交往中不知不觉地以一种犬儒主义的态度看待对方，把对方的一切行为都看作是有（功利性）目的的。所以，弗洛伊德说：“一个人往往根据错误的标准做出判断，认为每一个人都在为自己寻求权力、成功和财富，并对已经获得这些东西的人表示羡慕，但却忽略了生活中真正宝贵的东西。而且，在做这种一般的判断时，人们会面临着一种危险——忘记多姿多彩的人性及其心理活动。”③

第五节　结语

资本主义的启蒙运动使得人们逐渐摆脱了政治和宗教的桎梏，摆脱了迷信和无知；但是，启蒙运动的理性后来却发生了巨变，它对物质利益的追求使得人们陷入了一种新的宗教——拜物教。在这种情况下，无论是社会制度设施还是思想伦理都被异化了，甚至人类自身发展的目的和人类社会发展的方向都被异化了。④ 显然，正如弗洛姆指出的：“由于陶醉于新的物质繁荣和驾驭自然的成功，人们不再认为自身是生活和理论探索的中心。作为发现真理和现象的本质的理性被摒弃，智力活动纯粹成为处事驭人的工具。人们已不再相信有力量为人的行为建立有效的规范和理念。”⑤ 事实上，正是文艺复兴和启蒙运动以后，社会实体和人的思维都发生了不连续的演化，其中一个最重要特点就是人们生活世界的理性化，并且，由此从人类的生活世界分化出了许多不同的“系统”。

---

① 《马克思恩格斯全集》第 3 卷，人民出版社 1960 年版，第 479 页。

② 转引自繁人都重《制度经济学回顾与反思》，张敬惠等译，西南财经大学出版社 2004 年版，第 81 页。

③ 弗洛伊德：《一个幻觉的未来》，杨韶钢译，华夏出版社 1999 年版，第 1 页。

④ 朱富强：《有效劳动价值论的现实阐释》，经济科学出版社 2005 年版，第 24—43 页。

⑤ 弗洛姆：《精神分析与宗教》，贾辉军译，中国对外翻译出版公司 1995 年版，第 18—19 页。

正因如此，由物质利益驱使的功利主义就日益膨胀，经济人的行为也逐渐为社会所接受，并最终上升到了理论层面。黄光国指出："在个人的生活世界，沟通行动的三个层面'相互理解、协调行动和社会化'，能满足社会三方面的需求：'文化再生产、社会整合和个人社会化'。然而，在现代社会中，大多数系统维系的主要目标却是'物质再生产'，所以系统演化的衡量标准是'社会控制能力'的提高。为了达到'物质再生产'的目的，每一系统都会找寻最有效率的'微世界'；在系统中劳动的人必须用'技术性思考'，解决他在工作上遇到的各种问题。也正因为如此，'金钱'和'权力'迅速取代了人们生活世界中的'语言'，变成了系统整合的媒介。以沟通协调寻找共识，也会纳入报酬与惩罚的单向思考。系统脱离生活世界的规范约制，而愈趋自主之后，终于导致了系统之指令开始工具化生活世界。"①

事实上，正是在这种强调物质文明和工具理性的资本主义使得社会成员日益个体化和同质化，并使得价值伦理因素在生活中逐渐淡化，这对维持资本主义社会的稳定也是有好处的。究其原因，生活方式的同化使得每个人都感到并分享到了制度的好处，从而使得以往那种在自由和平等等名义下进行抗议的社会基础不复存在；特别是，由于文化的世俗化，使得文化与商业等同起来，以致越来越难以想象超越现实的理想，从而把既有物质需要又有精神需要的双面人变成了完全受物质欲望支配的单面人。为此，马尔库塞在《单向度的人》中指出，当代资本主义社会是一个新型的极权主义社会，它成功地压制了反对派和反对意见，压制了人们内心中的否定性、批判性和超越性向度，使得本身具有批判功能的社会理论转变成了与统治阶级利益协调一致的单面思想。② 其原因又在于，如弗洛姆所说："一旦某一个社会成功地以个人喜欢做什么就去做什么那样一种方式来塑造普通人的品格结构，那么，人们就会对社会加诸于他的各种条件感到满意。"③ 在这种情况下，单向度的人就不再有能

① 黄光国：《儒家关系主义：文化反思与典范重建》，北京大学出版社 2006 年版，第 250 页。

② 马尔库塞：《单向度的人》，刘继译，上海译文出版社 2006 年版。

③ 弗洛姆：《人的呼唤：弗洛姆人道主义文集》，毛泽英等译，上海三联书店 1991 年版，第 19 页。

力去追求，甚至也不再有能力去想象与现实生活不同的另一种生活。同时，不仅单向度的人丧失了否定、批判和超越的能力，整个社会也越来越不能容忍对立向度的存在，乃至真正的学者和知识分子渐渐消逝了，成为为现实唱赞歌的庸俗者；相应地，受此思想支配的学术也越来越庸俗化，不再去探究事物的本质，而是热衷于外在的包装。

因此，在崇尚个体自由竞争的社会中，“存在就是合理”的论断越来越为大众所接受；相应地，经济学界也逐渐把现存制度视为合理存在而不是改造的对象，并且还努力从人性以及构建基于力量的博弈理论来为现存制度进行辩护。结果，“私恶即公益”得到进一步的广泛宣扬，这反过来又成为制度制定的基本依据。显然，这意味着，经济学的基本理论和资本主义制度之间存在着一种共生关系。特别是，由于资本主义物质文明的发展，基于经济基础的唯物史观获得了不可抑制的壮大，以致长期以来学术界特别是经济学界的人士都一直致力于将各种社会现象还原为“物质”利益状况的产物。在他们看来，如果不能以某种方式或在某些地方证明是经济原因在起作用，那么所做的各种解释就不能令人满意。这一点韦伯就做了深刻的剖析：“在纯经济的解释遇到困难的地方，都有不同的手段可供利用，来维持其作为起决定作用的原因性要素的普遍有效性。人们要么把历史现实中不能从经济动机演绎出来的一切当作恰恰隐藏而在科学上毫无意义的‘偶然性’，要么把经济事物的概念扩展到不可知的领域，以致所有以某种方式与外在手段相结合的人类利益都被纳入到那个概念之中。如果在历史上，无可置疑的是对于两者在经济方面相同的情势中作出了不同的反映——由于政治、宗教、气候和其他无数非经济决定因素的差别——人们为了维护经济事物的至高无上的权利，就把所有这些动机降低为历史上的偶然的‘条件’，在这些条件中，经济动机起着‘原因’的作用。……当某一具体的非经济制度在历史上也发挥着有利于经济上的阶级利益的‘功能’的时候，及服务于这些利益的时候，例如，当某些宗教制度让人或者被当作‘秘密警察’利用的时候，整个制度就要么被看作是为了这种功能而创造的，要么——完全形而上学地——被看作是受到一种从经济事物出发的‘发展趋势’影响的。”①

① 韦伯：《社会科学方法论》，李秋零等译，中国人民大学出版社1999年版，第14页。

显然，现代主流经济学的基本前提和研究思路本质上舍却了人的本质和人类发展的目标，从而不但无法揭示现实制度中的异化特征，也就无法洞悉其内在的缺陷，更无法提供改造现实的思路。

第二篇

经济人内涵及其分析范式的审视

第一篇系统梳理和考察了人性假设在社会科学不同分支中的分离和演化，进而揭示了经济学的功利主义内涵以及在经济学中得以确立支配地位的内在逻辑和社会历史背景。显然，传统意义上的经济人概念及其嵌入的理性内涵都是集中于个人利益的考虑，这种行为机理能够实现整体利益的最大化吗？进一步地，这种行为机理能够实现行为者的长期利益最大化吗？因此，本篇继续对经济人假设的实质内涵做一挖掘和辨识，并在此基础上对经济人假设的现实性展开反思，特别对经济人模型化分析的弊端进行剖析。

第五章

如何认识“经济人”：内涵演变及其缺陷审视

【导读】“经济人”概念经历了历时性的演变：古典时期所界定的是嵌入特定社会伦理关系的自利人，边际革命开始将之退化理解为追求效用最大化的经济人，新古典经济学进一步将之抽象为原子化的更为中性的理性人；早期的理性概念实质上是实现最大化目的的有效手段选择，新古典经济学将之转化为行为逻辑的内在一致性，后来对理性的观察视角又从行为选择转向了自然选择。然而，随着理性内涵的演变及其外延的不断扩大，经济人概念就逐渐蜕变成了一个同义反复：经济人假设在强化主流经济学的分析框架的同时，也使得经济理论与现实之间越来越脱节。

第一节　引言

“经济人”假设之所以能够在经济学上取得支配地位，不仅有其特定的历史背景，而且有相应的演化轨迹。在很大程度上，“经济人”表现形式的演变及其所隐含的“自利”内涵和外延的扩大化，都与特定的社会环境有关。进而，从“经济人”内涵的演化轨迹中，我们也就可以更清楚地识别其内在缺陷。有鉴于此，本章就“经济人”内涵的演化轨迹做一较为系统的梳理和剖析。

第二节 人性假设的演化逻辑

经济人概念的萌芽可追溯到斯密的《国富论》一书，斯密强调，经济活动中的人是一个追求自身利益的最大化者。当然，斯密之所以把人的自利心作为社会发展的动力，是以当时苏格兰市民社会的种种制度环境为基础的；并且，他强调的自利也不是冷漠或价值无涉的，而是以“克己”为基础。究其原因，斯密分析的本来就是一个熟人社会，人与人之间交易也就镶嵌在具体的社会关系之中。卡尔·波兰尼就指出，斯密秉承苏格兰历史学派的传统，将人视为一种社会存在和道德存在，是家庭、国家和社会组成的公民秩序中的一员。[①] 因此，早期的自利思想与现代经济学中的经济人假设之间就存在着根本性区别：早期的逐利者是内含伦理关系的社会人，后来确立的经济人则是脱离社会关系的原子人。森指出，不仅斯密“考察了涉及经济、社会和政治关系的多种多样的价值观。甚至那些早期的论者，例如孟德斯鸠和斯图亚特，在把资本主义看作是某种用‘利益’取代‘激情’的体制时，一般也注意到这样的事实，即以一种智力的、理性的方式追求利益，比起由激情、欲望和暴虐倾向驱使，是巨大的道德进步。斯图亚特认为‘利益’是控制‘专制的蠢行’的最有效的约束”[②]。在很大程度上，斯密等仅仅是强调以人与人之间的自由交易来取代政府干预，尤其是取代强权和暴力控制，这更有利于社会经济的发展。为此，赫希曼指出，资本主义早期倡导者从资本主义伦理的出现中看到一种巨大的动机改善：它激发了某些温和的人类天性，以取代凶恶的倾向。

然而，随着资本主义物质欲求的膨胀，伦理冲动力却逐渐地被经济冲动力所排挤，人与人之间逐渐只剩下物的依存关系。这样，随着社会科学的日益分化，进而经济学把货币和物质追求视为主要乃至唯一的研究对象，追求自我实现的“自利人”就逐渐为追求收益最大化的“经济人”所取代。这表现为两方面：一方面，当经济学热衷于在既定社会制度下探究如何进行生产管理时，斯密强调的追求利润最大化的行为机理

---

① 戴尔：《卡尔·波兰尼：市场的限度》，焦兵译，中国社会科学出版社2016年版，第66页。

② 森：《以自由看待发展》，任赜、于真译，中国人民大学出版社2002年版，第262页。

就为经济学界普遍接受，并成为新古典经济学和现代主流经济学分析生产者行为的基本范式；另一方面，随着边际革命把经济的分析领域从生产转向消费，经济学开始把追求效用最大化视为人的基本动力和行为机理，这又为以后的主流经济学奠定了分析消费者行为的基本范式。显然，这两个范式可以统一在一个分析框架之下，即每个人都是在追求个人收益的最大化。因此，帕累托将具有这种行为倾向的行为主体概括为“经济人”，并把它视为全部经济分析的前提假设。这样，嵌入在早期自利人假设中的伦理关系就消失了，而蜕变成了单纯地追求私利的抽象经济人假设，原来在特定制度下追求利润最大化的生产者以及效用最大化的消费者都统一为追逐收益最大化的原子人；而且，在斯密“无形的手”的影响下，这种经济人行为不仅成为经济学理论的基本假设，而且还在社会实践中得到广泛的肯定和宣扬。

问题是，经济人假设仅仅是对自利行为的肯定，经济人模型也总喜欢把行为者看成是自私自利而没有任何伦理特征的人，而这显然与人类社会中的实际行为相背。因此，经济人概念一经面世就引发了众多学者的批评。例如，森批评说：“如果说自利最大化不是非理性行为可能还有一定的合理之处，至少不是完全荒谬的；如果说除了自利最大化以外的其他任何行为都一定是非理性的，恐怕就很少有人能接受了。”① 在这种情况下，为了营造客观而公正的气氛，主流经济学就开始在更宽泛的含义上来理解“自利”一词：用更为中性的“理性人”一词来替代“经济人”。这样，理性主义就进入了经济学的分析视域，理性经济人成为主流经济学理论体系的硬核，成为解释人类经济行为的一把钥匙。例如，法律经济学家波斯纳强调，经济学探索与检验的是这样一个假定所具有的含义，即人是满足其生活目的——我们称之为“自利”——的理性的最优化的人。同样，张曙光等也指出：“与人类行为的其他模式比较起来，‘经济人’模式和‘理性行为’假定也许是一个（解释人类行为）最普遍、最有效、最成功的工具。”②

① 森：《经济学和伦理学》，王宇等译，商务印书馆2000年版，第21页。

② 转引自程恩富、胡乐明等《经济学方法论：马克思、西方主流与多学科视角》，上海财经大学出版社2002年版，第187页。

显然，这种理性人假设并没有否定“经济人”的内涵，而仅仅是以更加学术性的概念来重新沟通“经济人”和“自利人”的关系，并由此来进一步抹杀两者的差异。实际上，现代主流经济学往往就只把那些最大化地实现自身利益的行为称为理性的，或者将理性仅仅视为体现经济人策略选择的一个特征，这样，经济人也就是理性地实现“自利”的人。于是，在此基础上，新古典经济学就形成了三个相互联系的基本微观假设：经济人、完全理性和完全信息。其中，完全信息是人类行为的外在条件，完全理性则是人行为的内在逻辑，而经济人则包含了这两者的含义，是基于完全信息和完全理性追求最大化的行为动机。显然，这里的理性就是最优决策，从而体现了目标实现上的最大化。因此，在本质上讲，经济人和理性人是统一的。

一般地，在标准的现代主流经济学中，理性行为主要有两种含义：（1）把理性视为选择的内部一致性；（2）把理性等同于自利最大化。而且，主流经济学还往往把两者结合起来：把任何偏离自利最大化的行为都视为非理性行为。例如，施蒂格勒 1981 年在题为“经济学抑或伦理学”的特纳讲座时说，在我们生活的世界上，有理性并掌握充分信息的人们，在机智地追求着他们的自利。可见，经过理性的包装，主流经济学所理解的经济人本质并没有任何变化，只不过更为严密而已，依然是一个追逐“私利”并可以理性地判断如何最大化利益的人。正因如此，哈耶克指出：“我们‘那个藏在碗柜里的没有血肉的白骨精’① ——亦即我们已经用祈祷和禁食的方式驱赶的那个‘经济人’妖魔——又装扮成一个类似于全知全能的人从后门溜了回来。”②

当然，由于传统的经济人概念隐含了“自私”之意，因此，一旦引入理性视角，就会对原初的“自利”内涵产生反动。譬如，一些助人为乐或者拾金不昧的行为是不是理性的呢？如果是理性的，那么是否属于“自利”行为呢？显然，这就涉及自利的内涵和外延问题。

---

① 邓正来将“skeleton in our cupboard”译为“领域中的那个不为人知的怪物”，既不形象，也令人费解。

② 哈耶克：《个人主义与经济秩序》，邓正来译，生活·读书·新知三联书店 2003 年版，第 68 页。

为了维护成本—收益的分析基础，主流经济学就通过放宽“自利”的内涵和重新定义“自利”的内涵来为经济人假设设立保护带：将人类社会的一切行为都视为自利的。因此，按照主流经济学的理解，在那些被社会认可和舆论支持的行为上，人们仍然进行着自利的最大化行为，只不过是在一定的条件制约或偏好制约下进行。显然，不仅现代经济学所理解的经济人的外延被大大扩大了，而且，其内涵也发生了质的变化，不再限于物质效用，而是包括人类所感受的一些效用在内。正是基于这种扩大了的经济人假设，人的生活目的中包括为他人谋利的那些行为也都可以被称为自利的。例如，雷锋的助人为乐行为就是自利的，因为他的生活目的就是“助人为乐”。正因如此，贝克尔将所有的人类行为都视为追逐“自利”的逻辑来进行分析，如传统意义上的利他主义父母本质上就是自利的，他们个人效用决定了他们是否结婚、是否生育以及生育多少孩子，等等。不过，正如女性主义经济学家费波尔指出的，孩子具有公共品的性质。① 既然如此，又怎能根据私人成本—收益来决定呢？否则，岂非会导致小孩数量的生产出现严重不足？

同时，正是由于“自利”的内涵和外延已经从原来的物质利益扩展到了人类可能有的多样化需求，并且把理智地追求特定效用（目的）的行为都视为是理性的；因此，主流经济学逐渐强调价值观上的中立性，“自利”并非就是损人利己而仅仅（或最终）是关注个人的效用。进而，为了更好地表达这种价值中立性，主流经济学又用“偏好”来取代“效用”一词。究其原因，效用是内心的主观感受，而偏好则是外在的行为体现。相应地，偏好更容易进行实证和经验观察，从而为经济学提供了一种“去伦理化”的可能。这样，尽管主流经济学家往往都是在“自利”的范围内使用“经济人”这一术语，但一旦面临有关人性的质疑时，又常常以经济学对偏好的定义不依赖偏好的伦理属性为托词。特别是，随着偏好的引入以及偏好内涵和外延的扩大化，经济学的研究也就从原先的物质性偏好拓展到其他非物质性的偏好。这样，主流经济学就启动了经济学帝国主义的旅程：逐渐把其分析之手触及几乎所有的社会科学领域，分析所有的

---

① Folbre N.，“Children as Public Goods”，*American Economic Review*，Vol. 84，No. 2，1994，pp. 86 – 90.

人类行为，以至开始把经济学视为一门研究人类行为的科学。

第三节 经济人的内涵：从自利人到理性人

西方社会对人性的经验探究最早可追溯到马基雅维利对人的机会主义的描述和孟德维尔的“私恶即公益”命题，后来，经济学之父斯密借鉴牛顿万有引力而创造一个“无形的手”预定协调原理，从而将个人利益与社会利益联系起来，由此来凸显出个体的自爱性和自利性在经济活动中的积极作用。当然，这里需要注意这样几点：（1）斯密强调的自爱是以“克己”和“谨慎”为前提，在“克己”和“谨慎”的基础上，自爱和同情心就可以很好地结合起来，体现为自爱的经济人本身也就包含了以“同情”为内容的伦理范畴；（2）被抽象原子化的经济人之所以会逐渐普及而广为接受，主要是因为它与西方社会的个人主义哲学相通，这似乎源于强调天赋人权的自由主义传统；（3）现代主流经济学对经济人假设的采用主要是源于追求个体效用的行为功利主义，但这种功利主义所潜含的效用含义要比狭义的经济人广得多，是指一切追求快乐和逃避痛苦的行为。

不过，随着经济学和伦理学的分离，经济学界就逐渐把效用局限在货币或物质效用这单一层次上，并把个人行为孤立起来进行探究，这样，经济学就日益变成一门仅仅研究物质财富如何增长或配置的学问，经济人也就演变为仅仅是对物质财富的追求者。譬如，在西尼尔看来，政治经济学就是论述自然、生产和财富分配的科学而不涉及有关福利问题的讨论，从而主张从一些公认的前提出发并围绕一些确立的基本原则来构建一个纯科学的结构。同样，约翰·穆勒也把经济学视为基本上是一门抽象的科学，是以假说性而无须以事实为基础的假定为基础而得出一般化的结论。因此，到了古典经济学末期，为了凸显纯科学的特性，经济学就逐渐走上了形式化、公理化的发展道路。尤其是随着边际革命的兴起，经济学更进一步把欲望最大化作为主要的心理活动而从其他多种多样的心理活动中抽象出来，并从人对物的主观评价的效用中发展出物的价值和价格。

一般地，经济人假设有两块基石：（1）穆勒依据西尼尔所提出的个人经济利益最大化公理，对斯密关于人类行为的看法进行了形式化的处理，从人类行为的各种动机中抽象出经济动机——财富最大化的动机，从而奠立了“经济人”假设的第一块基石——自利原则；（2）马歇尔等新古典经济学家则承继了边沁关于“幸福与痛苦”的功利主义道德哲学，同时引进了实证主义的“行为”概念，从而确立了经济人假设的另一基石——极大化原则。特别是，由于新古典经济学把经济学的研究对象从公共领域转向了私人领域，在既定社会结构和制度下分析个人的市场行为，从而最终完成了将人的行为等同于最大化的过程：主要表现为消费最大化和生产最大化，乃至经济人假设被引申为追求物质利益和金钱的最大化。正因如此，此时的经济人就仅仅体现为经济领域的一个重要抽象概念，主要表现为对物质的追求。例如，商人追求货币的利润最大化，消费者追求商品的效用最大化。问题在于，一个活生生的社会人不可能仅仅关注物质需求，而经济学主要研究却集中在满足生理需求的物质方面。这意味着，经济学集中研究的实际上也就是被贬为低等的人类行为。为此，拉斯金将经济学称为“猪的哲学”。

同时，经济人分析还面临着这样两大问题。第一，随着人类物质的日益丰富，人类的具体需要也变得多种多样，在无数的情境下，人们所追求的目标也不再限于个人的物质功利；相应地，真实世界中的人类交换也出现了更多的非物质内容，如荣誉、名望和赏识等的交换，而大量物质产品交换的行动往往只是被交易的一方或双方作为达到这种“非物质”满足的预备手段。第二，作为整体的人在行为方式上也必然具有统一性，就此而言，涉及物质产品与非物质产品交换的行动与只涉及物质产品交换的行动就不该存在什么显著或本质的差别。这也就意味着，传统基于物质理解的“经济”与“非经济”之间的划分就变得不切实际。对此的回应是，经济学界逐渐用基于效用的主观价值来取代古典经济学基于劳动的客观价值理论，进而逐渐陈述了新的认识：（1）经济原则是所有理性行动的基本原则，而不仅是特定的某种理性行动的特征，因而所有理性行动都可被视为一种经济化的行动；（2）每一种有意义的行动都是理性的，因而追求荣誉、虔诚以及政治目标之类价值的行动都被视为理性的行动。①

---

① 米塞斯：《经济学的认识论问题》，梁小民译，经济科学出版社 2001 年版，第 146 页。

因此，边际革命之后，“经济的”和“理性的”被赋予的内涵就大大扩大了，人们所追求的效用也超越享乐和金钱的范围，而这些其他领域的感受都可做统一的分析。也即，所有有意识的行为都被视为一种理性的经济化行动，而这又促使经济人的内涵再次发生根本性的变化。推动“经济”和“理性”内涵泛化的始作俑者是早期边际主义学派中一个以讲学为生的经济学家——威克斯蒂德。威克斯蒂德认为，杰文斯以及其后的经济学家在确定经济学的研究领域时做得还远远不够，因为边际原理和效用最大化原理并不像杰文斯和马歇尔所认为的那样只适用于工业和商业事务，而“应该是普遍存在于我们所有资源进行管理过程中的重要因素”。① 为此，威克斯蒂德运用日常生活的基本现象来阐发边际效用说，把边际分析运用于各种资源配置问题，力图把诸如消费、生产、投资、储蓄等许多学说置于边际效用学说的基础上。例如，诸如“学习或是与朋友出去玩”等问题都成为经济科学的研究范畴，因为这涉及如何安排我们的时间问题。自此以后，经济学就从商业的科学演变成了选择的科学：消费者选择最有利的消费组合，生产者选择最大利润的生产组合。更为重要的是，在逻辑上，所有经济人的行为都纳入了一个狭隘的“在一定约束条件下求效用函数或所选择的目标函数的最大值”的目的论模式。

显然，威克斯蒂德的这一划分带来了重要影响：（1）按照这种看法，原本非经济类方法要么不存在，要么从属于经济，因而一种全新的经济思考方式诞生了；（2）根据这一看法，任何事物都不妨碍我们努力做生意，妨碍自己的利润最大化，因为只有这样，我们才可以向慈善机构捐款更多。所以，威克斯蒂德认为，人们的行为实际上处于“非利”状态，即交易中的人并无真正的利他主义或恩惠而言。后来，罗宾斯将威克斯蒂德的思想纳入经济思想的主流之中，并宣称，根本就没有什么自利的经济人。为此，后来的经济学家又重新使用“最大化”一词来取代“经济人”一词，并将“功利最大化”与“理性的行动”联系在一起。事实上，当我们说一个人追求最大化时，也往往意味着他在进行最能实现其

---

① 转引自卢兹《经济学的人本化溯源与发展》，杨宪昌主译，西南财经大学出版社 2003 年版，第 183 页。

目的的理性选择。而且，随着人类欲求的多样化发展以及经济学本身的进一步发展，19 世纪通过物质行为表现出极度贪婪与冷漠和利己的经济人开始退出历史舞台，新兴的"理性人"则逐渐显露。这样，经济学界所理解的"经济人"就逐渐等同于"理性人"（rational-economic man）了，尽管人们在何谓最大化以及如何最大化的问题上还没有达成共识，并且越来越缺乏共识。

正是基于从自利人到理性人的这种转变，主流经济学的理性选择分析范式得以拓展到其他领域，甚至将理性假设从个体选择拓展到集体行动之中，因而目前兴起的社会学理论、政治学理论往往又被称为"理性选择理论"。究其原因，西方学者往往认为，这种理性假设不含有任何实质性的价值判断，从而是无可争辩的。例如，公共选择理论的代表人物就普遍捍卫新古典经济学中的理性假设，无论是布坎南的最优多数、唐斯的投票人行为还是尼斯坎宁的预算最大化动机，都是基于"理性人"的假设；而且，"理性行动者"模型也成为公共选择理论的核心，无论是个人、政党、利益集团还是政府，都是理性决策者。事实上，公共选择理论中的一般假定是：（1）人们有一系列合理的偏好，并且可以感知、排列和比较这些偏好；（2）人们的偏好顺序是可传递的，在逻辑上也是一致的，如果我偏好 A 党胜于 B 党，又偏好 B 党胜于 C 党，那么必然偏好 A 党胜于 C 党；（3）人们都是"最大化的行动者"，当他们以有效率的方式追求自己的偏好时就是在理性地行动；（4）人们在面临同一选择时总是做出同一决定。

第四节　理性的内涵：从最大化到内在一致性

从本体论上说，理性的原意仅仅体现为：为实现特定目的而选择有效手段。显然，目的不同，人们所采取的有效手段也有所差异。相应地，在缺乏对目标和信息了解的基础上，我们很难判断一个人的行为是理性的还是非理性的。然而，尽管存在这种含糊性，主流经济学在运用这种新型"理性人"时基本上还是延续了原先经济人的内涵，强调的依然是行为者对个人效用的追求。只不过，现在理解的效用不再仅仅局限于经济效用，而是包含了可能存在的各类偏好。例如，张五常指出："经济学上最重要的基本假设是：每一个人无论何时何地，都会在局限约束条件下争取他个人最大利益。说得不雅一点，即每个人的行为都是一贯地、永远不变地，以自私为出发点。……在经济学的范畴内，任何行为都是这样看：捐钱、协助他人、上街行动等，都是以‘自私’为出发点。”① 同样，阿罗也指出，理性行为象征地被界定为“某种性质的利益最大化”。

当然，在理论概念上，经济人假设仅仅是被赋予基于最大化的理性内涵，而不关心最大化的具体内涵是什么。问题是，如果我们不清楚别人的目标，我们又如何判断他的行为是否理性呢？面对这种诘难，现代主流经济学又悄悄地赋予理性以新的内涵：理性不再体现为实现特定目的的合理手段选择，而是体现为行为的内在一致性。其基本含义是：如果一个人选择 x 而拒绝 y，那么，他就不会在另一场合可以获得 x 的情况下选择 y。这种理性内涵可以追溯到罗宾斯，罗宾斯在《经济科学的性质和意义》中就指出，个人想做的不同事情对他有着不同的重要性，并且可以按照一定的次序来安排，因此，经济学就成了“将人类行为当作目的和具有各种不同用途的稀缺手段之间的一种关系来研究的科学”。② 显然，根据罗宾斯等人的理解，经济人也就不再是功利主义形象的痛苦和快乐的衡量器，而是被描绘成一个有特定偏好的人。进而，萨缪尔森在 1938 年的一篇论文中构建了消费者行为理论，它就建立在内部一致性的公理基础之上。③ 自此，经济人概念就从理性的经济人演化成了在行为选择中具有内部一致性的经济人。

（一）逻辑一致性扩展了经济分析

一般地，根据这种“一致性的”偏好次序假定，经济人又被赋予三大基本特征：传递性、最大化行为，以及目的和手段的分离。显然，这种偏好次序的逻辑一致性在弗里德曼以及萨缪尔森等人的著作中得到

---

① 转引自程恩富《西方产权理论评析：兼论中国企业改革》，当代中国出版社 1997 年版，第 151 页。

② 罗宾斯：《经济科学的性质和意义》，朱泱译，商务印书馆 2000 年版，第 20 页。

③ Samuelson P. A.，“A Note on the Pure Theory of Consumers Behavior”，*Econimica*，Vol. 5，1938，pp. 61 – 71.

极大的继承和发展，从而成为现代经济学的分析基础。例如，萨缪尔森强调，偏好只要满足完备性和传递性就可以体现为理性。这样，理性人就被表述为：约束条件下最大化自身偏好的人。正是在这种内在一致性的理性理解的基础之上，经济人假设在现代正统经济学中的标准解释就是：在理想情形下，人们具有完全有序的偏好、完备的信息和无懈可击的计算能力，在经过深思熟虑之后，他会选择那些更好地满足其偏好的行为。

显然，从最大化到逻辑一致性的转化，经济人的内涵就获得了进一步的扩展。事实上，基于这种“内部一致性”的解释，主流经济学也就得以抹杀“利他”与“利己”之间的行为差异，进而将“理性选择”模型运用于包括利他在内的一切人类行为。因为按照这一定义，只要一个人具有“内部的一致性”，那么，不管他是一个彻头彻尾的利己主义者还是一个狂热的利他主义者，都会被看成是谋求个人效用达到最高点。显然，正是以嵌入这种理性内涵的经济人概念为基础，贝克尔等发起了经济学帝国主义运动，进而将经济人分析模式运用到非传统经济领域的人类其他一切领域之中。

也基于这种内涵扩大化的经济人概念，即使那些对此心存疑义的学者也开始被迫认同它。这种思想可以追溯到康德，在康德看来，如果店主能够从诚实中获利，那么，他的童叟无欺行为就不能称为道德的。在现代学术界，即使是知识渊博的人本主义者森也没有摆脱这种看法。森指出：“如果知悉别人受苦使你感到不快，这就是同情共感的事例；如果事情并不使你觉得自己受损，但你认为那是错的，准备要制止它，这就是承担的事例。……基于同情共感的行为，在一个重要的意义上是利己的，因为你是因为别人的快乐而快乐，因别人的痛苦而痛苦：因此，同情共感的行为会促进对一己的功利的追求。基于承担的行为，在这个意义上却是非自利的。”①

这意味着，由于引入了内在一致性的标准，理性分析的适用范围就获得了极大的拓展。例如，贝克尔认为，“经济理论很能相容于非

---

① 森：《理性的傻瓜：对经济学的行为主义基础的批判》，载哈里斯编《科学与人》，商梓书等译，商务印书馆1994年版，第14页。

理性行为”,[①] 而且，“经济分析是一种统一的方法，适用于解释全部人类行为，这些行为涉及货币价格或影子价格，重复或零星的决策，重大的或次要的决策，感情或机械似的目的，富者与穷人，男子与女士，成人与儿童，智者与笨伯，医生与病人，商人与政客，教师与学生等等。经济分析能够想见的应用范围如同强调稀缺手段与各种目的的经济学定义一样宽泛”[②]。同时，从最大化到内在一致性的转变也使得理性的内涵发生进一步的变化，它不再是指结果理性，而是指过程理性。唐斯指出：“这样定义的理性指行动过程，而不是指它们的目的，甚至也不是指达到想达到的目的的成功。(因为) 众所周知，理性计划有时导致的结果极大地劣于由于纯粹运气而产生的结果。……既然我们模型中的行为不能由它的结果来检验，我们将‘理性的’或‘无理性的’这样的术语仅仅应用于行动过程，亦即手段。”[③]

（二）一致性标准内含的逻辑问题

一般地，基于行为一致性的理性概念为基于经济人假说的理论体系提供了自圆其说的保护策略。但是，这种转变内涵的经济人分析依旧存在如下一系列的问题。

第一，“逻辑一致性”的三大特征都存在逻辑缺陷，从而并不是科学的假定。

目前兴起的行为经济学提供了大量的证据和发现来质疑曾经长期为经济学教科书所宣扬的这些逻辑命题，如阿莱悖论、偏好逆转现象、确定性效应、损失厌恶等。这里逐一加以解释如下。

(1) 就传递性而言，有大量行为实验否证了这一点。基于传递性的一致性要求：在 A、B、C 三个选项中，如果我偏好 A 甚于 B，而偏好 B 又甚于 C，那么一定存在偏好 A 甚于 C。但是，梅却指出，偏好表实际上是不可传递的，因为确实存在这种情况：某人在一次和同一时间确实喜

---

① 贝克尔：《人类行为的经济分析》，王业宇等译，上海三联书店/上海人民出版社 1995 年版，第 184 页。

② 同上书，第 11 页。

③ 唐斯：《民主的经济理论》，姚洋等译，上海世纪出版集团 2005 年版，第 5 页。

欢A胜过B，喜欢B胜过C，喜欢C胜过A。[①] 例如，在2002年的法国总统选举中，第一轮投票的结果名次依次是希拉克、让—玛丽—勒庞和若斯潘，第二轮希拉克在与勒庞的竞争中胜出；但是，民调却显示在两两对决中，若斯潘可以击败勒庞，进而击败希拉克。这意味着，勒庞在竞选中的出现改变了希拉克和若斯潘的相对排名。[②] 再如，《经济学人》提供了三个报价选择：A. 一年的网络版订阅费为59美元；B. 一年的印刷版订阅费是125美元；C. 一年的网络版和印刷版套餐订阅费是125美元。结果，16%的人选择了网络版，84%的人选择了套餐，而没有人选择印刷版。此后的实验拿掉了B选项，结果，有68%的人选择了网络版，而只有32%的人选择套餐。[③] 显然，这里的选择发生了逆转。进一步地，如果说这种传递性在一维选项中存在的话，那么，当选项是多维属性的商品时，发生传递的现象就小多了。更不要说，多维往往是商品的基本属性，因而这种经济人假说是无法得到科学确证的。

（2）从目的和手段的关系而言，这两者往往难以截然分开。目的与手段之间更真实的关系是：一方面，手段往往影响目的，这种影响往往在事后回顾时才变得清晰，这里存在着路径依赖效应；另一方面，目的也往往影响手段，如一个以利益相关者组建起来的企业与一个为资本所有者单独服务的企业的运行机制就存在很大差别。

（3）就最大化行为而言，不设定目的的最大化命题无法证伪。一方面，经济人所谓的最大化行为并没有说明到底在使什么最大化，金钱、爱情、美德乃至仇恨等都是潜在最大化的对象。例如，罗宾斯指出：“对经济学家而言，经济主体可能是纯粹的利己主义者，可能是纯粹的利他主义者，可能是纯粹的禁欲主义者，可能是纯粹的纵欲主义者，更有可能是所有这些冲动的混合体。”[④] 另一方面，因为最大化的对象是不确定的，因而我们也无法对人类行为进行证实或证伪。譬如，当我们检验一

① May K. O.，“Intransitivity，Utility，and the Aggregation of Preference Patterns”，*Econometrica*，Janary，1954，pp. 1 – 33.

② 西蒙斯：《政府为什么会失败》，张媛译，新华出版社2017年版，第112页。

③ 特雷维桑：《非理性消费：关于消费者行为决策的心理分析与应用》，甘亚平、甘兰译，人民邮电出版社2017年版，第43页。

④ 罗宾斯：《经济科学的性质和意义》，朱泱译，商务印书馆2000年版，第79页。

个家庭主妇在苹果价格下降时是否会购买更多的量时，假如她没有买，那么我们可能就会归咎于非经济因素的其他变化。

因此，森强调，不论怎样从数学上解释这些一致性概念的问题，还是在纯粹的内在一致性概念本身是否有说服力这一主要问题上，选择的内在一致性都是既不能作为理性的充分条件，也不能作为理性的必要条件的。（1）就充分条件而言，一个人可能在其选择中持续一致地低能，以致会永远选择那些他最不重视的并且是他最讨厌的东西，如有人在股票上的投资往往会一直处于失败状态。显然，这种行为仍然符合一致性条件，却很难说这种形式是一种理性模式，因而内在一致性条件总体上并不足以成为理性的充分条件。（2）就必要条件而言，某些恰当的动机集合也明显违反内在一致性的规范公理条件：如果不考虑选择者的动机，那么，“一致性”的内涵就根本无法确定；而一旦考虑到相关动机，那么也就一定会涉及一个“外在”的参数，这时一致性条件也就不再是纯粹的选择的“内在”一致性了。

同时，运用内在一致性来解释日常生活中的人类行为，也会遇到截然不同的困境。（1）尽管经济人假设建立在内在一致性的基础之上，但现实中的人类行为往往并不具有这种特性；相反，人们的行为动机往往因环境而改变，因而呈现出明显的不一致性。米塞斯就强调，假如一个行为者更喜欢 A 而不是 B，更喜欢 B 而不是 C，但他乐意更喜欢 C 而不是 A，而不会有损于“理性”或“一致性”，只要他们简单地改变想法。因此，新古典经济学视为不言自明的理性假设实际上混淆了“不变性”（constancy）和“一致性”（consistency）这两个概念。[①]（2）经济学的内在一致性往往考虑的是行为的成本和收益同时发生的情形，但大量的行为所衍生的成本和收益并不是同时性的，从而会带来行为的时间不一致性。例如，很多烟民都知道吸烟的习惯在长期中对自身健康是有害的，但他们还是做不到为了将来的健康而克制当前吸烟的欲望，而今后他们也常常为自己的这种行为感到后悔。（3）一致性内含着完备性，即要么 $A>B$，要么 $A<B$，但如果考虑时间因素，这种完备性在现实中常常被违

① Von Mises L., *Human Action: A Treatise on Economics*, New York: Foundation for Economic, 1996, pp. 102 – 104.

背。大量的实验显示：人们表现出系统性的对近期贴现率更高而对远期贴现率更低的倾向。例如，Ainslie 和 Haslam 做了一个对比实验：受试者在实验当天的 10 美元和一周后的 11 美元之间选择，大多数受试者选择立刻可得到的 10 美元；同样的受试者在实验日一年后得到 10 美元和实验日之后的一年又一周得到 11 美元，大多数受试者宁愿为额外的 10% 而等待一周。①

第二，引入内在一致性的泛经济人概念依然是同义反复，从而无法给出明确认知。

事实上，根据这种效用内涵扩大的经济人概念，“每个人的行为总是有理性的”。这表现这样两点：“（1）它指向某一目的，（2）在他眼里，它的收益必须超过它的成本，否则他便不会采取这一行动。”② 显然，按照定义，诸如精神病患者的行为等都可以看成是理性的和自私的，因为他们的行为肯定反映了其潜意识，尽管一般人无法把握他这种潜意识的具体表现。福柯在《疯癫与文明》一书中梳理了人类把理性和疯癫隔离开来的历史过程，而陀思妥耶夫斯基则指出：“人们不能用禁闭自己的邻人来确认自己神志健全。”③ 这也就意味着，如果我们无法给一致性以更明确的定义，那么诸如特立独行者、精神病患者等的行为就都符合这一特征。正如唐斯承认的：“无理性的行为从个人人格的心理经济角度看是高度理性的。精神病患者的行为对于释放产生于埋藏在无意识深处的冲突的紧张常常是一种必要的手段。”④ 但问题是，疯子的行为果真体现了有价值的生活吗？

我们来审查一个案例：一个患有妄想症的疯子会不断地拿棍子敲打自己的头部以防止自己入睡，因为他认为有人会在他睡着时来谋害他。显然，他这种行为体现了其“明智”而“系统”地追求目标的行为。但试问：这种行为果真是理性的吗？有鉴于此，森强调，最大化行为充其

---

① Ainslie G. & Haslam N.,“Hyperbolic Discounting”, In Loewenstein G. & Elster J. eds., *Choice over Time*, 1992, New York: Russell SGE, pp. 57 – 92.

② 唐斯：《民主的经济理论》，姚洋等译，上海世纪出版集团 2005 年版，第 6 页。

③ 转引自福柯《疯癫与文明》，刘北成等译，生活·读书·新知三联书店 2003 年版，前言。

④ 唐斯：《民主的经济理论》，姚洋等译，上海世纪出版集团 2005 年版，第 8 页。

量不过是理性的必要条件，而很难说是他的充分条件。其理由是，理性不仅用于追求一个既定的目标和价值的集合，而且也用于审查这些目标和价值本身。显然，通过对那些最大化的内容分析就可以发现，有些最大化行为往往显得愚蠢无比，并缺乏理性的估价，如上瘾行为。为此，森强调，人的自我具有这样四个特征：（1）自我中心的福利；（2）自我福利的目标；（3）自我目标的选择；（4）自我合理的审查。其中，合理的审查是最重要的，它主要是指个人对其本人的目标、价值观、偏好等具有一种自主的评价与审查的能力；只有具有这种能力，一个人才可以思考怎样的生活才是他有理由追求的生活。[①] 在森看来，理性的第一个和最直接的用途是规范性的：我们希望我们的思考和行动是睿智而贤明的，而这往往盖过了理性的直接用途。

显然，合理审查的存在为道德和伦理对人们行为的影响打开了通途，使得人们的行为为道德关怀和社会理由所驱动；由此，理性就不仅是一种形式上的工具，而且是指导我们生活的工具。然而，现代主流经济学却刻意地排斥伦理和道德的内容，从而缺乏对自我合理审查的考虑；同时，为了避免这种泛经济人化所造成的同义反复，在实际分析中又对理性经济人做狭窄化分析和应用。因此，这种“合理化”努力表现为：把分析集中于特定目标。例如，经济学注重它的物质经济目标，政治学注重它的政治目标，等等。事实上，正是在这种局部目的的基础上，唐斯写道：“对我们模型的有限目的而言，改错能力是区分错误与无理性行为的一个好得多的手段。一个系统地犯错误的理性人在下列情况下将会停止犯错误：（1）他发现了所犯的错误；（2）消除错误的成本小于纠正他的错误。在同一些条件下，一个无理性的人将不会纠正他的错误，因为他具有某种重复犯错误的非逻辑倾向。”[②] 也就是说，人的理性不是先验的，而是不断演化的，它产生于大量的社会互动中。

确实，现实世界中的人类行为都内含了某种意向性，这显然不同于非人类生物那样基于本能或生理的反应。尤其是这些意向性以及行为动机往往深受各种社会性因素的影响，而这些社会性因素已经内化在人类

---

① 森：《理性与自由》，李风华译，中国人民大学出版社 2006 年版，第 23 页。

② 唐斯：《民主的经济理论》，姚洋等译，上海世纪出版集团 2005 年版，第 8 页。

的行为习惯和偏好之中，从而又无法像自然界的事物那样简单地加以分离并进行局部性研究。然而，理性经济人分析却明显忽视了个体行为的意向性，并将人类个体与其环境隔离开来，从而造成了理论与现实之间的极大差距。例如，一个政府官僚之所以追求向上攀升，其原因是多重的，既可能是为获得更好的“权力租”等收入，也可能是为控制下属的权力欲，还可能是出于服务的动机。显然，如果经济学简单地从经济动机进行分析，政治学简单地从政治动机进行分析，社会学简单地从社会动机进行分析，那么，必然会产生盲人摸象的结果。从这个意义上说，由于偏好的内在一致性仅仅体现出某些稳定的本能，而很难反映出随时空变化的那些社会性需求；相应地，偏好一致性往往只是令人满意地适用于对昆虫和庄稼等非人类物种的分析，[①] 这也正如当前一些经济学人所做的那样。

最后，还需要指出，由于理性本身与行为者的意向性有关，从而也就与他的目标选定、对这一目标可实现性的认知以及为此付出的努力有关；相应地，如果目标偏误、信息有限、意志缺乏，那么，他所展现出的行为也必然不能被称为是理性的。一些学者就指出，犯错误的理性人并不总是发现他们的错误，如果一个人连续地犯错误，我们怎么能知道他是无理性的还是仅仅因为缺乏信息呢？在这种情况下，我们不是又要被迫重新判断他的意图吗？关于这一点，唐斯也无法回答，只能笼统地“假定无论何时这样做均是绝对必要的，同时也承认这样做的局限性”[②]。

可见，尽管理性从自利最大化向内在一致性的演化拓宽了经济人分析框架的范围，但这种分析却可能由于内涵的缩小而变得不可证伪。因为根据这一内涵，只要存在逻辑的内在一致性，每个人都在追求个人利益的最大化，从而都是理性的。森指出：“如果你是一致的话，那就不管你是一个彻头彻尾的利己主义者，还是一个狂热的利他主义者，抑或是一个阶级觉醒性很高的激进分子，在这个由定义构筑而成的世界里，你

① 金迪斯：《理性的边界：博弈论与各门行为科学的统一》，董志强译，格致出版社/上海三联书店/上海人民出版社 2011 年版，第 6 页。

② 唐斯：《民主的经济理论》，姚洋等译，上海世纪出版集团 2005 年版，第 6 页。

都会被看成在谋求个人的功利达致最高点。”① 而且，这种内在一致性的理性本身就是形而上学的，仅仅是逻辑上的同义反复而得不到经验事实的印证。森同样指出：萨缪尔森“特别指出了，要证实或否证这种取径的理论后果，需要一些‘理想的观察情况’。可是这样的要求实在不易满足。首先，我们倾向于多面求证，我们不会摘取个别的选择行动作为观察的基本单位（而是会摘取连串的选择）；其次，时间的流逝，使我们难以分辨哪些情况是行为的不一致，哪些是口味的改变。事实上，有关人们日常行为的一致性，至今只有很少的系统研究：虽则曾有过一些有趣而又有用的实验，花了不少心思去研究人们在实验情况下对一些不确定处境的反应。什么才是可接纳的证据，始终悬而未决”②。

第五节 理性的观察视角：从主体选择到自然选择

上面的分析表明，基于“逻辑一致性”的理性界定面临着一系列的逻辑和现实问题。但是，森却指出：“理性的自利观并未出现选择的内在一致性观点所具有的那种混乱。”如何理解呢？森提出的解释是，自利观为选择提供了动机，由此，我们可以将某些选择模式视为一致的，而将另一些视为不一致的，从这个意义上说，自利的最大化所具有的一致性特征最多只是一个单项的关系。但与此同时，森也强调指出：“这种自利最大化的狭隘理性不仅是武断的，它还将在经济学中造成严重的描述性和预测性问题。人们的许多行为显然都符合合作的要求，而为了解释这种行为，这种狭隘的理性观却需要进行扩展，假如附加的结构以及特殊的假设，才能在所谓的理性行为范围内为合作行为留下余地。在这种狭隘观点看来，为什么人们在相互依赖的生产行动中常常共同努力，为什么可以经常观察到富有公共精神的行为，或者为什么在许多环境中根据规则而行事的动机屡屡限制了对自利的追求，如此等等，都是有待于解

① 森：《理性的傻瓜：对经济学的行为主义基础的批判》，载哈里斯编《科学与人》，商梓书等译，商务印书馆 1994 年版，第 10 页。

② 同上书，第 12—13 页。

释的无休止的挑战。”[①] 正是面对这些问题的挑战，才产生出了难以计数的文献，它们试图通过“延长”自利模型来应对这些挑战，如考虑良好声誉的未来效应，考虑其他人预期反应的影响，使用附加结构，等等。不过，所有这些努力仍然不能树立起一个富有解释力的自利模型，宾默尔就强调：“即使其目标已经很广泛地考虑过了，经济人最多也只是人类的一个扭曲的、过分简化的假设。”[②]

（一）基于现象学的显示性偏好

由于从事先深思熟虑的选择角度来界定理性内涵遇到很大的困难和挑战，一些主流经济学就开始转变观察视角，从存在主义思维角度为现实行为赋予理性特质，这就使得对理性的认知发生了从主体选择到自然选择的演变。其中的始作俑者是萨缪尔森，他结合行为主义和现象学的分析思路并用偏好来取代效用而提出了显示偏好原理：不考虑基数和序数效用问题，只从市场上消费者的实际选择行为中总结出他们的偏好，从而试图透过人们的选择行为来为最大化的经济人假说提供依据。[③] 根据显示性偏好理论，个人的实际选择行为揭示了行为者的具体效用，因而经济学家仅仅通过观察购物行为就能够进行偏好排序。例如，在你的消费过程中选择了苹果而舍弃了梨子，那么你的行为就揭示了你偏好苹果甚于梨子。显然，萨缪尔森的偏好理论还是承袭了内部一致性的基本内涵，根据偏好显示理论，除非你的行为不一致，你的行为必然被视为是设法使个人的总体效用达到最大。事实上，萨缪尔森认为：个体可以“通过其市场行为来显示其偏好模式，只要存在这样一个连续的模式”[④]。但显然，显示性偏好理论犯了与行为的逻辑一致性相类似的错误，森就指出了这一点。[⑤]

---

① 森：《理性与自由》，李风华译，中国人民大学出版社2006年版，第16页。

② 宾默尔：《博弈论与社会契约（第1卷）：公平博弈》，王小卫、钱勇译，上海财经大学出版社2003年版，第30页。

③ Samuelson P. A., A Note on the Pure Theory of Consumer's Behaviour, *Economica*, Vol. 5, No. 17, 1938, pp. 61 – 71.

④ Ibid., Vol. 15, No. 60, 1938, pp. 243 – 253.

⑤ Sen. K., "Choice Functions and Revealed Preference", *The Review of Economic Studies*, Vol. 38, No. 3, 1971, pp. 307 – 317.

首先，显示偏好理论存在着明显的逻辑问题：经济人显示的是他实际的行为，而不是他理想观念中的行为。既然如此，我们又如何能知道他的实际行为是否偏离了并在多大程度上偏离了他理想观念中的最佳行为？换言之，如果理念与预测不相符，我们该责怪的是该理论的假定呢，还是进行选择的消费者的非理性呢？显然，正如卢兹和勒克斯指出的，显示偏好理论不允许人易犯错误的天性暴露出来，因为它不能告诉我们人们理想中的最佳行为是什么；而“一旦我们放弃一个人的选择必定完美无缺地‘显露’他的价值的观念——这种观念本身是逻辑实证主义遗留的狭隘的证实主义的产物，就不可能避免一个人的选择与他或她的价值的关系这个问题，以及那些价值本身的评价问题。只有自利的价值才是‘理性的’这一观念辩护起来甚至更为困难”①。为此，森写道：“有关偏好模式的大量经验工作都是基于这一信条：行为是有关一个人偏好的唯一信息源。尽管不可否认，行为是偏好的主要信息源，但如果将它视为唯一信息源那么就显得极端可疑了。”②

其次，显示性偏好的提出源自物理学的启发：实在的东西并非是可见的。但问题在于，两者是否存在可比性？事实上，经济学中的显示性偏好与物理学中的引力假设等存在根本的不同。譬如，牛顿的万有引力确实是不可见的，但是，牛顿从苹果落地可以“看到”万有引力的存在，物理学中电磁力、黑洞、光量子、夸克以及其他未被观察到的东西也都被科学家或者科学哲学家当作科学成功的关键原因之一。在这种情况下，物理学中的引力等就可以通过其他间接手段进行普遍性检验。但与此不同，经济学中并不存在某种确定的并可经受检验的偏好。相反，我们能够预测错误的唯一办法是把它与目标或意图联系起来，但萨缪尔森等提出显示偏好的目的恰恰是要让该理论不必与目的和意图联系起来。其实，也正如森指出的：“一旦我们放弃了有关抉择和受益的那些叫人莫名其妙的定义，上述那种取径所作的假设，就会显得既涵盖太少，也涵盖太多。说它太少，因为一般理解下的抉择和受益，除了从实际抉择本身去认识

---

① 普特南：《事实与价值二分法的崩溃》，应奇译，东方出版社 2006 年版，第 63 页。

② Sen K. A.，“Behaviour and the Concept of Preference”，*Economica*，Vol. 40，No. 159，1973，pp. 241 – 259.

以外，还可以寻其他途径去认知和解释；说它太多，因为抉择所反映的，而可能是一个折衷的结果，其中涉及多项考虑，个人受益的考虑可能只是其中一项。”①

（二）基于自然选择的最优行为

真正把生物演化思想和自然选择原理引进到社会行为中来解释人类经济行为的是阿尔钦，他在经济分析中将基于主体选择的理性行为转化成自然选择的演化结果，存在并非是理性选择的结果，而仅仅是一种接受的过程。显然，阿尔钦的这一观点是对传统理性假设的颠覆。汪丁丁指出：“即便在一开始有一些高度理性的富于预见性的人，在漫长的演化之后，他们的理性行为的后果也未必是好的。理性无非是在行为的人和可能后果所构成的概率分布密度中，让你所希望的后果以最高概率出现，比如90%，这就已经是很聪明的了，但小概率事件必然发生，这是概率论的一个基本定理。也就是说，在玩了几千年之后，你不希望出现的后果肯定已经出现不知道多少次了。这样就把你给淘汰了，你就死了，你再‘理性’也没用——因为环境不确定，最后幸存下来的所有的人种的行为模式的集合不变。”②

其实，这也涉及更广泛的优胜和优秀的理解：优胜体现在它的存在性，它是外在有效性的表现，所基于的是特定的竞争原则；优秀则反映在它的合理性，是内在合理性的本质，所基于的是一般的价值原则。显然，由于优秀是否直接体现出有效性往往还受具体条件的影响，而在特定条件下，即使不优秀的也可能展示出优胜性。因此，麦金太尔强调，“优秀与优胜并不是一码事。但是，优胜必须伴随着某种形式的实际奖赏；而对于优秀来说，只有当它实际产生胜利时，它才能得到某种形式的奖赏，至少是通过这一奖赏，优秀才能获得公开的荣耀”；“优秀与有效性两者都是按照人们在有奖竞赛中的表现来规定的。一个杰出的人，

---

① 森：《理性的傻瓜：对经济学的行为主义基础的批判》，载哈里斯编《科学与人》，商梓书等译，商务印书馆1994年版，第11页。

② 汪丁丁：《制度分析基础讲义Ⅱ：社会思想与制度》，世纪出版集团/上海人民出版社2005年版，第193—194页。

乃是一个在公平条件下获得优胜的人"①。譬如，西方文明在近现代人类社会的较量中因其"胜出"而可被视为优胜文明，但这并不意味着它就是优秀文明。事实上，当前东西方文明的竞争是以武力为基础的，而武力并不是有助于人类社会发展的公平条件，相反，如果把社会的和谐以及财富的创造作为公平条件，那么东方文明可能更为优越。同样，欧美国家中那些百年企业处于500强的地位时，并不意味着它们的产权结构、治理模式都是合理的；相应地，在每一次的经济危机中其中一些企业破产时，也不意味着它们的行为变成非理性的了，否则，诸如中国等发展中国家的山寨企业就成为理性的典型。

弗里德曼则继承和拓展了阿尔钦的分析，他进一步主张，无论企业是否致力于利润最大化，经济的"自然选择"将确保每一个生存下来的企业个体都表现出与"利润最大化"相一致的行为。事实上，根据阿尔钦的观点，收益最大化假设并不是说每个商人都是通过深思熟虑后做出决策的，而仅仅是说明商人只是看上去在追求利益最大化，这是市场选择的结果；但受弗里德曼影响的主流经济学家看来，经理们是不是按照经济理论所说的那样去做并不重要，重要的是他们好像（as if）按照经济理论行事的。弗里德曼指出："在一个较大的范围内，单个企业常常是如此行事，仿佛他们在有计划地使其预期回报最大化，而且掌握着为成功地实现这一目标所必需的全部资料；也就是说，他们仿佛知道有关的成本函数和需求函数，可以计算每个行动的边际成本和边际收益，并使得这些行动的力度都恰到好处地附和边际成本与边际收益相等的原则。"②这样，经过弗里德曼的诠释，新古典经济理论所坚持的收益最大化假设就被理解为一种生存原则，只有那些力图获取最大化收益的行为主体才能够在市场选择中生存下来。

显然，弗里德曼的解释给经济人注入了新的活力：只要经济人的行为符合预测的结果，那么理性经济人就可以被认为是真实存在的，而

---

① 麦金太尔：《谁之正义？何种合理性?》，万俊人等译，当代中国出版社1996年版，第46、47页。

② 弗里德曼：《实证经济学方法论》，载豪斯曼编《经济学的哲学》，丁建峰译，世纪出版集团/上海人民出版社2007年版，第161页。

不管这种行为是否真正体现了行为者的价值动机。这样，经济人从原先效用最大化追求者开始向完全行为主义的现代形象转变。这种理论尽管承认人的行为并非完全理性的，但却坚持认为：（1）市场竞争倾向于保证最有效率的企业生存下来；（2）最有效率企业的行为“仿佛”是在使其利润最大化，无论它们是否有意这样做。为了印证弗里德曼这种实证主义的合理性，张五常以“白痴开加油站”来加以说明人是追求最大化的经济人：有一群白痴开加油站，有的开在海滩上，有的开在山顶上，但也有随机开在了高速公路旁；不管开始如何，但最终只有开在高速公路旁的加油站幸存下来，以后后来的加油站都出现在高速公路旁。①

正因为在主流经济学家看来，不管初始的原因如何，最大化假设就是有用的，只有获得最大化利润的企业获得最大化效用的个体才能生存下来；于是，利润或效用最大化也就构成了经济学中经济人这一概念的基本内涵，经济人也就成为主流经济学的基本前提和基础。而且，在主流经济学家看来，如果从现实生活中人的行为来观察人的偏好，就可以防止先验偏好与实际行为之间可能出现的脱节，从而把传统的非理性行为也纳入了经济人的分析框架。因为按照这种理论，只要存在的就是优胜的，因而也必然符合理性的基本含义，尽管我们在行为没有发生之前无法确认行为者的目标。

（三）“as if”假说潜含的缺陷

现代主流经济学承袭阿尔钦、弗里德曼和张五常等开创的路线而倾向于采用适者生存理论来说明和论证人类的最大化行为。但是，这种论证本身也存在着明显的逻辑缺陷。事实上，存在者仅仅体现了它有一定的存在条件，而并非就意味着是合理的。即使在特定环境下是显得“合理”的，而环境一旦变化了就显得很不合理了，如加油站的“合理性”随着高速公路上的人流量变化而变化。奥地利学派强调，人们都具有一定创造性的企业家，它努力抓住变动的环境以寻求利润，其中也会犯错误；而成功者都是暂时抓住了机会而获得高额利润的人，但也很可能在

① 张五常：《科学说需求·经济解释卷一》，中信出版社 2010 年版，第 49 页。

未来环境变化中丧失其利润。因此，过去的成功并不意味着他的行为与策略就是“合理”的，只不过恰好与处于不断变动中的环境相适应。也就是说，能够幸存下来的“偶然创新”并不一定是从一开始就认准的理性最大化的求利行为所产生的结果，而且，最终幸存下来的也并不就是一定最有效率的，一个明显的例子就是 QWERTY 键盘。行为经济学大家塞勒（Thaler）则以通用汽车的例子来说明现代经济学对市场竞争作用的高估：几乎没有哪位专家认为通用汽车是一家善于经营的公司，但通用汽车作为一家经营不善的公司却一直在蹒跚前行；即使通用汽车在 2008 年的国际金融危机中差点倒闭，但在美国政府的救助下目前仍然是世界第二大汽车公司。

事实上，诸如弗里德曼、萨缪尔森以及阿尔钦和张五常等人的论点得自于备受批评的“解释的覆盖律模型”。按照“解释的覆盖律模型”，解释与预测具有完全一致的逻辑结构：它们都是从至少一条普遍规律以及一组初始条件出发，推演出被解释对象或未知事件的说明。区别只在于，预测是从原因到结果，解释是从结果到原因，即解释仅仅是倒叙的预测。因此，根据“解释的覆盖律模型”，预测的准确性完全等同于解释的精确性。但是，正如科丁顿等指出的，虽然预测的准确性对于解释能力可能是一种必要条件，但绝不是其充分条件。究其原因：（1）一个解释需要某种形式的因果关系的表述，而一个预测只要求一种相互关系；（2）一个预测只表示某种事件将会发生，而一个解释则涉及这一事件怎样成其为这样。因此，尽管弗里德曼基于自然选择学说而想当然地认为，市场上长久存在的企业都实现了利润最大化，但实际上并非如此。西蒙就指出，并“没有人真正观察到了企业是否处于利润最大化的点上，也没有人能提出一个检验方法，以直接观察的方式来验证这一命题。我无法想象怎样进行这种检验，因为检验者和企业一样，也无法知道真正的最优点在什么地方”①。

尽管如此，这种假说却还是得到了逻辑实证主义的支持。按照弗里德曼提出的逻辑实证主义，理论应建设在那些所谓不证自明的基本假设

① 西蒙：《可检验性与近似》，载豪斯曼编《经济学的哲学》，丁建峰译，世纪出版集团/上海人民出版社 2007 年版，第 184 页。

上，从这些基本假定中推导出能用从现实世界取得的统计数据加以检验的假设和规律。逻辑实证主义强调，一个理论要取得任何科学的意义，就必须能从数量上加以检验，预测某种事件的发生，而与该理论是否切合实际无关；而且，重要的并不是假说是否真实而是是否有用，只有在预测事件没有发生时才能对形成该理论的种种假设提出质疑。弗里德曼甚至宣称：“理论越重要，其假设就越不现实。”基于这种观点，经济学研究的基本方法就变为：对实际资料进行分类、组织以加深人们对资料的理解，从而抽出一种假说。因此，经济人假设的表现形式就发生了相应的转向：不再注重经济人假设的现实性，而是看重它分析问题的有用性。也就是说，经济学开始撇开对人之本性的探究和争论，而将经济人视为其如何行为的方式：他只是根据变化的价格或变化的各自收入来改变他购物篮里的商品种类和数量，而不必操心他的动机或他的本性是什么。在这种扩大化经济人内涵的情况下，人们可以具有不同类型的目标和价值，你可以是极端自私的利己主义者，也可以是富有同情心的利他主义者，或者是高度责任感的社会利益最大化者。正是基于这种理解，尽管逻辑实证主义本身存在着逻辑上的缺陷，从而我们无法为这种经济人概念提供经验主义的基础；不过，西方主流经济学家依旧继承弗里德曼的“假设的不相关性”思路，把经济人假说当成经济理论的基石。

可见，尽管萨缪尔森等经济学家往往依据理性行为和非理性行为的基准而把经济学与社会学区分开来，而阿尔钦、弗里德曼等又进一步引入自然选择来为主流的最大化假说辩护；但是，弗里德曼和张五常这些例子仅仅是从事后的角度分析了人类行为的结果，而根本上无法在事前揭示人类的行为机理，更无法对具体个体的行为进行预测。例如，尽管经济学家往往充当事后诸葛亮来为“富者与穷人，男子与女士，成人与儿童，智者与笨伯，医生与病人，商人与政客，教师与学生”的现实行为构造分析模型，但显然，它往往连同某个个体在不同时间和不同地点的行为差异都预测不了。实际上，这就是“后见之明的偏见”（hindsight bias）：在事情发生过后，我们会认为自己早就知道结果会是这样。譬如，我们现在可以找到各种理由来说明为何几乎无人知晓的非裔美籍议员奥巴马能够打败希拉里·克林顿而成为民主党总统候选人，但是，选前众人所看好的却是希拉里，希拉里和特朗普展开总统竞选时也是如此。就现代经济学而言，既然理性无法通过结果来检验，那么，这种理性概念本身就具有空洞性和同义反复性，只是成为封闭系统中的循环逻辑。为此，森写道："经济学家必须承担的苦果却是：那种所谓'理性行为'的取径，在典型的理解之下，最终只能引出一套没有多大意义的理论。看来，行为要通过选择来解释，而选择却又是只通过行为来界定。难怪常常有人指出这是循环论证了。"① 究其原因，如森等强调的，一个人或者一个团体是否可以被认为在追求某种目标的最大化是相对的，它取决于单个行为主体或团体把什么看作是可适当控制的变量，以及把什么变量视为是可实际操作的手段；而且，当为了追求个人目标而接受了特定社会行为准则的工具价值时，就会造成个人表面上的追求目标和其真实目标之间的模糊。

第六节 结语

现代主流经济学所设定的"经济人"的基本内涵就是理性地自利，但这种假设本身是极为虚弱的：不但理性的人并非一定是追求私利的，而且，追求私利的人也并非一定是理性的。事实上，在现实生活中，人往往拥有众多的目标而非仅仅是促进自己的福利，这就涉及森所谓的合理审查。即使在经济领域，理性经济人的合理性和显而易见的力量仅来自于一些补充性假设，如完全竞争、市场均衡、充分信息以及同质性假设，等等。因此，尽管经济人假设消解了人类行为的不确定性和复杂性给经济学研究带来的困难，从而使"科学的"经济分析成为可能，却也同时否定了经济学作为一门社会科学存在的基础。正因如此，主流经济学对"理性经济人"内涵的外延做了一次又一次的扩大或修缮。例如，将"完全信息"改为"不完全信息"，将"完全理性"放松为"有限理性"，将"利益最大化"调整为"目标函数最大化"，等等。但显然，主流经济学对人性假设的修正和演化具有两大特点：（1）它主要着眼于对

① 森：《理性的傻瓜：对经济学的行为主义基础的批判》，载哈里斯编《科学与人》，商梓书等译，商务印书馆 1994 年版，第 12 页。

人类行为的解释而不是预测，而后者实际上是我们更关心的问题。例如，显示性偏好理论就仅仅以观察的行为来解释个人的偏好：我们可以观察到一些女性宁愿嫁入豪门而不追求自主，中国农村家庭的父母往往愿意生更多的孩子而不是追求更高质量的小孩。（2）即使它为了突破解释上的困境而被迫对经济人内涵进行一次次的扩展和修饰，但在“自利原则”这一点上几乎没有丝毫的改动。事实上，在绝大多数西方经济学家看来，“自利原则”是人类行为动机的不可证伪的永恒“公理”。[①] 同时，两者又是息息相关的：正是由于主流经济学仅仅停留在人类行为的表现上，而没有对这种行为的内在动机进行揭示，尤其没有分析行为动机与具体社会关系的关系，从而就只能对行为表现做事后的解释，而无法根据其他信息做事前的预测。

正是由于主流经济学放松的仅仅是外围假设，而核心假设却依旧不变，它依旧是把其他条件作为外在的制约因素，结果它无法真正从日常生活中提炼出嵌入伦理关系的人类行为，无法重新界定嵌入了伦理的人的偏好和目标，也无法真正揭示这种人类行为的动机，从而也就无法突破对真实世界中人类行为解释上的贫困。因此，尽管经济人的内涵和外延不断变迁，最终被理解为在约束条件下的最大化目标的人，这种内涵扩大了的经济人似乎为经济学的分析增添了更强的逻辑基础；但是，这并不意味着，经济人假说已经完善了，反而由于其内涵的泛化而使得理论更为空洞了。事实上，尽管经济学逐渐走上了帝国主义的扩张道路，但是，这种气势实际上是外强中干的，并没有多少真正的说服力，反而引起更强大的声讨。而且，尽管目前主流经济学踌躇满志，并且不断地构建看似“具有很大的智慧和美学魅力”的数学模型，但正如科斯指出的，经济人所追求的最大化的“效用”概念实际上是空洞的，对经济学只有负面作用。事实上，经济人假设根本无法解释社会中大量存在的合作现象，基于主流经济学的理性人也无法建立起真正的合作博弈模型；而且，基于这种个体理性基础之上的纳什均衡不但在逻辑上存在问题，同样在经验上也被大量的实验所

① 程恩富、胡乐明等：《经济学方法论：马克思、西方主流与多学科视角》，上海财经大学出版社2002年版，第195、196页。

证伪。叶航指出："'囚徒困境'只是在逻辑层面上揭示了'理性人'假设的内在矛盾，而'最后通牒'则是在经验层面上展示了一种超越'理性人'假设的现实可能。"①

① 叶航：《导读：被超越的"经济人"与"理性人"》，载金迪斯、鲍尔斯等《走向统一的社会科学》，浙江大学跨学科社会科学研究中心译，上海世纪出版集团2005年版，第12页。

第六章

经济人假设的功利主义渊源：内在逻辑关系

【导读】 现代经济学的核心假设——经济人，是一个追求私利最大化的抽象个体。一般地，这一概念源于功利主义哲学，而功利主义的原初出发点是从社会角度追求“最大多数人的最大利益”，“自利”仅仅是实现“社会利益最大化”这一目标的手段。然而，随着“无形的手”的流行导致了功利主义的蜕化，结果行为功利主义逐渐排斥了“社会利益最大化”这一目的而片面强调“自利”这一手段。最后，“自利”手段也蜕变为了“目的”，进而导致了“自利人”也为“经济人”所代替。

第一节　引言

按照现代经济学的理解，经济人是一个原子化的效用最大化者，但经济人概念却根源于功利主义哲学，是功利主义蜕化和形式主义僵化以及由此导致金钱理性勃兴的产物。其逻辑在于：一方面，功利主义本质上只是一种检视社会制度和行为的标尺，而早期功利主义主要是基于“最大多数人的最大利益”的社会原则来进行衡量的；另一方面，基于“无形的手”的预定协调原理却使得西方经济学界相信，每个人采取冷淡的“自利”行为可以实现社会功利的目的，从而开始片面关注个体的经济自由以及更广的行动自由。因此，斯密等注重嵌入伦理关系的“自利人”就逐渐蜕变为相互冷淡的“经济人”，进而在价值中性的口号下，

“经济人”被还原成为一种抽象的原子化个体，成为一种指代理性行为的数学符号。与此同时，由于对集体公益的追求曾导致社会的动荡和思想的禁锢，因而古典自由主义者也逐渐抛弃这一社会目的而专注于“利己”手段的探索。特别是随着新古典经济学将其研究对象从原先的公共领域转向私人领域，根基于个人自利行为的经济人就成为经济学的核心假设。因此，本章就经济人的功利主义渊源及其转换逻辑做一剖析。

第二节 经济人潜含的“为他利己”内涵

现代主流经济学所设定和推崇的经济人是一个对他人利益漠不关心的自利人，他仅仅关注自身的利益最大化，不在乎自身行为对他人和社会带来何种影响。不过，追本溯源，“经济人”概念却是起源于18世纪以后发展起来的功利主义，而早期功利主义观察问题的出发点却是社会和集体，关注的是“最大多数人的最大利益”。事实上，功利主义本身就是脱胎于西方文明的两大思想传统：希腊文化和希伯来文化。同时，尽管这两个文化都重视个体行为并孕育出了个体主义文化，但它们最初关心的却都不是个体利益。一方面，古希腊人的思想即使是在最抽象的地方也总是围绕人类生活的具体问题而展开的，这些生活问题主要集中体现在希腊城邦观念上，而城邦是文明生活的唯一可能的形式；相应地，当时的经济学科也就凸显为“政治经济学”的内涵，主要关心经济和组织的效率，重视个人如何做出合理决策以及使人类幸福最大化的自我管制能力。另一方面，源于希伯来文化的基督教伦理学对公益的强调则更进了一步，它不仅从人的现实行为中提出善恶原则，更是基于上帝的命令而提出人的义务观；相应地，基督教道德对人的要求更强调的是“克己”而不是“利己”，它对善的要求也不是如古希腊哲学家从个体行为出发所强调的个体的善，而是整体的善。正因如此，我们说，功利主义本质上是把整个社会的普遍幸福视为根本性目的，把普遍幸福视为“达到其他许多不同目的的重要手段，因此任何东西如果不反过来作为达到这一目的的手段，那么它就不具有占主导地位的价值”。[①] 然而，尽管“经

① 斯蒂文森：《伦理学与语言》，姚新中等译，中国社会科学出版社1991年版，第230页。

济人”一词源于注重公益的功利主义，但是，在发展过程中却逐渐发生了蜕变。那么，为什么会出现这种转变呢？这种转变又造成了怎样的后果呢？

事实上，基督教兴起于社会动荡之时，从而根本上对世俗世界采取否定的态度；后来，只是在基督教皇帝出现以后，基督教才逐渐认可了人的世俗生活。即使如此，在基督教文化中，“原罪”的存在也促使人类担心上帝的惩罚，在人格深处萌生的敬畏意识与忏悔意识时刻警醒着人们要避恶从善。例如，基督教教义就隐含了这样的命题：一个人的行为不是由于他追逐个人私利的企图而产生的，而是由他对周遭的人和事的爱和宽恕而决定的。显然，在漫长的历史中，这成为西方社会的道德规范，也是西方道德哲学的根源。即使发展到中世纪末期，由于世俗化风潮的兴起而产生出了实用主义哲学，但这种实用主义哲学也不是凭空产生的，而是在很大程度上承袭了当时的基督教道德哲学。例如，包尔生认为，近现代人生观包含着许多基督教人生观的基本成分。[①] 相应地，触发于资本主义的物质膨胀过程并由实用主义哲学转化而来的功利主义，也深受传统道德哲学的影响。同时，基督教思想在欧洲影响如此之深，以致功利主义先驱并成为斯密老师的哈奇森就非常重视道德问题；受此影响，功利主义也构成了斯密道德哲学的基础。事实上，斯密一方面认识到人具有自利心，并把这种自利心视为构成社会自发合作秩序的万有引力；另一方面也不忘告诫说，这种自利心是以一定的“克己”为前提，而这种“克己”则表现为某种怜悯和同情之心。由此，我们就可以看到：一方面，自斯密在经济学中将道德哲学和功利主义相结合来分析社会现象以后，经济理论就加速向功利主义方面发展；但另一方面，受功利主义影响的早期古典经济学家几乎都主张，最大多数人的幸福即使不是独立自主的经济选择的目的，也应该是其行为带来的必然结果。

显然，根据早期的功利主义原则，“最好的行为是实现最大多数人的最大幸福的行为，同样，最坏的行为是引起最大多数人的最大不幸的行为”[②]。这种功利主义传承到边沁时达到了巅峰。边沁强调：如果一个人

---

① 包尔生：《伦理学体系》，何怀宏等译，中国社会科学出版社 1988 年版，第 33 页。

② 转引自梯利《伦理学导论》，何意译，广西师范大学出版社 2002 年版，第 108 页。

的行为带来的快乐大于痛苦，它就是善的行为；如果一种行为的结果是完全的快乐，那就是至善的行为，这是从整个社会的角度上讲的。相应地，深受边沁功利主义熏陶的古典经济学集大成者约翰·穆勒在《功利主义》一书中也认为，那些可以为最大多数人带来最大利益与快乐的行为必定反映了上帝的意志。而且，即使发展到19世纪末，社会普遍认可的功利主义依然是关注整个社会福利的内涵，西季威克称之为“普遍快乐主义”。在西季威克看来，功利主义是指这样一种伦理学理论：“在特定的环境下，客观地正当的行为是将能产生最大整体幸福的行为，即把其幸福将受到影响的所有存在物都考虑进来的行为。”① 正是受这种哲学观点的支配，功利主义孕育出了它的社会秩序原理：如果一个社会的主要制度被安排得能够达到总计所有属于它的个人而形成的满足的最大净余额，那么这个社会就是被正确地组织的，因而也就是正义的。② 在经济学领域则对应了一个重要的社会福利函数，这就是加和性的社会福利函数：$W = U_1 + U_2$。此社会福利函数基于这样两点：（1）基于比率基准的效用的可计量性；（2）在相同收入给予每个人相同效用的假设下，效用的人际具有可比较性。显然，这一福利函数就根源于边沁的功利主义思维。因此，这种功利主义观念也就经常被应用于立法工作：一个合乎道德的政治体制必然能够为其所有社会成员带来巨大的利益净值；一个政策如果能够产生利益净值，就是合理的政策，这种观点也预示了社会帕累托有效境界。

因此，早期功利主义关注的是整个社会的共同福利，关注的是行为给所有人造成的结果。也即，功利主义体现了伦理普遍主义，只有当一种行为能够促进最大多数人的最大幸福时才是负责任的。从这个意义上说，原初的功利主义本身就具有较强的社会性，遵循这种哲学的行为也具有明显的利他性，本质上是一种社会的快乐主义。事实上，有学者就将这种社会快乐主义概括为：快乐主义 + 仁慈原则，这种“仁慈”原则就是让最大多数的人获得快乐。正因如此，我们就不能将功利主义同于目前流行的伦理利己主义，因为伦理利己主义对行为的评价仅仅依据行

---

① 西季威克：《伦理学方法》，廖申白译，中国社会科学出版社1993年版，第425页。

② 罗尔斯：《正义论》，何怀宏译，中国社会科学出版社1988年版，第19—21页。

为对本人所带来的后果。事实上，受功利主义影响的古典经济学家根本关注的也不是个人利益。哈耶克指出："说亚当·斯密鼓吹私利至上是错误的：他的中心论点并没有谈及个人应当如何利用自己增加的产品；他十分赞成把增加的收入用于善行。他所关心的是，如何能够让人们为社会产品做出尽可能多的贡献；他认为这需要根据他们提供的服务在需要者眼中的价值向他们付费。"① 也就是说，基于功利主义的这种哲学思维是将社会整体利益视为个人和社会行为的根本目的，而对个体利益的追逐则成了达致这一目的的途径和手段。当时有影响的道德哲学家沙夫兹伯利认为，对于人来说，没有什么幸福能比得上为他人幸福做出贡献所感到的幸福更伟大和更纯粹的了。正因如此，我们可以将这种源于功利主义的行为观称为"为他利己"的：人的行为的根本目的是社会的整体利益，利己行为则仅仅是实现这一目的的手段。

也正是基于这种功利主义观，罗尔斯确立了正义对于效率和福利的优先性原则，因为正义首先是使社会总量最大化；进而，基于边际效用递减的考虑，罗尔斯强调公平原则优先于差别原则。同时，尽管基于启蒙运动以后西方社会对个人自由的重视，罗尔斯赋予了自由原则以最优先的地位，但是，这是结合功利主义的原初内涵而考虑的一种道德个人主义。道德个人主义认为，一个社会政治安排之所以是善的，就在于它构成或产生了某种内在于人的善的东西，一种在人看来是善的东西，一种是人的善的东西。但不幸的是，在启蒙运动以后的很长一段时期，由于对个人自由和权利的强调，道德个人主义逐渐演化为形而上学个人主义：一方面，它把单个行为者视为社会生活的主要推动者，而个体行为并不向社会的任何规则或力量妥协；另一方面，它认为单个人作为行为主体所具有的本质特征并不依赖于他们彼此之间的关系，而他们之间所形成的依赖性则或多或少地具有某种偶然性。在很大程度上，罗尔斯在物质之幕和相互冷淡的还原论基础上所构建的正义秩序也依赖于这种个人主义，它把个体从具体的社会伦理关系中抽象出来。对此，内格尔就批评说，原初状态包含着"一种强烈的个人主义偏见，而且为互无利益

---

① 哈耶克：《经济、科学与政治：哈耶克思想精粹》，冯克利译，江苏人民出版社 2000 年版，第 227 页。

关涉的和毫不嫉妒的动机假设所进一步强化”，“原初状态所预设的似乎恰恰不是一种中立的善理论，而是一种自由主义的个人主义观念，根据这一观念，对一个人来说最好的希望莫过于毫无妨碍地走自己的路，只要不侵犯他人的权利”。[①] 特别是，随着西方社会制度的逐渐改良和完善，越来越多的西方学者相信，私人利益和集体利益之间可以实现人为的或自然的和谐一致。于是，实现社会利益的最大化这一最终目的在西方社会就变得越来越模糊，主流取向日益偏好于对手段的选择和重视。同时，在基于“无形的手”的市场主义支配下，西方社会认定引导私利和公益一致的根本动力就是个人对自由的追求。于是，“利己”手段得到片面的宣扬和传播，并经过长期的演变，最后变成了行为的目的本身。

第三节 从功利主义到经济人的转换逻辑

上面的分析表明，经济人概念源于功利主义。早期功利主义的出发点是社会利益，但同时又认为自利行为可以在“无形的手”的引导下实现社会公益；于是，自斯密关注经济领域的物质动机以来，经济学就在自利原则下探究人的经济行为。同时，在漫长的演化过程中，自利人概念又逐渐发生了蜕变，人的行为也逐渐背离了原初功利主义的公式，而成为自由主义哲学的实践；这样，自利人概念就为经济人概念所取代，现代主流经济学最终确立了经济人的分析范式，并进而将之推广到所有人类行为的分析上。那么，功利主义是如何孕育出经济人这一假设的呢？这种转化的内在逻辑又是什么？接下来就此做一梳理。

首先，西方社会的主流观点将个体利益和社会利益视为和谐一致的。这可以从两方面加以理解：一方面，基于自然和谐的基本观点，西方社会把人类社会也视为既定的及和谐的，或者是霍布斯时代理性选择的结果；另一方面，根据基督教善的含义，善是具有包容性的，因而在有利于个人的同时，也有利于他人和社会。正因如此，西方社会强调两点：

---

① 转引自桑德尔《自由主义与正义的局限》，万俊人等译，译林出版社 2001 年版，第 75 页。

（1）每个人在追逐功利的同时，全社会的功利也随之增加；（2）个人利益也不能受到损害，因为公共利益由个人利益组成，个人利益是公共利益的基础，损害了个人利益也就损害了社会利益。事实上，这种观点一直为西方社会所宣扬。例如，亚里士多德认为，德性的教育将使得作为个人的利益和那些在人类共同体中与此人有密切联系的人的利益是同一的，个体追求自身利益决不会与他人利益必然相冲突。[①] 尤其是，这种观点在古典经济学中得到了充分的阐释。例如，斯密提出的“无形的手”原理就强调，个人为了自身利益而行为往往使他能够比为了社会利益更有效地促进社会利益。正是基于这种认知，西季威克在《伦理学方法》一书中认为，边沁在把大多数人的最大利益当作“正确与错误的真正标准”的同时，也把每一个人追求他自己的最大幸福视作“正当的和恰当的”。在西季威克看来，利己主义和功利主义如此容易地和谐一致，似乎所有的人的利益就是每一个人的利益，以致与其说出于纯粹的博爱动机毋宁说出于其他动机能更令人满意地实现普遍幸福。[②] 正是基于这种解读，功利主义本身发生了歧化：（1）注重个人利益的功利主义最终演变为“行为功利主义”，它主张道德行为只受制于一个原则——功利原则，行为的正当与否完全在于它是否能够带来更多的功利或导致更少的反功利；（2）在早期强调社会集体利益的基础上则发展出了“规则功利主义”，它强调最高原则（功利原则）与个别的道德行为之间还需要有约定的道德和社会规则。

当然，在西方主流学者看来，“人不仅是一种追求目的的动物，而且在很大程度上也是一种遵循规则的动物”[③]。同时，“功利”这一术语本身就是表达手段的属性，只是后来才被用于“指称手段为之服务的那些不同目的所具有的一种共同属性”，并“渐渐开始意指目的所具有的某种共同属性”，渗入了快乐等内涵。[④] 正因如此，随着西方主流经济学家对

---

① 参见麦金太尔《德性之后》，龚群等译，中国社会科学出版社 1995 年版，第 288 页。

② 西季威克：《伦理学方法》，廖申白译，中国社会科学出版社 1993 年版，第 141 页。

③ 哈耶克：《法律、立法与自由》第 1 卷，邓正来等译，中国大百科全书出版社 2000 年版，第 7 页。

④ 哈耶克：《法律、立法与自由》第 2、3 卷，邓正来等译，中国大百科全书出版社 2000 年版，第 24 页。

社会制度的认同，功利开始重新被视为一种手段；于是，边沁等赋予功利主义的社会利益最大化这一内涵在边沁之后就开始剥落了，马歇尔以后的经济学则基本离开了边沁所开创的功利主义纲要，而变成了主要是思考利己主义的个人福利。特别是，随着商业社会的推进和扩展，获取功利的利己手段越来越得到强调，以致功利主义者往往将个人利益推到了至高无上的极端地位：唯有个人利益是现实的利益，不能为了他人的幸福而牺牲自己的幸福。例如，孟德维尔极尽夸张之能事地宣称，所有人类行动、一切美德都发端于利己心；而且，这种利己的本性是不变的，只有建立在这种自私的本性之上，人类社会的发展才成为可能。这样，由孟德维尔始作俑，后经斯密“无形的手”原理的宣扬及后来者的错误理解，再加上后来流行的功能主义和实用主义思潮的渲染，西方社会逐渐形成这样的共识：人们难以就目的达成一致，而只能就手段达成一致。事实上，这也是杨朱“拔一毫而利天下，不为也”的哲学基础，其本根特点是对个人的强调，而对目的的忽视。正是这种思维转变，为经济人假设奠定了哲学基础。

其次，西方社会的主流观点认为手段比目的更容易形成共识。原因有二：（1）尽管功利主义强调公益，但是，公益的实现途径却不是毫无争议的；（2）现实社会中，一些掌权者往往借公益之名来损害众益。例如，哈耶克强调，“只有在实现普遍利益或公益所必需的时候，才能允许对个人施以强制，此乃自由传统的一项基本原则”，但是，“共同利益或公益这两个术语直到今天仍是最难给出明确定义的概念，因此，由统治集团的利益所指向的几乎任何内容，都有可能被塞到这些观念当中”①。正是对这种现实的反应，并为了保护个人权利不受到无辜的侵犯，西方社会逐渐产生了重手段而轻目的的倾向；同时，随着边际革命之后主流经济学逐渐将伦理内容撇开，对“自利”行为的强调就成了主旋律。关于这一点，笔者从两个方面加以说明。一方面，由于未来的结果是不确定的，从而就无法从结果中来评价人的行为。哈耶克指出：“人之所以获得成功，并不是因为他知道他为什么应

---

① 哈耶克：《法律、立法与自由》第2、3卷，邓正来等译，中国大百科全书出版社2000年版，第2页。

当遵循那些他实际上所遵守的规则……而是因为他的思维和行为受着这样一些规则的调整”；[①] 并且，他还举例说：“一个准备动身外出旅行的人随身带上一把小刀，显然不是为了某一特定且可见的用途而准备的，而只是对各种可能发生的意外情况做些准备而已，或者为了能够应付对各种可能发生的情况而做的准备”[②]。另一方面，由于不同个体以及不同时空下的需求往往存在差异，从而也就难以就目的达成一致。例如，韦伯指出：“我们常常并不能完全、明确地理解，某个人行为所实际依据的一些最终‘目的’或‘价值’。在特定情况下，我们虽然可以理解地把握它们，但同时，这些最终价值与我们自己的最终价值差距越大，我们就越难通过自己设身处地的领会，来感受地理解它们。”[③] 同样，哈耶克也指出：“人们远远不能就‘社会正义’所要求的东西达成共识，而且任何试图根据被认为是正义所要求的东西来确定报酬的做法都会使市场失灵。……那些经常使用‘社会正义’这个说法的人，就连他们自己都不知道这个说法的意思是什么。”[④]

当然，正如哈耶克所说，尽管“人们（也）不可能就大多数特定目的达成共识……但是，人们却在很大程度上有可能因他们不知道某些手段究竟会服务于哪些特定目的而就这些手段达成共识”；事实上，“在大社会中，人们之所以有可能保有和平和达成共识，实是因为个人不必就目的达成共识，而只须就那些有助益于各种各样的目的之实现且能够有助益于每个人实现自己的目的的手段达成共识”。[⑤] 这样，随着享乐主义的盛行，孟德维尔等人对内在于个人的个体快乐取向的揭示就获得了更多的认同；相应地，西方社会对行为目的的要求也就逐渐偏离了原先强调的公共利益这一目的，而是注重个体的幸福和快乐。譬如，唐纳森公开宣称：“‘公共利益’这个词很难懂，易于被当成遁词，最好在分析时

---

① 哈耶克：《法律、立法与自由》第 1 卷，邓正来等译，中国大百科全书出版社 2000 年版，第 7 页。

② 哈耶克：《法律、立法与自由》第 2、3 卷，邓正来等译，中国大百科全书出版社 2000 年版，第 60 页。

③ 韦伯：《社会学的基本概念》，胡景北译，上海人民出版社 2000 年版，第 3 页。

④ 哈耶克：《法律、立法与自由》第 2、3 卷，邓正来等译，中国大百科全书出版社 2000 年版，第 2 卷序言。

⑤ 同上书，第 4 页。

把它整个删去。”[①] 进而，不但在理论上，而且在日常生活实践中，人们开始寻求手段上的共识，并由此来构建界定个人行为的规范。譬如，布伦南和布坎南就举例说：“道路规则在制定时并不以道路使用者的某种具体目的为准则。……道路规则的功能是，允许人们追求他们自己各自独立的行动路线。”[②] 事实上，正是基于手段共识基础上的工具理性的逐步发育，产生了资本主义的自发秩序。哈耶克强调：“人们之所以有可能将一种和平的秩序从那些能够就特定目的达成一致意见的小群体扩展至那些不可能就特定目的达成共识的大社会成员之中，就是因为他们发现了一种只要求他们就手段而非目的达成共识的合作方法。”[③] 在很大程度上，正是由于社会公众的具体需求往往是相异的，而对普遍利益又达不成共识，为此，哈耶克强调：“我们决不能把公众的主观关注点引向特定且已知的需求，而必须将其指向那些维护自生自发制度所需要的条件。”[④] 在这种情况下，主流经济学就逐渐偏重于关于手段的工具理性，正如福勒指出的：“经济学的首要关怀是手段—目标关系中的手段方面。”[⑤]

再次，西方社会的主流观点把“利己”视为促进社会整体利益的根本手段。由于社会中每个人的需求和效用都存在不同，从而很难就社会目的达成一致，于是，学术界便转到对手段的认知上来。哈耶克指出：“我们所关注的只是这样一个问题，即那些有助益于普遍利益的个人行为规则，是应当旨在实现某些已知且特定的结果，还是只能够致力于创造一些有可能增进每个人追求自己目的的机会的条件。”[⑥] 那么，具有共识性的手段是什么呢？在西方社会的认知观中，这就是基于自愿交换的市

---

① 转引自普林多《私有化与公共利益》，载普林多、普罗德安主编《金融领域的伦理冲突》，韦正翔译，中国社会科学出版社 2002 年版，第 158 页。

② 杰弗瑞·布伦南、詹姆斯·布坎南：《规则的理由——宪政的政治经济学》，第 8 页；杰弗瑞·布伦南、詹姆斯·布坎南：《宪政经济学》第二部分，秋风等译，中国社会科学出版社 2004 年版。

③ 哈耶克：《法律、立法与自由》第 2、3 卷，邓正来等译，中国大百科全书出版社 2000 年版，第 5 页。

④ 同上书，第 3 页。

⑤ 转引自威廉姆森《治理机制》，王健等译，中国社会科学出版社 2001 年版，第 13 页。

⑥ 哈耶克：《法律、立法与自由》第 2、3 卷，邓正来等译，中国大百科全书出版社 2000 年版，第 3 页。

场机制和基于抽象规则的法律机制。只要以此为基础，人们完全可以根据自己的偏好采取合乎逻辑的行动。事实上，尽管追逐私利首先是作为实现个体利益的手段，但是，经过孟德维尔以及亚当·斯密等对市场机制的“预定协调”能力的揭示以及对“无形的手”原理的广泛宣扬，追求私利逐渐被看成是能够自然而和谐地增进社会利益的根本途径。冯特原理指出，开始作为达到Y的手段而被追求的X，常常出乎意料地促进了某个更高的目的Z；后来X就既可以作为达到Z的手段，也可以作为达到Y的手段而被追求。[①] 显然，尽管“利己”开始是作为追求个人利益的具体手段，但现在却逐渐地被视为是达到社会功利的基本手段。事实上，孟德斯鸠等西方主流学者强调，每个人只是考虑如何实现自身利益，就可以促进公共利益。在市场经济蓬勃发展的今天，这种论断也逐渐推行到整个人类社会，特别是在主流经济学界形成了注重对私利追求的一致态度。

当然，西方社会之所以会把“利己”手段视为实现社会整体利益的根本性工具，根本上还在于西方社会中根深蒂固的自然主义思维方式。根据这种思维，人类社会在原子主义个体的作用下能够达到和自然界一样的和谐状态。事实上，人们之所以会对基于抽象特征的社会秩序达成共识，也正是在于“这种共识所会产生的特定结果是无法预见的。正是（如此）……我们才能够假定它会平等地增进每个人的机会。……（从而）才使得人们有可能就那些作为实现多种目的之共同工具的规则达成共识”；[②] 而且，“自生自发的市场秩序的大优长恰恰在于它纯粹是与手段相关的，所以它不仅使不同的个人不必就具体的目的达成共识，而且还有可能使大相径庭的个人目的达致协调”[③]。正因如此，随着西方社会对市场功能的开发和认识，交换机制越来越成为自斯密以后的主流经济学家所认同的并能够实现那些紧密相关目标的最好手段；进而，经济学界也越来越相信，每个人对追逐自身利益手段的关注对社会利益间接产生

① 斯蒂文森：《伦理学与语言》，姚新中等译，中国社会科学出版社1991年版，第221页。

② 哈耶克：《法律、立法与自由》第2、3卷，邓正来等译，中国大百科全书出版社2000年版，第5页。

③ 同上书，第196页。

的效果，要比直接关注社会利益这一目的所产生的效果更好。这样，“利己”行为就成为主流经济学推崇的根本性手段，也正是基于对“利己”手段这一点上达成了共识，西方社会逐渐将追逐私利视为人类的善，并逐步衍生出了具有权利取向的自由主义。

最后，需要指出，与经济人相联系的自由主义也与功利主义存有千丝万缕的关系。一方面，自由主义的早先倡导者霍布斯、斯密、李嘉图以及穆勒等在一定程度上都信奉功利主义原则，特别是穆勒努力将其自由主义信念与他父亲和边沁灌输给他的功利主义原则贯穿起来。显然，这就涉及如何调和自由主义的自由原则和功利主义的幸福原则问题，以及在两者发生矛盾时何者优先的问题。在边沁看来，自由仅仅是作为实现幸福这一目的的手段意义上才成为一种善，而当优良的政府或科学的行政管理成为达到幸福的更为有效的途径时，适当的立法和行政干预是可行的。同样，穆勒也把自由放任看作是一种人为的制度安排，认为它要受到社会有用性的检验。事实上，穆勒提出了自由的两条基本原则：（1）如果一个人的行为只涉及自己的利益而不损及他人，这个人的行为完全自由；（2）如果一个人行为损及别人利益时，这个人及其行为应受到社会和法律的惩罚。另一方面，功利主义的先驱们如哈奇森、边沁大多也是自由主义者。例如，熊彼特说：“功利主义者从洛克和休谟类型的经验主义的传统中，就近取得了他们所需要的东西。”实际上，在熊彼特看来，功利主义“从技术的意义说，它根本不是哲学，作为一种‘人生哲学’又是无比肤浅的，但它同与自由主义或商人心理可能有联系的那种唯物主义的唯理论的气味却是十分相似的”①。显然，尽管自由主义往往与个体权利联系在一起，体现了市场规律的要求，但正如米塞斯指出的，把自由主义视为仅仅代表社会上一部分人（财富的占有者、资本家和企业家）的利益是颠倒了事实。米塞斯认为：“自由主义一贯注重全社会的福利，而从未为某一特殊阶层谋取利益。……从历史学的角度看，自由主义是第一个为了大多数人的幸福，而不是为了特殊阶层服务的一种政治倾向”，只不过，“与宣称追求同样目标的社会主义截然不同的是：自由主义不是通过其追求的目的，而是通过它选择的方法

① 熊彼特：《经济分析史》第2卷，杨敬年译，商务印书馆1992年版，第46页。

达到这一目的的"[①]。也就是说，自由主义接受了"私恶即公益"命题，从而强调了基于个人主义的逐利手段。

当然，随着自由主义对个人权利的强调，早先基于社会利益的善的观念逐渐被放到了次要的方面，这导致自由主义在某种程度上演变为行为功利主义的鼓吹者。例如，道义论的自由主义就强调："社会由多元个人组成，每一个人都有他自己的目的、利益和善观念，当社会为那些本身不预设任何特殊善观念的原则所支配时，它就能得到最好的安排；证明这些规导性原则之正当合理性的，首先不是因为它们能使社会福利最大化，或者是能够促进善，相反，是因为它们符合权利（正当）概念，权利是一个既定的优先于和独立于善的道德范畴。"事实上，正是基于这种自由主义的思想，古典经济学家往往对某些人利用权力来谋取私利的现象表现出异常的警惕，并极力要求政府的行为也必须遵守一般性的抽象规则，并且不能依据特殊命令对特定个人的行为进行干涉。究其原因在于，在自由主义看来，政府对私人领域的侵犯不仅会损害私人利益，而且也会损害更高利益，而得益的往往只是那些掌握权力的人。因此，自由主义者强调："当某个体权利发生正义问题时，即使是普遍福利也不能僭越这些权利。"[②] 相应地，古典经济学以降的经济学家大都也主张限制政府权力，并对政府干预经济事务方式做了种种的规定。哈耶克就强调："重要的不在于追求什么目标，而是在于采取怎样的方法。如果这明明是人民的需要，那么，大概没有什么目标不可以被视为合情合理的；但是，这些作者们认为在一个自由社会中那些具体专门的命令和禁令从总的方面来说是不可接受的，因而要加以排除。唯有间接地通过剥夺政府某些它可以单单借此就能达到某些目的的手段，才能够通过这个原则做到剥夺政府去追求这些目标的权力。"[③]

---

① 米塞斯：《自由与繁荣的国度》，韩光明等译，中国社会科学出版社 1995 年版，第 50 页。

② 桑德尔：《自由主义与正义的局限》，万俊人等译，译林出版社 2001 年版，第 1 页。

③ 哈耶克：《自由宪章》，杨玉生等译，中国社会科学出版社 1999 年版，第 350 页。

第四节 结语

尽管目前经济人所展示的行为方式与强调权利优先于善的自由主义更为相似，但追本溯源就会发现，经济人假设根源于行为功利主义哲学；同时，行为功利主义是对源于早期基督教道德的功利主义的异化认识，原初功利主义所强调的善是社会利益，人类行为的目的是为了更好地增进社会利益。实际上，西方社会本身缺乏人本主义传统，自古希腊起就把城邦的利益看得高于个人的利益。例如，柏拉图就常说：他的目标既不在于个人的幸福，也不在于国家中任何特定阶级的幸福，而在于整个国家的幸福。而基督教的兴起则进一步把这个国家利益转化为上帝（教会）利益，以上帝的名义可以对人进行任意剥夺。正是由于偏重于社会利益，西方社会历史上就不断地出现非常违反人道的事件。波普尔指出："基督教会遵循柏拉图和亚里士多德的极权主义，并在宗教裁判中发展到了顶峰。特别是宗教裁判理论，可以被描述为纯粹柏拉图式的。"[①] 因此，我们说，尽管经济人在现在已经成为自私自利的符号，但其原初内涵却隐含了"为他利己"的行为机理：目的是为社会公益（为他），手段则是追逐个人利益（利己）。

然而，尽管经济人概念源自追求社会利益的功利主义，但在后来的演化过程中却逐渐蜕化。这正如阿尔波特的动机功能自律理论指出的："开始作为达到 Y 的手段而被追求的 X，后来可能成为目的。"斯蒂文森称之为阿尔波特原理，并进一步强调："赞成的习惯一旦形成，就会固定下来，而且比造成这种习惯的环境更持久。所以，当人们不论出于什么原因而习惯于追求某种东西时，他就会越来越倾向于把这些东西本身当作目的……最初被作为手段而喜欢的东西，会逐渐成为被作为目的而喜欢的东西。"[②] 因此，随着对"利己"这一手段的强调越来越凸显，嵌入在经济学中的行为功利主义倾向就逐渐排斥了早期基督哲学所关注的

① 波普尔：《开放社会及其敌人》第 2 卷，郑一明等译，中国社会科学出版社 1999 年版，第 56 页。

② 斯蒂文森：《伦理学与语言》，姚新中等译，中国社会科学出版社 1991 年版，第 218 页。

“为他”这一目的；结果，原先以“他”（公共利益）为目的的功利主义内涵被抹杀了，人性最后也演变为以赤裸裸自利为内涵的经济人假设，并成为当前自由主义的哲学基础。

第七章

"经济人假设"的贫困：行为特质及其问题

【导读】经济人假设根源于功利主义哲学，是功利主义蜕化和形式主义僵化并由此导致金钱理性勃兴的产物。按照这种哲学思维，社会整体利益就成为个人行为的目的，而对个体利益的追逐则是达致这一目的的途径和手段。相应地，"经济人"所内含的行为机理就可以提炼成"为他利己"。但显然，"为他利己"行为机理根本上颠倒了人类行为的目的和手段，进而，这种思想的支配也就造成了社会发展的困境。

第一节 引言

"经济人"概念源于18世纪以后发展出来的功利主义，众多经济学人也认识到这种渊源关系，从而将功利的最大化作为检视行为合理性的标尺。但同时，大多数人往往又有意无意地忽视了功利主义的原初内涵，忽视其最初主要是用来检视社会制度的。其实，早期功利主义是基于"最大多数人的最大利益"这一社会性目的，而"自利"行为仅仅是实现"社会利益最大化"这一目的的手段，由此，功利主义也就可以被称为"为他利己"主义。后来的斯密、李嘉图、穆勒等之所以推崇自由竞争，所持的理由是，"利己"手段在"无形的手"的引导下可以有效地实现"为他"（社会）目的；而后来新古典经济学人用经济人来取代这种功利主义，则在于他们认为，"为他"这一目的在异质性个体之间很难达成共识。

事实上，从“个体的自由发展是根本”这一人本主义视角看，功利主义所内含的这种将群体或组织利益置于个体利益之上的“为他利己”主义，实质上就颠倒了人类行为的目的和手段。在很大程度上，也正是受这种思想的支配，个体的基本权利在漫长时间内都遭到压制，不仅导致社会危机的不断反复出现进而也招致资本主义思想家的批判。同时，尽管面临现实的种种困境，根深蒂固的自然主义思维又使得西方主流社会不愿放弃“无形的手”这一信条，而是在保持这一信条下赋予功利主义以新的内涵，这就导致功利主义逐渐蜕化为行为功利主义。行为功利主义从个体的每一次行为角度来审视功利，从而也就排斥了“社会利益最大化”这一目的而片面强调“自利”这一手段；结果，“自利”手段最终也蜕变为“目的”，从而导致了“自利人”也为“经济人”所替代。这样，现代经济学思维就又走上了另一极端：仅仅关注行为的最终目的而不重视手段的选择，结果就把人类与一般动物等同起来，把人类的需求限制在本能层次，而忽视了社会性发展的现实性和必要性，这也正是现代经济学的危机所在。因此，本章就经济人假设与功利主义之间的关系及其演变做一深入梳理，并由此挖掘经济人内涵上的反社会性。

第二节 早期功利主义对目的和手段的倒错

从起源学上看，经济人概念源于18世纪出现的用于检视社会发展的功利主义哲学。显然，受早期基督教伦理的影响，功利主义的原初出发点是把普遍幸福视为行为的根本目的，功利主义原则也强调人的行为规范必须基于“最大多数人的最大幸福”。正是从追求社会利益的角度，无论是古希腊的先哲苏格拉底、柏拉图、亚里士多德，还是基督教思想家阿奎那、莫尔、沙夫兹伯利、哈奇森，抑或古典经济学家休谟、斯密、李嘉图、穆勒乃至马克思等都可被视为功利主义者。豪斯曼和麦克弗森写道：“功利主义不是一种自私的理论，因为它的目标不是使自己的福利最大化。事实上，有一种反对功利主义的理由是，功利主义可能要求人们为了所有陌生人的利益而做出重大牺牲或人们克制他们喜欢朋友或家人胜过喜欢陌生人的情感，除非这一做法能增加总的福利。”①

当然，尽管早期功利主义关注整个社会的福利增进，但广义上的功利主义这一术语本质上仅仅是指手段意义上而言的，因为“功利”一词本身就表达了手段所可能具有的潜在意图的属性。正是作为一个手段和工具，它往往被用来指任何对这样的规则和制度在社会结构中的功能所做的批判性检视，它包括了对现行规则的妥适性问题所做的所有的理性检讨。不过，18 世纪末期以降，功利主义却逐渐在一种较为狭窄的意义上被使用，主要“被用来指称手段为之服务的那些不同目的所具有的一种共同属性——当然是一种被认为的共同属性。由于人们认为手段在某种程度上反映了目的的重要性，所以，‘功利’也就渐渐开始意指目的所具有的某种共同属性”。② 譬如，在古典经济学先驱看来，个体追求私利的途径是实现社会功利最大化这一目的的最佳手段，即“私恶即公益”。显然，按照这种哲学思维，人的行为就根基于“为他利己”机理：“为他”（为社会公益）是目的，“利己”（追逐私利）则是实现这一目的的手段。

然而，这种“为他利己”行为机理却内含了严重的逻辑缺陷，进而也导向了实践上的不可行。

一方面，它把社会利益视为个体行动的根本目的并不可行。其原因是，它必须建立在人们对“最大幸福”具有一致性理解的基础之上，或者偏好可以加总成一个公认的社会函数的基础之上。（1）社会中人们对幸福的理解往往相差天壤。如斯宾塞指出：“流浪的吉卜赛人认为一个固定的家是令人厌倦的，而一个瑞士人如果没有家园就感到非常不幸。希伯来人的天堂是‘一座由黄金和宝石建造的城市，有着异常丰富的五谷和美酒’；土耳其人的天堂是‘充斥妖艳美女的闺房’；美洲印第安人的天堂则是一个‘快乐的猎场’。在挪威人的乐园里，每天都有战争和对创伤的神奇治疗；而澳大利亚人所希望的是在死后‘一跃而起变成一个白

① 豪斯曼、麦克弗森：《经济分析、道德哲学与公共政策》，纪如曼、高红艳译，上海译文出版社 2008 年版，第 120 页。

② 哈耶克：《法律、立法与自由》第 2、3 卷，邓正来等译，中国大百科全书出版社 2000 年版，第 24 页。

种人，拥有许许多多的6便士硬币’。再往下看看个人的情况，我们发现路易十六把‘最大幸福’解释为‘建造水闸’的意思，而他的继承人却把他解释为‘建造帝国’。在吝啬鬼埃尔威斯那样的人看来，积聚金钱是社会中唯一的享受，而‘桑福德和默顿’的乐善好施的作者戴却认为把钱分给别人才是唯一的乐事”；实际上，不但“在各民族之间，意见悬殊是很明显的。……甚至在同一种族内，生活的最高理想也在变化”。①（2）不同的偏好难以加总成一个一致性的社会福利函数。如阿罗不可能性定理就认为，不存在同时满足完备性公理（传递性公理）以及无限制域条件、帕累托原则、独立性条件、非独裁性条件这四个公理性条件的阿罗社会福利函数。显然，按照阿罗不可能定理，我们对“社会需要什么”是不清楚的，那么，我们又如何对不同的社会行为进行评价呢？

另一方面，它树立的“利他”价值观扭曲了社会关系。其原因是，它将外在的社会关系置于人类内在的潜能之上，从而（1）舍弃了自我，因为这种价值观考虑的不是自己如何真实地生活，而是牺牲自己的生活；（2）缺乏对他人的尊敬，因为它又将社会上的他者置于乞讨者的地位，需要仰仗别人的帮助。而且，如果过分地强调社会利益或者公益，那么，个人的权力就会被某些人以这种借口所侵犯，一些具有权势的人就会以社会利益的名义做任何想做的事。正如爱因·兰德指出的，这种“‘善’是社会所选择的任何东西，并且仅仅因为选择了它。由于没有作为‘社会’的实体，因为社会仅仅是个体人的数目，这就意味着一些人（他们声称是代言人）在伦理学上赋予他们想要追求任何东西的权利，而另一些人则在伦理学上有义务为他们的欲望服务”②。正因为社会本身并不是享受幸福和快乐的自然主体，实现社会的普遍幸福归根到底还是为自然人所享有，因而社会普遍幸福根本上还只是一种手段而已。正是基于这一点，启蒙运动以后西方思想就日益重视个人的权利，把个人视为社会的根本。在现代哲学界，自由至上主义者诺齐克就强烈反对罗尔斯的道德个人主义及其内含的功利主义倾向，认为功利主义犯了形而上学的错

① 斯宾塞：《社会静力学》，张雄武译，商务印书馆1996年版，第3、4页。

② 爱因·兰德：《新个体主义伦理观：爱因·兰德文选》，秦裕译，上海三联书店1993年版，第4页。

误：把社会本身设想为是“经历”快乐与痛苦的实体，以为一个人的愉快可以补偿另一个人的痛苦。相反，以自我所有权命题为基础，诺齐克认为，为了另外一个人而牺牲某个人都是错误的，一个人决不能被当作另一个人的工具。在这里，诺齐克显然接纳了康德的定言命令“你永远不能仅仅把人当作工具，而同时要当作目的”，并认为，“对行为的边际约束反映了康德人是目的而不仅仅是手段的基本原则”，从而从绝对所有权出发建立单一价值的政治哲学。①

事实上，正是由于存在这种根深蒂固的功利主义，西方社会历来非常强调国家和社会利益：这不仅可以追溯到古希腊时期的学者对城邦利益高于个人利益的强调，从中世纪的基督教哲学以及重商主义精神中也可见一斑。譬如，西塞罗在《义务论》中强调，人的最高义务就是对父母和祖国（我们作为其公民的城邦）的义务，其次才是对孩子和其他近亲的义务，再次是对远亲的义务，最后是对那些值得我们善待的朋友的义务。正是由于这种功利主义过于强调社会普遍利益，从而间接地否认了个人利益以及家庭、朋友对个人的重要性。譬如，如果教堂失火而只能救出一个人，那么，应该救助坎特伯雷大主教还是他的仆人呢？葛德文根据功利主义认为，应当救最能促进普遍功利的主教的性命。即使那个仆人是行为者的父亲，葛德文态度依然是，应当救最能促进普遍功利的主教的性命。显然，把集体利益置于个人利益和亲人利益之上的价值观，是与人的本性相冲突的，从而不符合人性扩展的天然秩序。相反，在以儒家思想为代表的东方社会中则存在不同的人生哲学。在儒家看来，“君王”尽管在“尊卑”维度上属于“至尊”，但在“亲疏”维度上却落在疏远的一端；而“父亲”既在“亲疏”维度上属于“至亲”，又在“尊卑”维度上属于“尊长”。因此，儒家思想认为，“父子之伦”更为重要，正是在“父子有亲”的基础上发展了“仁”这一根本性伦理，而在政治上只能存在次一级的“君臣有义”。例如，孟子说：“天下之本在国，国之本在家，家之本在身。”（《孟子·离娄上》）显然，这就是亲情的优先性。

因此，这种“为他利己”行为机理不但在本质上颠倒了人类行为中

---

① 转引自沃尔夫《诺齐克》，王天成等译，黑龙江人民出版社1999年版，第28页。

目的和手段的关系，而且在现实生活中也是不可行的。西季威克强调，基于社会利益考虑的功利主义只有依靠宗教才能够得到维系，随着人类需求日益从宗教的禁锢中挣脱出来“为他利己”的功利主义原则就不再有效了。正是由于将“利他”设定为行为目的在理论逻辑中存在缺陷，因此，随着世俗化思潮引起学者们开始关注较低层次的物质需求之后，经济学就开始寻求从自利的原理通往功利主义的途径。其中，斯密倡导的“无形的手”原理为此提供了理论基础，这为后来的经济学家所普遍接受。特别是，随着西方社会对既有制度的肯定和维护，功利主义哲学在经济学中就逐渐蜕化了：从关注整个社会效用最大化的功利主义原则转变为注重每一行为最大化的行为功利主义原则。但显然，这种行为功利主义在恢复其手段性的同时，却丧失了对社会规则的批判性。这样，人类行为就逐渐演化为对“利己”手段的追求，而舍弃了“为他”的目的，并越来越将“利己”手段本身视为目的。也就是说，“为他利己”行为机理就逐渐蜕化成为经济人的行为方式，并受到了学术界的高度认可和广泛宣传。在很大程度上，正是由于对低层次的物质利益的关注，基于市场的交易行为就成为经济人的基本特征；而且，随着性恶论的传播，泛化了的自利和自私就变成了伦理无涉的词汇，甚至“私恶即公益”也成了社会信条，乃至自利开始被视为理想社会中经济人的首要美德。

可见，从起源学上看，目前体现为原子个体主义的经济人假设实际上源于具有浓厚集体主义色彩的功利主义。这种功利主义有两个特点：（1）从本质上讲，功利主义蕴含了“为他利己”的内涵：“为他”（社会功利）是行为的目的，“利己”是实现这一目的的有效手段，而沟通这两者的逻辑则是“无形的手”原理，但这显然颠倒了人类行为的目的和手段；（2）从演化上看，“为他利己”逐渐蜕化为“为己利己”：脱胎于功利主义的行为功利主义在实践中日益注重于过程和手段而偏离了人类行为的真正目的。默顿指出：“随着无数的成就的取得，工具转变成了目标，手段变成了目的。”[①] 同时，由于强调每个行为和环境的特殊性，行为功利主义衍生出了主观主义；进而，在个体偏好的基础上，古典主义

① 默顿：《社会研究与社会政策》，林聚任等译，生活·读书·新知三联书店2001年版，第4页。

的“自利人”又蜕变为“经济人”；特别是，功利主义的膨胀导致金钱理性的偏盛，进一步导致形式主义的过度泛滥，乃至“经济人”概念也被抽象为最大化自身效用的原子主义个体。因此，追本溯源就可以发现，源于功利主义的经济人假设完全扭曲了手段与目的之间的关系，并把“利己”的手段直接当成了目的。富勒指出：“人们通常认为功利主义的根本过错在于它的轻视目的的倾向。不过，在我看来，它的更加基本的缺陷在于它对手段与目的之间关系的歪曲——所谓的规则功利主义只是部分弥补了这一缺陷，但肯定没有根除之。功利主义哲学鼓励我们接受一种在智识上偷懒的观念，即：手段仅仅关乎便利，我们无法针对他们做出具有一般意义的分析。”①

第三节 作为个体行为之约束的规则内含的合作性

由于经济人源于功利主义，相应地，经济人实践就产生出一个重要后果：工具理性的膨胀。这种工具理性或者是出于发展社会主体获取利益的手段，或者是出于其他成员获取利益的制约；结果，在异化了的“为他利己”教条的支配下，人类合作的困境开始越来越凸显，基于经济人模式分析经济理论也变得越来越机械化。例如，恩德勒就指出：“在西方，我们倾向于过分强调工具理性的重要性，而忽视了我们所希望达到的共同目标。用马克斯·韦伯的术语来讲，我们倾向于以牺牲‘价值理性’为代价来扩大‘目的’理性的适用性，结果，我们面临着独断的风险，而更为糟糕的是，把手段当成了目的。……具有讽刺意味的是，西方对工具理性的过分强调破坏了它的工具性，反之，亚洲经济体中明确的目标定位却提高了它的工具性。”② 因此，即使考虑“利己”已经成了经济人行为的直接目的，我们也应该追问：这种追逐私利的手段是达到“利己”目的的有效手段吗？

我们知道，斯密、哈耶克以及布坎南等人都注重社会秩序的扩展，

---

① 富勒：《法律的道德性》，郑戈译，商务印书馆 2005 年版，第 228 页。

② 恩德勒：《面向行动的经济伦理学》，高国希等译，上海社会科学院出版社 2002 年版，第 186 页。

但又认为行动的未来结果是不确定的，转而重视逐利这一手段。问题是，个人追逐私利的行为又是如何促进社会秩序的扩展呢？这里，哈耶克等人发现了市场中的抽象规则，认为对规则的遵守产生了无意识的合作。也就是说，尽管市场规则为个体逐利提供了可选择的手段集，但这种手段约束本质上是对个体行为的约束，对规则的遵守也就是把行为建立在“克己”的基础上，从而使得逐利手段具有一定的“利他”特性。事实上，市场交易根本上建立在有序的分工和合理的交换之上，这个过程本质上是合作性的，而社会规则本身就是为缓和各种私利之间的冲突并促进人类的合作而创设的。例如，布伦南和布坎南强调，规则的社会功能就在于“为所有使用设施的人达到目的提供方便”，“基本功能是防止个人妨碍别人的行动”。[①] 正因为规则的设立本身是以促进合作而达到各自目的为目的，因此，斯密、布坎南以及哈耶克等人都强调，个体有效的逐利行为实际上都具有互惠合作性，而这种合作也正是“利他”的内涵。这意味着，即使我们难以就“为己”达成共识（尽管它确实符合人的本能），但是，对提倡“合作”这一“利他”手段也是可以达成普遍共识的。

其实，有利于合作的规则本身包含了工具理性和价值理性两方面的内容：如果每一个人都相信利他的行为是可以更好地促进自己目的的手段，那么这种利他的行为就是善的。显然，这种通过利他的合作手段来实现自己的目的也就是“为己利他”行为机理的内涵和意义。但问题是，正如前面指出的，每个人的利益和幸福观是不同，那么，如何才能知道自己的行为是有利于他人的？又如何能够通过“利他”来实现自己的目的？一般来说，处于社会关系之中并具有理性的人是可以大致做到这一点的：（1）一些需求是社会中所有人所共同具有的，这类利益就不能受到侵犯；（2）不同个体之间不同层次的需求也正是我们在日常生活中需要考虑的，促使个体在自己和他人以及社会利益之间寻求平衡和和谐才是人类社会的真正理性。究其原因，在于人的理性的根本特点不在于了

---

① 杰弗瑞·布伦南、詹姆斯·布坎南：《规则的理由——宪政的政治经济学》，第 8、16 页；杰弗瑞·布伦南、詹姆斯·布坎南：《宪政经济学》第二部分，秋风等译，中国社会科学出版社 2004 年版。

解和满足自身的偏好，因为这种意识是一般动物所具有的；相反，人之所以高于其他动物的地方正在于，人能够通过其他信息了解对方的利益所在。事实上，在实际生活中，如果我们不去尝试了解对方的偏好，又如何实现自己的利益呢？譬如，商人必须了解顾客对商品的偏好才能卖出好价格。

大凡一个理性程度越高的人，就越能了解他人和社会的偏好，从而就越会采取“利他”的行为方式，并从“利他”行为中实现自我需求。正因如此，笔者以为，基于“克己”的“利他”行为的繁盛和扩展也正是人类文明发展的体现。斯宾塞指出：“由野蛮人的冲动的性格，变到使文明人能够为未来更大的满足而牺牲眼前满足的性格，就包含很多痛苦；但是社会生活的需要要求这样一种改变，而且不断使缺乏自我克制能力受到惩罚，以确保一切人进行经常的、虽然有些令人厌烦的努力，来获得这种能力——一种必然很缓慢但却肯定会成功的努力。相反，如果一种对食物的过分欲望占了上风，由于它将如实际发生的情况那样，产生不愉快的结果，就会导致必须加以节制的企图，并通过经常那个抑制它，最终使它减弱到正常的程度。”① 从经济人概念的演化史中也可以知道，经济人假设之所以在理论和实践中被接受，其重要历史条件就是物质欲望的膨胀和金钱理性的盛行；这不仅把人的行为及其理性仅仅限制在自身范围内，而且仅仅考虑较低层次的物质需求。但显然，这种理性不仅抹杀了人具有超越自我去追求生命永恒的能力，而且也不能实现自身和社会的长期利益，乃至必然会造成社会发展的困境。事实上，随着人类需求层次的上升，人们需求之间的互补性越强，人类行为的理性化程度逐渐提高，相应地，“利他”行为也就越来越成为实现“为己”目的的基本手段。

因此，要缓和经济人内在的功利性以及手段“目的化”的倾向，关键在于人类理性的提升，从孤立的个体理性转向互动的社会理性，从短期的短视理性转向长期的全面理性。其合理性在于：（1）符合人性的特点，因为人与其他动物的根本区别就在于能够考虑并追求长远利益；（2）符合人类的需求变化，因为随着社会的发展，人类的需求也正逐渐

---

① 斯宾塞：《社会静力学》，张雄武译，商务印书馆1996年版，第39页。

从孤立的物质需求转向互动的精神需求。基于这一点，也可以更深刻地认识穆勒的观点：一方面，穆勒支持边沁的一般主张，同意边沁的中心思想——行动的正确程度与其趋于促成的幸福成比例，而其错误程度与其趋于产生幸福的反面成比例；另一方面，穆勒又批评嵌入在边沁功利主义中的享乐主义倾向及其对物质追求的突出强调，并认为边沁的功利主义“没有试图帮助个人培养品格”以及忽视了人类所拥有的一般精神感觉的存在。实际上，在穆勒看来，（1）人生的目的本质上并不是追求金钱、权力本身，而是快乐，金钱和权力只是达到快乐的工具和手段；（2）快乐本身是多维度的，既包括数量，更包括质量，而且质的区别比量的区别更重要。其中，某些类型的快乐比其他类型的更加理想和有价值，因而更值得追求，如精神享受、管理社会、受人尊敬等。穆勒指出：“理智的快乐、感情和想象的快乐以及道德情感的快乐所具有的价值要远高于单纯感官的快乐……功利主义著作家一般都将心灵的快乐置于肉体的快乐之上，主要是因为心灵的快乐更能持久、更加有保障、成本更小等等。”[①] 由此，穆勒指出，政府的目的不仅是为了最大限度地实现公民的快乐，而且在于教育国民追求更为高尚的快乐；只有当国民能够运用其适当的教育制度下所发展起来的理智来自由地追求其自身利益时，他们才能在一个文明的社会中最大限度地实现自己的幸福。在穆勒看来，“人类健康所必需的主要条件之一”是“个人的内在修养，这不仅包括他的知识和道德的修养，还包括审美的修养”，而这个目标主要是通过大规模的教育来实现的。一位观察家就指出：“在穆勒看来，无论是个人还是群体，利他主义的培养和自我的正确导引都可以通过教育实现，因为这就是教育的一个功能。”[②]

最后，需要指出的是，除了对“利他”这一手段可以达成共识外，源于功利主义而体现“为他利己”内涵的经济人假设还存在另一重大缺陷：没有考虑善的普遍性（绝对性）和差序性（相对性）。一方面，一味强调“利己”的手段实际上就把与“己”相对的对象“他”静态化和外

---

① 穆勒：《功利主义》，徐大建译，商务印书馆 2014 年版，第 10 页。

② 转引自卢兹、勒克斯《人本主义经济学的挑战》，王立宇等译，西南财经大学出版社 2003 年版，第 39 页。

在化了，但在现实生活中“己”和“他”往往千丝万缕地交织在一起；另一方面，基于抽象的经济人来分析人类的一切行为时总是以不变的统一视角着手，但这往往难以说明同一人在不同环境下的行为差异。例如，孟宗为了满足老母的需要而偷挖了邻家的嫩笋，以致不惜以违反自身的道德准则和入狱为代价，这是不是善的行为？面对父母、孩子、邻居乃至陌生人时，我们的行为为何会存在明显的不同？其实，从根本上说，由于人们之间互动的紧密程度、发散性以及人类追求、欲望的层级性，人类的行为实际上是以“己”的需要为出发点的，作为个体的“小我”就是“己”的核心。当然，“己”会圈层扩展，从而形成不断膨胀的“大我”。从这点上讲，人性具有利己和利他两个方面；而互惠的利他主义实际上能够更好地达到“己”的目的。因此，利他就是有效地“为己”的手段，而“为己利他”也就是人类合理的行为方式。

事实上，尽管抽象化是理论研究的一个基本方法和前提，但这并不意味着抽象是可以随意的。相反，一个真正合理的理论应该是尽可能体现现实的抽象，不反映现实的所谓抽象要么是“象牙塔式”的，要么是一种特殊的理论。显然，“象牙塔式”的抽象分析根本就不能直接用于社会实践，这也是为什么经济学在西方往往只被看成一门所谓的艺术（arts）而不是一门科学的原因。现代主流经济学常常自诩为社会科学的皇后，是最科学的社会科学。果真如此吗？科学性的根本特点在于它的可证伪性和可预测性，但是，目前主流经济学连其最基本的假定都与社会现实相距那么遥远。难道这不是对主流经济学所宣扬的努力方向的极大嘲讽吗？为什么会出现这种非现实的抽象呢？究其原因，一方面，这主要与西方社会的自然主义思维有关：这种思维起源于对自然世界的探究，然后把获得的认知由外及内、由宇宙及人类、由社会及个体地投射到人类社会和行为方式的理解中；另一方面，这也与经济人形成的社会背景有关：经济人假设是启蒙运动时期物质膨胀的产物，是功利主义的畸形化发展的结果，这导致经济人假设偏离了功利主义原初的道德规则，并产生了这一无道德的概念。

可见，尽管理性往往被视为经济人概念的基石，但它内含的这种理性并不是真正体现人性的全面理性，而是受到极端扭曲的并仅仅停留在非常低层次需求之上。究其原因，目前的经济人概念是功利主义异化发展的结果，它舍弃了功利主义的内涵而强化了其形式。事实上，麦金太尔指出，18 世纪启蒙运动谋划的道德规则本身就存在研究的缺陷：一方面，它试图借助理性来设计人性概念，并为道德尤其是为道德戒律或规则提供合理性的论证；另一方面，它所论证的那套道德规则，甚至是其论证本身又与它所确认的那种人性概念存在深刻的不相容性。而且，一种完全缺乏社会历史情境解释的、自然化的或“未经教化的人性”是难以认识自身的真实目的的，一个只享有此种人性而又不认识其真实目的的个人更无法去认同、接受和实践非人格性的客观道德规则。因此，麦金太尔在《德性之后》中宣告：自洛克、斯密以来直到罗尔斯，整个现代启蒙运动的现代性思想谋划已经彻底破产了。正因如此，自“经济人”概念诞生的那一天起，它在经济学界就引起了广泛争论，其中最有影响的争论有三次：（1）19 世纪晚期历史学派与奥地利学派围绕“利己”与“利他”的争论；（2）20 世纪 40 年代的“利润最大化”之争；（3）20 世纪 70 年代以心理学实验为基础的“理性行为”争论。

同时，这些争论也引起了两方面的后果。（1）相互的争论导致流行的“理性经济人”内涵不断扩大。例如，以西蒙为代表的学者从信息不完全的角度对理性最大化展开批判，并且得到了行为经济学和实验经济学的印证，从而迫使主流经济学将完全理性放松为有限理性。（2）由于主流经济学依旧继承了孤立理性的思维，因而也引发了更多的质疑和否定。例如，历史学派和旧制度经济学从社群角度分析发动了从人的社会性角度对单维经济人的持久声讨，而莱宾斯坦因开创的 X 效率理论分析则掀起了从管理学方面对企业最大化行为的批驳。其实，尽管西方学说基本上都是建立在经济人和功利主义的基础之上，但在实践中却往往是另一回事：无论是抽象规则的制定还是行为手段的选择都渗入了丰富的伦理道德。也就是说，西方的理论和实践之间根本上是脱节的。例如，连埃几沃斯也承认，自利原则并不是一个现实的东西，因为对自身利益的追求仅仅是人类许多动机中的一个。同样，马歇尔指出：“无疑地，即使现在，人们也能做出利人的贡献，比他们通常所做的大得多，经济学家的最高目标就是要发现这种潜在的社会资产如何才能更快地得到发展，如何才能最明智地加以利用。"① 因此，我们应该重新探究人类社会的伦理，也必须重新认识人的行为机理以及人类的目的。

第四节 结语

嵌入在功利主义中的"为他利己"行为机理根本颠倒了人类行为的目的与手段。爱因·兰德就指出，道德的目的在于使人愉快地生活，人们为了实现自身的幸福也会忠于自身利益原则，并通过积极思考和行动来实现所需要的价值，由此来提升自身的长期利益。脱胎于行为就以的经济人假设也就与现实存在严重脱节。事实上，尽管兰德将个人幸福置于首位，但她所倡导的"自私"并不是屈从于本能"低下"的一部分，而是一种"理性的自私"。这种理性的自私充分将个人幸福与社会环境和他人反应结合在一起，从而得以发挥自身最大的潜能。布鲁克和沃特金斯就写道："在经济学课堂我们常听到这样的话：每个人都是自私的。应该十分清楚的是，兰德拒绝这种观点。"② 因此，单向度的经济人分析根本不能说明纷繁芜杂的社会现象，人类行为也不能简单地划分为"利己主义"和"利他主义"。例如，森就强调，排除了为"整体利益"的功利主义并非就只剩下自利主义，相反，诸如家庭责任、商业伦理、阶级觉醒等种种观念都在发生着作用。③

然而，尽管森等强调，"理性的人类对别人的事情不管不顾是没有道理的"，④ 但主流经济学仍坚守经济人顽固法则。这些固守经济人假设的学者给出的一个基本理由是：经济理论的研究需要抽象化，而且，他们总是以各种理由来说明抛弃经济人假设可能带来的混乱和无助。在很大程度上，这种理由与正统马克思主义经济学者坚持传统劳动价值理论并

---

① 马歇尔：《经济学原理》上卷，朱志泰译，商务印书馆 1964 年版，第 30 页。

② 布鲁克、沃特金斯：《自由市场革命：终结大政府之路》，启蒙编译所译，上海译文出版社 2014 年版，第 112 页。

③ 森：《理性的傻瓜：对经济学的行为主义基础的批判》，载哈里斯编《科学与人》，商梓书等译，商务印书馆 1994 年版，第 5 页。

④ 转引自李仁贵、党国英《1988 年诺贝尔经济学奖获得者阿马蒂亚·森生平与学术贡献》，《经济学动态》1998 年第 11 期。

无二致：在正统马克思主义者看来，离开了马克思设定的价值以及社会必要劳动时间等概念，就连基本的经济学术语也没有了，更不用说在此基础上进行发展了。既然主流经济学如此批判马克思主义经济学的这种封闭性和僵化性，为什么自己也沉迷于这种“我向思考”的游戏逻辑呢？其实，笔者在《有效劳动价值论：以协调洞悉劳动配置》一书中就强调，只有对传统劳动价值论的前提做根本的反思，劳动价值论才可以发展，才有新的前途。[①] 同样地，对现代西方主流经济学也是如此，只有不断修正和完善它的核心假设，经济学才可以获得真正的新生。康德的实践理论教导我们，要经常认识人类个体是目标，不要把它们作为实现你的目标的工具来使用。[②] 为此，我们有必要再次反思人类行为的目的和手段的关系。当然，对个人目标的追求并不等同于利己主义，相反，更有效的手段是采取合作的方式，这种手段也就是“利他主义”的，这也就是人类行为中的互利性，它是人类社会不断进化的基础。

---

① 朱富强：《有效劳动价值论：以协调洞悉劳动配置》，经济科学出版社 2004 年版。

② 参见波普尔《开放的思想和社会：波普尔思想精粹》，米勒编，张之沧译，江苏人民出版社 2000 年版，第 375 页。

第八章

功利主义抑或互利主义：日常生活中的行为

【导读】经济人源于功利主义哲学，功利主义目的是追求社会利益的最大化。但是，最大限度地扩大社会功利并不一定是互利的，基于行为功利主义的自利行为并不一定会和谐地实现。其实，现实世界的人具有不同于其他动物的亲社会性，其行为也与特定的环境有关，因而具有这样两个重要特点：(1) 绝大多数人类行为是基于“为己利他”行为机理的互利主义而非个人利益最大化的行为功利主义；(2) 现实社会中的人类行为具有圈层扩展的差序性特质而非经济人所假设的平面和机械的等序结构。

第一节　引言

弗里德曼等实证主义者主张，理论研究的假设是否真实是无关紧要的，重要的是据此得出的结论是否可靠。也就是说，只要我们根据经济人可以理解、解释乃至预测人类行为，那么我们就不需关心经济人这一假设是否正确。问题正在于，基于经济人假设的分析能够对社会现象提供合理的解释以及有效的预测吗？能够据此提出积极有效的社会改进之策吗？事实上，现代西方经济学中的核心假设——经济人——本身就是启蒙运动的产物，当启蒙运动抛弃了传统的道德规则之后，个人的行为处于无约束的失范状态。在这种情况下，功利主义通过设计一种新的目的而为人类行为提供了新的道德范畴，这就是将个人行为与社会效用最大化联系在一起。然而，正是由于这种应然人性本质上是那些精英人士“谋划”的结果，从而就无法从人类行为的“是”中推导出来。这也意味着，功利主义本身就缺乏经验的基础；相应地，一旦遇到其他问题或者特定的激励，功利主义就会退化为行为功利主义，进而滋生出赤裸裸的经济人行为。在很大程度上，正是随着经济人所赋予内涵的泛化，现代主流经济学把一切社会行为都看成是符合经济人假设的自利行为；进而，随着将这种经济人行为合理化，于是市场上的商人行为就拓展到人们的日常生活中，造成了目前社会道德生活的无序和错乱。艾尔斯说：“尽管有些商人专门从事买卖活动，但他们只是社会中很小的一个组成部分。大多数人把他们的绝大多数时间和精力用来干其他事情。”① 有鉴于此，我们就需要重新审视真实世界的日常行为，反思经济人行为对社会行为的影响。本章就此做一分析。

第二节　行为功利主义抑或互利主义

基于泛化的经济人假设，现代主流经济学把人类所表现出来的行为差异视为仅仅反映了所受的社会制约的不同，而其本质都是在追求一个最大化的效用。问题在于，正是这种社会制约的性质和强度不同，却使得不同行为所产生的结果发生了很大的差异，从而体现出了人类不同情感的性质。事实上，人类之所以不同于其他动物，除了在生产力上体现为工具的利用外，更主要是体现在目的实现的迂回方法上。而且，迂回程度的不同，体现了人与其他动物的本质性区别，也反映了不同个体行为的性质，这就是人类理性。一般而言，人类行为首先源于一种动物性本能自利的反应，如果采用直接的手段，那么就几乎与其他动物没有区别，这也是主流经济学所宣扬的经济人行为方式；相反，在一个具有社会制约的环境中，经过长期的互动使得人类行为具有更强烈的社会性，这种社会性要求考虑他人的利益，采取迂回方式来实现自己的利益。

经济学的基本理论也强调，迂回生产可以带来更高的生产力，这同

① 艾尔斯：《经济进步理论：经济发展和文化变迁的基本原理研究》，徐颖莉等译，商务印书馆2011年版，第42页。

样体现在人类目的实现的迂回方式上。正如老子所言："将欲弱之，必固强之；将欲废之，必固兴之；将欲夺之，必固与之。"（《老子·三十六章》）显然，正是这种基于社会性的迂回手段，使得人类的行为不同于基于本能反应的动物性行为，而且所带来的后果也完全不同。也即，社会性的提升使得人类行为呈现出与经济人假设的自利行为完全不同的特点。而且，现代主流经济学对自利和利他的通行划分也不能有效地考察人类行为：（1）要把"自利的"满足同由于他人的体验而产生的心理感受区分开来是困难的；（2）把追求自身效用与其对他人的身心影响相结合的行为和那种纯粹追求个人效用而不计对他人影响的行为所产生的后果也显然是不同的。实际上，尽管动机是个人效用或偏好函数的一个方面，但仅仅考虑动机是不够的，更重要的是把动机与行为区别开来。只有通过对行为过程的分析，我们才能更好地剖析人类的行为机理，预测人类行为的结果。

一般地，要探讨人类的行为规律，我们首先要考察的是基于社会性的互利主义还是基于个体福祉考虑的行为功利主义，这种行为功利主义实质上就是上面所讲的纯粹自利主义。对此，我们可以看一下美国《科学》杂志第 84 期所做的一个试验，该试验鼓动读者给该杂志寄一张索要 20 美元或 100 美元的明信片，但是有一个规定，如果 20% 以上的读者索要 100 美元，所有的读者将一无所获。结果在 33511 个寄明信片的读者中，有 35% 的人索要 100 美元，结果就是读者一无所获。① 显然，这个试验反映出两点内容。（1）反映出个人的功利主义特征，并且是展示了个人私利阻止了集体合作这一现象。理论和经验也表明，集体中每个人都追求一致的目标并不一定意味着集体就会有一个一致的目标。（2）反映了人类具有亲社会性的互利主义行为，因为绝大多数的响应者（65%）确实采取了具有集体行动心理的行动，只索要 20 美元。

上面的试验表明，即使是在一次性的博弈中，合作也不是完全没有希望的。这显然与现代经济学的经济人假设相悖。如何解释呢？再如，典型的"经济人"不会参加诸如总统选举的投票，在饭店用餐之后也不

① 参见史蒂文斯《集体选择经济学》，杨晓唯等译，上海三联书店/上海人民出版社 1999 年版，第 119 页。

给服务小费；但是，成百上千万人却会定期投票，大多数人也会在饭店用餐后给服务小费。所以，针对奥尔森的集体行动的逻辑悖论，更多的学者对合作的可能性持乐观态度。例如，心理学家丹尼尔·卡尼曼就评论说："这里存在每个人都总是存在搭便车的假设，但事实并非总是如此。"罗宾·道斯则指出："只有在摆脱私利时人们才是改正的观点，没有真实地描述他们的行为。当人们处于一个集体中时，价值观点也在变化。"① 史蒂文斯则列举了三条主要理由：（1）奥尔森的分析是静态的或瞬时的，但许多集体行动问题都是动态的，重复博弈有助于消除一次性博弈中存在的强机会主义；（2）在潜在集团中可能形成联盟，只要这些联盟超出某个最低规模，并且成本/收益比具有吸引力，合作解就会出现；（3）人类还具有利他主义的倾向，当他人从改进的后果中得到效用时，自己也会得到收益，也即，在动态、多次的互动中，以互惠为基础使得长期的合作均衡更容易达到。②

实际上，人是社会性的动物，理性的行为人在一个互动的社会中应该遵循这样的行为思维：要想增进自己的收益，必须考虑到对方的利益；否则就可能引起报复，反而得不偿失。这就是"为己利他"的行为机理，它是建立在互惠基础之上的。"为己利他"行为机理为近年来的大量实验所证实：人们更关注行为公正和互惠，甚至为此而承担个人损失，同时奖励那些合作的人，惩罚那些不合作的人。进而，随着"为己利他"机理逐渐扩展到全社会并形成了社会的共识，整个社会也就形成互惠的潜规范，这将促使市场更为健全，市场伦理更为成熟。正因如此，市场一体化程度越高，对合作的支付越高，实验博弈中的合作水平也越高。③ 例如，《读者文摘》就在世界不同城市的大街上放置了钱包，以检验完整无损（相当于50美元）回收的情况。结果，总回收率为56%，其中，挪威

---

① 转引自史蒂文斯《集体选择经济学》，杨晓唯等译，上海三联书店/上海人民出版社1999年版，第119页。

② 参见史蒂文斯《集体选择经济学》，杨晓唯等译，上海三联书店/上海人民出版社1999年版，第119页。

③ 金迪斯、鲍尔斯：《走向统一的社会科学：来自桑塔费学派的看法》，浙江大学跨学科社会科学研究中心译，上海世纪出版集团2005年版，第31页。

的回收率为100%，而墨西哥的回收率为21%。[①]

一般地，人类行为特别是市场交往行为的合理性可以从两方面来审视：一是功利主义，二是互利主义。显然，最大限度地扩大社会功利并不一定是互利的，因为这样的社会仍然能最大限度地扩大总功利：其中少数人享受着较大利益，其他人则陷于贫困与奴役。正因为西方社会过于信奉“无形的手”而忽视这两者的差别，导致了功利主义的退化。其实，功利主义是一种旨在支配个人行为和社会制度的综合性道德理论，它有两方面的表现：一是行为功利主义，二是规则功利主义。行为功利主义用具体行为来规定正当性，当且仅当一个行为最大限度地扩大全社会的功利净余额时，它是正当的；规则功利主义则用行为的规则来规定正当性，认为具体行为的正当性取决于它们依循的规则，当且仅当普遍服从一条规则（或包含它在内的一组规则）能最大限度地扩大社会功利净余额时，这个行为是正当的。显然，经济人假设主要源于行为功利主义，行为正确性的评价标准是每个具体的行为而不是一类总体行为。但问题是，由于行为功利主义着眼于个体福祉的考虑而忽视整体福祉，最终往往也是损害个体的福祉，因而行为功利主义受到了越来越广泛的批评。

事实上，行为功利主义至少存在两方面的缺陷：（1）在技术上，要求不可能做出的人际功利比较；（2）在道德上，忽略了人的差异性和人的意义。正是在道德上和技术上的内在缺陷，使得功利主义在试图评价市场体系时至少不能排他地依赖最大限度地扩大社会功利这一论据。[②] 埃尔斯特（J. Elster）在《社会的纽带》一书中就强调，以寻找个人的和理性的利益为中心的理性选择理论是有片面性的。埃尔斯特还从不同行动者之间的稳定的期待之配合以及合作形式的存在这两方面来探讨社会秩序的可能性问题，并指出，社会规范提供了一类重要的行动动机，不能被还原为理性或其他任何一种最优化机制。[③] 相应地，社群主义者泰勒强

---

① 斯密德：《制度与行为经济学》，刘璨等译，中国人民大学出版社2004年版，第200页。

② 艾伦·布坎南：《伦理学、效率与市场》，廖申白等译，中国社会科学出版社1991年版，第87页。

③ 柯尔库夫：《新社会学》，钱瀚译，社会科学文献出版社2000年版，第99页。

调，个人的义务是无条件的，他拥有家庭、社会等各项义务；同时，个人的自由则是有限的，只有承认个人的义务才能真正证实个人的自由。[①] 进而，鲍尔丁也指出，公众需要一定的组织，组织包含了共同的利益，而一个共同利益体则包含了多种形式的仁爱功能，这实际上否定了功利的独立性假设。[②] 此外，即使那些最著名的市场倡导者如洛克、斯密等，也主要是从互利主义而非行为功利主义原则为市场做论证的。森指出，尽管自利是人类行为的一个基本动机，但人们日常生活的很多行为都反映了具有社会成分的价值观，而这些价值观使我们远远超出纯粹自私行为的狭隘界限：人们不仅关切自身利益，也能够想到家庭成员、邻居、同胞以及世界上其他人，而这正是斯密所揭示的。[③]

由此，我们就可以审视现代主流经济学的自利人假设：它着眼于人源于生理反应的物质利益追求，从而本质上把人当作一般动物来看待。然而，正如埃尔斯特指出的，人和动物具有本质的区别，就在于人能够实现广泛的最大值，而动物只能达到局部的最大值。[④] 因此，如早期美国经济学家凯里认为，经济学"讨论人性的最低级的本性，却把人的最高尚利益看作纯属干扰其理论体系的东西"，并指责古典经济学的"政治—经济人"亵渎了大写的"人"字。[⑤] 在某种意义上，在以自私人假设为基础的现代主流经济学理论的指导下，人类至多只能实现短期局部的最大化，从而浪费大量能够改进人类生活的机会和方法。这也意味着，人的行为主要不是基于原子行为功利主义，而是有更长远的眼光。而且，随着社会的进步和人类社会性的增强，我们有理由相信在日常生活中将遇到越来越多的与经济学假设相冲突的利他主义行为。例如，D. 米勒就举例说，在人们被要求完成的任务不是平等地产生的试验中，可以观察到这样一种倾向，那就是表现较好的人宁愿平等地分配酬劳，而那些表

---

① 俞可平：《社群主义》，中国社会科学出版社 1998 年版，第 30 页。

② Boulding K., *The Network of Interdependence*, Unpublished Paper Read at Public Choice Society Meeting, February, 1970, p. 19.

③ 森：《以自由看待发展》，任赜、于真译，中国人民大学出版社 2002 年版，第 261 页。

④ 科斯洛夫斯基：《经济伦理学》，王彤译，中国社会科学出版社 1997 年版，第 43 页。

⑤ 转引自杨春学《经济人与社会秩序分析》，上海三联书店/上海人民出版社 1988 年版，第 175 页。

现较差的人则希望根据应得进行分配，为他们自己获得较小的份额。①

针对经济人假设，程恩富也指出："如果我们摆脱单向度思维定义，超出私产商人的眼光去考察社会，便可轻而易举地看到三种情形的利他主义：(1) 愿意花费自己的时间、精力和金钱来换取现实的或即刻可见利他利益；(2) 愿意花费时间、精力和金钱来换取某种未来的他人利益；(3) 愿意花费时间、精力和金钱来换取某种时间无效的他人利益，即愿意为他人利益而不讲究实际效果。"② 相反，如果极端地鼓吹和传播人的自利心，那么，"以利益为导向的自由社会必然倾向于摧毁其自己的基石"，因为这会产生如此的恶性循环："倡导个人主义的实利伦理、失控的快速增长以及'不加限制'的社会与地域流动性都加剧了已经成熟的社群和社会联结的毁灭。这些共同社会方式及其传统的崩溃与解体反过来又加强了个人孤独化的进程并主张'功利主义'个人主义的倾向。"③ 正因如此，森把经济理论中理性的利己主义者称为常常事与愿违的"理性的傻瓜"，认为那些坚持"利己"的传统模式只能给各方带来次优，而传统模式下的纯粹"经济人"则近似于"低能儿"。④ 而如 H. 史卓顿和 L. 奥查德指出的，奥尔森集体行动逻辑中搭便车的理性最大化者是森"理性傻瓜"的极端例子。⑤

可见，尽管现代主流经济学在功利主义尤其是行为功利主义之上发展出了以经济人假设为基石的一整套理论体系，把这套理论体系视为个人（乃是社会）发财致富的重要行为指导。但显然，这种行为存在明显的缺陷：(1) 人们在日常生活中的行为往往不是功利主义的而是互利主义的。当代法国经济心理学学会创始人阿尔布在批判"经济人的神话"时说，各门人文科学的进步，尤其是心理学、社会学和社会心理学的进步，使我们不难证明有关经济人的这些论点是不够的或不确

---

① D. 米勒：《社会正义原则》，应奇译，江苏人民出版社 2001 年版，第 47 页。

② 程恩富：《西方产权理论评析：兼论中国企业改革》，当代中国出版社 1997 年版，第 153 页。

③ M. 鲍曼：《道德的市场》，肖君、黄承业译，中国社会科学出版社 2003 年版，第 21 页。

④ 森：《理性的傻瓜：对经济学的行为主义基础的批判》，载哈里斯编《科学与人》，商梓书等译，商务印书馆 1994 年版，第 33 页。

⑤ 史卓顿、奥查德：《公共物品、公共企业和公共选择：对政府功能的批评与反批评的理论纷争》，费昭辉等译，经济科学出版社 2000 年版，第 84 页。

切的。[①]（2）在功利主义指导下也无法真正增进个人或社会福利。柯武刚和史漫飞就指出，人类为了自己的私利而行动是人类行动的一个基本前提，但是与人们真诚合作相比，一个盗贼社会只能达到较低的满足水平。[②] 由此，我们就可以深刻审视经济人假设对现代学术以及社会实践的误导。福山就指出："最高的经济效率（也）不一定由理性的利己行为来达成，反而由个体所组成的群体共同努力才容易达成，原因是这些社会成员之间存在着共同的道德观，使他们合作起来更见成效。"[③] 进而，梅奥把那种所谓"社会由一群无组织的个人组成而依据私利而行动"的学说称为"群氓假设"，并强调这种假设忽视了人的社会和交往的需求。所以，凯恩斯强调指出："经济学理论是方法而不是教条，是一种思考的工具，能帮助人们得出正确的结论。"[④]

第三节　社会关系蕴含的行为差序性

现代经济学基于经济人的模型化分析是以原子论个体主义为前提假设，并以人的动物性本能为行为出发点，从而没有考虑人的社会性以及环境的影响；特别是，它把经济选择中的偏好都视为外生的，而没有揭示社会环境对行为方式的内生性影响，没有把伦理内化于人的行为和偏好之中。正是基于动物性本能，个体在行为时仅仅考虑其个人目的而不关心手段选取，不关心自己行为对他人造成的影响，特别是可能的危害；相反，他的一切行为都是基于机会主义的谋算，最终目的也只是实现自己效用的最大化。但显然，这与真实世界中的情形相差很大。一方面，现实生活中的每个人都置于某种特殊的社群关系之中，仅仅是作为一个儿子、父亲、邻居、同事、朋友以及公民而需要履行人与人的责任和义务，而这些都严格地限制了我们的选择。因此，人的行为不是基于成

---

① 参见程恩富《新"经济人"论：海派经济学的一个基本假设》，《教学与研究》2003 年第 11 期。

② 柯武刚、史漫飞：《制度经济学》，韩朝华译，商务印书馆 2000 年版，第 73 页。

③ 福山：《信任：社会道德与繁荣的创造》，李宛蓉译，远方出版社 1998 年版，第 30 页。

④ 转引自科斯《新制度经济学》，载梅纳尔编《制度、契约与组织》，刘刚等译，经济科学出版社 2003 年版，第 12 页。

本—收益自由选择的，而是内化了一定的社会关系。譬如，大量的最后通牒博弈实验表明，一定金额在两人之间的分配往往是均等的，尽管出价者可以利用出价优势实行机会主义以获取更高的收益，接收者则基于最大化的考量而不应回绝任何高于零的份额。[①] 另一方面，大量社会现象也无法用经济人行为来解释，如匿名的慈善捐献、自杀性报复、一些知识分子一辈子默默无闻地探究学问，等等。同样，一些犯罪活动的受害人常常花费巨大的时间和精力来确保犯罪者被逮捕并判以重刑，被抛弃的情人往往支付巨大的个人代价进行报复，等等。

当然，现代主流经济学也基于个人效用最大化来为理性分析进行辩护。但显然，嵌入经济人假设中的理性概念具有强烈的先验性，相应的理性分析也抽象过度了；结果，它将所有行为都抽象为统一模式，从而无法真正辨识人类社会中各种差异性的现实行为。譬如，大卫·弗里德曼指出："理性并不意味着一个入室行窃者在决定是否洗劫你的住处之前要详细罗列成本和收益。一个持械抢劫者也不会精心分析如何射击目标将怎样影响到被抓获的几率，如是否会降低10%或20%的几率。但是，如果他很清楚某种情形将减少被捕的风险而且不必增加刑罚，那么他在这种情况下非常有可能扣动扳机。"[②] 但显然，这种分析太武断了，是基于新古典经济学教条的产物。我们只要再深入思考一下就会发现其中有很多缺陷。首先，就被抢劫的对象来说，如果抢劫者是戴着面具去抢劫他有钱的老爸，难道他也会毫不犹豫地扣动扳机吗？譬如，早期报道的绑架、勒索和撕票的团伙杀死了所有人质，但是，由于绑票者与被绑人质——新东方学校的校长俞敏洪——认识而使俞敏洪成为唯一的幸存者。其次，就社会环境而言，目前在欧洲的许多国家已经废除了死刑，但是，这并没有促使谋杀率大幅度上升；相反，在美国没有废除死刑，但近来犯罪现象乃至谋杀事件似乎有增无减。最后，这种例子根本无法解释那些因自己的误杀（为逃避追捕而试图将被抢劫者打伤却打死）而受良心

① 金迪斯、鲍尔斯：《走向统一的社会科学：来自桑塔费学派的看法》，浙江大学跨学科社会科学研究中心译，上海世纪出版集团2005年版，第52页。

② D. 弗里德曼：《经济学语境下的法律规则》，杨欣欣译，法律出版社2004年版，第1页。

谴责一辈子的抢劫犯，人类历史上甚至有不少因自己的错误而自杀谢罪的例子。譬如，笔者就曾看到这样一篇报道：一个18岁叫小海的年轻人与另外两个男青年一起抢劫黑出租车并杀人焚尸，但作案后，小海一直被极度的恐惧笼罩着，后他终于向父母说明了一切，并在父母的劝说下投案自首。

事实上，尽管一时的本能冲动可能引发人的极端行为，但决定人的行为差异的关键因素还是文化伦理。一般地，在不同的社会文化下，抢劫者所采取的行为往往就不会完全相同；而且，即使在那些非常个人主义的环境中，抢劫者通常也不会把自己不确定性的被捕看得比对象确定性的生命死亡更重要。这就是人，因为人具有亲社会性，更不要说，抢劫者和被抢劫者本身可能还存在密切的联系。正因为人具有亲社会性，而亲社会性则建立在由频繁互动而形成的密切关系之上，因而发生在不同个体之间的行为就是不同的。从经济学的角度上讲，人类行为本身就是信息的函数，关系更为密切的两个人在互动时更容易降低内生交易费用，从而便于合作行为的产生。相应地，信任关系的不同导致的合作倾向也不同。这一现象在中国社会中表现得非常明显，中国人的行为迄今还呈现出当年费孝通在考察乡下居民时发现的那种“差序格局”。而且，这种行为机制具有普遍意义，即使在强调个人主义的西方社会实际行为也是如此。彭泗清就指出：“虽然基督教文化中提倡博爱，鼓励对广泛的他人的信任，但在具体的人际交往中，西方人同样是对不同的人给予不同程度的信任。”[①] 例如，张建新和Bond对北京、香港和美国的大学生对于具体对象的信任程度进行的跨文化比较研究就发现，三地大学生对他人的信任程度都随着与他人关系的亲密度的增加而增加。[②] 再如，1996年对费城的一次调查也反映了这种差序格局：对家人的信任度高达97.8%，对同事为89.3%，对邻居为73.9%，对陌生人为57%。[③]

---

① 彭泗清：《信任的建立机制：关系运作与法制手段》，载郑也夫等《中国社会中的信任》，中国城市出版社2003年版，第80页。

② 张建新、Bond：《指向具体人物对象的人际信任：跨文化比较及其认知模型》，《心理学报》1993年第2期。

③ 转引自王绍光、刘欣《信任的基础：一种理性的解释》，载郑也夫等《中国社会中的信任》，中国城市出版社2003年版，第219页。

同时，源于古希腊的自然主义理性思维，西方社会的主流理论就力图破除家庭等自然社会组织，进而把人作为独立的个体加以研究。但显然，现实生活中，人们依旧存在不同的共同体归属问题，从而呈现出明显的行为差异。譬如，经济人假设源于早期的功利主义，但功利主义哲学大家西季威克却指出，功利主义并“不是要求我们同等地爱每个人，而是要求我们以普遍幸福为我们的终极目标，因而要求我们把任何一个人的幸福视为与任何一个其他人的幸福同等重要，视为这个普遍幸福中的一个成分。功利主义还要求我们在分配我们的友善时尽可能加大这个总幸福……以这一观点作为基础，人的友善的这种分配也将是不平等的。因为，每个人最能提高普遍幸福的方法显然是向有限的人提供服务，而且只是向某些人而不向其他人提供这种服务”。[①] 基于这一理由，“我们都会同意，每个人都应当对他的父母、配偶、子女和其他亲戚，对那些曾帮助过他的人和承认与他关系密切并称之朋友的其他人，对邻人和同乡而不是其他人，对——也许可以这么说——那些与我们同种族的人们而不是黑种人或黄种人，以及广而言之对人类——根据他们与我们自身的亲密程度——表现出一定的友善”[②]。

正是由于人类社会关系存在明显的差序性，当我们考察不同的文化和社会背景以及处于特定角色的个人行为时，就会发现他们的行为往往相差天壤。究其原因，发生社会互动的单位往往不是不同的，可能是自然个体，也可能是家庭、家族、公司、民族、国家等，互动时的具体单位就构成了被观察的行为主体，基于主体性，这一行为主体也就是“己”。同时，当个体置于不同单位而与其他单位发生互动时，个体就会按照其所在单位的利益而行动；此时，这个单位也就成了由个体发展而来的“大己”，成为个体行为所关注的对象。从这个角度上说，“己”本身就是相对的，而且由于个体所在的单位本身具有自然的、社会的关联，因而“己”往往呈现出圈层扩展的特征。这样，根据“大己”与个体关联的紧密程度，个体行为也就表现出不同的方式和特点。譬如，一般来说，家庭是个体的天然的首属群体，也是其利益密切所在，因而人们首

---

① 西季威克：《伦理学方法》，廖申白译，中国社会科学出版社 1993 年版，第 260 页。
② 同上书，第 264 页。

先对家庭成员具有特殊感情。相应地，人们对家庭内成员和家庭外成员的行为往往就是不同的，在处理家庭内外的关系时也可能更加偏重自己家庭人的利益而不是其他家庭。而且，这种特殊感情也是扩展的，随着个体将“己”界定的群体不同而不同。西季威克指出：“由于邻里关系本身包含的联系和相互交往加强着共同人性的纽带，邻人之间似乎自然而然地比生人之间更容易产生共鸣。”[①] 正因为个体间的联系本身就存在这种差序性结构，因而其现实行为也就表现出某种差序性特点。

事实上，正是由于我是中国人，中国的利益得失也就比美国的利益得失与我更紧密相关；因此，在利他行为的付出时，我必然首先选择有利于中国利益的行为。同样，我目前任教于中山大学岭南学院，中山大学岭南学院的学术声望与我的利益更密切相关；因此，我发表文章时通常会署中山大学岭南学院之名，而不是其他高校。在某种意义上讲，中东之所以有很多人充当人体炸弹，也就是因为在伊斯兰教义的感召下，他们已经把其民族（或教派）当成了“己”。显然，这些都体现了我们日常行为的差序性。斯密写道：“对自己国家的热爱似乎并不来自人类之爱。前一种感情完全不受后一种感情的支配，有时甚至似乎使我们的行动同后一种感情大相径庭。或许法国的居民数等于大不列颠居民数的近三倍。因此，在这个人类大家庭中，法国的繁荣同英国的繁荣相比好像应当是一个更重要的目标。然而，大不列颠的国民因此在一切场合看重法国的繁荣而不是看重英国的繁荣，不能认为是大不列颠的好公民。我们热爱自己的国家并不只是由于它是人类大家庭的一部分；我们热爱它是因为它是我们的祖国，而且这种热爱同前面的理由完全无关。”[②]

从上面的分析可以看出，差序性更加符合真实世界的人类行为特点，这种对动态“己”的界定也比抽象的经济人更加贴近现实。相应地，基于人的亲社会性和行为的差序性，由此发展出的“为己利他”行为机理的圈层分析框架就为分析现实世界的人类行为提供了一个更有效而合理的基本范式，“为己利他”行为机理也就是比经济人更为合理的人性抽象。而且，正是借助于“为己利他”行为机理的分析框架，我们把社会

---

① 西季威克：《伦理学方法》，廖申白译，中国社会科学出版社 1993 年版，第 269 页。

② 斯密：《道德情操论》，蒋自强等译，商务印书馆 1997 年版，第 297 页。

学中的角色分析纳入经济学的统一分析框架，而避免了传统经济学基于经济人的模型化分析和传统社会学基于社会人的案例分析之间的分裂。

当然，现代主流经济学人似乎树立起更为远大的志向，他们试图通过引入偏好扩张或者效用权数而在泛经济人框架下对利他行为展开统一分析。显然，这种分析在表面上似乎也可以表达这种人类效用的差序扩展，但是，泛经济人分析范式不可能考察人的情感差序问题，因为经济人分析根本上嵌入了功能主义的抽象性。而且，从偏好扩展来印证经济人假设的有效性和强大生命活力，只不过是传统上的一种维护措施，其最终结果只是泛化了经济人概念并使得它不具有可证伪性和空洞性。格林和沙皮罗指出："我们将注意力集中于经验性理性选择文献，并且逐渐地得到我们的观点，即我们几乎没有从理性选择理论那里学到什么。"① 其实，当前基于经济人模型分析而得出的绝大多数命题都没有经受检验，从而也就没有经历过证伪的过程。例如，格林和沙皮罗指出："目前，理性选择理论家的大部分猜测还没有被经验所检验。那些已经做过的检验不是归于失败就是为那些被认为平庸的命题积累理论上的支持，这些检验几乎只是在重复陈述理性选择词汇中已有的认识。"② 而且，经济学家们不但没有这样去做过检验，他们甚至拒绝严格的经验检验。格林和沙皮罗认为："部分的困难出自于其经验性应用的绝对贫乏；理性选择理论的支持者最有兴趣的似乎只是进行理论的推敲，而把经验性检验的烦琐工作留给了将来或者其他什么人。"③

正因如此，基于抽象经济人的理性选择模型来分析其他社会现象往往会空洞乏味。有的学者就认为，贝克尔等人的"著作全部简易得很容易被人当作漫画讽刺的对象，因为为了得到有时不说是平庸的、也是浅显的内容，他们使用了相当复杂的工具"。④ 究其原因，在于理论研究的方法本应与其研究对象相适应，但"唯科学主义"却试图在抽象的象牙塔里分析、解释和处理丰富多样的社会现象和社会问题。因此，格林和

---

① 格林、沙皮罗：《理性选择理论的病变：政治学运用批判》，徐湘林等译，广西师范大学出版社 2004 年版，序言第 2 页。

② 同上书，第 8 页。

③ 同上书，序言第 2 页。

④ 转引自贝克尔《家庭论》，王献生、王宇译，商务印书馆 1998 年版，译者的话。

沙皮罗指出，“理性选择理论所期望的经验性研究的主体一直存在着方法论上的许多缺陷”，“大多数理性选择理论的许多缺陷来源于这些理论所具有的封闭和内向的特征，理性选择理论太多地依靠其内行之间的争论来推动，太少地依赖于社会科学传统上试图理解的政治现象”①。显然，随着跨学科研究的推进，作为经济学和新假设的经济人更应该受到审视。森指出：“经济分析中使用的行为假设最近几年已经遭到了严格的审查。特别是，‘理性经济人’框架的（或明或暗的）使用受到了许多批判性审察。作为非常‘私人性’的个人——不关心世界其余部分——的个体观念可以被视为不仅在经验上是不现实的，在理论上也是有误导性的。”②

可见，尽管现代主流经济学基于泛经济人模型分析而将人的偏好以及相应的文化伦理都视为外生给定的，并且，个体的行为是自涉的，只追求个体在社会中的收益最大化；但实际上，人类偏好本身就受环境的影响，进而社会伦理往往会内化在人的行为目标中，并且也会改变人的行为方式。正因如此，主流经济学的分析并没有为现实行为和社会现象提供合理的解释。例如，经济学帝国主义者往往用成本—收益分析来说明宗教信仰的选择，但正如桑德尔指出的：“若将所有宗教信仰都解释为人们选择的产物，就无法理解宗教在这些人的生活中所起的作用，对他们来说，遵守宗教义务乃是一种构成性目的。”③ 同样，经济学帝国主义者偏好于用成本—收益分析来说明阶级斗争或革命，但正如施密特指出的，马克思关于信仰的阶级起源的观点就似乎暗示，“无论人类的理性如何坚实、缜密，他们的阶级背景或其他社会因素将决定他们思考的结果，而不是由理性的有效性或被考虑的问题的可靠性来决定”④。事实上，对人性及其行为机理的探索可以借鉴古典经济学尤其是马克思经济学的分析思路，因为古典经济学没有将伦理学与工程学截然分裂开来，而马克思经济学则基于历史唯物主义把人性与具体社会环境联系起来，力图通

① 格林、沙皮罗：《理性选择理论的病变：政治学运用批判》，徐湘林等译，广西师范大学出版社 2004 年版，序言第 2、3 页。

② 森：《后果评价与实践理性》，应奇编译，东方出版社 2006b 年版，第 194 页。

③ 桑德尔：《自由主义与正义的局限》，万俊人等译，译林出版社 2001 年版，第二版序言。

④ 施密特：《方法论个人主义、心理学个人主义和对理性的辩护》，载韦尔、尼尔森编《分析马克思主义新论》，鲁克俭等译，中国人民大学出版社 2002 年版，第 183 页。

过环境的分析来说明什么时候、什么地方和为什么会产生利己主义和利他主义的动机。

第四节 结语

现代经济学极力宣扬基于行为功利主义的经济人假说，但是，经济人行为并不一定会和谐地实现社会的最大利益，现实生活中的大多数行为也不是功利主义的。在很大程度上，功利主义只不过是商业主义膨胀下犬儒主义的新形态，它并不有利于社会的健康发展，反而会窒息社会合作的活力。马克思很早就对这种廉价的犬儒主义进行了谴责："这种犬儒主义否认理想的行为的真诚性，不论它是为了自己的事业而做出的牺牲、宗教虔诚、爱国热情或对真和美的无私爱慕。这是一种掩盖在下面这种诡辩学说下的犬儒主义，这种学说诡称支配着人们大的利益都是由小的利益所构成的。"[①] 进而，德鲁克指出："经济人是他们（斯密及其学派——笔者注）虚构的角色，奸诈狡猾、不择手段，永远都以最大经济利益作为他的行动依据，也总是知道该怎么做。这样的观念虽然可以用在教科书里，但若用来描写人类的真实本质，就太粗鄙、太夸张且滑稽了。连资产阶级资本主义也采纳马克思改良订正过的经济人版本：在此最后的分析中，经济人会倾向于依据'阶级利益'而行动，即使他无意这样做，或不知道自己已经这样做了"，"经济人作为社会基础概念出现的表面征兆，就是经济学以科学的姿态出现。当经济人的概念被视为人的真实本质，经济科学的发展就不只是有可能而已，而是迫切且必要了"[②]。

有鉴于此，我们不应该想当然地接受经济人的教条，而是要对经济人行为的假设进行反思，重新构造更为合理的分析框架，从而不断推进经济学理论的成熟。基于这种反思，爱因·兰德提出了她的客观主义伦理学，其原则是：每一个生命体的存在是他目的本身，而不是其他目的

---

① 胡克：《对卡尔·马克思的理解》，徐崇温译，重庆出版社 1989 年版，第 122 页。

② 德鲁克：《经济人的末日：极权主义的起源》，洪世民、赵恒志译，上海译文出版社 2015 年版，第 23 页。

或他人利益的手段，正如生命是以其自身为目的的一样。所以，人必须为了自己的缘故而生存下去，既不能为了他人而牺牲自己，也不能为了自己而牺牲他人。[①] 显然，兰德的伦理学揭示了人们的行为目的，不过，她并没有剖析实现这一目的的手段，没有体现人类在时空上的互惠关系；相反，人类的根本特点就是能够长远考虑，可以通过牺牲自己以利于他人而实现长远的利益。在某种意义上，人类共同的道德实际上就是建立在基于"为己利他"行为机理的互利主义，因为"为己利他"的伦理学应该比兰德的客观主义伦理学更为可行，更为合理，也更为客观。

事实上，只要抱着一颗真诚求知的心态，我们就会发现，现实社会中所有人的行为和偏好都与其特定的环境有关，而不会是经济人所假设的那种平面而机械的行为结构。举个最简单的例子，在美国北方和南方的一些白人被问及这样两个问题：（1）人生来是平等的吗？（2）黑人和白人是平等的吗？在南方对这两个问题给予肯定回答的比例分别是61%和4%，而北方则为79%和21%。[②] 显然，对第一个问题的肯定率之所以大大高于第二个问题，原因就在于课堂上一直在灌输这种理念，但这与人的真正情感却毫无关系；相反，在实践中，他的行为却直接受环境的影响，这从南北方对第二个问题的明显差异上可以看出。相应地，我们这里可以对经济学专业的学生和其他人士提出两个类似的问题：（1）人生来就是追求自己的利益最大化吗？（2）父亲和儿子之间是追求自己的利益最大化吗？笔者相信，对两个问题的回答是不一致的，而且，不同类型的人的答案也会存在差异。

最后，我们再来听一听波普尔的告诫："一个理论告诉我们的越多，就越好；也就是说，理论包含的经验信息或内容的含量越大；在逻辑上就越强有力；越是具有更大的解释能力和预测能力；由此也就可能通过对所预测的事实和观察内容进行比较，而使理论经受更严格的检验；它也就越是有益和可取。一句话，我宁要一种有趣、大胆和高信息量的理

---

① 爱因·兰德：《新个体主义伦理观：爱因·兰德文选》，秦裕译，上海三联书店1993年版，第23页。

② 弗洛姆：《精神分析与宗教》，贾辉军译，中国对外翻译出版公司1995年版，第40页。

论，而不要一种价值不大的理论。”① 然而，现代经济学的经济人假设却将人与一般动物等同起来，从而使我们无法真正分析人的行为；相应地，囿于泛经济人模型的分析，并不能为我们认知现实世界提供足够的信息。尽管如此，现代主流经济学人却宣称，他基于抽象逻辑得出的理论是一般性的，而现实世界只是特殊案例，因而不值得理论的考虑。② 为什么会有如此信念呢？根本上就在于认知思维的缺陷。从这个意义上说，要对真实世界中的人类行为机理有真切的认识，就必须跳出旧有的思维框架，避免简单地套用既定模式，真正地梳理人类行为的发生动机、背景和条件，特别地不要陷入本本主义。

---

① 波普尔：《开放的思想和社会：波普尔思想精粹》，米勒编，张之沧译，江苏人民出版社 2000 年版，第 177 页。

② Mckenzie & Tullock, *The New World of Economics*, Homewood, IL: Irwin, 1975, p. 6.

第九章

利他主义行为的经济人模型化分析及其问题

【导读】 为了给越来越凸显的利他行为和合作现象提供解释，现代经济学试图通过放宽经济人的外延而将之纳入经济人分析框架之中。问题在于，现代主流经济学的扩大性偏好依然是外生的、不变的，它依然把丰富多样的人类行为抽象为平面单一结构，从而依然没有克服经济人分析的内在缺陷。经济人模型化分析所存在的问题主要表现为：（1）忽视人类行为的历史性，而仅以现在和将来考量行为方式；（2）仅仅是一个理性计算问题，忽视了日常生活中的习惯行为和下意识反应；（3）基于短视的行为功利主义，仅仅反映本能反应的动物性一面；（4）基于原子论个人主义，行为动机是着眼于效用最大化的个人；（5）无法解释团体行为与个体行为的差异，也无法解释不同团体之间的利他主义差异；（6）无法解释个人面临不同环境下的行为，也难以揭示不同人面临相同环境下的行为差异；等等。

第一节　引言

现代经济学所抽象出的经济人是一个理性的原子体，它源于行为功利主义哲学。但在真实世界中，不仅人性是丰富多彩的，而且人类行为的基本特点也是互利主义而非功利主义。斯宾塞在《伦理学素材》中比较伦理利己主义和利他主义之间的复杂关系时就说："大众共通的快乐，只有在个人对于自己的快乐能有充分的追求时，才能得以达致；反过来，个人的快乐有部分是通过对大众供求的快乐的追求而达到的。”[①] 然而，这种复杂的关系经过埃几沃斯等人在经济分析中的严密表述，逐渐转变成了一种表达两类谋求私利的个体之间的合约关系；相应地，现代经济学就构建出了基于利己主义的核心模型，并以此来分析复杂多样的人类行为和社会现象。显然，随着经济学的研究领域日益拓宽到生活领域，基于理性追求自身利益最大化的经济人假设与人们的日常经验之间就出现了日益增大的脱节：它不仅无法解释普遍存在的社会合作现象，也无法正确预测个人在不同时空下的行为差异。

尽管如此，根基于自然主义思维，现代主流经济学依然不愿放弃经济人假设以及相应的分析框架；同时，为了缓和越来越大的诘难，一些主流经济学家开始各为所需地在其模型中添加某种“免疫条款”，试图通过放宽经济人的外延来将更多的利他行为纳入经济人的分析框架。正是基于这一思路，经济人模型得到了不断的修改，进而出现了各种变体。例如，基于信息不完全所提出的“有限理性”概念，一些学者就设计了各自在不同现实条件下都适用的经济行为模型的变体；另一些学者则设计一种“相互交错”或者“多层次”的决定，将理性效用最大化模型视为仅仅适用于某人的一个特征“部分”或者决策过程的某一“阶段”。[②]

显然，经济人概念的演化以及相应变体的出现拓展了经济人分析模式的适用范围，并给人一种启发性思维。但是，这种发展根本上是治标而不治本的，扩大经济人外延的模式化分析依旧存在着严重的局限。一方面，它的出现并不是为了更好地接受经验材料的检验，也不是为了更准确地预测现象，而主要是为了借鉴理性选择理论的变体或为之辩护；另一方面，概念的演化使其内涵和外延都更为空泛，从而给人一种似是而非又琢磨不透的感觉。例如，罗森伯格指出，经济学的理性选择的基石是一种“通俗心理学”，它以信仰、愿望等不能被独立衡量的关于我们

---

① 转引自森《理性的傻瓜：对经济学的行为主义基础的批判》，载哈里斯编《科学与人》，商梓书等译，商务印书馆 1994 年版，第 5 页。

② M. 鲍曼：《道德的市场》，肖君、黄承业译，中国社会科学出版社 2003 年版，第 126—127 页。

想要的预测的实际选择的变量来解释人们的行为，以至于这种解释根本就不是真正的解释。为此，本章进一步就现代主流经济学基于经济人假设的拓展而对利他主义行为所作的分析中的内在缺陷做进一步剖析。

第二节　利他主义行为的两种主流研究范式

新古典经济学的研究对象集中在稀缺性的自然资源上，关注的是人对自然物的利用和控制，分析的是商品生产和消费等工程学内容；相应地，它提出理性经济人主要是局限在对物质利益的追求层次上，理性主要体现在对自然物的合理使用和配置上。然而，随着人类活动的范围越来越广泛，经济活动与其他社会活动开始纠缠在一起；并且，社会发展导致人类的需求层次不断上升，而物质需求的重要性却在日益下降。正因为人类行为不再局限于物质领域，经济学家也就越来越难以对那些传统的非经济行为保持熟视无睹的态度，从而导致经济学的研究内容也大大拓宽了。但与此同时，主流经济学并没有寻求研究方法上的调整来适应新研究内容的要求，而是尝试将现代主流经济学中的理性经济人研究思维拓展到传统的非经济领域，所改变的只是赋予经济人以更宽泛的内涵和外延。例如，贝克尔认为，“经济分析显然不限于物质产品与欲望，甚至也不限于市场领域”，相反，“经济理论很能相容于非理性行为”，而“经济学之所以有别于其他社会科学而成为一门学科，关键所在不是它的研究对象，而是它的分析方法……经济分析是最有说服力的工具，这是因为它能对各种各样的人类行为作出一种统一的解释”。为此，他积极“将经济分析应用于生育、教育、时间使用、犯罪、婚姻、社会相互作用及其他社会的、法律的及政治的问题的研究”。[①]

正是由于现代主流经济学无所不包地把所有可以想象的一切行为和一切对象都纳入了统一的分析框架，从而形成了庞大的经济学帝国主义。进而，基于这种经济学帝国主义的解释，现代主流经济学就把那些传统上对美德的追求等利他主义行为也视为一种自爱的扩展，是一种被称为

---

① 贝克尔：《人类行为的经济分析》，王业宇等译，上海三联书店/上海人民出版社 1995 年版，第 184、7、11 页。

“开明的自利”。波斯纳强调：“自利不应与自私相混淆，其他人的幸福（或痛苦）可能是某人的满足的一个部分。”① 例如，作为一个雇主，如果他付给他的雇员高于市场出清的工资，传统上往往认为这个雇主的行为具有利他性；但是，根据现在流行的效率工资理论，这个高于市场出清的工资与自利假设并不矛盾，因为雇主可以得到更高的利润。显然，根据这种思路，不管你的行为过程如何，只要你最终获得了好处，你的行为就是利己主义的。进而，即使我开始无法判断你有关利己的目的的内涵，但根据这种思路，我也可能努力为你设想可能的目的效用，再不然就是根据你的行为做事后的解释。例如，某人救助了一个即将被淹死的小孩而获得了奖励，那么，我可以推测他的目的是获得被救助人的经济酬谢；但如果他谢绝了物质利益，那么，我又可以设想他的目的是为了获得某种荣誉；再或者，如果救人英雄默默离开了，那么，我们则直接设想此人本身就是一个助人为乐者。不管如何，他行为的最终目的还是为了获得他个人的效用满足。

因此，现代主流经济学处理利他行为的一个基本思路就是：通过将人的偏好的扩大化而将利他主义行为纳入经济人的模型化分析框架。其中，倡导这种分析的代表人物就是诺贝尔经济学奖得主贝克尔，他开拓性的工作以及社会生物学的研究开启了经济学界对利他主义分析的新主流。当然，尽管几乎所有的现代主流经济学家都试图将利他主义行为纳入经济人的统一分析框架之下，但是，在具体的模型化方面还是存在某些细小差异。一般地，现代主流经济学对利他主义的分析主要有两条途径：作为偏好内涵扩展的利他主义和作为合作动机倾向的利他主义。下面分别加以简要说明。

（一）作为偏好内涵扩展的利他主义

理性是现代主流经济学所构设出的经济人的基本特征，它强调个人的行为总是追求自身效用的最大化。当然，这个效用可以是限于物质方面，也可以包含情感等因素。正是基于扩张的偏好内涵上的理解，经济

---

① 波斯纳：《法律的经济分析》（上、下），蒋兆康译，中国大百科全书出版社 1997 年版，第 4 页。

学帝国主义者对那些传统上被认为具有利他主义的行为展开分析。实际上，正是基于这种思路，贝克尔把利他主义描述各模型化为个人的“相互依存”效用函数的一个主观“偏好”，从而使其他人的效用成为个人满足的一个新增源泉。这样，对利他主义的这种分析就被纳入新古典经济学基于效用最大化的分析框架之内，它与传统经济人分析的区分仅仅在于：利他主义者所要最大化的不仅仅是自身的个人福利，而且还要关心其他人的福利。事实上，基于扩张的偏好内涵，贝克尔不仅解释了父母对子女及其他亲属之间的利他主义行为；而且，还对无血缘关系的“社会相互作用”进行了分析，如一些人的慈善活动。

为此，贝克尔等人着手构建对利他主义的统一解释，认定利他主义的真正实质就在于：它是人们利用自己有限资源来“生产”诸如受人尊重等“个人的社会价值”的方式。也就是说，如果一个人想获得受人尊重、荣誉和社会地位等“产品”所带来的效用，就必须在一定程度上考虑其他人对其行为的可能反应。根据贝克尔的分析思路，我们就可用如下函数来表示利他主义者的效用：$U_A = U_A(c_A, c_B) = (1-e)u_A(c_A) + eu_B(c_B)$；其中，$e$ 是 A 关心 B 的利他主义参数，当 $e=0$ 时，意味着是纯利己主义者。这个函数反映了两点：(1)“生产”不仅受自身资源总量的约束，还受社会结构和环境的制约；(2) 偏好扩展的分析实际上反映了一种相互依存的效用函数。这样，作为偏好内涵扩展的利他主义分析就考虑到了互动者之间关系的差异，从而显得比原先那种将互动者视为没有任何关联而相互冷淡的孤立个体的经济人假设更为合理。

尽管如此，由于这种分析依然在经济人分析框架下，从而依旧存在一些致命的缺陷。具体表现为：(1) 这种相互依存的效用函数依赖于这样一种观念：人们只有以频繁的交往为基础，才能够产生出一种对彼此效用函数的认识，也即，这种分析的对象往往是关系密切的团体中的人之行为；(2) 即使现代主流经济学在分析中将利他主义的范围与“社交的距离”联系起来，即赋予血缘关系较近的家族成员以较大的权数，但这种权数也很难反映行为主体个人的特征和偏好问题；(3) 这种分析本质上是基于偏好显示原理，从主体的行为上来推断个人的偏好和效用大小，从而又丧失了理论的预测功能。

（二）作为合作动机倾向的利他主义

对利他主义分析的另一种思路不是着眼于行为主体的行为上，而是着眼于行为的动机上。正是基于不同的行为动机，人类行为往往表现出不同的合作倾向。显然，作为合作倾向的分析突出地体现在博弈分析中，行动者为了获得自己效用的最大化必须考虑其他人的行为动机。事实上，如果博弈各方都采取利他主义行为，囚徒困境就可以大大化解了。当然，按照现代主流经济学的分析思路，利他主义仅仅是一种行为假设，而不是一种内在偏好问题；而对一个利他主义的合作动机，主要是以这个人的理性选择或者是以基因遗传或文化遗传来解释的。①

一般地，基于这种分析思路，利他主义者的简单效用函数就可表示为：$U_A=(1-t)p_A+tp_B$。其中，利他主义者 A 给予他自己的支付 p_A 的权数为（$1-t$），给予另一个人的支付 p_B 的权数为 t；而 p_A 和 p_B 依赖于所有参与者的行动。如果 $t=0$，就表示个人 A 是一个只关心自己支付的纯利己主义者，忽视其行动对其他人的影响，因而将采取“不合作”的行为；如果 $t=1$，就表示个人 A 是一个完美的利他主义者；如果利他主义的程度足够强，即 $1/2\leqslant t<1$，就表示个人 A 这个利他主义者将采取合作行为；进而，如果每一个参与者都是这种利他主义者，就会形成合作解。而且，这个利他主义者对合作的主观概率估计值 π 越高，为了这个利他主义者采取合作行为所要求的利他主义 t 就越低。

显然，相对于将行为主体视为没有任何社会性的原子个体的经济人假设，作为合作动机倾向的利他主义分析考虑到了行为者特性上的差异，从而显得更为合理。同时，相对于偏好扩展的分析思路，基于合作动机的分析不再局限于具有密切关系的私人之间，而是扩展到具有一般关系的大众间，从而具有更强的分析能力。正因如此，现代主流经济学往往是借助于声誉或互惠以及其他诸如社会认同等社会情感来体现局中人采取“合作行为”的合理性，如桑塔费学派就探究了社会合作行为中的强互惠机制；主流博弈理论则考虑多次重复博弈和动态演化博弈中的可行

---

① Bergstrom C. & Oded Stark, “How Alstruism Can Prevail in an Evolutionary Enviroment”, *American Economic Review*, Vol. 83, No. 2, 1993, pp. 1034 – 1045.

惩罚威胁以及法律上的惩罚来施以相互约束，以分析社会上广泛存在的合作行为。

然而，由于这种分析依然是局限在经济人分析框架下，从而也依旧存在一些致命的缺陷。具体表现为：（1）合作动机往往是外在给定的，从而只能进行事后解释而难以做事前预测；（2）所基于的效用主要是物质效用，从而难以解释和预测同一行为主体处于不同地位时可能表现出的行为差异；（3）合作动机外生于互动者之间的关系，从而难以解释和预测同一行为主体面对不同类型的互动者时可能出现的行为差异。

总之，无论是作为偏好内涵扩展的利他主义分析还是作为合作动机倾向的利他主义分析，都依旧存在不足：前者只考虑互动者之间的关系差异，而后者只考虑互动者本身的特性差异；同时，两类分析都是在经济人分析框架下，从而都具有外生性、先验性的特点，都倾向于事后的解释而非事前的预测。更进一步地，在分析现实世界的具体行为时，经济人分析的缺陷还表现为这样一些方面。（1）现实生活中的人类个体行为往往不是平面单一的而是立体多维的，基于不同角色和不同环境的个体行为往往会表现出极大的差异；但是，现代主流经济学却基于经济人的模型化分析路径而将丰富的社会性和复杂的社会因素都撇开或忽略了。（2）统一的经济人分析抹杀了人类行为的性质差异：将对他人冷淡的行为和关爱他人的行为都等同起来了；尽管两者最终都似乎增进了自身效用，但所采取的行为方式显然是不同的，对他人或社会的效用影响也显然是不同的。例如，金迪斯就区分了行为及其动机的自虑（self-regarding）和他虑（other-regarding）：自虑者只有在他人的行为或盈利会影响到自身的盈利时才会关心他人的行为或盈利，他虑者则从他人的盈利中获得效用。在很大程度上，自虑的主体就是一个反社会者（如强奸犯、食人魔、职业杀手），因为他只关心自己在这个过程中得到什么，而全然不顾会令对方付出什么代价。[①]（3）统一化的经济人分析没有区分人们追求不同于自身利益的目标的两种原因：一是注意到自身福利如何受他人情况的影响之后还是一味地追求自身福利，二是完全偏离这种对于自身

① 金迪斯：《理性的边界：博弈论与各门行为科学的统一》，董志强译，格致出版社/上海三联书店/上海人民出版社 2011 年版，第 33—34、35 页。

福利的一味追求。其中，前者被森称为“同情”，是指“一个人的福利受到其他人状况思维的影响”；后者则是森所称的“信奉”，它“打破个人福利（无论有无同情）与行为选择之间关联”。在森看来，只有同情可以归入广义的自利行为，从而可以为理性选择理论所涵盖。①

第三节 贝克尔对互利行为的模型构造

经济学帝国主义的集大成者是贝克尔。贝克尔认为：“所有人类行为均可以视为某种关系错综复杂的参与者的行为，通过积累适量信息和其他市场投入要素，他们使其源于一组稳定偏好的效用达致最大。”② 相应地，基于经济人分析思路对社会中利他主义行为的研究也几乎都是沿着贝克尔开辟的道路：他主要是系统地将情感因素纳入行为者的效用考虑之中，在内涵扩展的偏好或新的约束条件下来分析人以追求自利为核心的行为。显然，这种分析思路与理性选择理论相通，是一种广义的理性选择理论，它强调任何行为都在追求自身福利的最大化。因此，广义理性选择理论与经济人的基本内涵一脉相承：一个人的效用是他人效用的增函数，即自己从他人增加的利益中获得收益。为了说明这一点，这里借鉴贝克尔的分析思路，并以他有关家庭的分析为例加以说明。③

（一）单方面的利他主义行为

根据主流经济学的分析思路，利他主义者的效用可被定义为：

$$U_A = U\ [C_{1A},\ C_{2A},\ \cdots,\ C_{nA},\ \theta\ (U_B)]\ = U_A\ [C_A,\ \theta\ (U_B)]$$

其中，$\partial U_A / \partial U_B > 0$，$C_i$（$i = 1, 2, \cdots, n$）表示对 A 的各种支出的效用（可以用消费品来表示）。

根据这一效用函数，如果 A 对 B 实行利他行为的话，也就是说提高了 B 的效用，反过来又增加了 A 的效用。为此，一个有效率的利他主义

---

① 森：《正义的理念》，王磊、李航译，中国人民大学出版社 2012 年版，第 175 页。

② 贝克尔：《人类行为的经济分析》，王业宇等译，上海三联书店/上海人民出版社 1995 年版，第 19 页。

③ 参见贝克尔《家庭论》，王献生、王宇译，商务印书馆 1998 年版，第八章。

者 A 将会把一部分收入花费在 B 身上，从而获得自己效用的最大化。古话“投桃报李”讲的就是这个道理。一般地，如果用 C_A 和 C_B 分别表示 A 和 B 消费的商品数量，而 T_A 表示 A 向 B 的转移收入，W_A 和 W_B 分别表示 A 和 B 的初始收入。这样，就存在两个预算约束，即有：$C_A + C_B = W_A + W_B = S$。而且，根据经济人的分析思维，利他主义者之所以采取利他行为，最终目的还是在提高自身效用；也即，一个利他主义者在实施利他行为的同时也必然追求自己的效用最大化。因此，一个有效率的利他行为就由以下均衡条件决定：

$$\frac{\partial U/\partial C_A}{\partial U/\partial C_B} = 1$$

这可用图 9—1 进行说明：U_1、U_2、U_3 表示 A 的效用无差异曲线，而 SS 表示 A 的预算线。显然，如果 A 原有的消费在 E_1 点的话，他可以通过对 B 的利他行为而提高自身效用。当然，一般来说，利他主义者 A 和利他行为的受益者 B 之间的利益是不一致的：利他行为的受益者 B 倾向于得到利他主义者 A 更多的赠予等。然而，A 对 B 的让渡不会到 e_1 的左上方 E' 点，因为超过 e_1 点后，虽然 B 的效用继续增加，但 A 的效用开始下降，而 A 的本性是为己的，这是经济人假设的基本含义。

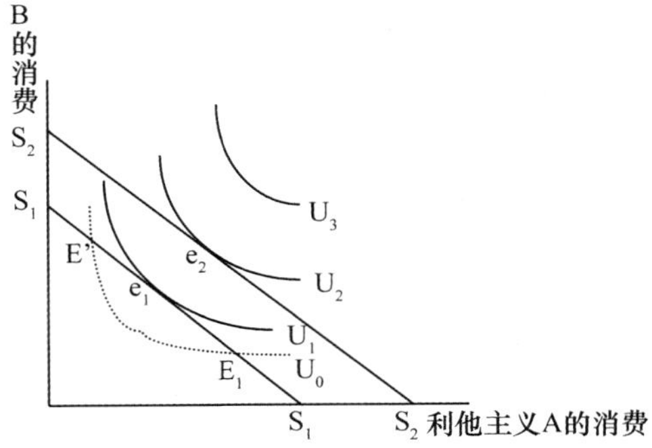

图 9—1　单方向的为己利他主义者行为的均衡决定

当然，利他主义的受益者 B 也不会得寸进尺，通过牺牲利他主义者 A 的更大利益来增进自己微小的利益，因为这反过来又会损害自己的利益。这就是贝克尔的“坏小子”定理：一个利他主义的受益者，无论他多么自私，都会使其捐助人的家庭收入最大化，从而把他对其他利他主义者影响的全部效应内部化。这也就是贝克尔所称的一个有效率的受益者的理性行为，从而就利用经济人来阐述利他主义行为。当然，这里存在一个假设：家庭中的利他主义成员同时控制了可分配的资源。

最后，贝克尔归纳了一个“腐化定理”：在一个团体中，存在一个充分关心他人的领导者，即使其余成员都是依赖于自身消费的利己主义者，他们也会有使团体收入和消费达到最大的动机。[①] 解释如下：当一个自私的成员 J，减少自身的收入 x 并使另一成员 K 增加收入 y。这时，由于 J 的境况下降 x，如果 $y=x$，那么团体内部的收入再分配不影响任何成员的消费，领导者将从 K 转移足够的另外资源给 J，使他与 K 的境况相同。如果 $y>x$，则 J 的福利对领导者而言是高级“产品”，那么他将转移足够的另外资源给 J，使 J 的境况有所改善。因此，即使 J 很自私，他也只会采取提高家庭收入或消费的行为，而不会考虑对他的初始影响。这意味着，一个成员的关怀通过“无形的手”而导致所有其他成员同样也关怀每一个人。它的基本含义是：当利己主义者从另外的利他主义者那里受益时，利己主义者具有只好仿效利他主义行为的动机。这样的互动，就会缩小利他主义和利己主义的福利之差。

（二）双方都是利他主义者

上面的分析对象是单方面的利他主义行为，这里拓展到双方都是利他主义的情形。事实上，长期相处的人就形成了一个群，这个群是滕尼斯意义上的共同体和涂尔干意义上的有机团结；而在呈现有机团结的共同体中，往往会形成互利合作的关系，因为这种关系中大家促进的是整体利益的最大化。也就是说，双方都是利他主义者，但从根本上又是为增进自身利益的，即通过利他的手段来达到自己的目的。譬如，在分析家庭时，为了长期和稳定的利益，家庭成员就努力促使家庭整体利益的提高；进而，随着家庭总利益的提高，单个人的利益也就得到改善。也

---

① 贝克尔：《人类行为的经济分析》，王业宇等译，上海三联书店/上海人民出版社 1995 年版，第 318 页。

即，当双方都是利他主义者时，就形成了互惠关系。

这可以用图 9—2 表示如下：利他主义者 A 和 B 从其最初的预算点 E_A 和 E_B 出发，通过“为己利他”主义行为达到各自新均衡点 e_A 和 e_B；在进一步的互惠行为下，又可进一步到达均衡点 e_0。在 e_0 点，双方的整体利益达到最大，通过长期的互利分配，又促进了各自的利益。

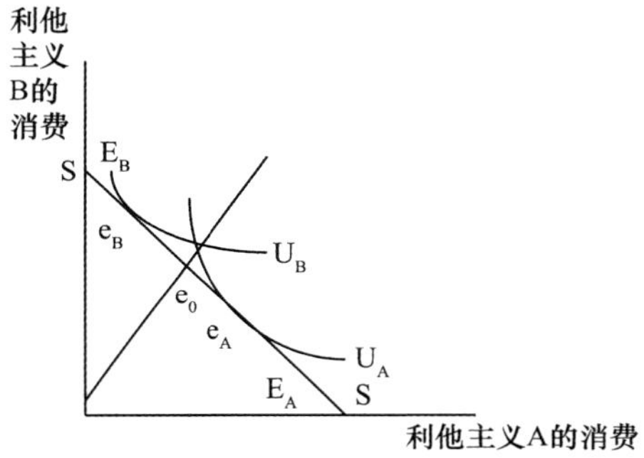

图 9—2　互利行为的效用均衡

从其“坏小子定理”出发，贝克尔还进一步得出了“嫉妒定理Ⅰ”：一个有效率的嫉妒者总是希望他的嫉妒收入最大化，并且，他总是要采取一切行动来扩大他自己和其他嫉妒受害者之间的收入差额。特别是，在他们的收入被更多地降低的情况下，嫉妒者将乐意减少他自己的收入；而在他们的收入被更少提高的情况下，嫉妒者将乐意提高他自己的收入。“嫉妒定理Ⅱ”：一切嫉妒的受害者都希望嫉妒收入和嫉妒者的效用最小化，因而他们只采取缩小嫉妒者和被嫉妒者之间收入差额的行动；如果嫉妒者的收入有了较大的减少，或者如果其他嫉妒受害者的收入有较大的提高，那么每一个嫉妒受害者都愿意减少自己的收入。贝克尔的分析说明了嫉妒而不合作的团体会进一步损害双方的利益，从而有效率的嫉妒者也不会采取损害他人利益的行为，否则对自己也造成更大的损失。与此同时，如果对自己所造成的损失小于嫉妒受害者所遭受的损失的话，就很可能实施这一行为，这就是冲突发生的基本原因。但显然，这种以自己较小的损失来使别人利益更大损失的行为，降低了社会的总福利；而且，如果嫉妒受害者进行报复，又进一步使嫉妒者有更大损失。正是由于个人的理性的无知，往往认识不到潜在的损失，这样，嫉妒行为往往就会导致社会福利的累进耗散。

第四节 泛经济人分析范式的主要缺陷

通过引入偏好内涵的扩展以及合作动机的倾向，现代主流经济学进一步分析了一些利他主义的社会行为。但是，由于这种分析依然是在经济人模型的分析框架下，因而经济人假设原来内含的缺陷并没有消失。事实上，这种分析依然存在两个基本假定：（1）人的偏好是外生的，它主要取决于价格和禀赋。但显然，这忽视了人类个体的偏好与其本身的社会性有关，而社会性又与特定的社会情境有关。例如，每个人在家庭中的行为偏好往往与家庭的特质有关。England 指出，“如果偏好不是来源（至少部分来源）于他所成长的家庭，那么又来自何处呢?”（2）偏好是不变的，并可归结为自私因子，那些通常被视为慷慨的行为却被视为一种伪装形式的利己行为。但显然，由于人类个体的偏好往往是互动关系和社会环境的函数，从而也必然会随着互动关系和社会环境的演变而变化。England 指出，“大多数人真的能够不受他们环境的影响？在这种环境下，他们愿意多年干同一种工作而偏好却不受这些工作惯例的影响。难道他们的偏好真的没有受合作者的影响？……难道消费者的偏好真的没有因他们的邻居而改变？……真的有人会相信‘婚姻市场’上配偶的选择对他们今后的偏好没有影响?”①

而且，根据这种分析，人们的利他行为依然源于一种效用最大化的理性计算。但是，我们不妨对一些熟视无睹的现象做一反思：为什么在战争年代，一些烈士甘愿牺牲自己生命也不愿供出其他同志？为什么总是存在一些匿名行善者？为什么人们总是要对那些违规者提出谴责？难道这都是一刹那的理性算计的结果？显然，现代主流经济学强调的自涉偏好无法解释这一点。（1）现代主流经济学对利他式的合作行为进行解

---

① England P. , “The Separative Self: Androcentric Bias in Neoclassical Assumption”, in Ferber M. A. & Nelson, eds. , *Beyond Economic Man: Feminist Theory and Economics*, Chicago: Chicago University Press, 1993.

释的一个依据就是能够获取未来的回报，根据这种思路，“当族群受到威胁时，一个人对族群的贡献在将来得到回报的可能性急剧下降，群体解散的可能性上升，从而合作的动机也会不复存在”。[①] 也就是说，恰恰当一个族群最需要利他式的合作行为时，反而这种合作变得不可能。（2）根据这种计算理性的推理，人类社会的消失是必然的，因为一个偶然的事件也会引起合作的崩溃。然而，人类社会不但存活了下来，而且合作的深度和广度还在不断扩展。

同时，尽管偏好内涵扩展式的泛经济人分析考虑了他人效用对其行为的影响，却没有进一步考察这种影响程度如何，偏好程度又如何决定。同样，尽管合作动机倾向的泛经济人分析考虑了行为者的特性对其行为的影响，却没有进一步考察这种倾向程度如何，动机程度又如何决定。正因为这种泛经济人分析模式没有对偏好和合作动机给予有效的说明和探究，从而根本无法对人们的行为提供某种事前预测，而只能做大而化之的事后解释。而且，即使就事后的解释这一层次而言，这种基于经济人思维的解释也是非常片面的。胡乐明等就指出：“功利的考虑可以成为某些利他行为的动机，但绝对不会成为所有利他行为的动机；理性经济人模式可以解释部分利他现象，如亲缘利他主义和互惠利他主义，但肯定解释不了人类的全部利他行为和道德行为。”[②] 所有这些都意味着，现代主流经济学基于经济人来模型化分析具体社会中的人类行为存在着抽象化过度的问题：它不但无法预测人的行为及其结果，甚至解释本身也是“我向思考”的。为了便于读者更清楚地认识这种泛经济人化分析的内在缺陷，这里从如下几个方面做一说明。

第一，经济人假设蕴含着人们持久的机会主义倾向，人们的行为没有历史，而决定其行为的只是现在和将来。一方面，经济人针对特定情境而进行利益权衡，从而不会做出稳定性的决定；并且，只要有可能，他们就会直接实施有利于自身利益的行为，即使会造成对他人的更大伤

① 金迪斯、鲍尔斯：《人类的趋社会性及其研究：一个超越经济学的经济分析》，浙江大学跨学科社会科学研究中心译，上海世纪出版集团2006年版，第58页。

② 程恩富、胡乐明等：《经济学方法论：马克思、西方主流与多学科视角》，上海财经大学出版社2002年版，第199页。

害也在所不惜。但显然，这不能为现实所证实。另一方面，经济人的利他性合作往往是功利性的，它不仅不考虑其他人类价值，甚至对自身利益的考虑也是短期的。但显然，这无法为社会的和谐发展提供坚实的基础。贝克尔指出，利己主义者之间的劳动分工可能会鼓励欺骗和逃避责任，而不是有机团结，一种思想感情的和谐是有效率的劳动分工的原因而不是结果。[①] 实际上，要防止滕尼斯所指出的从共同体到社会带来的机械和混杂现象，而促使劳动分工从机械团结向有机团结过渡，利他主义家庭和其他组织的生存和繁荣就是增进人类感情和谐的根本途径。涂尔干曾断言，一种扩大的劳动的主要优势不是增加生产，而是增加劳动者的利益和感情的和谐（有机团结）。而且，这种利他主义也嵌入于人类的亲社会性之中。孟子说："无恻隐之心，非人也。"（《孟子·告子上》）譬如，当成人见到儿童快要跌入井中时，自然产生出抢救之心；但显然，这不是为了得到别人的称赞或是惧怕受到责备，而是受恻隐之心的驱使。在很大程度上，传统的儒家文化具有很强的人本主义特征，它非常重视现实世界中的道德伦理问题，基于这种文化心理可以更好地反思经济人假说。

第二，基于经济人的模式化分析把人的行为看成是一个完全理性的选择，而忽视了日常生活中的习惯行为和下意识反应。贝克尔曾指出，在一个家庭中，一个利他主义的丈夫总是避免向这样的地区迁移：在这里，他的收入有所提高而他妻子的收入有更大的下降；反之，如果他妻子的收入有所下降而他的收入却有更大提高的话，他将乐意向这一地区迁移。针对贝克尔的分析，我们可以有两点思考。(1) 它实际上揭示出，人类行为往往并非以个体为考量，而是会以家庭等组织作为考虑基准，而这种分析基准的转换已经反映出人类行为的利他性。(2) 它并没有考虑到，现实世界中的日常生活更多地基于习惯和习俗而不是深思熟虑的选择，其行为方式和偏好往往嵌入了强烈的社会伦理而不是理性计算的结果。从这个意义上说，人类行为更大程度上是习惯的产物，带有浓重的伦理色彩。譬如，德蕾莎修女之所以移居到加尔各答贫民区工作和生活，仅仅是认为上帝要她这么做，她要献身于上帝对人类的爱，并认为

---

① 贝克尔：《家庭论》，王献生、王宇译，商务印书馆 1998 年版，第 310 页。

这种爱有力量医治人与人之间的分裂。[1] 同样，过路女子吴菊萍之所以毫不犹豫冲过去徒手抱接从10楼坠落的女孩，并不是通过快速地计算自身受到伤害的概率，而是出于一个母亲的本能。[2] 为此，霍尔姆斯指出：在战场上，“号角一旦吹响，年轻人却会冲入沙场与敌人厮杀，‘虽然他并不知道他需要什么或者正在干什么’。他一点也不知道敌人是谁，也不懂得‘敌人’这个词的意义，但他却去搏杀并甘冒被杀的风险”[3]。由此，我们就可以更深刻地理解现实社会中的行为特征：“人们大多数意念和倾向都不是他们自己造就的，而是来自外界，通过引导、影响、强迫而使人们自觉或不自觉地接受。”[4] 卡尼曼甚至说：“人们显然匆匆忙忙地给出一个答案，而不是根据记忆找到一个准备好的答案。”[5]

第三，基于经济人的模式化分析根本上体现了短视的功利主义，仅仅根基于本能反应的动物性一面。公共经济学家约翰森指出：“经济学这个范畴以及其他范畴里的理论都倾向于认为，只有在一定的经济诱因下人们才会诚实。这样的一个把人视作为‘经济生物’的假设远不见得是明显正确的，需要从观察到的事实中求证。”[6] 事实上，人类生活在群体之中，社会互动使得任何个体都具有某种社会性，从而行为方式上也必然会嵌入某种伦理道德；进而，人类区别于其他动物的根本之处就在于，人会考虑长远利益而非直接功利性的短期需求，其行为嵌入在社会性偏好而非动物性本能之中。正是由于嵌入了社会性，人所拥有的就不仅是实现自我的权利，而是被赋予一定的责任，以致每个人在行动之前首先就具有一份责任。森指出，责任在“个人选择和个人收益之间插进了一个楔子”，使个人的选择和个人收益之间在许多场合

---

① 贝尔：《社群主义及其批评者》，李琨译，生活·读书·新知三联书店2002年版，第23—24页。

② 《路人接住坠楼儿童骨折续：称系母亲本能没有后悔》，http：//news. sina. com. cn/s/p/2011－07－04/031522750245. shtml。

③ 霍尔姆斯：《反自由主义剖析》，曦中等译，中国社会科学出版社2002年版，第36页。

④ 涂尔干（又译迪尔凯姆）：《社会学方法的规则》，胡伟译，华夏出版社1999年版，第6页。

⑤ 斯密德：《制度与行为经济学》，刘璨等译，中国人民大学出版社2004年版，第33页。

⑥ 转引自森《理性的傻瓜：对经济学的行为主义基础的批判》，载哈里斯编《科学与人》，商梓书等译，商务印书馆1994年版，第20页。

并不一致，[①] 如投票、公共物品的提供和意识形态的控制等。一般地，人的亲社会性越强，社会责任的影响也越大，就越不关心自己的直接目的，特别是越不关心理性经济人所追求的物质利益。这也意味着，基于理性选择的传统经济人模式至少对强利他主义行为的分析往往是无效的，或者说是牵强的。例如，根据经济人的理性主义假设，父母是出于自利的动机才教育他们的孩子与别人相处的；但显然，大多数父母在得知其成年子女做了违法的事时往往都会感到耻辱，即使他们肯定其子女不会被抓或受罚也是如此。事实上，现实社会中存在大量的缺乏明显外部制裁的情况下人们仍然采取合作而非机会主义行为的例子，这种行为往往是基于特定文化下的习惯。而且，在不同社会文化下，人类的行为也表现出较大的差异，如有跨文化的比较研究就指出，与美国、以色列、印度以及埃塞俄比亚等国家的母亲相比，华人母亲一般比较不能容忍其子女表现出攻击性行为。[②]

第四，基于经济人的模式化分析还建立在原子论个人主义的基础上，行为动机是着眼于效用最大化的个人。例如，贝克尔在对家庭的研究中，就是从单个人的利益着手，因而制度的产生也是基于个体的利益。但事实上，同一原子加入到不同原子团中就会产生不同的性质，而且，原子团也具有自己独特的属性。相应地，个人在不同的团体中形成的目标和行为也很不一样，并且，这个集体也有自己相对独立的目标。[③] 譬如，一个人在家庭中和企业中的行为目标就往往不同，一般的行为方式也存在很大差异；同样，家庭和企业的目标也不同，它们对待其成员的方式也很不一样。同时，经济人假设把个体的自由和生命看成是最重要的，但问题是，人的生命和自由是否就是一个不惜任何代价都必须加以保护的呢？显然，这一问题一直存在争议，即使在西方社会也是如此。博登海

① 转引自程恩富、胡乐明等《经济学方法论：马克思、西方主流与多学科视角》，上海财经大学出版社 2002 年版，第 199 页。

② 参见黄光国《儒家关系主义：文化反思与典范重建》，北京大学出版社 2006 年版，第 66 页。

③ 在很大程度上，经济人分析框架嵌入了机械论的世界观，它将宇宙设想为是由无限数量的物质微粒构成的，而微粒本身是不可分割的且只具有量的性质；相应地，粒子在空间中运动并根据力学规律而碰撞，但既没有意向也没有目的。

默就问道："一个社会要求其成员为了维护国家尊严或者为了确使那些被该国家视为崇高理性（诸如自由或社会正义）得到实现而冒生命危险去参加因此而发起的战争，这是否是正义的呢？死刑能否被辩解为一种使集体安全免遭严重犯罪行为侵扰的保护手段呢？如果病人患有一种不治之症，那么是否应当允许医疗行业用无痛苦致死术结束该病人的生命呢？"[①] 因此，社群主义批判说，这种原子论个人主义的分析宣称个人权利优于公共利益实际上也就低估了对实质性的集体认同的需要，而个人通过这一认同可将自己理解为某个独一无二的社群而不仅仅是某一工具化的利益联盟的成员。[②] 事实上，现代经济学大量的理论都在研究团体的公共效用问题，强调这些组织都具有自身存在的目的。例如，企业的目标是企业稳定发展或生存率的最大化，政党的目标是执政，等等，这些目标显然与主流经济学所假设的原子个体的目标相差很大。也就是说，源于原子论个人主义的模式化分析无法揭示不同共同体的目标及其行为上的差异。关于这一点，我们只要思考：由同质"经济人"所组成的共同体为何会存在如此明显的差别呢？

第五，基于经济人的模式化分析不但无法解释团体行为与个体行为的差异，而且也无法解释不同团体之间的利他主义差异。事实上，如果考察这些共同体的公共效用，就涉及公共理性问题，从而表现出明显的利他主义倾向。其原因在于，整个团体成为一个独立的"大我"，每个人都把自己看成这个"大我"的一分子。例如，在日本的企业中，由于序列工资、终身雇佣制等产生的巨大凝聚力，企业中也往往存在着更为普遍的利他主义行为。而且，成员对这个"大我"的认同程度不同，利他主义的倾向也不同，从而表现出不同共同体内部成员明显不同的行为。一般来说，由于家庭成员之间的关系更长久和稳固，因而利益也更休戚与共，因而在家庭中利他主义更为明显；相反，在大多数国家的企业中，成员之间还没有形成更有利的共同体结构，这也是企业中机会主义以及X低效率泛滥的原因。其实，现代主流经济学中的经济人含义来自于功利

---

① 博登海默：《法理学：法律哲学与法律方法》，邓正来译，中国政法大学出版社2004年版，第275页。

② M. 鲍曼：《道德的市场》，肖君、黄承业译，中国社会科学出版社2003年版，第18页。

主义哲学，把趋乐避苦当作人类的普遍利益；并且，为了造成一种权利上的平等，在计算行为的得与失时，“每个人只能算作是一个单元，而且没有哪个人可以多于一个单元”。[①] 也就是说，根据经济人假设，个体在行为时把其他所有人都当成了相对于自己的平等主体，这显然没有考虑到真实社会中以血缘纽带为基础的个体对于社会上不同的人之间存在情感等差这一事实。伯纳德·威廉姆斯甚至指出，功利主义造成了一种从道德本身的异化。他说：“没有情感的刺激和指导，理性思维就会变慢和瓦解。”[②]

第六，基于经济人的模式化分析是一种静态的分析，不但无法解释个人面临不同环境下的行为差异，而且也难以解释不同人面临相同环境下的行为差异。事实上，按照自利而理性的经济人假设，处于特定环境下的任何人都会做出相同的选择，采取相同的行为；同样，同一人在不同的环境下也会表现出相同的“利己”行为。但显然，这不符合实际。究其原因，这种基于经济人的模型化分析实际上“把个人目的等同于个人的、外生地给定的效用函数”，而现实中“当面对着相同的价格和相同的收入时，任何两个人通常总会选择不同的消费内容”。[③] 特别是，在人与人之间发生互动的社会关系中，人的偏好本身就嵌入了一定的伦理关系，从而也表现在行为方式的差异上。显然，如果我们不了解某人过去所处的社会环境以及社会互动状况，就根本无法探知其真正的效用和内在的偏好；同样，不了解互动双方过去的关系，那么，也就不会知道对方效用进入他偏好的程度，必然也就无法预测他将要采取的行为。现代主流经济学家把经济学视为最接近自然科学的社会科学，甚至不再把经济学归入社会科学，其主要原因也正在于，他们从非常狭隘的意义上来理解“经济”一词，把它理解为“物质”的同义词。但结果却是，这不但撇开了人偏好的多样化，而且把每个人的偏好都视为物质利益最大化，从而得以运用高度抽象的模型和约束条件来进行分析。问题是，在“经

---

① 参见孟旦《一种证明伦理规则的现代方式：约翰·穆勒、孟子和当代生物学》，载《儒家与自由主义》，生活·读书·新知三联书店 2001 年版，第 204 页。

② 转引自孟旦《一种证明伦理规则的现代方式：约翰·穆勒、孟子和当代生物学》，载《儒家与自由主义》，生活·读书·新知三联书店 2001 年版，第 207 页。

③ 博兰：《批判的经济学方法论》，王铁生等译，经济科学出版社 2000 年版，第 234 页。

济”的内涵已经极为扩大的今天，经济行为已经根本上无法从其他行为中区别开来了。所以，斯密德强调：“仅仅知道代理人的‘目标’状态是不够的，还必须洞察代理人的感知和体验。”[①] 正因如此，社会学就特别强调从具体个体所处环境中分析他的行为，给每个人赋予各种不同的身份和角色——天主教徒、异教徒、蓝领工人、管理人员、母亲、医生、官僚或朋友等，并强调一系列复杂的标准和规范把社区内的人凝聚在一起，从而也限制或激励个体的选择。显然，从这一点看，基于经济人的模式化分析过于单一和抽象了，这正是现代主流经济学的根本性缺陷。

第七，基于经济人的模式化分析是犬儒主义的，这会对我们有关社会的理解和政策带来很大障碍。事实上，按照这种解释，无论是彻头彻尾的利己主义者还是狂热的利他主义者，都被认为是为了在追求自己的效用，从而无法进行优劣的比较。一方面，我们无法对现实社会中的行为进行恰当地评价。博兰就问道：“倘若该抢劫犯抢劫银行的选择是一个理性的选择，那我们怎么加以反对呢?”[②] 当然，经济人假设的犬儒主义态度把任何人的行为都看成了利己的，从而为那些追求私利而不惜损害他人利益的行为辩护，所谓“人不为己，天诛地灭”；但在现实中，具有不同社会性的人所表现出的行为显然是不同的，对社会产生的作用也是不同的。另一方面，我们也无法对现实社会中的行为进行区分。事实上，我们能说跨国公司在母公司和子公司之间的价格转移等措施是利他主义的吗？亲人和陌生人同时落水，我先救亲人是利己行为吗？再如，比尔·盖茨向美国众多的慈善机构捐赠被视为是高尚的利他行为，问题是，他为何没有向阿富汗、伊拉克、朝鲜等国捐款呢？或者说，我们为什么在国内搞希望工程，而没有去阿富汗搞这种工程呢？事实上，人的行为特征与其具体的社会地位存在密切关联。基本的博弈理论告诉我们，与固定对方交易的重复次数不同，局中人的对策也就不同：一般地，如果重复次数较少，往往就会采取机会主义的策略；如果关系密切而长期交往，选择合作则是更常见的行为。斯密认为：“用以指导个人作为我们慈善对象的那种先后次序的这些原则，同样指导着把社会团体作为我们慈

① 斯密德：《制度与行为经济学》，刘璨等译，中国人民大学出版社 2004 年版，第 36 页。

② 博兰：《批判的经济学方法论》，王铁生等译，经济科学出版社 2000 年版，第 234 页。

善对象的那种先后次序。正是那些最重要的、或者可以是最重要的社会团体，首先和主要成为我们慈善的对象”，“在通常的情况下，我们在其中生长和受教育，并且在其保护下继续生活下去的政府或国家，使我们高尚或伪劣行为可以对其幸福或不幸发生很大影响的最重要的社会团体。于是，天性极其坚决地把它作为我们的慈善对象。不仅我们自己，而且，我们最仁慈的感情所及的一切对象——我们的孩子、父母、亲戚、朋友和恩人，所有那些我们自然最为热爱和最为尊敬的人，通常都包含在国家中，而他们的幸福和安全在一定程度上都依赖于国家的繁荣和安全”。①

第八，基于经济人的模型化分析大都是试图解释基于谋算型信任的利他主义行为，如艾克斯罗德的触发策略、泽尔腾的威慑理论、克莱因的品牌资本以及格雷夫对马格里布商人集体主义治理模式的分析都是如此。问题是，这种谋算型信任是交易不频繁的人类社会初期出现的信任类型，其有效性也需要满足一系列条件：（1）背叛人际关系或破坏信任所带来的今后互动关系的丧失的可能性应大于潜在的利益；（2）要使威慑型因素关注他人的行为，当事人必须能长期相互关注，并且当信任被破坏时愿意相互告知；（3）可能会受到侵害的当事人必须有意愿从不信任的施加者那里收回利益或给他施加不良影响；（4）谋算型信任中谋算的上下限是由行为者的风险取向所确定的。② 显然，在谋算型信任阶段，社会互动还没有达到一定程度以致还没有能够将这种互动关系内化在人的偏好之中，从而还没有形成无意识的自发性的合作行为。正因如此，这种信任还必须建立在经济谋算之上，并借助于惩罚来维持信任所能带来的收益。然而，尽管这种模型化分析对共同体之外的个体间关系是比较适用的，但并不适合共同体内部的成员关系。一方面，共同体内部的绝大多数成员之间是利益共生的，而且，关于需求、偏好以及问题解决途径等方面的信息也是比较充分；正因如此，他们可以建立更为密切的合作，这就进入了了解型信任阶段。另一方面，在一些联系非常紧密的共同体内部，成员之间存在高度理解及认同，甚至一方已经完全内化了

---

① 斯密：《道德情操论》，蒋自强等译，商务印书馆 1997 年版，第 294 页。

② 刘易基、邦克：《工作中信任的发展与维持》，载克雷默、泰勒主编《组织中的信任》，管兵等译，中国城市出版社 2003 年版，第 157—163 页。

另一方的偏好，这形成了认同型的信任关系，如传统的儒家家庭成员之间就是如此，所谓的五缘共同体也是如此。显然，基于经济人的模型化分析撇开了这些丰富多彩的现象，试图以谋算型信任作为分析利他主义行为的全部，就犯了“以偏概全”的错误。

第九，最后指出的是，基于经济人的模型化分析根本上是为了凸显人的“为己”目的，而抹杀其行为的迂回性过程，更无法解释行为过程中的利他性手段。事实上，这种取向也与现代主流经济学的一贯分析思路相适应，因为它所倡导的逻辑实证主义就具有浓厚的功能主义色彩。其基本观点是：重要的并不在于假说是否真实而在于是否有用，而只有在预测事件没有发生时才能对形成该理论的种种假设提出质疑。正是基于这种观点，主流经济学只注重对结果的事后解释，而不提供对行为过程的事前预测。例如，弗里德曼在其经典论文《实证主义经济学方法论》中就求助于“自然选择”来论证经济学中的利润最大化原则。弗里德曼指出：“除非厂商可以通过这样或那样的方法而使其行为近似于回报最大化行为，否则，他们不太可能持久地维持生意，而不管明显、直接地决定商业行为的因素是什么——习惯性的反应，随机性的机遇，或其他难以归类的一些东西。不论何时，只要这一决定因素碰巧导致了与理性的、信息完全的回报最大化相符合的行为，生意就会兴旺发达，进而获得可以扩大经营的资源；反之，生意将会亏损，企业就会丧失资源，只有从外部不断引入新资源才能苟延残喘。于是，‘自然选择’的过程确立了该假说的有效性——或者说，给定自然选择，该假说恰当地概括了生存条件，这一判断成为人们接受该假说的主要依据。”① 正因为弗里德曼这种解释性分析往往是事后性的，而不能在事前把握行为者的效用，那么，基于这种“不知道”的效用来对其行为进行分析有什么价值吗？换句话说，理论的价值在于对实践提供指导和预测，如果不知道行为者理性的内涵和特殊的效用，又如何去预测他的行为呢？

① 弗里德曼：《实证经济学方法论》，载豪斯曼编《经济学的哲学》，丁建峰译，世纪出版集团/上海人民出版社2007年版，第161页。

第五节 结语

随着现代经济学日益涉及社会生活领域，就接触到了越来越多的传统上被视为利他主义的行为和现象，这也构成了对经济人假设的挑战。在这种情况下，现代主流经济学没有从根本上修正其人性假设，而是通过行为偏好扩展和动机变换等方式将利他主义行为等都纳入经济人的分析框架下。但显然，这种分析为了现代经济学的理论体系增添一些策略性的保护带，只是使得理论越来越不具有可证伪性，从而离科学的要求越来越远，而没有真正解决现实世界中的问题：它不仅无法对人类个体的具体行为提供预测，而且也混淆了不同行为之间的性质差异，从而在解释上也是有问题的。例如，埃尔斯特根据现代主流经济学基于最大化效用的理性选择理论认为："对无私行为（如利他主义）而言，某一个或某一些其他获得者必定具有自私的动机是可能的，但反之不然。无私行为在逻辑上寄生于自私性，因为如果没有自私的占有的愉悦，就不可能有给予的愉悦。"[①] 但显然，埃尔斯特这里混淆了两类愉悦的性质：占有的愉悦衍生出的是负外部性，将会给对方造成伤害，从而最终也会损害自身的效用；相反，给予的愉悦衍生出的是正外部性，将会给对方带来利益，从而最终也会获得对方的回报。如果考虑到这一点，那么后一行为将更为理性，也是人类与其他动物的真正区别所在。

同时，在现代主流经济学看来，人类一切行为都可以简化为利己行为，尽管有些行为的"利己性"甚至没有为行为者所感知。譬如，一切见义勇为的行为就体现了行为者的偏好，从而在本质上也是利己的。问题是，我们根本无法区别它的偏好就是如何，以及这种行为带来的偏好究竟多大。因此，基于这种简化的经济人分析并不能对具体的行为给予有效的解释，更不可能进行合理地预测。丹尼尔·贝尔批判道："贝克尔模型的一个基本吸引力就是它的简单性。这么多的行为都可以归结为效用偏好和成本收益评估。人们不用操心文化或政治，这就是典型的经济

---

① 埃尔斯特：《理解马克思》，何怀远等译，中国人民大学出版社 2008 年版，第 8 页。

学家的作风。故此，他的著作凭借其反社会学偏见吸引着人们。”① 事实上，森把利他主义行为分为两类：（1）基于同情共感，因别人的快乐而快乐，因别人的痛苦而痛苦，这种行为会增进自己的功利，因而是可以归入利己一类的；（2）基于责任承担，事情并不使自己有所损失，但认为是错的而要制止它，这种行为是非自利的。而且，森强调：“某人选择追求一个并不只局限于其自身利益的目标，这并没有什么奇怪的，也不是不无道理的。……像斯密说的那样，其中一些动机，如‘人道、公正、慷慨大方和热心公益的精神’可能对社会十分有利。”② 显然，基于经济人模型比较容易对同情共感的行为进行分析：别人收益的增加也会直接致使本人收益的增加；但是，责任承担却在个人选择和个人收益之间插入了一个楔子，从而使得传统经济人模型中个人选择与收益之间的基本勾连被切断了。

因此，对绝大多数的利他行为而言，泛经济人分析范式都可能是无效的，充满了牵强附会之处。究其原因，“经济人”概念本身就是非常空泛的。M. 鲍曼宣称：“经济人是一个‘没有性格的人’，一个没有个性和个人行为倾向的人……他是可以预测的，同时又是不可预测的：说他可预测是因为他在任何情况下只考虑其行为各自的后果及其主观利益；说他不可预测是因为其决定与行为不受本人经历和过去的约束。这种不受约束和没有性格最终会违背他自己的利益，尽管正是这些初看上去使他具有所有选择并使其拥有完全的决定自由。”③ 其实，如果将一切行为都简化为利己而不去具体界定利己的内涵和外延以及不考察这种偏好的产生的话，我们同样也可以将人类一切行为都简化为习惯或者利他而不用具体分析习惯或利他的特性和成因。例如，我们可以将那些一切的征战杀戮都视为是利他的，因为这在一定程度上减少了人口、缓解了其他人的生存压力，尽管这些征战杀戮者本身并没有意识到这一点。一个明显的例子是，十八九世纪欧洲诸国为了获得资源而不断地向外扩展、征

① 转引自斯威德伯格《经济学与社会学》，安佳译，商务印书馆 2003 年版，第 299 页。

② 森：《正义的理念》，王磊、李航译，中国人民大学出版社 2012 年版，第 177 页。

③ M. 鲍曼：《道德的市场》，肖君、黄承业译，中国社会科学出版社 2003 年版，第 165 页。

服和杀戮，其直接的主观目的就是为了增进自身收益，但他们的行为在客观上却促进了西方科学技术和物质文明的传播，从而这个角度上又可以被称为利他主义的。显然，这就需要对利他和利己做一根本性的界定。

第三篇

真实的人性及其行为机理的探索

第一篇、第二篇梳理了经济人假设的起源及其演变，揭示出这种经济人假设在经济学中支配地位的形成是源于特定背景下思维抽象化的产物。然而，尽管经济人假设在一定程度上与物质文明膨胀的社会背景相呼应，但自它确立起支配地位开始，经济学理论就与现实逐渐脱节了。其原因就在于，经济人假设本身就是高度抽象的甚至是先验的，由远离现实的核心假设所导出的经济学结论也必然是非现实的。有鉴于此，本篇通过对人性进行追本溯源的考察，从社会心理学角度剖析人性的形成和发展，进而挖掘人类为实现自身需要而逐步形成的一般行为机理，从而也就为人本主义经济学的范式构建奠定了理论基础。

第十章

社会互动中的形塑和演化：真实世界中的人性

【导读】为了挖掘人性的特征，首先需要界分几个流行概念。本能是基于生理反应的结果，它是人和其他动物所共有的；所谓“性”则是社会的产物，只有人类的活动才是社会性的，因而“性”是人类所特有的。既然“性”是社会互动的产物，就不是天然的，因而也就不存在真正的“本”性。实际上，通常所谓的“本性”是对先天的“本能”或后天养成的“人性”的误用，这也意味着不存在“性恶”或“性善”之说。同时，虽然人具有先天的本能，但生活在社会群体中的人类本能往往会受到一定制度的约束和影响，这导致人的本能逐渐让位于后天养成的人性。此外，人性具有多层次性，它是不断演进的；具有社会认同精神的超我是人性发展的最高境界，社会的发展也就是人性向这一境界逐渐逼近的过程。因此，现代主流经济学的经济人假设具有先天性缺陷，而建立合作互助的人类秩序则应成为社会发展的方向。

第一节 引言

现代经济学的硬核就是自利假设，其基础是性恶论。正是以此为出发点，西方经济学从收益最大化的个体理性来分析和解释一切社会经济问题。但是，基于这一“恶棍”假设之上，西方社会在建立起越来越精密的防范措施（如法制、产权）的同时，却越来越严重地凸显出个体理性与集体理性相冲突的“囚徒困境”。究其原因，经济人假设本身就与社会现实存在明显脱节，以致立基于经济人假设的现代主流经济学越来越蜕化为象牙塔中的逻辑游戏。为此，舒尔茨就指出，“经济学家很少去评估经济学在何种程度上是有用的”，而“尽管目前的统计资料数量巨大，但经济学的实证基础仍然薄弱”①。问题是，如何才能提炼出与现实世界更为接近的人性假设呢？根本途径在于探究人性的起源，要从起源及其演化中揭示人性的实质。孟子所谓“知其性，则知天矣”（《孟子·尽心上》）；《易经·说卦》中则说：“穷理尽性，以至于命”。事实上，只要探知了人的本性，也就可以洞悉他如何行为，进而也可以揭示出社会经济的运行规律。

由此就需要思考：何谓人类本性？朱熹曾说：“昔杨龟山问一学者曰，当见孺子入井时，其心怵惕恻隐，何故如此。学者曰，自然如此。龟山曰，安得只说自然了便休。须其知其所自来，则仁不远矣。此语极好。”② 这意味着，我们不能想当然地把人性及其行为归结为先天性的，而是要探究它的形成过程。钱穆分析道：“道家崇尚自然，却不好追问其所以然。固道家言天，只言其自然。而儒家言天，则必问其所以然。老子太过崇尚自然了，凡属人文演进，老子意多鄙弃。不知人文演进亦从自然来……孔孟高于庄老处，即能在自然之中又追问一所以然，却非不顾自然空言这一道理。”③ 这就是说，要探知现实世界中的真实人性及其行为特征，就必须从历史进程角度考察它的演变。究其原因，人性是一定社会环境的产物，并且也是随着社会的发展而演变的。正如伯杰和勒克曼等指出的：“作为人和作为人的方式和人类文化一样多，这一点在人类文化学上已是常识。人在社会文化上是可变的，换句话说，从生物学上决定社会文化形式变化的固定基础的意义上说，人的本性是没有的。”④ 因此，本章致力于通过对人性追本溯源的考察，从社会心理学角度剖析人性的形成和发展。

---

① 舒尔茨：《报酬递增的源泉》，姚志勇译，北京大学出版社 2001 年版，第 30 页。

② 转引自钱穆《宋代理学三书随劄》，生活·读书·新知三联书店 2002 年版，第 12—13 页。

③ 同上书，第 13 页。

④ 转引自布瓦索《信息空间：认识组织、制度和文化的一种框架》，王寅通译，上海译文出版社 2000 年版，第 166 页。

第二节　人性、本性、本能的概念辨义

要分析人的经济行为，就要首先了解人性，因为“一切价值都牢牢扎根于人的本性之中”。[①] 然而，长期以来，对人性这一基本概念本身却存在众多不同的理解。例如，张岱年在《中国哲学大纲》中指出，围绕人性的含义有三种理解：（1）“生而自然固有”的观点，它实际上要揭示人之本性乃至本能的含义；（2）“人之所以为人者”的观点，它强调人性与动物性本能之间的区别；（3）“人生之究竟根据”的观点，它从人生存在的意义这一角度着手。[②] 这里，实际上反映了学术界的三个词汇——本能（instinct）、人性（humanity）和本性（essentiality）——之间的区别。然而，尽管这三个概念的基本含义是不同的，但长期以来，我们却经常混同使用。例如，我们考察人类行为的出发点是探究人性，而人性必然体现为社会关系中孕育出的禀性，但我们却往往把所探究的人性称为本性；同样，本性往往意味着自然而生之义，但这又会与本能相混淆，以致西方经济学往往将人的本性还原为人的本能。因此，要探究人性的事实如何，我们首先要对这些基本概念的词义进行辨析。

我们知道，儒家社会在有关人性的看法上长期存在着以孟子为代表的“性善论”和以荀子为典型的“性恶论”之间的争论，秦汉以后又发展成以董仲舒、王充、韩愈等人为代表的“性三品”说：上品、中品、下品。[③] 西方社会同样如此：不仅弗洛伊德有“本我”（id）、“自我”（ego）和“超我”（super-ego）之说，马克思有“资本主义人”和“社会主义人”的区分；而且，在现代社会科学各分支中，也广泛存在着“经济人”（与自利人基本等同）与“道德人”（与“社会人”概念类似）或“个体的人”与“社群的人”之类的不同假设。但在现代经济学

---

① 唐纳森、邓菲：《有约束力的关系：对企业论理学的一种社会契约论的研究》，赵月瑟译，上海社会科学院出版社 2001 年版，第 14 页。

② 张岱年：《中国哲学大纲》，商务印书馆 2015 年版。

③ 例如，董仲舒把人性分成三类：一是圣人之性，二是中民之性，三是斗筲之性。圣人之性和斗筲之性都是少数，后者天生不能为善；而中民之性则具有为善的可能，但要“待外教然后能善”（《春秋繁露·深察名号》）。

界，却是“经济人”和“个人主义的人”假设一统天下，以致在几乎所有的现代经济分析中都以这样的假设为归依。问题是，现代性的经济人假设是否正确呢？在某种意义上讲，前人提出的种种看法大多具有强烈的先验论色彩。譬如，针对孟子的“性善论”，王安石就反问道：“孟子以恻隐之心人皆有之”，难道“怨毒忿乖戾之心”“人果皆无之乎”？针对荀子的性恶论，王安石又诘问：“荀子曰：其善者伪也”，难道“恻隐之心”“人果皆无之乎”？在王安石看来，“诸子之所言，皆吾所谓情也、习也，非性也”（《王临川集·原性》）。

既然如此，人的本性究竟指什么？要了解这一点，就需要对人性作起源学和语义学上的探究。有人将小孩饿了欲食、痛了要哭视为人的本性，也作为性恶论或“经济人”假设的理由。但实际上，这仅仅反映了人的本能，而非人的本性。一般来说，本能是基于生理的反应，从这个意义上说，本能是人和动物所共有的。例如，动物遇到危险的信号就会跑开，遇到天敌就寻求躲避，这些都是生物的自我保存的本能反应；而且，动物的这类行为其实也是受到环境的影响，只是对环境留有记忆的反应。不少实验表明，将一对自然界属于天敌的动物（如老虎和山羊）从小就放在一起饲养，它们往后的生活、成长中一般会和平共处。当然，有时也会突然发生老虎将山羊咬死的事。那么，这是不是老虎的本性使然呢？并不能这么说。这更大程度上是由于生理上的差异所造成的。一般地，发生这类事情的更可能原因是：老虎和山羊在一起玩耍而发生了别扭（不愉快），或者由于肚中饥饿，于是相互厮打；结果，山羊去咬老虎，却咬不动，而老虎反过来咬山羊，却一下子将之咬死，加上饥寒，就顺势将之吃掉。从这个层面上理解，这主要就是生理上的原因所造成的，但人们却往往由此而认定老虎的本性是食人的。①

其实，在特殊的情况下，人也可能吃人。这在历史大饥荒和战争时期经常出现，如中国的历史书中充斥了这样的记载。马克思也指出：“按

---

① 当然，从生理的偶然性反应出发，也可能形成习惯性行为。譬如，在老虎吃了羊以后，感到一定的满足和快感，就可能促使它今后进一步采取类似的行为。但是，这与人类行为还是存在一些根本性不同：动物没有受到类似行为对与错的社会教育，其行为也没有受到社会、政治、法律之类的约束。

最近的一种估计，单是说已经探险到的地方，就至少还住着4000000 吃人的人。”[①] 同时，在迄今为止的人类社会中，人与人之间的残杀也是最为普遍的现象。梅斯特尔就指出：杀戮不过是生命的法则，整个自然界是一个屠宰场，因此，人也是凶残的野兽、天生的暴君，就像“为了看到世上有比自己更弱小的生物而使自己感到快乐，就将手中的小鸟捏死的孩子”一样。[②] 此外，我们也可以经常见到此类报道：一个小孩如何残酷地杀害另一个孩子的事。相应地，一些人据此往往认定人性险恶。但事实是，作为凶手的孩子可能根本不知道杀人意味着什么，或者仅是由于偶然的摩擦所造成的；同样，那些吃人事件的发生除了少数残暴者之外，大多是在物质极端匮乏、人们的生理需求得不到满足的情况下才发生的。在某种程度上讲，这些现象都是人类本能的体现，本能是没有善恶之分的。例如，马斯洛对北部黑足印第安人的研究发现，这些印第安人根本不知道侵犯为何物。

在很大程度上，本能仅仅是人和动物共同具有的生理反应，而孤立个体的生理反应仅仅体现为自我保存的冲动。相应地，这种本能反应也就不具备道德属性，本能根本上没有什么是善还是恶、是利己还是利他的区分。进而，如果将这种本能称为本性，所谓“生之谓性”，那么，“性”也就是中性的。正是基于这一点，告子说：“性无善无不善”（《孟子．告子上》）；荀子则说：“凡人有所一同：饥而欲食，寒而欲暖，劳而欲息，好利而恶害，是人之所生而有也，是无待而然者也，是禹桀之所同也。目辨白黑美恶，耳辨声音清浊，口辨酸咸甘苦，鼻辨芬芳腥臊，骨体肤理辨寒暑疾养，是又人之所常生而有也，是无待而然者也，是禹桀之所同也。”（《荀子·荣辱》）同样，卢梭也强调：“在自然状态下，人与人之间似乎既没有任何伦理方面的联系，又没有明确的义务；因此，他们既不可能好，也不可能坏，既没有善，也没有恶。除非我们当这些词带上生理上的意义，如称个体身上那些可能于他自身保护有害的品质为‘恶’，称那些于他自身保护有利的品质为‘善’。”[③] 根据这一逻辑，

---

① 马克思：《资本论》第1卷，人民出版社1963年版，第553页的注解1a。

② 霍尔姆斯：《反自由主义剖析》，曦中等译，中国社会科学出版社2002年版，第39页。

③ 卢梭：《论人类不平等的起源和基础》，高煜译，广西师范大学出版社2002年版，第93页。

卢梭认为，“野蛮人不是‘恶’人，是因为他们不知道什么是善；因为阻止他们作恶的，既不是人的智力的开发，也不是法律的约束，而是情感的平静和对邪恶的无知”；[①]“自然状态下的人，与其说是邪恶的，不如说是野性的。他们的情绪很少激动，又受到十分有益的约束，只注意防备可能受到的伤害，而不蓄意去伤害别人，因此不会动辄就陷入十分危险的纷争。由于他们之间没有任何交往，从而也就没有不知道什么是虚荣、尊重、敬意和蔑视，绝少有你的、我的之分，没有关于公正的确切观念。”[②]

同时，为了更好地认识本能所促发的行为，弗洛伊德界分了两大基本本能：（1）爱恋本能，这是人类的自我保存本能，基于这种本能，人类就要建立越来越强大的联合；（2）破坏本能，即它的最终目的是使一切有生命的东西进入无机状态，也就死亡本能。当然，这两种本能之间既相互冲突又相互结合。例如，吃的行为就是对所食对象的破坏，但最终目的却是达到最亲密的结合。[③] 由此来看，即使是那些为弗洛伊德及其忠实追随者视为本能的暴力行为，也主要源于对任何威胁到其基本需求的防御性敌对反应，从而实质上也就不属于道德范畴。例如，马斯洛指出，初生儿童之间可能出现的某些自私的或进攻性的相互干扰，是绝不同于发生在10岁儿童之间的那种人际关系，因为他们彼此都没有意识到对方。事实上，我们不能把小孩当作成人来对待，也不应该像解释成年人的反应一样来解释他的反应。因此，如果一个儿童从另一个儿童那里将一个玩具硬抢过来，这种行为也不是如同成人那样的自私的进攻行为，而是像一个拼命从一个盖得紧紧的盒子中把某样东西掏出来。究其原因，在本能的反应中，行为个体没有自我和他人的考量，是处于一种完全无伦理的状态。所以，社会行动符号互动论的代表人物 C. N. 库利指出：“如果你在物质的观念之外没有关于个性或自我的确定的概念，你就很容易认为与身体没有明确的联系的思维的高级层次以某种方式延伸到第一

① 卢梭：《论人类不平等的起源和基础》，高煜译，广西师范大学出版社2002年版，第94页。

② 同上书，第98—99页。

③ 弗洛伊德：《精神分析导论讲演新篇》，程小平、王希勇译，国际文化出版公司2000年版，第197页。

人称或自我上来。这样，我们就没有心理学、社会学和伦理学，而只有生理学。”①

正因为本能仅仅是基于生理因素的反应，所以，荀子说：“夫目好色，耳好声，口好味，心好利，骨体肤理好愉佚，是皆生于人之情性者。”（《荀子·性恶》）这里讲的主要就是人基于生理反应的本能。与此不同，所谓的“本性”却体现了社会性，往往源于习惯，而习惯的形成则是互动的结果。一般来说，本能并不反映出人与人之间的社会关系，本能反应也就不是典型的人类社会行为。究其原因，社会行为不是孤立的，而必然是一定社会关系的产物，从而必然掺入人类的伦理价值因素；相反，本能却仅仅反映了独立个体的需求，而不涉及社会关系，从而没有善恶之分，当然也就不属于道德范畴。不幸的是，由于荀子把源自心的精神情感与源自耳、目、口、骨、肤的生理反应等同起来，在本能中就混入了心灵的因素，从而就把本能混同于本性。正因如此，春秋时期的告子就说：“性，犹湍水也，决诸东方则东流，决诸西方则溪流。人性之无分于善不善也，犹水之不分东西也。”（《孟子·告子上》）其实，由于动物的行为根本上都出自生理的反应，相应地，动物也就仅仅具有本能；与此不同，人的行为则往往超出本能之外，还要受到社会性的影响，这就是人“性”的内涵。也就是说，处于社会关系中的人的行为往往包含了本能和社会性两种属性，因而就有必要对人类行为中的影响因素进行区分。

一般来说，现代经济学中的人性概念及其内涵根本上来自心理学，而早期的心理学又是建立在还原主义的基础上。这种还原主义心理学主要通过动物行为实验来获得对人性的认知，从而往往将人性等同于动物的本能。例如，策动心理学创始人麦独孤在《社会心理学导论》中对本能下的定义是：本能是一些内在的特殊的心理上的倾向，凡属同一物种的个体所共有而必有的。不过，如蔼理士指出的，本能的行动并没有意识作用而仅仅是基于生理的一种冲动。因此，即使把本能视为心理上的，也仅仅是原始心理的，就如动物一样的。正因为这种原始心理是根植于

---

① 库利：《人类本性与社会秩序》，包凡一等译，华夏出版社 1999 年第 2 版，第 92 页。

人的生理反应，所以，斯宾塞把本能解释为“综合的反射作用”。[①] 事实上，麦独孤不但强调人的行为具有目的性，而且还主张动物的行为也具有目的性，进而还把人的行为都还原为本能反应。显然，这反映出，麦独孤并没有真正地区分人的行为中的本能因素和社会性因素；进而也就反映出，主流心理学家通过研究动物来分析人的行为所内含的偏误。特别是，在稀缺资源的情况下，弗洛伊德指出的两种本能都体现为对私利的追求，甚至表现为对他人利益的侵犯，以致弗洛伊德认为，“控制侵犯本能从一般意义上说是不健康的，并且会导致疾病”。正是受这种影响，现代主流经济学在分析社会经济现象时基本上采取了动物式的逻辑思维，进而也就接受了经济人的假说，它把人的本性视为“恶”的，并主要刻画一些人性发育不健全的行为方式。

一般地，基于生理反应的本能是人和其他动物所共有的，但本性却是反映出人类所特有的属性。进而，这种特殊的人“性”是社会互动的产物，往往是源于习惯并在代际传递，因为习惯的形成本身就是同代人之间以及代际不断互动的结果。事实上，只有人类的活动才是社会性的，其他动物的活动则常常是孤立、个体的，不会有意识地考虑它们之间的关系。而且，即使一些动物也拥有一定程度的群体性生活，如蜂、蚁等就是如此，但是，它们的群体活动的互动仅仅是出于物种的生存本能，是不可控制和不自觉的，没有上升到心灵上的感悟，也就无法形成真正组织化的社会。所以，梁漱溟指出：蜂蚁“社会内部结构、职分秩序一切建筑在其身之上。说身，指其生来的机体暨本能。（而）人类生命重在其生命之一面，曾不异乎蜂蚁也。顾所以形成其社会者，非同蜂蚁之在其身与身之间，而宁在人心与心之间耳”[②]。同样，克鲁泡特金在《互助论》中将动物乃至原始人之间的合群互助也称为一种本能——社会本能，这种社会本能也是无意识的，与人类有意识的社会行为存在根本性区别。正是从这个意义上说，笔者认为，人与其他动物共同具有的本能与人类独有的本性存在根本性区别：所谓人的本性主要是指其社会性，而社会性只是处于社会团体中产生的特性，是一定的社会环境和习惯所造成的。

---

① 蔼理士：《性心理学》，潘光旦译注，生活·读书·新知三联书店 1987 年版，第 17 页。

② 《梁漱溟集》，群言出版社 1993 年版，第 403 页。

事实上，社会性既然是社会互动而产生的心灵上的感悟，那么，它就不具有天然的意义，不是与生俱来的。但是，按字面理解，“本性”这个术语却有“本来的社会性”之意，乃至嵌入了相互矛盾而不相容的内涵：一方面，“本”是暗含着“天然”之意；另一方面，“社会性”则又表明它是社会互动的产物，是后天造就的。正因为“本性”这个术语本身存在歧义，是个容易让人混淆的词汇，为此，笔者建议应该舍弃这一词汇；否则，人们很有可能根据自身需要而随意使用，有时将之等同于本能，有时又把它视为人性。

总之，“本性”一词是个误用，它将基于先天的本能与后天养成的人性混淆了。实际上，通常所谓的“本性”，精确地讲，应该指称人的禀性，简单地说就是“人性”。因此，这就要求我们对一些流行的概念重新进行辨析和界定。在某种意义上，传统所谓的本性说实际上是无源之水、无本之木，因此，在探讨人类行为时更可取的是“人性”而非“本性”一词。当然，蔼理士、孔狄亚克等人却从另一个角度来对这些词汇进行选舍，他们在分析动物以及原始部落的行为时发现，“本能”一词无法反映人的有意识作用，从而主张舍弃“本能”一词，而选用“本性”；但是，笔者这里强调，“本能”本身就在于考察人的生理性反应，它在分析社会性很低或者孤立的个体行为时是可以使用的；相反，用于考察具体社会关系下的社会性行为的“本性”一词却没有包含人类社会性的心理作用，因而应该放弃。事实上，概念的内涵和意义不同，将会导致我们对事物产生新的认识，甚至促进理论的发展。譬如，“本性”一词中的“本”就含有天然的味道，将这种本性观用于具体的社会经济现象分析中就容易产生误导的作用，使人误以为这种经济人行为有其客观的人性基础，并且这种人性是自然主义的。可见，经济学的各种假设本身并不是客观的，主流经济学往往对一些充满误导性的术语存而不论；而且，这不是因为这些词汇本身是明白无误或者客观的，而主要是主流经济学停留在事物表象的功能主义态度所致。实际上，正如施蒂格勒指出的，在经济学中，至今尚未发现过一种在任何情况下都具有明确的意义，已不再需要进一步阐明的概念。其他社会学科大体也是如此。

第三节 人性在社会互动中日益形塑

上面的分析表明，本能仅仅顾及自身而忽略对他人的关注，缺乏人性中特有的移情通感；因此，基于本能的行为无法形成自觉的合作，基于本能的行为往往与人类社会的发展背道而驰。关于这一点，我们可以从一些蜕化了的人性身上得到更鲜明的反映。自从1920年印度人辛格发现了“狼孩”，人们相继又发现了“豹孩”和“熊孩”等，这些从小离开人类社会关系而与野兽生活在一起的孩子，长大后即使回到了人类社会，也很难适应人类生活。同样，目前在欧美也发现了一些被人为隔离开来而在缺乏与他人互动情形下长大的小孩，他们几乎只有纯粹生物学上的能力。正因为传统心理学存在着对人性简单还原的缺陷，因而随着心理学的发展和成熟，一些心理学家也逐渐对以前的偏误做了纠正，其中一个重要发展就是马斯洛的人本主义心理学的兴起。马斯洛强调指出：“（人的社会）行为是许多力量共同决定的，内部动机只是其中的一种。”① 可以简略地说，任何关于行为决定的理论都必须包括以下三方面决定因素的研究：性格结构、文化压力以及直接的情境或领域。在不同环境下，嵌入人性中的动物性本能和亲社会性往往具有不同的比重，这就产生出明显的行为差异。例如，阿拉派什人（the Arapsh）之间充满友爱和互让，而恰克奇（Chukchi）和多布（Dobu）民族的成员之间则相互憎恨到了极点。② 正因如此，后来的弗洛姆、霍妮以及其他新弗洛伊德主义者又开始认为暴力完全不是出自本能。

其实，人性中最根本的内容是亲社会性，是在社会互动中形成的一种人与人之间关系的体现。正如马克思指出的：“人即不如亚里士多德说天然是一种政治的动物，无论如何也是一种社会的动物。”③ 这种社会性促使人们追求他人的认同，其中，早期主要是通过武力的形式，后来主

---

① 马斯洛：《实现人生价值》，冯化平译，内蒙古出版社2003年版，第172页。

② 戈布尔：《第三思潮：马斯洛心理学》，吕明等译，上海译文出版社2001年版，第88页。

③ 马克思：《资本论》第1卷，人民出版社1963年版，第345页。

要通过文明剥削的形式，演化到现代则主要通过交换和合作的形式。福山就指出："在整个人类历史的发展过程中，追求他人认同的欲望一直都是人类行为的主要驱动力之一。历史早期，国王卿侯在战场上与敌人兵戎相见、浴血作战，表面上争的是主导权，其背后的支持力量正是这股追求认同的欲望。到了现代，追求认同的征战从军事领域转移到了经济领域，性质上从摧毁财富变成了创造财富的有利社会活动。"[①] 显然，伴随着人类这种人类社会化倾向的发展，人性也在不断变化，人性的形成往往与特定时空下社会认同的倾向相适应。事实上，就人类个体而言，他从出生到成熟的发展过程也就是与社会融合的过程，随着与社会互动的深入，也就是个体的本能色彩逐渐退化和社会性逐渐强化的过程，也就是人性不断从自我走向他我的过程，这种变化也是与社会关系相适应的。因此，这里有必要再次剖析驱动人性发展的内在因素。

既然人性只是社会互动的产物，那它是怎样形成的呢？我们知道，动物的活动往往是孤立的，而且需求是低层次的（只是为了生理的需要），因而它的行为往往是出于本能。而人是社会性的动物，生来就处于一定的社会制度之中，人的行为绝大多数是社会互动的结果。一般地，制度可定义为：一种约束关系，它主要用来协调在稀缺性的社会中人与人之间互动产生的各种关系。由此似乎就可以说，尽管本能是先天的，但生活在社会群体中的人的本能也必然会受到一定制度的约束和影响；而且，人的追求和欲望具有不断上升的趋势，而这并不会局限于生理需要的层次。因此，在人的显性属性中，人的本能就会逐渐让位于后天养成的习惯、性格。也即，环境造物，有什么样的环境就可能造就什么样的性格。为此，墨子主张，人性如素丝，"染于苍则苍，染于黄则黄，所入者变，其色亦变"（《墨子·所染》）。

关于对人性的认识，我们也可以对孟子和荀子的人性观做一比较，由此也就可以清楚地看到这样几点。（1）尽管两人对人之本性有不同的理解，但根本上都只是对其共同老师的片面发挥。孔子说"性相近，习相远"（《论语·阳货》），就是指人的实际行为深受其社会性的影响。（2）即使两人持有相反的人性观，但在强调学习这一点上又是相通的。

① 福山：《信任：社会道德与繁荣的创造》，李宛蓉译，远方出版社1998年版，第11页。

其中，孟子的“学”是为了扩展人性“善”，荀子的“学”则是为了改造人性“恶”。(3) 两人也都坚信人性是完美可教的。孟子说：“人之有道也，饱食、暖衣、逸居而无教，则近于禽兽。圣人乃忧之，使契为司徒，教以人伦——父子有亲、君臣有义、夫妇有别、长幼有序、朋友有信。”（《孟子·滕文公上》）荀子也强调，礼乐可以调节人的兴趣，控制人的欲望。荀子说：“学数有终，若其义则不可须臾舍也。为之，人也；舍之，禽兽也。”（《荀子·劝学》）实际上，根据孟子一派的认知，人性之所以可以不断完善，就在于有“四端”这善根；但即使如此，孟子还是深深地意识到常人并未能够扩充其固有之善，所谓“仁，人心也；义，仁路也。舍其路而弗由，放其心而不知求，哀哉”（《孟子·告子上》）。由此，孟子就强调，要通过学习和践行来促进人性的成熟和完善，进而也就导向了“仁政”社会。相反，荀子一派则认为，人性往往会因受固有情欲的影响而堕落，从而就需要发展理性以至情欲，由此也就导向了“礼法”社会。

库利认为，辨别“人性”的含义要从三个方面入手：(1) 人类的由种质而产生的严格的遗传特性，主要是人的内在冲动和潜能；(2) 个体处于密切联系的“首属群体”的社会性本质；(3) 特殊的环境和风俗的作用的影响。库利还指出，人类本性最基本的特点是可教育性，社会自我实质上就是“镜中自我”或“反射自我”，“人们彼此都是一面镜子，映照着对方”；因此，我们在想象中得知别人对我们的外表、风度、目的、行动、性格、朋友等的想法，并受这些想法的影响。其实，库利原本是一个经济学家，他之所以转向社会学就在于对新古典经济学教条深抱怀疑态度，认为它过于狭隘而无法解释社会行为的广泛机制。相反，库利强调，社会必须作为一个整体加以考察，社会科学家也必须采取一种演化的方法。究其原因，人不是孤立的个体，而是社会的成员，人的思想和行为是相互联系的；当个人作用于社会时，也会改变其他人的行为，这种影响是持续的。[①] 同样，美国机能主义心理学派创始人威廉·詹姆士（W. James）也认为，在认知世界的过程中，人既是认识主体（纯

① 参见本·塞利格曼《现代经济学主要流派》，贾拥民译，华夏出版社 2010 年版，第 211 页。

粹自我），又是认知对象（经验自我）。同时，詹姆斯又区分了“物质我”“社会我”和“精神我”，认为个人通过想象他人如何评价他，以及他所看重的那些人对他所作所为的某种期待，产生了他的自我认同感。

因此，在群体的社会互动中，个体行为就不可避免地会受到社会习俗规范的影响。一般来说，社会中的人往往具有这样两种倾向：（1）社会顾虑化倾向，即一个人在大众面前的行为会有所顾虑。这主要是个人在新的群体情境中，会失去行为的标准与参照点，而产生不自然的反应。（2）去个体化倾向，即在群体中的个体往往会出现单独时不会出现的行为。这主要是从众行为，它的产生主要归因于个体受群体气氛的渲染而产生的激情作用，或者是群体压力对个体的制约作用。例如，在交通行驶中，如果某人逆向而行，不但会造成个人利益的损失，也会招致其他人的责骂，在这种情况下，显然追随大众的行为是有利且合理可行的；但是，如果在没有其他人存在时，那么他往往会随心所欲地自由活动。正是由于经济是各种相互依存的关系的复合体，从而也就为社会变革提高了广阔的空间，可以采取一定的集体行动来影响甚至控制个体行动。相应地，我们并不能像现代主流经济学所主张的那样把所有责任都压在个人身上，并想当然地以为这能够提高他们做出适当选择的能力。

现代心理学理论也证实，人类行为的发展遵循这样的规律：从反应性行为、条件反射和工具性行为向抽象符号演变。在这演变过程中，采取了“内化”的形式，通过条件反射以符号的方式而抽象化，由此人类获得了技能及其他知识；相应地，现代社会的价值伦理也是以相似的方式内化而来，乃至可称为“伦理技能”。也就是说，学习伦理技能的最有效途径就是反复实践观察社会中其他人的行为。人与人之间是互动的，这也是库利等所谓的“镜中自我”所蕴含的真正含义，而正是这种反应性的学习行为加快了决策过程并增进了人类交往的效果。事实上，不仅个体行为是如此，社会整体行动也是如此，目前主流社会学认为，制度既是一种结构，也是并且首先是一种互动的过程。乔根森·特纳描述了互动的制度化过程：行动者—互动情景—在文化模式影响下，行动者需求倾向及其变化—规范产生—借助规范行动者行动取向的调整—规范对其后的互动再调节—……这样，在个体和整体之间的不断互动过程中，人的亲社会性不断得到强化；进而，人性的扩散又形成了社会文化伦理，这种文化伦理进一步对人性行为产生了根本性影响。事实上，新生物学就认为，文化本身是一种把行为规范以非基因遗传方式世代相传的能力，文化也紧紧地与大脑连在一起，构成人类进化优势的一个主要来源。这也意味着，人类历史的轨迹决定了我们这一时代人的禀性。正如柯武刚和史漫飞所说："人完全是因为与其伙伴的个人联系才在智力上、道德上、文化上和情感上不断成长的。"①

当前，社会学界一般公认的观点是，社会是个体互动形成的复杂结构，个体之间是相互依赖的，个人必将在其一生中处于许多先于他而存在的关系网中（如家庭、社会群体、民族等），关系网通常是长期历史的产物，并将协助塑造个人的感觉和思考的形式。例如，20 世纪的伟大心理学家以及日内瓦学派创立者皮亚杰指出，社会整体既不是先在要素的集合，也不是一个新的实体，而是一个关系系统，其中每个人都作为关系导致此系统所包含的联系的转变。同样，诺贝尔经济学奖得主贝克尔也指出，社会网络一旦确定，人们基本上就失去了对社会资本生产的控制，因为社会资本的生产主要是由同辈和其他相关的人的行动所决定的。显然，如果个人的社交网络由许多人组成，那么个人的行动对他的社会资本的总投资量将很难产生影响；而且，作为人类共享价值和偏好文化和传统随时间变化是缓慢的，因为这些"控制机制"不易被改变。正因如此，涂尔干在《社会学方法的规则》一书中指出，社会不是简简单单的一群人，而是由现实表现出的他们之间的联系形成的系统，这个系统有其自身的特点。显然，经济学中的方法论个体主义不仅忽视了社会现实主体间的方面（个人之间的关系），而且忽视了桑德尔所称的社会现实的主体内的方面，即构成同一个人的身份多元性和人格多样性。

总之，人性本质上是指人的社会性，人的行为也往往是基于社会规范的一种互动，并在众多个体行为的基础上又进一步促进了社会规范的调整，从而推动文化传统的演化。一方面，人性的养成主要受宏观的社会环境影响。米德就指出："人类个体属于一个有组织的社会共同体，并且从他与整个共同体以及与共同体其他个体成员的社会相互作用及联系

---

① 柯武刚、史漫飞：《制度经济学》，韩朝华译，商务印书馆 2000 年版，第 70 页。

中得到他的个性。”[①] 事实上，从启蒙运动的卢梭、洛克等开始直到现代行为主义学派的约翰·沃森和 B. F. 斯金纳等学者都提倡白板说：人的大脑原初是一块空白，存在于成人大脑中的任何知识、习惯、联想等都是出生后由于与社会其他成员的互动而移植的，基于本能的冲动本质上是没有“善”“恶”之分的。另一方面，社会大环境又是人类不断演化的结果，它主要以文化和制度的形式在人类社会中得以沿袭和传播。这意味着，文化在人性的形成和发育过程中起到重要作用，它能够抑制住人类天生的本能和内驱力。进而，这也意味着，受不同历史文化的影响，人的秉性并不一致。例如，布劳代尔就指出，长时段的社会结构决定了社会的特性。因此，主流经济学基于西方自身文化为蓝本而抽象出来的原子人性作为分析一切社会现实的基础，显然就是有问题的。事实上，现代西方主流经济学的分析对一些社会中的经济行为就无能为力，而只能简单地将之视为不是市场行为而撇开不论。例如，M. 莫斯指出：“市场是一种人类现象，它并不外在于已知的任何一个社会。”[②] 这种由本能演化的人性分析思路也受到很多非主流经济学家的认同，凡勃伦就是一个代表人物。凡勃伦认为，人类是由特定的本能所支配的复杂得多的生物，是好奇的生物，本性上偏好新的做事方式；但是，人性是演化的，是与文化交互作用的产物，而不仅仅是对快乐和痛苦的反应，这与古典和新古典学者的理性和效用概念形成强烈对比。

第四节　道德内化与人性发展取向

前面已经指出，人性是社会互动的产物，也是不断发展的。之所以具有不断发展性，就在于他的内在属性——易塑性。伟大的空想社会主义者欧文曾指出，人的本性、性格是由环境造成的，不存在天生的坏人和恶人。霍尔巴赫则认为，人类是邪恶的，但他同时又强调人类并非天生邪恶，而是环境使然。一般地，保守主义哲学家大多坚持人性是不完善的，而且是不可完善的，因为不完善的人只能造就不完善的制度；但

---

① 米德：《心灵、自我与社会》，赵月瑟译，上海译文出版社 1992 年版，第 204 页。

② 莫斯：《礼物》，汲喆译，上海人民出版社 2002 年版，第 5 页。

是，像卢梭这样的自由主义以及理性主义者却大多强调人性的可完善方面。例如，卢梭在《论人类不平等的起源和基础》中坚信，人的基本特征就是在于其可改造性，或者说可完善性。同时，人性的可塑造、可完善的观点在西方社会也已经被普遍接受。有的学者甚至宣称："只要给我一个活的细胞，我就能给你造成一个生物的世界"，并且可以"按照哲学原则"进行繁殖。[①] 更早的行为主义者华生则指出："给我一打健康的婴儿，并在我自己设定的特殊环境中养育他们，那么我愿意担保，可以随便挑选其中一个婴儿，把他训练成为我所选定的任何一种专家——医生、律师、艺术家、小偷，而不管他的才能、嗜好、倾向、能力、天资和他祖先的种族。"[②] 据说，詹姆斯·穆勒就是按照这一信念和原则来培养他的儿子约翰·穆勒的。

而且，人性的可塑性认知甚至可以追溯到人开始思考自身之初。亚里士多德强调，人虽然是一种动物，但却是一种理性的动物，其与其他动物的根本区别就在于人有道德能力。到了 19 世纪，人固有的典型特征，如理性、精神、道德、自律性、意志自由、可臻完善性等，开始被确认为不是与生俱来的天性，而是超出其外的特性。例如，卢梭认为"自我完善的能力"是人真正区别于其他动物的根本特征。因此，西欧启蒙主义最基本的观点就是，邪恶和不幸不是人的内在弱点造成的，而是由于无知、偏见和贫困造成的；因此，人类的问题可以通过理智、良好的教育和日益增长的物质繁荣来解决。即使是自由主义兼保守主义者阿克顿，一方面坚持"人们的义务观念不是由国家教育出来的"，另一方面也承认"事物的特征和品质是由制度塑造出来的"。[③] 同样，在中国，历代的思想家更是非常强调"修身""养性"的作用，强调环境的作用，正因如此，孟母三迁和季雅买邻的故事至今流传。事实上，从孔子、墨子、孟子、荀子这些开山大师开始，后经董仲舒、王充、王安石到朱熹、王夫之、戴震等这些耳熟能详的大儒，他们都强调了人性的道德内化。例如，王充强调，"人之性，善可变为恶，恶可变为善"（《论衡·率性》）；

---

① 拜尔茨：《基因伦理学》，马怀琪译，华夏出版社 2000 年版，第 21 页。

② 华生：《行为主义》，李维译，浙江教育出版社 1998 年版，第 95 页。

③ 阿克顿：《自由与权力》，侯健译，商务印书馆 2001 年版，第 333—334 页。

明代思想家王廷相则把人性视为自然性和社会性的统一体，认为“凡人之性成于习”，并强调教育和环境在人性发展中起举足轻重的作用。

人性是发展、演化的，构成人性内涵之一的伦理价值理应也是如此。亚里士多德将德性分为两类：一是理智的，积极运用理性能力去研究自然或就某件事做出计划；二是伦理的或美德的，运用理性能力来调节、平衡冲动和欲望以形成中庸的道德黄金行为。同时，亚里士多德还认为，理智德性主要是教导而生成的、由培养而增长，所以需要经验和时间；相反，伦理德性则由风俗习惯沿袭而来，只有养成运用理性能力的习惯才能称为德性。心理学家皮亚杰和科尔伯格根据对儿童道德观点的研究提出了基于道德内化的认知发展理论，其中，在皮亚杰研究的基础上，科尔伯格进一步将人类道德的发展分为3个水平：（1）关于（外部决定的）前习俗的道德水平（preconventional level）；（2）以群体利益和规则为基础的习俗的道德水平（conventional level）；（3）自我遵守道德规则的后习俗的道德水平（postconventional level）。同时，科尔伯格又将每个水平展开为两个阶段，因此道德的发展共有6个阶段。前习俗的道德水平是一个对道德无知无识的时期，在第一阶段每个人修正自己行为的动机是对惩罚的反应，这是与惩罚和服从倾向相联系的阶段；后一阶段则出于对获得奖赏的渴望，属于朴素的工具性享乐观。习俗的道德水平则是已经开始理解道德标准和规范，并且是对传统角色的遵从，其第一个阶段个人行为的内驱力主要来自父母或同伴的期望而避免不赞成，从而遵循来自于家庭、学校或教堂的各种规范和标准，这是所谓的“好男孩乖女孩阶段”；第二阶段则扩展为认识到各自所扮演的社会角色应当具备的基本特征和行为方式，从而逐步演变为对所处社会各项法律的遵从，是所谓维护“法律与指令”权威的道德阶段。后习俗的道德水平则是出于对道德原则正确的真实内涵和现实依据的了解而接受某种道德原则，其第一个阶段是在个人权利和共同协议的基础上谈论和理解道德，因而称为“个人权利与契约”的道德阶段；后一阶段则进一步对指导自身的行为道德准则进行理性的分析与阐释，从而对道德充分认同并以其指导自己的行为，这也被称为“以个人良心为原则”的道德阶段。

在很大程度上，科尔伯格又是对皮亚杰认知道德发展论的进一步阐释者。皮亚杰认为，认知发展和道德发展是齐头并进的，这一过程经历了两个阶段：(1) 他律道德阶段，每个年幼儿童都把他的道德判断建立在对权威人物的单方面尊重的基础上，这一阶段反映了强制的、绝对主义的思维模式的道德；(2) 自律道德阶段，此时年轻的个体开始形成更“主观”的自主感和互惠感，从而形成的平等和合作的道德。更进一步地，皮亚杰的这种认识又源于涂尔干范式。涂尔干提出，道德内化过程存在三种基本成分：(1) 权威和纪律精神；(2) 对社会团体的情感；(3) 自主性或自我决策。首先，权威和纪律“一般在品质和个性形成中发挥着重要作用”，它们让有感情的人类“控制我们的激情、我们的欲望、我们的习惯，使它们服从规则”；因此，纪律在创立它自己的行为和合作的自我调控模式，有助于形成一种“社会黏结剂”。其次，对团体的情感使得我们把道德生活看作是超越“我的”世界而到达“我们的”世界，从而促使了社会稳定均衡。再次，自主性则把对团结一致的有力要求与对个体性的有利要求结合起来，从而使自己真正成为自身的主人。显然，对发展性的个人道德而言，这三种道德成分的比重也是在不断变换的。此外，此后的洛维格尔在科尔伯格认知道德发展理论的基础上又进一步提出了自我发展的八阶段理论：前社会阶段、共生阶段、冲动阶段、自我保护阶段、尊奉者阶段、凭良心阶段、自主阶段和整合阶段。

这也反映出，在整个发展过程中，个人的道德倾向随着他对世界的体验而扩展，而认知的（大脑）发展允许这种扩展。事实上，人类的道德伦理的演变就是人在社会中不断互动学习的结果。显然，道德水平的形成是社会性发展的结果，蹒跚学步的孩童往往无法体会道德角度的“对”与“错”概念，而到成年时期，绝大多数人开始处于对道德无条件遵循的层次。当然，基于个人的社会性程度以及理性思维水平的差异，社会中每个人所能达到的道德水平也是不同的。一般来说，我们的日常行为往往是基于对快乐、痛苦、奖励、惩罚所做出的某种程度的反应，因而我们日常行为经常是处于道德水平的第一个层次；而处于第三个层次的人则必须意识到并理解那些围绕道德决策的行为规则，历史上的那些思想变革或发轫者就是这类人，如孔子、苏格拉底、摩西、释迦牟尼、穆罕默德、马丁·路德、马克思等都是如此。实际上，大多数人也无法达到道德发展的第三个层次。例如，科尔伯格认为，只有5%—10%的成人达到最后一个阶段；荣格则把道德成长假设为毕生的过程，这个过程只是极少的个体在到达或晚于中年期才得以“自我实现”。相应地，就人类社会而言，其道德水平也是不断发展的，甚至处于永远无法完善状态。在很大程度上，这也是为什么一些不合理的规章制度长期存在的原因，如中国社会长期盛行一个严重束缚女子身心健康的礼教，19 世纪中叶之前的美国南方各州绝大多数人接受和支持奴隶制度，甚至柏拉图和亚里士多德这样的大儒也认为奴隶制是自然的。

根据吉布斯（Gibbs）的观点，人性发展的潜在过程具有“离中性”：从（1）以儿童注意某种情境的最显著特点为基础的判断，这些特点通常适合儿童自己的观点；转向（2）以某种更广泛的、同样分布性地注意某种情境的特点为基础的判断，这些特点适合他人的观点；再转向（3）所有观点的逐渐合作，从而发展到更深刻地、内在地理解某种道德规范的潜在意义。[①] 当然，每当儿童面对一个更高的道德水平时，它并不是简单地模仿，而是通过积极的心理努力而上升到认知的水平。荣格指出，儿童成熟的过程是重建和整合幻想生活，并进行意识扩张的过程，他通过使用推理把幻想合并进他早期的原始意向和本能存在。桑代克根据自己的实验研究还提出了两条著名的学习定律：（1）练习律，即学习需要重复。在其他条件相等的情况下，对情境的反应同反应与情境的联系的重复次数和联系的强弱成正比，所谓的“业精于勤，荒于嬉”。（2）效果律，这是说，刺激与反应之间的一种可以改变的联结可因导致满足的结果而加强，可因导致烦恼的结果而减弱。[②] 进一步地，在上述主要定律的基础之上，桑代克还提出了选择反应、类比反应、多重反应以及联想性转移等五条辅助定律。总之，随着人类文明的扩展，基于合作的社会性也在深化，个体一旦出生就开始与社会发生互动；这样，一个人的道德倾向的“建构”过程就可能一直持续到他可能达到的最高水平，这是一种道德内化的程度。

道德内化是一个积极的心理过程，它把新的、更全面的道德观点整合到一个人现存的道德框架中。精神病学家埃里克森（H. Erikson）就把

---

① 参见霍夫曼《移情与道德发展：关爱和公正的内涵》，杨韶钢等译，黑龙江人民出版社 2003 年版，第 147 页。

② 桑代克：《人类的学习》，李月甫译，浙江教育出版社 1998 年版，中文版译序。

伦理发展的任务划分为三个明显的领域：（1）儿童期的道德学习（moral learning）；（2）青春期的思想意识试验（ideological experimentation）；（3）成年期的伦理整合（ethical consolidation）。而且，这种学习不仅是基于直接经验，也可以通过观察他人行为而发生，这就是榜样的作用。所以，皮亚杰和埃里克森都强调，通过同伴之间基于同意和平等基础上的相互作用来发展道德规范。当然，当两个处于不同道德阶段的儿童发生相互作用时，那么，处于较低阶段的儿童会向上发展，而处于较高阶段的儿童则会向下发展。而且，在现实生活中，成人或社会既存的道德规范对人的影响是无法根除的。事实上，个人常常以社会规范为行为的拇指规则。这也就是道德内化的另一学说——归因论。归因理论认为，如果给一个儿童施加的压力正好使儿童遵守某种道德规范，但不足以使儿童认识到他是在压力下遵守的，那么儿童会把他遵守规范归因于他自己的意志。根据归因论，一个伦理道德欠缺的个体，如果置身于一个良好伦理的群体中，或者通过良好的伦理教育，就可能得到改进；相反，即使一个原先具有较好伦理的人，如果一直处于"尔虞我诈"的氛围中，也容易丧失原先的精神。这就是道德上的"孤立怪论"，也是"近朱者赤，近墨者黑"的真谛。并且，这正是齐傅楚咻的故事所反映的，中国近十几年来人性的急遽改变以及犯罪的高涨也正是对之的印证。

一般认为，道德内化是在人生的早期，是在儿童能够进行复杂的认知信息加工之前出现的，如基本的道德内化过程在五六岁时已完成了。而且，由于孩提时期，人性还具有很大的一片空白，因而这时的社会环境对人性的影响也是最大、最深的。波普尔曾以自己的经历举例说："我曾经是一名儿童教育者，我知道他们是不喜欢暴力的。当我们带孩子去看电影时，我们会发现，如果电影上播放危险的情景，孩子们就会闭上眼睛。但是，他们很快就被影响了，变得越来越想看到暴力，因为他们那种恐惧和反感已经被习惯所克制了。"[①] 正由于这一阶段是道德内化的关键时期，童年期形成的自我概念比在后来的生活中形成的自我概念更稳定、更持久，因而在个性发展中的作用也更重要。因此，我们的社会

---

① 波普尔：《开放的思想和社会：波普尔思想精粹》，米勒编，张之沧译，江苏人民出版社2000年版，第438页。

也要加强对儿童健康伦理的引导，实际上社会上就存在一些儿童的禁地。特别是，由于人的思维总是要受过去的影响，教条主义倾向无法完全避免，这一方面要求我们对儿童教育重视，另一方面也需要造就一种依赖过去的良性传统。

最后，需要指出，社会环境对个人道德形成的作用并不是单向性的，不是由简单的刺激—反应决定；相反，更可能是环境与个体交互影响，是个体因素、环境—心理因素和行为彼此互锁决定因素的交互作用规约了道德的内化轨迹，这就是美国心理学家班杜拉（A. Bandura）提出的社会学习理论。譬如，攻击性儿童在其他儿童对他采取有敌意的行动时，会引起攻击性儿童的攻击行为；这样，他以自己的行动创造了一个有敌意的环境，而行为友好的儿童则导致了一个友善的社会情境的产生。班杜拉和沃尔特斯（R. H. Walters）的实验也表明，那些具有高攻击性的孩子往往是在其父母的怂恿下才具有攻击性，这些父母不仅认为他们的孩子应该知道怎样打架和捍卫他们的权利，而且这些父母也倾向于用身体惩罚和剥夺权利作为训诫的手段；相反，低攻击性的孩子的父母更倾向于使用理性的方法。[①] 表现在目前的社会中，经济学专业的学生本身所接受的功利主义倾向正是他今后面临一个功利主义社会环境的原因，这又进一步强化了他今后的功利主义倾向；同样，由于目前西方的物质文明偏盛，这使得整个世界基于物质主义的工具理性也不断强化。

总之，人性发展是通过与社会其他成员的互动而将道德内化所引发的，这种“将准则和信念内化是对社会影响最持久、最根深蒂固的反应”。[②] 事实上，如果一个企业家做慈善事业仅仅是为了广告效应，那么他就不是一个真正具有慈善心的人，因为当广告效应不起作用的时候，他的这种慈善行为也会停止。一般认为，这种道德内化的重要时期在于孩童时代，这也是为什么传统社会学乃至弗洛伊德学派心理学都特别强调对童年时期的社会化环境的研究。当然，尽管孩提时代的经历对伦理的形成影响深远，但研究和经验都表明，伦理的发展是贯穿于生命的始

---

① 参见里奇、戴维提斯《道德发展的理论》，姜飞月译，黑龙江人民出版社 2003 年版，第 43—44 页。

② 阿伦森：《社会性动物》，郑日昌等译，新华出版社 2001 年版，第 36 页。

终的。譬如，在人性问题上，王夫之提出，“性日生日成”的命题，并强调人性不是“一受成型”，而是“屡移而异”“未成可成”“已成可革”（《尚书引义》卷三）。库利也指出，每当一个人进入一种新的社会环境时，自我评价过程就会继续进行，这在人的一生中都是如此。所以，孔子说：“三十而立，四十而不惑，五十而知天命，六十而耳顺，七十而从心所欲不逾矩。”（《论语·为政》）这句话实际上道出了人性完善的发展轨迹，也反映出人性发展的动态演化过程。

第五节 超我是人性的高层次境界

尽管人的本能是对自身的保护，但正如弗洛姆所说，对人而言，“生活并非是某种‘被给予的’状态，除去吃喝、生存、寻欢作乐、本着个人的道德规范参与时事之外不需要其他意义”；[①] 相反，一旦处于社会关系中，人的社会性就逐渐增强，这种社会性使得人的保护本能开始推及同类身上。因此，即使把里比多视为人之最深厚本能的弗洛伊德也指出：“人类不仅是性生物，而且还有比性更高贵更高级的欲望冲动。”[②] 事实上，按照居友的看法，生命本身就有两个方面：（1）营养和吸收；（2）产出和生殖。每个人都会感到自己身上有一种道德的冲动，内心需要对他人慷慨大方，有所裨益。而且，在居友看来，“最充实的生命是这样的，它强烈地趋向于慷慨大方的消耗，并能在某种限度内做出牺牲，或与他人同甘共苦。由此可见，最完善的生命同时也将是最具社会性的，个体生命的理想是共同生活”[③]。

同样，卢梭指出：“人类还有一个本性霍布斯没有发现。大自然将这种本性赋予人，使人能够在一定场合，由于本能地不愿看到同类受难，从而抑制他的狂热的自尊心，或在自尊心产生之前，抑制他的自我保护欲，抑制他追求个人幸福的热情。……我说的这种美德就是怜悯，这是

① 弗洛姆：《精神分析与宗教》，贾辉军译，中国对外翻译出版公司 1995 年版，再版前言。

② 弗洛伊德：《精神分析导论讲演新篇》，程小平、王希勇译，国际文化出版公司 2000 年版，第 54 页。

③ 居友：《无义务无制裁的道德概论》，余涌译，中国社会科学出版社 1994 年版，第 94—95 页。

人的一种禀性。”[1] 这意味着，“怜悯是人的一种天生的情感，能克制个人身上强烈的自爱情绪，促进全人类的互相保护”[2]。中国的孟子则认为，恻隐、羞恶、辞让、是非是人性之“四端”，处于萌芽状态的“四端”只要“扩而充之”就可以发展为仁、义、礼、智这四“善”；但是，如果发展不好，也可能退化为“不善”。在很大程度上，发展的结果就取决于环境。王夫之也指出，“人之所以异于禽兽”关键在于人具有社会性需求的目标，这就是王夫之所谓的“志”，志是“人心之至”和“心之所期为”。事实上，根据马斯洛的观点，人的需求是不断上升的，高级需求是一种发展的过程。显然，就低层次的生理需求而言，所有的生物和人类都一样，但是，只有人才具有自我实现的需要。正是从这个意义上说，需求越高级，人的特征也就越明显。究其原因，人的需求是不断上升的，如新生儿首先得努力满足温饱和安全的低级需求，这也意味着人性也是不断发展的。

人性之所以是不断演进的，其关键就在于，人性具有多层次性，人性的发展实际上也就是从低层次不断向高层次变迁的过程。卢兹和勒克斯指出：“经济人只是马斯洛体系中注重最低需要水平的个体。用比喻的说法，经济人就是生活在人类经济黑暗的地下室里找不到通往充满阳光的楼上居室的人。经济人就是在这样的地下室里追求快乐，他以价值作为共同标准来计算他想得到的所有物品的价值。”[3] 那么，是什么原因使经济人只求数量而不求生活质量呢？卢兹和勒克斯认为，马斯洛的需求层次理论有助于说明这个问题。根据马斯洛的需求理论，一个着眼于在物质需求最低水平上自身发展的人，肯定会在进一步发展到较高水平时受到某种阻碍；在低水平的情况下，斤斤计较好像是合理行为的本质，而在高水平的情况下，感觉和知觉在做出明智决策时起到非常重要的作用。

为此，即使曾被弗洛伊德视为接班人的荣格在与之交往不久之后就

---

① 卢梭：《论人类不平等的起源和基础》，高煜译，广西师范大学出版社 2002 年版，第 94—95 页。

② 同上书，第 98 页。

③ 卢兹、勒克斯：《人本主义经济学的挑战》，王立宇等译，西南财经大学出版社 2003 年版，第 94 页。

开始偏离了精神分析学说，认为弗洛伊德一味注重人的低级的动物性是狭隘的，而是强调了认识个人目标与抱负的重要性，从而提出了自己的人类动机理论。同样，被视为弗洛伊德信徒的阿德勒也反对弗洛伊德过分强调人类消极的或动物性的特点，而相信健康的人所提出的目标主要是社会性的，从而把自己的理论称为个性心理学。实际上，即使弗洛伊德本人，他虽然强调人的潜意识本能的作用，但也同样认为有道德的人可以压制自己的冲动，人的原始本能受到人为地加在他身上的社会习俗和道德的制约。在《自我和本我》一书中，弗洛伊德将人格分为“本我”“自我”和“超我”三个既互相对立又相互影响而又合为一体的部分。“本我”是指人格中与生俱来的、最早最原始的、处于最底层的、具有动物本能冲动的部分，是人类的核心和原始思维过程的仓库。显然，这是源于人类躯体组织的本能，它在幼年期和儿童早期的发展中起支配性的作用。“自我”是随着儿童的生长和成熟而逐渐形成的，是每一个人对于自己的肉体和精神的自我认同。显然，自我是本我的外围，是将本我置于一些微弱而有效的控制之下的思维过程的结果，扮演着调解本我和客观世界之间冲突的作用。“超我”是个人价值的源泉，是后天习得的社会道德态度：父母、教师、社会的影响和教育都是超我的本源。显然，“超我”是寻求完善，代表人的亲社会的社会性的一面，是所谓的“道德人”。根据弗洛伊德的看法，“本我”和“超我”一直处于交战状态，一个代表着遗传的影响，一个代表着从他人身上接受的影响，而作为结果而发生的行为则来自人的“自我”。也就是说，“自我”则是人格中现实性的一面，在“超我”形成之后，“自我”调停“本我”的冲动和“超我”的要求之间的矛盾。

埃里克森就认同弗洛伊德对人格结构的三层次划分，但他特别强调“自我”的重要性，尤其注重个人与社会环境的交互作用对人格的影响，认为个体人格是在与环境的不断相互作用中发生、成长和建立起来的。更早的詹姆士则将自我分为3个部分：（1）物质的我，指“自我”的躯体内容；（2）社会的我，指对别人对自己看法的意识；（3）精神的我，指“自我”监视内在思想、情感的部分。此外，库利虽然强调“自我”，但也着重指出，“自我”并不是利己的自我，利己主义也并不是通常所说的什么附属于人性的东西，而是人性的匮乏。因此，利己主义并不是利他主义的对立面，利他动机是属于意识中更高级的层次。弗洛姆在《人为了自己》和《人心》两本著作中将人的性格分为几种类型：（1）接纳倾向型，即一个人为取得自己物质上和精神上所需要的一切而变得屈从和依赖别人；（2）剥削倾向型，即表现为对别人的攻击性，用狡计或强力夺取别人或剥削别人；（3）贮藏倾向型，即表现为节俭，锱铢必较，以至极端吝啬；（4）市场倾向型，即把自己当作商品，个人的成功以能适合别人的利用和雇佣为标准，而不是依赖个人的品质；（5）生产倾向型，即充分发挥自己的潜力，而不是以损人利己达到自己的目的。在他看来，只有生产倾向型才是真正健康的人格，而其余四种都是病态的。显然，这也是真正符合人类发展的特性。马斯洛指出，我们作为高级生命个体的人，不应仅仅是达到基本生存的需要，还应创造美好的人生境界，不断满足人性的需要。

其实，冯友兰更早就在《新原人》中从哲学自身的角度探讨了人类本性的发展。冯友兰认为，就大同方面看，人类具有四种不同层次的境界：自然境界、功利境界、道德境界和天地境界。① 在自然境界中，人类对自己的行为缺乏清楚的认识，对自我存在的独立性还相当模糊，因而行为顺乎习俗而行，是一种近似“混沌”的意识境界；在经济发展的阶段上，它相当于传统社会的短缺经济时期。此时，由于历史上人类长期处于短缺经济的状态和混沌无知的自我意识状况，因此，同时期学者的研究意识和研究境界也主要局限于与存在的短缺经济状态相联系的问题上，如饥荒、赋税、劳役等。事实上，中国古代的井田、均田、占田的土地思想，仓社、青苗等荒政思想等，都是当时代表性成果。在功利境界，人们开始对自我有了较清晰的意识，并以“自我”和“求利”为中心展开活动，此时人们主要关心的还是自我的利益，虽然客观上可以利他，但却没有一个明确的目标。因此，个人利益的最大化便是功利经济学求解与面对的主要问题，但是却将人类行为限定在单一的功利函数上来研究问题，西方社会自启蒙运动以降至今都处于这一阶段。到了道德境界，“利他”成了人们行为的主要特征，这也是成熟的智力社会关注的中心问题。马斯洛强调，“真正优越的超越性自我实现者对待事实上低下

① 《冯友兰集》，群言出版社 1993 年版，第 305—339 页。

的人总是采取对待一个兄弟的态度，把他看成家庭的一员，必须爱护他、照顾他，不论他做了什么事，因为他终究是家庭的一员”，这实际上也是道德境界的基本特征。而道德境界之后的天地境界，则进入了天人合一的境界，这时就要关切人的可持续发展问题，社会也真正进入了协力（或序力）社会阶段。这一境界也就是马斯洛所称的人性所能达的最高高度，在这一境界，“我们作为世界万物的代理人，察觉整个世界或它的遗产。只有那时，我们才能察觉世界万物的价值，而不是我们自己的价值”。① 显然，目前的社会可以被看作是处于后功利境界和前道德境界时期，这一时期人们已经认识到自我的利益也是与他人的利益密切相关的，这样，就有助于把人和社会同时纳入整体研究之中。因此，要求建立一种根基于“为己利他”行为机理的价值伦理，通过采取利他的手段来提高自己的福利，这也正是本书要阐述的思想精髓。

总之，具有社会认同精神的超我是人性发展的最高境界，社会的发展也就是人性向这一境界逐渐和无穷逼近的过程。这意味着，既然这种伦理具有内在人性的支持，那么，对人性朝这一方向的能动塑造也就有了坚实的基础。因此，钱穆认为，“人生只是一个向往，我们不能想象一个没有向往的人生”，“追求的目标愈鲜明，追求的意志愈坚定，则人生愈带有一种充实与强力之感”②。也正是人性具有不断向上发展的特性，因此，我们分析人性时，却不能先验地规范一个伦理标准，而更重要的是探讨人类社会发展过程中形成了什么样的人类关系，这就是实证伦理。正如彭加勒所说：“我们不能把伦理学建立在合乎利益、祖国概念、利他主义的基础上，因为还需要证明，人们为什么必须献身于自己作为其中一员的城邦，或者为什么要为他人的幸福而献身。……因此，一切教条的伦理学、一切论证的伦理学，预先注定要失败；这正像一个只有传动机件而没有发动机的机器一样。”③ 实际上，人类社会的长期演进，在不断改善自身生活水平的进程中，形成的伦理也在不断改进，这种改进的方向是朝社会协调、合作的方向拓展。

---

① 马斯洛：《实现人生价值》，冯化平译，内蒙古出版社 2003 年版，第 191、344 页。

② 钱穆：《人生十论》，广西师范大学出版社 2004 年版，第 3 页。

③ 彭加勒：《最后的沉思》，李醒民译，商务印书馆 1995 年版，第 119 页。

第六节　结语

在研究人的社会行为时必须区分“本能”和“人性”：“本能”是基于生理反应的结果，它是人和其他动物所共有的东西；而所谓“性”则应该体现其特别之处，“人性”就应该是人类所特有属性，根本上是体现人的社会性。而且，既然“性”是社会互动的产物，就不是天然的，因而也就不存在真正的“本”性，而通常所谓的“本性”实际上是对先天的“本能”或后天养成的“人性”的误用。同时，由于人性就是社会互动的产物，只有人类的活动才具有社会性，因而与那种生而固有的本能有明显的区别：基于“本能”的反应本身不存在“性恶”或“性善”之说。告子说：“性，犹杞柳也，义，犹桮棬也；以人性为仁义，犹以杞柳为桮棬。”（《孟子·告子上》）也就是说，体现为仁义的东西一定是包含了人为的因素，就像杞柳经过人力加工而成为桮棬一样。事实上，正因为社会性是人后天习得的结果，王阳明就教导其门人说：“无善无恶心之体，有善有恶意之动，知善知恶是良知，为善去恶是格物。”[①] 同样，王海明也认为，如果把人性视为后天获得的，那么就意味着呱呱坠地的婴儿不具有人性，因为婴儿确实没有是非善恶观念。当然，现实生活中任何人都内在着双重特性，任何人性都是本能和社会性的统一。因此，王海明又指出，人性应该既包含人与其他动物固有的动物性，又包含人类特有的性征。

显然，现代主流经济学中的经济人假设仅仅反映了人类的动物性本能，这种视角对理解真实世界中的人之行为是非常不够的；相反，为了更好地理解和处理社会中人与人之间的关系，我们有必要重新审视人性这一根本问题。究其原因，尽管任何人都具有先天的本能，但生活在群体中的人的本能必然会受到一定制度的约束和影响。因此，人的本能就会逐渐让位于后天养成的人性，使得人之行动具有一定程度的社会性。事实上，孟德斯鸠指出，人类优于其他哺乳类动物的优势正是在于他的社会性文化，人类具有这样四个特点：（1）具有动物性本性，从而能够

---

① 转引自钱穆《现代中国学术论衡》，生活·读书·新知三联书店2001年版，第28页。

对环境做出自动反应；（2）人性具有可塑性，从而使人类智能得以不断发展；（3）具有高度发达的抽象思维能力，能够总结经验从而使道德不断内化；（4）具有语言能力，从而交流得以加强。而且，由于社会互动状态的差异，人性也滋生出了多层次性，具有不断演进的特性。事实上，具有社会认同精神的超我是人性发展的最高境界，社会的发展也就是人性逐渐向这一境界逼近的过程。正是从社会性的发展和多层次性角度，笔者并不赞同，王海明将人性中的本能和社会性视为分别体现为“质”和“量”两个方面的“体”和“用”之间的关系。[①] 究其原因，尽管这种区分可以解释人的本能为己的“目的”和社会性的“手段”之间的关系，但也可能混淆两者在人性中所占比重的强弱。事实上，在人类社会经历漫长的互动演变以后，人的动物性已经逐渐褪去，而亲社会性则日益增强，所有这些都形成人不同于其他动物的行为倾向。而且，与社会互动越多，人的社会性越强；进而，在人性中体现出了多层次性：层级越高，体现的社会性越强，与社会进行合作的意愿越强。显然，这种人性的层次具有不断上升的倾向，以至学者们往往把合作视为人的“成熟”文化和人格的界定标准。为此，要探知现实世界中的真实人性及其行为特征，我们首先必须从历史进程角度考察它的演变。

① 王海明：《新伦理学》，商务印书馆 2001 年版，第 11 页。

第十一章

“为己利他”行为机理：现实行为的合理抽象

【导读】 在真实世界中，个体行为大体上都是从“己”的需要为根本的出发点的，作为个体的“小我”就是“己”的核心。同时，人类的追求和欲望往往存在层级性，而人与人之间的互动也有不同的紧密性和发散性。相应地，“己”的外延就呈现出圈层式扩展，由此形成不断膨胀的“大我”。正是在这个意义上，人类行为就兼具利己和利他两大特征，而互惠的利他主义实际上能够更好地达到“己”的目的。因此，利他就是有效地“为己”的手段，而“为己利他”则是对真实世界中人类行为的合理抽象和提炼。

第一节　引言

现代主流经济学的经济人假设从还原主义心理学中获得理论支持，将丰富多样的人性还原为一般动物所具有的本能。显然，这种本能关注的是短期的物质利益，从而必然会导向相互争斗以及囚徒困境的局面。然而，人类社会中一个普遍而持续壮大的现象就是合作，这构成了与经济人假设的明显反差。那么，如何解释这种反差或悖论呢？究其原因，尽管基于生理反应的本能是人和其他动物所共有的，但人的独特性在于其亲社会性，这种亲社会性抑制了人的本能冲动，从而不仅有助于合作关系的建立，也有助于人类需求层次的升华。也就是说，经济人所对应的并不是真实的人性及其行为机理。那么，我们又如何揭示真实世界中的人性及其行为机理呢？18 世纪英国伦理学大家巴特勒（J. Butler）指出，在我们知道“人性”的目的是什么以及“人性”的多种原则和爱好所具有的多种功能及其相互关系之前，我们不能全面理解“人性”。[①] 那么，人性的“目的”及其行为的“功能”何在呢？显然，这就需要研究人类需要什么以及如何满足这些需要。

一般地，从本能的角度来讲，人首先要满足自己的生理需要，因而直接地表现出“为己”的目的。正因如此，弗洛伊德把人类更高级的冲动和意向性行为都追溯到这种动物性的本能，把它视为所有人类思维和价值的根源。不过，人又是社会关系中的人，因而弗洛伊德的学生阿德勒强调，任何基于动物性本能的自我中心式奋斗的价值体系往往被认为是“神经症”或“反生产性”的；相反，为了满足不断上升的需要，人就必须与他人合作，从这个意义上说，合作才是人类价值体系的主要动机。同时，合作的基本精神是实现互惠，这意味着，具有亲社会性的人所采取的行为具有强烈的利他性。也就是说，利他是亲社会性的个体为实现其自身目的所采取的有效手段。这样，就得到了人类行为的基本机理：“为己利他”；其中，“为己”是目的，“利他”则是手段。实际上，任何社会关系中的个体行为都带有“为己”和“利他”双重特性。涂尔干就指出，利己主义和利他主义是高度简约的两种极端状态，在现实中实际上并不存在，一种状态实际上包含了另一种状态；因为“遵守道德就意味着履行责任，任何责任都是有限的，都会受到其他责任的限定：如果我们为他人所做的牺牲太多，就不免自暴自弃；如果我们过分地发展自己的人格，就不免自私自利”[②]。因此，本章就真实世界中的人类行为机理做一挖掘，由此为经济分析提供微观的行为基础。

第二节 “为己”：人的行为的根本目的

人性本身就嵌入了多层次的内容，随着个体与他人或社会互动的强

① 参见布劳德《五种伦理学理论》，田永胜译，中国社会科学出版社 2002 年版，第 48 页。

② 涂尔干：《社会分工论》，渠东译，生活 · 读书 · 新知三联书店 2000 年版，第 195 页。

化，基于生理需求的“本我”会逐渐向追求社会认同的“超我”扩展。而且，这种扩展有其自身的内在次序：基于个体利益的“小我”就是“己”扩展的内核。其原因在于，人一出生首先感觉到自己的存在，感受到自己的生理需要，乃至其行为也表现出明显的“为己”特征。别尔嘉耶夫就指出，“‘我’是原生的，不能从任何事物中推导出来，也不能归结为任何事物”，而且，“最初，‘我’即一切，一切即‘我’，只是到了后来，才发现了‘非我’”[①]。也即，人之初首先只能是感受到自身，从而也就首先考虑自身的需要，这就体现为人的本能。譬如，人们通常说，“婴儿是一个十足的利己主义者”，其原因就在于，婴儿还缺乏与其他人或社会进行互动的经验，还不能对他人利益具有移情和通感，而只能感知自身的需求。

同时，正是由于人之初最直接和最强烈的感受是自身肉体上的快乐和痛苦，从而就产生出趋乐避苦的基本倾向。启蒙思想家爱尔维修就认为，自爱感情是人的身体感受性或肉体感受性的直接后果，导源于人的身体感受性。爱尔维修指出：“我们对自己的爱，乃是我们身上感觉能力的必然结果。”[②] 基于这一点，我们说，“为己”体现了人的本能，它根植于人们与生俱来的动物性中。明代的李贽在《论私》中就说：“夫私者，人之心也，人必有私，而后其心乃见，若无私，则无心矣。”霍夫曼则举例说，无论一个人多么关心他人，当碎石掉落下来的时候，个体首先想到的是他自己而不是他人，这也是人类本能的反应。[③]

正因为“为己”嵌入于初始本能之中，因而早期学者也大多将“自我保存”视为人的自然本性。例如，卢梭就指出，“人性的首要法则，是要维护自身的生存，人性的首要关怀，是对于自身所应有的关怀；而且，一个人一旦达到有理智的年龄，可以自行判断维护自己生存的适当方法时，他就从这时候成为自己的主人”；[④] 事实上，“人的第一个意识是他的

---

① 别尔嘉耶夫：《精神王国与恺撒王国》，张振成译，浙江人民出版社 2000 年版，第 176、177 页。

② 转引自宋希仁《西方伦理思想史》，中国人民大学出版社 2004 年版，第 274 页。

③ 霍夫曼：《移情与道德发展：关爱和公正的内涵》，杨韶钢等译，黑龙江人民出版社 2003 年版，第 1 页。

④ 卢梭：《社会契约论》，何兆武译，商务印书馆 1980 年版，第 9 页。

存在意识，他所关心的首要事情是自我保护”。[①] 再如，斯宾诺莎也指出，“我们不能设想任何先于保存自我的努力的德性”，也“没有一个人努力保持他自己的存在，而其目的是为了别的东西”。[②] 相应地，本能也为早期心理学家所关注和强调，乃至被视为人的本能属性，并通过自然主义思维而合理化。例如，正是基于人的初始本能，弗洛伊德认为，没有比爱邻人如同爱自己这一要求与人的天性更背道而驰的了。[③] 弗洛姆则指出，如果把我的邻人作为一个人来爱是一种美德的话，那么，爱我自己也是一种美德而非一种恶；究其原因，我也是一个人，决不存在任何不包括我自己的人的概念，更何况真正的自爱是一种创造性的体现，包含了关怀、尊重、责任心和知识。[④]

当然，自爱的本能并不等于自私。究其原因，自爱往往与自重联系在一起，而自私在很大程度上恰恰是由于缺乏自重而引起的。事实上，西方经济学的开山鼻祖亚当·斯密就将自爱视为人的本性，这种自爱有别于后来经济人概念所嵌入的自私。斯密强调：“每个人在本性上首先和主要注重的是他自己的利益”，而且，“每个人在各个方面都肯定要比他人更有资格和能力关心自己的利益”[⑤]。其实，在斯密看来，人具有三类天然情感：自利情感、反社会情感和社会情感。在这些人类情感中，乔塞亚·塔克尔认为：“关键在于既不压制也不削弱自爱，而是给他以这样一种引导，即通过促进他自己的利益来增进公益。”[⑥] 更早时期，埃德蒙·柏克坚持认为，对局部的偏爱不会影响对整体的爱，爱自己的小团体、小天地，实乃世人爱天下的要则。弗洛姆则强调：“《圣经》中‘爱人如己’的观念包含了对自己的完整性和独特性的尊重，爱自己、理解自己与尊重、爱和理解别人是不可分割的。爱自己是同爱他人紧密结合

---

① 卢梭：《论人类不平等的起源和基础》，高煜译，广西师范大学出版社 2002 年版，第 107 页。

② 斯宾诺莎：《伦理学》，贺麟译，商务印书馆 1983 年版，第 186、187 页。

③ 当然，社会上也存在一些“先人后己”的道德典范人物，但就整体而言，还是非常少的；也正因为少而又是人类需求健康发展的方向，这才值得社会宣扬。

④ 弗洛姆：《爱的艺术》，赵正国译，国际文化出版公司 2004 年版，第 64 页。

⑤ 转引自杨春学《经济人和社会秩序分析》，上海三联书店/上海人民出版社 1998 年版，第 88 页。

⑥ 同上书，第 71 页。

在一起的。”[①]

正是基于自爱这一本性，现代主流经济学强调的“每个人都具有自利心”并没有错。问题的关键在于，自利心不是封闭的，而是要随社会的发展而扩展开来。究其原因，一个人既然倾向自爱，当然也希望被人爱；进而，要被人爱，首先也需要爱人。弗洛姆指出：“只有爱他人，只有一个人的爱心在另一个人的心中产生共鸣，才能被爱。”[②] 神秘神学家艾克哈特（M. Eckhart）也指出：“你若爱你自己，你就会爱所有的人如同爱你自己。你若对一个人的爱少于爱你自己，那你就不能真正地成功地爱你自己。”[③] 这也意味着，尽管任何个体天然地具有保存自己和自爱的倾向，但爱并不是孤立的而是相互的，从而会产生出相互的爱。其原因在于，人类个体并不能满足自身的一切需求，也难以保持美满的生存；在这种情形下，如果别人能够有利于我的保存，那么我也必然会爱他。卢梭指出：“从这种情感中将直接产生这样一个结果：我们也同时爱保持我们生存的人。”当然，这种互爱开始也是无意识的，甚至是源自本能。卢梭继续写道：“当我们看见他们在倾其全力帮助或损害我们的时候，我们也会对他们表示他们向我们表示的那种情感。谁在帮助我们，我们就要去寻找他；谁喜欢帮助我们，我们就爱他；谁在损害我们，我们就逃避他；谁企图损害我们，我们就恨他。”[④]

在很大程度上，封闭的“自爱”仅仅是基于“小己”的思考，相反，一旦个体被置于社会之中，“己”的内涵和外延就可能发生变化。如别尔嘉耶夫所说：“‘我’是一个二律背反：不变物的变化。‘我’在时间上的变化，即‘我’的现实化，要求有变化的主体，要求变化者能够保留下来并持续存在。‘我’不断地一分为二，不断变换其面目，但它一直是统一的和唯一的。‘我’有‘宽我’和‘窄我’之分，而且，两者内部还可再分为‘窄我’和‘宽我’。”[⑤] 也就是说，尽管小我是“己”的内

---

① 弗洛姆：《爱的艺术》，赵正国译，国际文化出版公司2004年版，第64页。

② 弗洛姆：《精神分析与宗教》，贾辉军译，中国对外翻译出版公司1995年版，第57页。

③ 转引自弗洛姆《爱的艺术》，赵正国译，国际文化出版公司2004年版，第68页。

④ 卢梭：《爱弥儿》上卷，李平沤译，商务印书馆1978年版，第289、290页。

⑤ 别尔嘉耶夫：《精神王国与恺撒王国》，张振成译，浙江人民出版社2000年版，第177—178页。

核，但是，“己”的外延是可变的。别尔嘉耶夫强调：“‘我’之所以能存在，就因为它能超越自我……能在其内部存在中走向他人、他物，走向‘你’，走向另一个人。”① 正是在社会系统中，我们可以看到，“己”不是孤立和静态的，而是开放的，呈现出不断扩展的特性。一般地，封闭系统的自我只能是“小我”，在开放系统中才能形成“大我”；而且，只有在开放性的互动中，个人才可以获得他者的关爱，从而获取共生。例如，费希特指出，个人的自我从属于一个更广泛的自我世界中，使自我成为一种社会性的自我。

关于“己”的外延转换，可以从儒家汲取思想的养分。儒家往往把基于生理需要的“自然个体”视为“身体我”，也即“小我”，这种“小我”仅仅是追求满足一己之需；同时，把基于社会情感需要的“社会共同体”视为“社会我”，也即“大我”，这种“大我”往往会遵循一定的伦理规范，在一定的社会秩序下获得适当的生活资源。例如，儒家就常常把家庭视为一个整体，作为“大我”的原型；在这个“大我”中，家庭是人的身体，亲子关系是“骨肉之亲”，兄弟关系则为“手足之情”。相应地，儒家还强调，只有在开放系统中才能形成社会的和谐共生关系，值得教化的自我也不是单个人的私有物，而是构成共同人性的基础的可供分享的经验。事实上，自我的修养可被确切地理解为，体现日益膨胀的人际关系圈中的自我。杜维明等认为，儒家的自我是一个精神发展的动态过程，这种独特的自我是需要他人参与的，和他人不可避免地存在共生。② 这样，随着对“己”的外延认同的变化，自爱本身也就发生迁移，爱更大规模的“社会我”，进而产生互爱。

问题在于，自爱和爱人如何才能在人生的体验中达成和谐的一致？一般地，这就需要把对自己的爱与对他人的关怀结合起来，并在与对他人的爱相冲突的地方抑制直接的自爱，而实现这一结合的重要桥梁就是社会化的人所具有的怜悯心。正如卢梭强调的：“怜悯是人的一种天生的

① 别尔嘉耶夫：《精神王国与恺撒王国》，张振成译，浙江人民出版社 2000 年版，第 179 页。

② 杜维明：《儒家思想新论——创造性转换的自我》，江苏人民出版社 1996 年版，第 98 页。

情感，能克制个人身上强烈的自爱情绪，促进人类的互相保护。”① 在《道德情操论》一书中，斯密详细剖析说，社会中的人具有为别人设身处地考虑的特点，希望得到他人的认同，从而可以分享他人的情感，这样自己也会向往得体、高雅地行事。斯密写道：“无论人们会认为某人怎样自私，这个人的天赋中总是明显地存在着这样一些本性，这些本性使他关心别人的命运，把别人的幸福看成是自己的事情，虽然他除了看到别人的幸福而感到高兴外，一无所得。这种本性就是怜悯和同情，就是当我们看到或逼真地想象到他人的不幸遭遇时所产生的情感。……这种情感同人性中所有其他的原始感情一样，决不只是品行高尚的人才具备，虽然品行高尚的人在这方面的感受可能最敏锐。最大的恶棍，极其严重地违犯社会法律的人，也不会全然丧失同情心。”② 正因如此，我们往往称斯密的伦理学是自我控制和自我依赖的，这也是自由放任经济学的基础。正是自爱和爱人的结合，使得人们真正最大化地实现自爱，而那些看不到通过爱人来发展自爱的自私者“看上去似乎太过于关注自己，实际上只是试图掩盖和补偿自己在关注真正的自我方面的失败而已”。③

总之，从本能角度来讲，“为己”是人类行为的出发点，也是人类纷繁芜杂的社会现象中的奇怪吸引子。正如康德指出的：“一切质料的实践原则本身全都具有同一种类型，并隶属于自爱或自身幸福这一普遍原则之下。”④ 同样，卢梭也指出，“我们的种种欲念的发源，所有一切欲念的本源，唯一同人一起产生而终生不离的根本欲念，是自爱。它是原始的、内在的、先于其他一切欲念的欲念，而且，从一种意义上说，一切其他的欲念只不过是它的演变”；究其原因，“为了保持我们的生存，我们必须爱自己，爱自己要胜过爱其他一切的东西”。⑤ 相应地，在中国社会，尽管历来存在着性善论，但绝大多数古代贤哲都早就认识到了“己”的

① 卢梭：《论人类不平等的起源和基础》，高煜译，广西师范大学出版社 2002 年版，第 98 页。

② 斯密：《道德情操论》，蒋自强等译，商务印书馆 1997 年版，第 5 页。

③ 弗洛姆：《爱的艺术》，赵正国译，国际文化出版公司 2004 年版，第 67 页。

④ 康德：《实践理性批判》，邓晓芒译，人民出版社 2003 年版，第 26 页。

⑤ 卢梭：《走向澄明之境：卢梭随笔与书信集》，何祚康等译，上海三联书店 1990 年版，第 12、13 页。

核心地位："己"在中国的观念里乃是人类社会的中心，犹如人类是宇宙的中心。例如，早至孔子就强调"古之学者为己"（《论语·宪问》）以及"君子求诸己"（《论语·卫灵公》）等。后来的顾炎武更是宣称："天下之人，各怀其家，各私其子，其常情也。"（《日知录·郡县论五》）黄宗羲则说："有人之初，人各自私也，人各自利也，天下有公利而莫或兴之，有公害而莫或除之。"（《明夷待访录·原君》）

当然，对别人的态度与对自己的态度并不是相互矛盾和排斥的，而是总体上契合和连接在一起，爱别人与爱自己也并不冲突。在很大程度上，只有拥有自爱的态度和能力，才能真正爱别人。这也意味着，利他往往与自爱相联系，往往是作为自爱的结果。爱尔维修指出："爱邻人，在每一个人身上，只不过是爱自己的结果。"[①] 在很大程度上，出于被爱以及希望获得他人帮助的爱本身都是自爱的表现，而且，这种自爱往往更为理性和深刻。不幸的是，现代主流经济学所提倡的经济人假设却局限于人类本能这一层面，孤立地看待并且夸大了"自爱"，而舍去了自爱和互爱之间的桥梁。这种做法因凸显本能而往往会给人以某种"身"有体会的感觉，但由于只是片面强调了这一原发性目的，而没有考虑人类的社会性对实现这一目的的手段的取舍；结果，经济人假设就会蜕化成那些自私行为的辩护词，进而助长了社会上的自私行为。在很大程度上，经济人假说在物欲横流的商业社会扮演着一种"为虎作伥"的角色。

第三节 "己"具有圈层的不断扩展性

上面的分析表明，"己"的内涵和外延是可变的，"己"的扩展是自爱延伸的基础。那么，"己"是如何扩展的呢？一般地，"己"在外延上的扩展并不是随意的，而是有层次、有次序以及具有开放性的。卢梭指出："小孩子的第一个情感是爱他自己，而从这第一个情感产生出来的第二个情感，就是爱那些同他亲近的人，因为，在他目前所处的幼弱状态中，他对人的认识完全是根据那人给予他的帮助和关系"，这是一种自然的情感；随着他与社会互动的增强，逐渐培育出关爱那些关系更远的人

---

① 转引自宋希仁《西方伦理思想史》，中国人民大学出版社 2004 年版，第 278 页。

们的倾向，因为此时“他的利害、他的需要、他主动或被动依赖别人的时候愈来愈多”，“从而开始意识到他同别人的关系，并且还进而意识到他的天职和好恶”，最终把更为广泛的他者包含在自爱的考虑中。①

因此，“己”的扩展是沿着一定时间和空间的顺序进行的：首先是天然的顺序，接着是社会顺序，其扩展顺序的逻辑基础就是联系的紧密程度。蒲鲁东举例说：“假定有两个处于绝境的人同时向我呼救。我是否可以、甚至是否应该首先去救援那个在血统、友谊、相熟或敬爱方面关系比较密切的，而让另一个人遭受死亡的危险呢？是的。那为什么会这样呢？因为在一般的往来中，对于我们每一个人来说，有多少个人就存在着多少特殊的交往；根据社交原则本身，我们不得不按照我们同他们关系的亲疏去履行他们要我们担负的义务。因此，我们对于自己的父母、子女、朋友、亲戚等等，应当比对其他人更为关切。”② 在很大程度上，“己”的外延及其自爱范围在扩展过程中呈现出一种圈层的扩展结构，这种结构典型地表现在儒家社会中，并在儒学经典中得到充分的阐述。

一般地，儒家社会结构的基本特征就呈现出一种“差序格局”：一方面，传统人际关系以血缘为序列，呈现出以父子为经、以兄弟为纬的立体关系网，几乎所有相识的人都可以纳入这架网中；另一方面，不同个体之间的关系又存在不同，这架立体网上不同的网结间存在着远近亲疏的差别。显然，如果将圆圈的核心当作自我的话，则圆圈的扩散就意味着自我的扩大。这种以“己”为中心，和别人所联系的社会关系随着波纹的扩展而愈来愈薄。事实上，作为儒家学子的巫马子就对墨子说：“我与子异，我不能兼爱。我爱邹人于越人，爱鲁人于邹人，爱我乡人于鲁人，爱我家人于乡人，爱我亲人于家人，爱我身于吾亲，以为近我也”（《墨子·耕柱》）。同样，《礼记·祭统》所讲的十伦——鬼神、君臣、父子、贵贱、亲疏、爵赏、夫妇、政事、长幼、上下——都是指差等，“伦”本身就是有差等的秩序。

在很大程度上，基于这种圈层的人伦关系及其衍生出的社会扩展秩

---

① 卢梭：《走向澄明之境：卢梭随笔与书信集》，何祚康等译，上海三联书店1990年版，第14—15页。

② 蒲鲁东：《什么是所有权》，孙署冰译，商务印书馆1963年版，第250页。

序，儒家立基于人伦日用而追寻一种大同世界。事实上，《中庸》就把五伦作为天下之大道，因为在这种社会结构里，从“己”到“天下”是一圈一圈推出去的。同时，在这个圈层结构中，家庭只是社会圈子中最小的一轮，但也是最核心的一轮。孟子强调：“天下之本在国，国之本在家，家之本在身。君子之守修其身而天下平。”（《孟子·离娄上》）宋代儒学大家张载也强调：“乾称父，坤称母；予兹藐焉，乃混然中处。故天地之塞，吾其体；天地之帅，吾其性。民吾同胞；物吾与也。”（《西铭》）这些都意味着，在儒家的观念里，从家庭进而到国家和世界，都是“信用共同体”的不可分割的部分，在共同体内，所有人都被契约义务连接在一起。

按照通常的看法，家庭、社团、国家和世界等范围不断扩展的各种同心圆，都仅仅表现为不同的社会群体。但是，按照儒家这种自我扩展的看法，它们也是自我的领域，是自己发生联系的波纹而产生的差序，这些差序领域象征着人类的价值伦理发展的真正可能性。同时，正是由于自我同其他自我的共鸣，自我所固有的内在源泉才得以丰富。究其原因：（1）通过与他人的真正交流，自我获得对自己的评价；（2）越是能了解自己的人，就越是可以理解他人。从这个角度上说，儒家的“己欲立而立人，己欲达而达人”的格言，就不单是一种纯粹的利他主义的思想，而且也是对转换中的自我的描述，[①] 是自我发展所必需的。同样，也正是建立在这种不断扩展的“己”的基础上，蒲鲁东也就格外珍视地方社区范围内的邻里联系和家庭。事实上，蒲鲁东之所以信奉一种松散联系的在地方和地区的社会之间的“联邦主义”及一种“互助主义”制度，也就在于他认为，在地方社区这个范围内，用不着权威，也无须受各种高压政治，而超出这个范围则要由政府和合作社来执行。

在儒家看来，这种圈层的人伦关系具有坚实的社会基础。我们可以看一下孟子的看法：一方面，他指斥“杨氏为我，是无君也”，即杨朱纵容个人的私利观是无君；另一方面，他又认为“墨氏兼爱，是无父也”（《孟子·滕文公上》），即墨子提倡“爱无差等”的兼爱是否定父亲的

---

① 杜维明：《儒家思想新论——创造性转换的自我》，江苏人民出版社 1996 年版，第 56—57 页。

特殊地位。其基本的逻辑依据就是：（1）如果每个人都把路人当作父亲一样亲，反过来也就意味着，大家对他的父亲也就跟路人一样淡疏了；（2）杨朱宣扬的“拔一毫而利天下不为”实质上是一种极端的个人主义观点，它忘却了人的社会价值，并导致社群根本无法建立，导致家庭、国家等都面临着解体。由此可见，这两者都否定了儒家一贯重视的人伦差序，如孟子所说：“夫物之不齐，物之情也，子比而同之，是乱天下也”；进而，又痛骂杨墨“无父无君，禽兽也”（《孟子·滕文公上》）。

正是基于真实的日用人伦，儒家坚持对父母的爱是独特的，强调“孝弟也者，为仁之本”（《论语·学而》）。由此，儒家还赋予血亲情理以至上地位。例如，孔子强调，“父为子隐，子为父隐，直在其中矣”（《论语·子路》）；孟子更是认为，“父子之间不责善”（《孟子·离娄上》），“父子责善，贼恩之大者”（《孟子·离娄下》）。相应地，我们在实践中就无法把完全宇宙化的抽象实在付诸实施，相反，必须对人与人之间的关系有所分疏。黄仁宇就指出：“对待其他人的好意，也务必有亲疏之分，有如血缘关系之远近。所以认为个人或凭私利观行事，或对旁人一视同仁，可能对现代读者富有吸引力，但在古代中国却不合实际。”[①] 由此，我们还可以审视以基督教为代表的西方认知文化：基督教将人与人之间的爱视为同等差，并期望超越亲人和陌路、本教徒和异教徒、志同道合者和持不同见解者之间的血肉区别而建立同等的爱，将所有的人都视为我的邻人和亲人；但显然，正是基督教这种撇开人类本性的说教，瓦解了人类社会中家庭结构这一扩展秩序的源泉，片面强化了个人主义的逐利行为，最终产生了征服和掠夺的社会现状。

同时，正是从人的社会性联系出发，儒家强调，“人之亲其兄之子”的血亲情感远远高于“亲其邻之赤子”的兼爱情感。所谓“仁者，人也，亲亲为大。义者，宜也，尊贤为大。亲亲之杀（shài，即减少——引者注），尊贤之等，礼所生也”（《中庸·二十》）。显然，这些都是强调人类天然的亲疏关系以及所体现的不同行为特征。也正是由于自我扩展的有序性，孟子就特别抨击墨子学派所主张的兼爱。当然，儒家将家庭看作是人类的自然居处，它是相互支持和个人成长所必需的和最适合的场

---

① 黄仁宇：《中国大历史》，生活·读书·新知三联书店1997年版，第28页。

所，因而家庭在儒家的社会观中居于中心地位；但是，它并没有被看成目的本身，生活的最终目的既不是调节家庭，也不是协调纲常关系，而是自我实现。[①] 因此，儒家所强调的“己”不是封闭的，而是具有动态的扩展性。不过，同样需要指出的是，由于儒家旨在凸显血缘亲情的这种独一无二的特殊地位，并由此确立儒家思潮始终坚持的“爱有差等”“爱莫大于爱亲”的原则。也正因如此，儒家往往将特殊的亲情关系列于普遍的正义之上，从而忽视了对抽象规则的建设。

当然，人类行为中的差序结构不仅为中国学者所揭示，而且也为早期的西方学者所认识。譬如，希腊的大儒亚里士多德很早就强调，友爱要能持久，除了需要互惠关系外，还要有双方共同的东西，即志趣相近，意气相投，这主要是基于长期的共同生活背景基础之上。[②] 这也就是“己”扩散的界限。友爱的基础在于共同性，而最理想的共同性莫过于相互同一，你中有我，我中有你，这也是人类社会中的五缘关系首先形成的内在因素。因此，真正的友爱是对自身的爱，而朋友只不过是自身的朋友，是另一个自身，对朋友的友爱也就是对自身的爱的扩展。实际上，“推人及己”和“己所不欲，勿施于人”自古以来就是友爱的最高准则，从这个意义上说，对朋友做好事比对陌生人做好事更为高尚。同样，斯密在《道德情操论》中也认为：“（在）家庭内部和亲朋好友之间，利他主义是强烈的，但他随社会关系的疏远而递减。”[③] 也即，斯密也意识到了“己”的由近及远的扩散秩序。[④] 此外，伦理学家包尔生也强调，“（人类的行为）与其说是受对利益的客观数量的计算的指导，不如说是更多地关系到我们心中的一个各类目标的自然的等级体系。最重要的义务是我的生活地位和职业加于我的义务；其次是我同他人的特殊关系加于我的义务；然后是那些同一般的人们的偶然联系所带来的义务。即使

---

① 杜维明：《儒家思想新论——创造性转换的自我》，江苏人民出版社 1996 年版，第 128 页。

② 亚里士多德：《尼各马科伦理学》，苗力田译，中国社会科学出版社 1999 年版，第 177 页。

③ 转引自 G. J. 施蒂格勒《经济学家和说教者》，贝多广等译，上海三联书店 1990 年版，第 34 页。

④ 参见朱富强《勿将现代经济人假设归源于斯密的自利人：对斯密人性悖论及其内在统一性的考察》，《东北财经大学学报》2019 年第 4 期。

后者的利益可能较为重大，我的行动也始终只是部分地受到其影响，这通常是由它们与自我——我活动的中心的距离所决定的”；为此，他提出了一条心理力学法则：“每一个自我都在一个同心圆中把所有其他的自我安排到自己周围，离这个中心越远的利益，他们的重要性和驱动力也就越少。”①

最后，正是根植于“己”的不同层次性，从而也就产生出人类行为的差序性。霍夫曼就指出：“毫不奇怪，一个人更有可能同情和帮助他/她的家庭或同一种族——也就是本群体的成员。当我们将本群体的成员看作与他人和自己是相似的，且是有共同的亲近感情和情感的话，个体更有可能同情朋友而不是陌生人，更有可能同情与自己相似的人而不是与自己有差异的人。”② 相应地，包尔生则强调，心理力学法则既来源于人类行为的事实，而且也是必要的应该行为，否则，“假如不同的利益都要根据它们的客观价值来影响我们（不管距离远近），就会在我们的本性中导致一种最奇怪的混乱，并引起我们行动中的相应混乱，而这就会使行动完全没有成果。给予者与接受者的距离越近，援助越是有效，而给予者与接受者的距离越远，援助也就越减少其效力”③。事实上，这种情感上的人性也已经广泛地反映在人类社会的一些制度上。例如，中国礼仪制度上强调的孝以及以三纲五常立法，实际上了反映了中国的这一人性取向。再如，以色列的犹太教严禁在共同体的成员（如兄弟）之间放高利贷，但是“对一个陌生人，你可以因放贷而获利”。在法的运用上，以色列民族对待一个居住于此或暂时在此旅行的异乡人和对待一个完全外在于任何共同体关系的异乡人的方式也是有差别的，因为前者会被看成其共同体的成员。④

总之，在儒家社会，“己”的外延本身是可变的，它不是用来区分自我与他人及社会的，也不是“身体我”（或“个体我”）和“社会我”

① 包尔生：《伦理学体系》，何怀宏等译，中国社会科学出版社 1988 年版，第 335 页。

② 霍夫曼：《移情与道德发展：关爱和公正的内涵》，杨韶钢等译，黑龙江人民出版社 2003 年版，第 233 页。

③ 包尔生：《伦理学体系》，何怀宏等译，中国社会科学出版社 1988 年版，第 335 页。

④ 麦金太尔：《谁之正义？何种合理性?》，万俊人等译，当代中国出版社 1996 年版，第 210 页。

（或“群体我”）的边界；相反，它体现了一条信任边界，“己”边界伸缩具有很强的情境性和自我中心性。[①] 同时，这种边界可塑的“己”不仅体现在儒家社会，也是人类社会的一般特征。例如，E. A. 希尔斯就指出，人更关心身边的事物，关心现实和具体的事物，而不关心遥远的和抽象的东西。[②] 同样，基督教哲学家 R. 尼布尔也强调：“没有一个人能如此理智地像认同自己的需要一样强烈地承认他人的需要，像迅速地帮助眼前的需要一样帮助远方的需要。”[③] 其实，在现实生活中也流行着这样的一种亲近理论：任何这类的社会关系越是现实、越是可信和越是真实，那它们就越是接近个人的内心的、心理的需要。正因如此，这些亲近的人容易引起“小我”的共鸣，并不断被纳入“己”的范畴，从而体现出利他的特质。显然，这种亲近理论与基督教所宣扬的平等和博爱以及自然秩序中的普遍主义是相悖的，这反映了基督教教义本身的非现实性。正如森内特指出的，这“实际上是由 19 世纪的资本主义和教产还俗引起的彻底易位的产物。人们在这一易位的基础上，开始从与个人无关的形势中、从客观对象中和从社会本身的客观条件中寻找个人的意义”[④]。当然，还需指出的是，除了血缘关系这一自然共性具有持久性外，建立在其他人为和社会关系之上而形成的“大己”往往具有时限性。例如，即使基于德性的朋友，也可能事过境迁、反目成仇。因此，要保持大共同体的稳定，就需要形成一种维持这种关系的激励和动力机制，促进“大己”内部成员之间的持久互动；否则，即使志趣等各方面都相同的人，长时间的分离也会淡化友爱，所谓“多病故人疏”“久别人情远”讲的就是这个道理。

---

① 杨宜音：《“自己人”：信任建构过程的个案研究》，载郑也夫等《中国社会中的信任》，中国城市出版社 2003 年版，第 66 页。

② E. A. 希尔斯：《人际关系论》，载米尔斯等《社会学与社会组织》，何维凌、黄晓京译，浙江人民出版社 1986 年版。

③ R. 尼布尔：《道德的人与不道德的社会》，蒋庆等译，贵州人民出版社 1998 年版，第 23 页。

④ 瓦尔特编：《哲言集：我与他》，陆世澄等译，生活·读书·新知三联书店 1995 年版，第 265 页。

第四节 “利他”：达致“己”目的的有效手段

上面的分析表明，“为己”是人类行为的内核。一些学人据此认为，人天生就是自私自利的。例如，张五常就坚定地主张：人性是天生自私的，人性是完全自私的，人性是永恒自私的。果真如此吗？其实，“为己”并不表示行为的自私，更不是一定建立在损人的基础之上。相反，正如博登海默指出的：“人有一种与生俱来的能力，它能够使个人在自我之外构设自己，并意识到合作及联合努力的必要。这就是理性的能力。”[①]而且，即使短期内个人可以从损害他人的行为中增进自身利益，但就长期而言，社会个体之间的利益往往是共生的。伏尔泰指出，每一个明智的人都必须承认对别人行善比对别人行恶要好。[②] 因此，人性中除了逐利的个人主义倾向外，还有社会交往、避免孤寂的需要，这也就是博登海默强调的“人性的共有成分”。在很大程度上，“人性的共有成分”形成了社会合作的基础。霍夫曼指出：“在一些群体风格共同的社会当中（比如过去的传统社会和一些发展中国家），以及在一些现代的以色列聚集区当中，即便人们的日常生活显得相对独立，但人们彼此之间的期望和责任感还是紧密地联系在一起的。在这些社会群体当中，人们更多地强调群体或国家的利益而不是个体的利益。”[③]

从生物起源的历程来看，R. 道金斯在引起激烈争论的《自私的基因》一书中指出，在生物中出现的利己主义和利他主义都可以用遗传基因的利己主义来解释：生命现象是遗传基因自我复制的过程，能够更多地自我复制的遗传基因就在自然淘汰中生存下来；因此，如果把自我存续的最大化称为“为己”的，那么个体行为中所显示出来的利己主义和利他主义都是“为己性”遗传基因的组合所带来的结果。美国动物学家威尔逊 1975 年在巨著《社会生物学：新的综合》中也公然宣称，“基因

① 博登海默：《法理学：法律哲学与法律方法》，邓正来译，中国政法大学出版社 2004 年版，作者致中文版前言。

② 参见 Z. 鲍曼《后现代伦理学》，张成岗译，江苏人民出版社 2003 年版，第 31 页。

③ 霍夫曼：《移情与道德发展：关爱和公正的内涵》，杨韶钢等译，黑龙江人民出版社 2003 年版，第 248 页。

的伦理”完全是“利己主义的”，因为利他主义者在进行有益于其亲属的过渡时，也要求这些亲属传播它们共同的基因。

然而，贝特森却指出，“自私的基因这一理论使人们将幸存的个体和非幸存个体之间的重要差别与后代基因差额幸存后果相混合”，事实上，“达尔文将调整有机体以适应环境的特征的差额幸存称为自然选择”，在达尔文看来，“某种特征使个体更好地生存繁殖的精确的方式是进化过程的一部分。特征发生作用的方式与表现特征所必需的基因频率的长期变化不相同。而且，进化过程并不要求假定存在基因繁殖的无意识动机”。因此，贝特森强调，每个基因的幸存都取决于整个基因组的共同特征，而且，即使基因的特别组合工作得特别协调，适合某种组合的基因也可能并不适应另一种组合。① 事实上，尽管基于“适者生存”法则的自然选择论认为，那些为了它们自身目的而最能利用环境的有机体将趋于生存，但是，这种观点迄今还只是一种流行的传闻，而没有得到有效数据的证实。

事实上，在现实世界中存在大量可以证伪“自私有助于生存”这一观点的事实。贝特森指出：“如果大量的生物进化都包含差额幸存，那么竞争的进化过程的后果经常是社会合作。企鹅聚在一起保暖；牛紧紧地挤在一起以减少被叮咬的表面；在许多物种中，个体之间互相清理对方；雄性狮子之间进行合作，保护雌性狮子免遭其他雄性的侵犯。相互的帮助也出现在猎取食物中，例如，合作的狼群的成员会分成追赶驯鹿和伏击驯鹿的。”② 在现实世界的动物王国中，我们可以看到广泛而普遍的无私行为：在一些鸟类和哺乳动物中个体发出报警鸣叫向其他个体提示危险的事情是经常发生的，如知更鸟、画眉和山雀就是如此；甚至还充满了个体有机体自我牺牲的例子，如蚁群和蜂巢。此外，在不同群种中，我们看到大量合作的行为，如狮子或狼之间的联合狩猎；甚至还有一些个体自身不去养育后代，而是帮助其他个体进行生殖，如黑猩猩就有收

① 贝特森：《合作与信任的生物进化》，载郑也夫编译《信任：合作关系的建立与破坏》，中国城市出版社2003年版，第18、17页。

② 同上书，第19页。

养失去父母的猩猩幼崽的习惯，等等。[①] 正因如此，生物学中的群体遗传学派对利己主义基因说进行了强烈批驳，强调自然选择实际上是在相互适应的基因复合体中“有组织地”进行的。其实，道金斯也强调，是基因自私而并非是个体生物体自私；威尔逊则认为，所有生物本质上都是群体性和社会性的。

同时，即使在竞争中存在下来的秉性，也并不一定就有利于社会的长期发展。究其原因，每次竞争的成败都依赖于特定的环境，而这种条件又是在不断变化的。例如，马歇尔指出，“一物之有利于它的环境的事实本身不能保证它在物质世界或精神中生存”，相反，更为可取的说法是，“那些最适于利用环境的那些有机体往往是最有利于周围的东西的有机体，但有时它们却是有害的”，“即使在植物界中，不顾自己的种子的利害的那种植物，不论其生长怎样茂盛，不久就会从地球上灭亡”。[②] 为此，贝特森主张，要在差额幸存的短期原因与差额幸存对基因复制频率的长期影响之间做出明确区分，要把注意力从集中于单个基因转移到基因共同作用的方式上来。显然，即使“在动物界中，家庭和种族的义务和标准往往是很高的，即使那些被我们看作是残忍的典型、凶暴地利用环境而不给任何报酬捕食的猛兽，作为个体来看，也必然是愿意为它们子孙的利益而努力的。……在像蜜蜂和蚂蚁那样的所谓社会动物之中，生存下来的种族就是其个体最努力为社会尽各种义务而不是为它自己的直接利益的种族”[③]。

有鉴于此，尽管经济学人大多倾向于将道金斯的《自私的基因》一书理解为可将生物行为归结为“利己”这一本性，但该书的实际主旨却是：生物的目的是“为己”的，但手段却并不是完全自利的，而是可以通过利他行为来达到“为己”的目的。其实，道金斯在第二版中所补充的第十二章“善有善报”中就借鉴了艾克斯罗德的实验结论，强调了生物进化中合作的优势。另一些社会学家也提出，尽管这些行为对它们个体的适应是不利的，却可以促进它们作为一部分的群体的复制成功，从

---

① 威尔逊：《论人性》，方展画译，浙江教育出版社2001年版，第136、137页。

② 马歇尔：《经济学原理》上卷，朱志泰译，商务印书馆1964年版，第258—259页。

③ 同上书，第259页。

而也有利于它们自己的复制成功；这样，由利他个体组成的群体（在复制成功的意义上）比由“自私”个体组成的群体要做得更好。例如，韦恩—爱德华兹等建立了“群体选择”模型来探讨减少个人适应性的利他主义如何能够通过自然选择得以进化。后来，汉密尔顿进一步发展了群体选择模型的一个变体“亲缘选择”（kin selection），该理论认为，利他主义有益于传宗接代，从而有助于自身基因的繁殖，因而对亲戚的利他主义是人类和动物“本性”的持久的遗传特性。

当然，除了具有血缘关系的人相互提供利他主义外，整个自然界和人类社会也广泛存在其他行为的互惠利他关系。正因如此，学术界对生物之间合作的探讨已经远远超越了“亲缘选择”这一层次。例如，贝特森就分析了三种可观察到的合作方式：（1）发生在具有紧密亲属关系的个体之间，合作就像父母照顾孩子；（2）发生在群体行为之间，个体集合体中的合作行为所产生的特征有利于这样的群体在特别的条件下胜过那些不进行有效合作的群体；（3）发生在互惠的个体之间，进行互惠合作的个体更易于生存下来并繁殖后代。显然，基于这三种合作状况来解释“利他主义”时，个体的行为确实含有自私的成分，因为他们都以一种最大化他们的包含性适应的方式行事。① 但同时，也应该指出，即使我们从基因层次看待生物的行为是自私的，但从它的表现型层次上看却是利他的。② 更进一步地，如果我们把基因、个体或群体的保存看作是“己”的目的，那么，表现型层次上的行为就是采用了利他的手段。

同时，人类与其他生物之间还存在着本质的区别，因为人是有理智思考能力的，是真正具有社会性的生物。贝克尔指出，19 世纪中期以后的近代生物学的发展以及 20 世纪的人口遗传学的发展使人们清楚地看到，“人性”只是解决问题的开始而非问题的结束，作为历经几百万年演化而来的生命，人类（和动物）本性的持久特性是在极其不同的自然环

① 弗罗门：《经济演化：探索新制度经济学的理论基础》，李振明等译，经济科学出版社 2003 年版，第 173 页。

② 参见程恩富、胡乐明等《经济学方法论：马克思、西方主流与多学科视角》，上海财经大学出版社 2002 年版，第 642 页。

境与社会环境中进行遗传选择的结果。[①] 当然，人类与其他动物的行为差异也是进化的结果，社会性也是竞争的产物。马歇尔指出：“在人类生活的野蛮阶段中，个人对别人提供的服务，有许多几乎像蜜蜂和蚂蚁那样完全是出于遗传的习惯和没有理性的冲动”；但是，“有意识的、因而是道德上的自我牺牲不久就出现了；这种自我牺牲是由预言家、僧侣和立法者的具有远见的指导所养成的，并为寓言和传说所谆谆教导。……因此，生存竞争终于使人类中的这种民族获得生存，个人为了他周围的人的利益愿意牺牲自己，因而是最适合于共同利用环境的民族”[②]。

显然，作为嵌入强烈亲社会性的特殊动物，任何人类个体都或多或少地具有儒家所讲的恻隐、羞耻、是非和辞让之心，特别是，这“四端”通过社会互动和交流而得到提升，进而就有助于推进社会信任和合作。大量的实验就表明，受试者在看不到或听不到与他们互动的人的情况下下，倾向于将更大程度的处罚加诸他人。[③] 卢梭就指出，人类有两种先于理性而存在的本性：“一种本性是人对自己的福利和自我保护极为关切，另一种本性是人本能地不愿目睹有感觉力的生灵（主要是人的同类）受难和死亡。”[④] 同样，昆布兰等人也都强调指出，在人性的结构中，不只有利己的、自爱的本性，还有利他的、仁爱的本性。譬如，按照科尔曼等基于狭隘理性主义的观点，父母是出于自利的动机才教育他们的孩子与别人相处的；但是，弗兰克却指出，这种说法是不能令人接受的，因为“它隐含的下列假定会使大多数父母感到困惑，即他们教导子女诚实的主要动机是防止家庭内部的盗窃。事实上，大多数父母在得知其成年子女偷窃外人东西时会感到耻辱，即使他们肯定其子女不会被抓或受罚”[⑤]。显然，对于习惯于社会生活的人来说，产生同情、

① G. S. 贝克尔：《人类行为的经济分析》，王业宇等译，上海三联书店/上海人民出版社 1995 年版，第 332—333 页。

② 马歇尔：《经济学原理》上卷，朱志泰译，商务印书馆 1964 年版，第 259 页。

③ 古德：《个体、人际关系与信任》，载郑也夫编译《信任：合作关系的建立与破坏》，中国城市出版社 2003 年版，第 41 页。

④ 卢梭：《论人类不平等的起源和基础》，高煜译，广西师范大学出版社 2002 年版，第 66 页。

⑤ Frank R. H. , “Melding Sociology and Economics: James Coleman's Foundations of Social Theory”, *Journal of Economic Literature*, Vol. 30, 1992, pp. 147 – 170.

仁爱和重他人利益的自然程度丝毫也不亚于产生自私心和重视自身利益的自然程度。

最后需要指出，人类的所有动机之间也存在彼此制约，仁爱和自爱之间也并无根本性冲突；相应地，作为社会性动物，理性的人必然要受到内在道德律的支配。正如昆布兰所说的，“仁爱是人的共同的本质属性”，“对我们自身利益深谋远虑的关心，是不可能与追求其他人的利益分裂开来的”。同样，巴特勒指出，自爱和仁爱这两种动机都受到“良心”的监督和制约，由于良心的存在，人们出于自爱而追求自身利益的行为往往是冷静的、理智的，不会超出仁爱容许的限度。超出人性结构的限度，以致窒息仁爱的，就根本不是自爱而是应受痛斥的自私。[①] 用孟子的话来说，“己”的这种扩展和深化，就是“大我”的显现以及随之产生的“小我”的消融。因此，随着“己”的扩展，从作为“核心的己”和“扩散的己”分离的角度看，这实质上就是利他主义的扩展。究其原因，对“大我”的追求在某种程度上说就是利他的，因为在追求“大我”利益的过程中“小己”会采取有利于其他“小己”的方式。所以，涂尔干认为，自我从哪儿结束，利他就从哪儿开始。

总之，尽管达尔文根据自然选择机制而提出了“适者生存”的学说，但这种竞争并不必然是你死我活的竞争，而更是一种相互合作的竞争；同时，达尔文的学说并不必然地包含了社会达尔文主义，并不意味着社会的生存和发展也是遵循自然的规律。但是，后来一些学者却把这种“物竞天择”的学说用到了社会、种族和个人身上，把人类的进化归功于好斗的、有攻击性的男性，认为正是残忍的生存竞争和战斗推动了物种的演化或“进步”。例如，尽管斯宾塞承认人类斗争是恐怖的，但还是坚持斗争是社会演化和进步的动力，认为如果没有斗争，那么人类将仍然过着茹毛饮血的原始生活。正是在这种思想的支配下，马基雅维利主义在西方社会历久不衰，在经济学中也逐渐树立了经济人这一支配性的行为假说。事实上，尽管基于本能性的各种需要，人不得不追求自身的满足和私利。但是，人毕竟是具有社会性的，作为社会性的人，关心的是

---

① 杨春学：《经济人和社会秩序分析》，上海三联书店/上海人民出版社 1998 年版，第 33—36 页。

通过何种手段来获利。例如，孟子就说：“君子未尝不欲利，但专以为利，则有害。为仁义，则不求利而未尝不利也。”（《孟子·梁惠王上》）这也就是儒家“义以生利”“见利思义”的主张。根本上说，一个社会性的人离不开社会这一整体，社会的进化也朝着更有组织性的群体方向发展，这是机械团结向有机团结的演进，而这更需要协作而非竞争。

第五节 结语

现实社会中的人既有动物性本能，又有社会性需求；动物性本能使得人类行为根本上具有“为己”的倾向，亲社会性却限制了人类实现“为己”目的的手段选择。一方面，由于互动的紧密程度、发散性以及追求、欲望的层级性，人类的行为是以“己”的需要为根本出发点的，作为个体的“小我”就是“己”的核心；另一方面，随着“己”的圈层扩展而形成不断膨胀的“大我”，而对“大我”的追求在某种程度上说就是利他的，因为在追求“大我”利益的过程中，“小己”会采取有利于其他“小己”的方式。正因如此，人类行为就兼具利己和利他两个属性。正如爱因斯坦指出的：“人既是孤独的人，同时却又是社会的人。作为孤独的人，他企图保卫自己的生存和那些同他最亲近的人的生存，企图满足他个人的欲望，并且发展他天赋的才能。作为社会的人，他企图得到他的同胞的赏识和好感，同他们共享欢乐，在他们悲痛时给以安慰，并且改善他们的生活条件。”[①] 同时，任何人类行为实际上也都表现出为己和利他的双重特征，其中，“利他”是有效地“为己”的手段，互惠的利他主义实际上能够更好地达到“己”的目的。因此，“为己利他”也就成为人类社会中普遍存在的合理的行为机制。

一般地，只有建立在普遍的“为己利他”行为基础之上，人类社会秩序才能不断扩展，人类社会才能持久生存下去。事实上，正如弗洛伊德指出的：“就像一个行星围绕它的中心天体旋转一样，它同时也发生自转，因此，人的个体在继续他的人生之路时也会加入到人类发展的过程

---

① 爱因斯坦：《为什么要社会主义》，载《爱因斯坦文集》第 3 卷，许良英等译，商务印书馆 1979 年版。

中。……因此，在每一个个体身上，这两种倾向，一个趋向于个人的幸福，另一个趋向于和团体中的其他人结合，一定会相互满足；个体发展和文明发展这两个过程也一定会相互敌对和对各自的基础提出质疑。”①这两种相互对立的取向在人生的发展和社会的互动中不断得到调和，从而形成了不断扩展的互惠合作的关系。而且，由于每个人的交往都存在一定的差序性，而互惠和利他都是建立在移情的基础之上。因此，具有亲社会性的人之行为也呈现出一种差序结构，这体现为：人们在不同的交往半径中所展示出来的“利他”的强度和持久性是不一样的。这意味着，人类社会不存在对任何个体都同等遵守的普遍规则，不同交往圈内的人们是无法取得一致同意的绝对伦理的，因而“为己利他”行为机理本身具有开放性、扩展性。

然而，现代主流经济学的经济人假设却呈现出两个截然不同的特点：（1）仅仅体现动物性而忽略亲社会性，从而不能解释任何普遍存在的合作现象；（2）以无差序的工具理性为基础而忽视人类行为的差序性，从而不能解释人类互惠对象的选择和互惠的强弱。正因如此，丹尼尔·贝尔质疑道：“世界上真有像‘经济人’这样的动物吗?”显然，这就需要我们重新思考理性的内涵。事实上，同情也是一种理性，是一种根基于人类亲社会性的理性，基于这种理性的行为从长远来说是有利于社会发展的；相反，人性被扭曲以后则不论在什么程度上都可能是最残忍、最无情的，在现实生活中也往往会陷入囚徒困境。一个明显的事实是，尽管自资本主义秩序获得充分扩展后，被看成是基于普遍遵守的工具理性获得了极大的发展和鼓吹；但是，也正是基于这种工具理性，人类狂妄地拓展绝对伦理（命令）的施行，到头来反而造成社会的更加无序。也正是由于人类社会的发展有赖于人们之间的互惠合作，因而社会教育的基本目的就是要努力使人超突“小我”来看待社会的共同生活。爱因斯坦就指出：“一个人的真正的价值首先取决于：他在什么程度和在何种意义上成功地从自我解放出来。”② 但不幸的是，当前的教育却往往教导人

① 弗洛伊德：《一个幻觉的未来》，杨韶钢译，华夏出版社 1999 年版，第 72 页。

② 转引自瓦尔特编《哲言集：我与他》，陆世澄等译，生活·读书·新知三联书店 1995 年版，第 15 页。

们如何通过竞争和机会主义来保全自己，以致爱因斯坦感慨地说：“我们整个教育制度都蒙受其害。人们还把夸张的竞争姿态教给学生，训练他们对好胜喜功的崇拜，以作为他们未来生涯的一种准备。”[1]

① 爱因斯坦：《为什么要社会主义》，载《爱因斯坦文集》第3卷，许良英等译，商务印书馆1979年版。

第十二章

利己和利他的划界标准：几种流行观点的审视

【导读】界定人类行为性质的流行标准主要有：基于行为后果的幸福快乐说，基于行为动机的本能冲动说，基于生命延续的自我保存说，以及基于普遍主义的抽象道义说。但所有这些流行学说根本上并不能提供一个区分利己和利他的有效标准：其中，前三者着眼于人的动物性本能而最终将人的行为都归结为利己的，从而构成了现代经济学泛经济人化分析的基础；后者则引入了一个先验的外部准则，但由于脱离了人类的经验基础而往往成为道德上的说教。

第一节 引言

流行的学说往往将人类行为区分为“利己”和“利他”的，生物工程学还提出了与这些行为相对应的基因构成。例如，早期有人提出了自私的基因说，近来又有人宣称人类基因中有80%的利己成分和20%的利他成分，云云。正是基于早期的生物学说和心理学说，并结合了功利主义哲学思想，现代主流经济学往往将人性视为“自利”或“利己”的，从而提出了人性的性恶论，并以此为基石构建了现代经济学体系。然而，殊不知，“利己”和“利他”本身是人类对行为属性的一种界定，必然嵌入一定的情感因素和价值观，从而也就是社会性的；相反，基因本身是一种自然物，本身不含有情感因素。从这个意义上说，基因根本上就没有所谓的“利他主义”抑或“利己主义”之说。推而广之，卢梭甚至认为，原始人满足自身的生理需求的活动也无所谓性善和性恶之说。在很大程度上，现代主流经济学之所以主张性恶论，根本上是源于嵌入还原论色彩的自然主义思维：它仅仅考虑人性中具有自我保全的动物性本能，并将这种基于生理性反应的保全本能视为“利己”的。问题是，如果人性不能简单地还原为本能，人类行为不能简单还原成为“自利”倾向，那么，我们又如何界定人类行为的性质呢？人类行为能否简单地划定为利己的或利他的呢？显然，这涉及“利己”和“利他”的概念内涵以及相应的界定标准问题。

现代主流经济学在分析人类行为时往往依赖于一个模糊而笼统的经济人概念，甚至通过偏好扩张等途径而将所有的人类行为都纳入经济人分析框架中，以致完全混同了“利己”和“利他”之间的行为差异。之所以会形成这种分析思维，关键又在于，学术界业已存在的几种界定标准为之提供了心理学和伦理学的支持，而这些标准几乎最终都模糊化了人类行为的差异。正因如此，经济学理论在具体应用中往往就会遭遇明显的困境：一方面，主流经济学迄今都没有且无法对经济人概念的内涵做出清晰的界定，以致不同学者在分析人类行为以及构建模型时常常是自说自话，其中也就充满冲突或自我矛盾；另一方面，基于经济人的模型化分析使得嵌入在人类行为中的社会价值观被抹杀了，这不仅无法真正地讨论社会关系中的人类行为，更无法体现理论指导实践的人本关怀。因此，为了让读者对人类行为以及经济人的理论基础有更为清晰的认识，本章尝试就业已存在的有关界定利己和利他的流行依据做一梳理和归纳，并对它们的逻辑性和可应用性做一剖析。

第二节　基于行为后果的幸福快乐说

基于“社会善”扩展的角度，功利主义倾向于从行为的后果来判断其性质：增进个体功利和社会功利的行为就是善的，而降低行为者和社会功利的行为则是恶的。同时，早期学者更关注社会功利，因而对行为后果的关注又往往与行为目的结合起来，从行为所希望达到的后果来判断行为的性质。一般地，人们习惯上把追求个人自身的利益以满足自身欲求的行为称为利己主义的或自私自利的。例如，桑德斯说：“利己主义是认为每个人在任何时候都应该最大限度地追求自己利益而不应该牺牲自己利益的学说。”① 相反，利他主义则表示为把社会或他人利益看得比自身利益更重。例如，波吉曼写道：“利他主义是认为人们的行为有时能够以某种方式而将他人利益置于自己利益之前的理论。”② 同样，《新约·哥林多前书》中也写道：“凡事都可行，但不都造就人。无论何人，不要求自己的益处，乃要求别人的益处。”

这种从私人利益的满足出发展开对利己主义的定义，也为早期学者所广泛接受：首先，它为大多数的基督教道德哲学家所接受；其次，也为绝大多数的伦理学家所接受。事实上，从亚里士多德开始，经斯宾诺莎、康德、沙夫兹伯利、斯密到边沁的大多数西方伦理学家几乎都持这种看法。因此，功利主义的集大成者西季威克总结说：“我把利己主义一词等同于利己的快乐主义，指个人把他自己的最大幸福当作其行为的终极目的”；并且，“利己主义者（可）理解为这样的人：当他面临两个或更多的行动方案时，他尽可能确定每一行动方案可能导致的快乐与痛苦的量，并且选择他认为将给他带来快乐对于痛苦的最大余额的行为”。③ 同时，基于善的扩展角度把追求私利的行为定义为利己主义，不仅广为社会哲学家所接受，而且还特别受到现代主流经济学人的热捧。究其原因，广义的经济人含义也就是基于这种对幸福追求的理解。正如内维尔·凯恩斯指出的：经济人在经济活动中的直接目的是以最小的努力和牺牲，获取最大的财富，仅仅在直接目的上，我们才认为经济人受利己动机的驱使。

然而，运用基于欲求实现的这种幸福快乐说来界定人类行为的利己和利他性质，不但在实践中带来了很大不便，甚至在理论逻辑上也存在混乱。简要剖析如下。

其一，利己主义中“利”的内涵不断突破，从而造成理解上的混乱。（1）早期经济学一般将这种利益限定在物质利益上，追求的满足也主要

---

① Sanders S. M., *International Encyclopedia of Ethics*, Braun-Brumfield Inc. U. C., 1995, p. 250.

② Pojman L. P., *Ethical Theory Classical andContemporary Readings*, Wadsworth Publishing Company USA, 1995, p. 50.

③ 西季威克：《伦理学方法》，廖申白译，中国社会科学出版社 1993 年版，第 141、143 页。

是物质性的生理满足。相应地，早先的利己主义也主要反映个体对物质利益的贪得无厌的角逐。但是，随着人类需求和利益的多样化发展，经济学逐渐将人类的利益追求和需求满足扩大化了。这样，借鉴哲学上一种广为流行的定义：由最大快乐所确定的意志就是利己主义的。相应地，利己主义也逐渐上升为所谓的“心理利己主义”：“人们的行为只是为了推进他们自己的利益，而这种利益不必是生理上的快乐——它可能是广义上的幸福，或者甚至是自我完善的理想。”[①]（2）心理利己主义排除了利他的逻辑可能性，把人们所追求的一般快乐都包含在人类所有的“效用”范畴之中，即使我自己的“独善其身”也被看成是一种效用，从而也被视为是“利己”的。或者说，按照这种定义，几乎所有的人类行为都是利己的，因为人类行为的目的本质上是基于“小我”而圈层扩展的。例如，按照上述定义，一个人回避肉体的快乐，并以避开肉体快乐为快乐的行为也是利己主义的。基于这一视角，德蕾莎修女不求回报的工作就被看成是在实现自我追求，从而也就不值得称颂。但试问：德蕾莎修女的行为与犬儒主义者的行为果真没有什么不同吗?

其二，这个定义注重个体感觉的幸福快乐观，从而丧失了社会性评价这一目标。(1) 一般地，只有当我们把自尊、个人定位感以及成功者的理想与我们赞许的快乐相联系的时候，只有当快乐来自于我们认可的源泉的时候，快乐的企盼和实现才能令我们幸福。例如，借助一种药品往往使人处于一种永恒的极度亢奋状态，从而在行为功利主义或经济人的角度上看也就是值得的；但是，从旁观者的角度来看，这并不是真正的快乐，而且当事人事后也会有懊恼之感。为此，早期的亚里士多德、斯密等西方大儒以及中国古代儒者都将克制短期欲望的行为称为节制，这是值得称颂的人的德性之一。(2) 一般地，幸福仅仅是指我们对事物的状态和我们的成熟感到满意；而且，为了实现这一幸福，个人往往愿意做出利益上的牺牲。特别是，有时人们仅仅为了追求某一目的而不考虑由此可能带来的巨大功利损失，但幸福快乐说显然无法解释这种行为。所以，布隆克指出：“任何以满足欲求来定义的幸福都是有问题的，比如

---

① 阿尔蒙德：《探索伦理学：通向善恶王国的旅行》，刘余莉等译，中国社会科学出版社2002年版，第26页。

当我们牺牲自己来推进我们珍爱的事业时，这种行为与通常意义上的幸福，即满足苛求（或是对这种满足的企盼）却是不相吻合的。我们希望达到某种最终的目的，仅仅是因为自己乐于这样做，并不去管这种结果必须作出自我牺牲并有损于我们的幸福。”① 显然，根据心理利己主义，利己主义概念的内涵和外延就变得非常宽泛，以至于成为一个完全没有实际用途的概念。

其三，这个定义排除了利他的实质可能，从而也就失去了价值判断的标准。(1) 利己和利他本质上是人的一种价值判断，反映了人类的偏好以及鼓励和劝阻的倾向。事实上，在人们日常生活的使用中，“利己主义”这个词是带有贬义的，潜含了一种道德上的责难。但是，按照功利主义的观点，追求快乐本身就是人的基本目的，因而对快乐的追求本身就是善的行为。甚至，亚里士多德也指出：“快乐为一切生物所共有，它也伴随着一切选择，因为高尚和利益总是令人快乐的。”② (2) 受功利主义影响，启蒙运动以后道德学家大多转而将个人追求幸福的行为视为人的美德。譬如，休谟就把人们普遍赞同的行为、性质和品质分为两类：一是直接给当事人或旁观者愉悦的行为；二是对当事人和旁观者有用而最终和间接产生快乐的行为。事实上，尽管现代主流经济学也承接了广为使用的“利己主义”术语，但早已舍弃嵌入其中的贬义色彩而赋予了中性的味道，甚至将之视为人类行为的一般特征，结果，这种基于幸福论的定义根本上就将带有感情色彩的利己和善相混淆了。石里克说：“绝没有一个不怀偏见的人会把那样一种行为，例如因为使别人满意而自己觉得高兴所引起的行为，也称做利己主义的行为。”③ 为此，我们就要追问，对行为的泛“利己主义”界定对社会发展究竟有何意义？

其四，它无法区别有害于和有利于他人利益的自利行为。(1) 按照上述定义，尽管个人追逐自身利益被看成了“利己”的，但正如经济学根据“无形的手”原则发现的，私利和公利之间存在一定的正相关逻辑。

---

① 布隆克：《质疑自由市场经济》，林季红译，江苏人民出版社 2000 年版，第 15 页。

② 亚里士多德：《尼各马科伦理学》，苗力田译，中国社会科学出版社 1999 年版，第 32 页。

③ 石里克：《伦理学问题》，张国珍等译，商务印书馆 1997 年版，第 57 页。

也即，个人在追求个人幸福的同时也会间接促进社会善的增大。显然，这就产生了两大困惑：一是从增进社会善的角度上看，个人追求私利的行为成了可以理解并且应该得到鼓励的事，因而追求个人幸福的行为也就不应当全被看成是“恶”行；二是基于“个人幸福与他人利益乃至公共幸福往往都是统一的”这一经验观察，这就产生了新的问题：那种因为使别人满意而产生快乐的行为，是不是也应算作利己主义行为？（2）基于上述困惑，一些学者转而从行为的后果来探讨其性质：那些产生有利于他人利益或整体利益后果的行为被称为利他主义的，而产生有害于他人利益的行为则被称为利己主义的。譬如，西季威克就区分了利己的快乐主义和普遍的快乐主义（功利主义），其中，利己主义者为了产生自己微小的净幸福会牺牲其他人的任何数量的幸福，功利主义者则愿意为了普遍幸福能够有一点提高而准备牺牲自己任何数量的幸福。问题是，行为的后果往往受到其他非人为因素的影响，也即，这种基于后果的判断往往撇开了人的情感因素；而且，大多数人的幸福也完全可以通过歧视或剥削少数者而实现。因此，根据行为的最终结果来衡量行为的正当与否与行为本身的性质为标准之间就出现了较大的裂痕。

其五，一般来说，“利他”行动是实现“为己”目的的有效途径。（1）一个致力于探究社会问题及推动社会进步的人，因他的发现而推进了社会制度的完善，最终使自己也得到了社会的尊敬，这本身就是一个自我实现的人所追求的。事实上，根据沙夫兹伯利、哈奇森等人的快乐道德观，有德性的人会从行善中感到快乐，而不管他们对行善的结果有何看法。这意味着，合理的善的行为既非出于利己的快乐，又非基于理智的计算，而是完全源于一种直觉的道德情感。既然如此，我们又如何真正区分利己和善的行为呢？（2）根据行为后果论的思路，即使是极端利他主义的自我牺牲行为在为他人做出牺牲的同时自身生命也得到了满足，从这个意义上说，自我牺牲也是利己和利他的结合。那么，如何看待这种利他主义的行为呢？显然，上述定义往往难以为社会提供一种切实可行的行为判断标准。一个明显的例子是，按照这种利己主义支持者的观点，德蕾莎修女内心深处的愿望是帮助别人，在这个意义上，她的善举最终还是为了自己的（自私）利益，因而这又是不值得宣扬的。

其六，这种追求自身快乐的行为划界标准为经济人假设提供了理论基础。(1) 尽管经济人模型提供了一个统一分析框架，但是，概念的模糊性却阻碍了对人类行为的认知和区分，从而造成了理性研究中的混乱，以至于根本无法对不同行为的产生机理、导致后果进行深入研究。博特莱特指出："如果没有任何行为可以被认为是非自私的行为，那么利己主义这个概念本身就是无意义的命题。因为，只有当人们能够想象某些非自私的行为时，讲论自私行为才是有意义的。"① 正因如此，现代主流经济学倾向于将人的所有行为都视为利己主义的，这不仅忽视了人类行为的多样性，而且也无法对个体行为提供某种准确而合理的预测，从而显然是理论的失败。(2) 以对幸福的追求来定义人的行为，并没有界定这种幸福究竟是指即期的还是远期的。事实上，即期和远期的幸福往往是相悖的。正如西季威克指出的："一个人可以追求他的最大可能的幸福，而不去根据经验确定可能伴随着某一特定行为方案的苦乐的量，并且相信他有某种更有把握的推理方法来确定长远看来将使他最幸福的行为。"②

总之，基于行为后果的幸福快乐说来界定行为性质存在明显的问题。(1) 它并不能有效地把利己和利他的行为区分开来。正如博特莱特指出的："如果没有任何行为可以被认为是非自私的行为，那么利己主义这个概念本身就是无意义的命题。因而，只有当人们能够想象某些非自私的行为时，讲论自私行为才是有意义的。"③ (2) 按照功利主义的看法，追求幸福和快乐本身是善，是正当的，因而也就无法与带有贬义色彩的利己主义等同起来。所以，包尔生指出，快乐并非价值判断的标准，"快乐仅仅在它作为有德性的行为的结果时才有价值，而当快乐是通过刺激我们本性中低级的、感官的东西和压制我们较高的精神能力而获得的时候，我们就把这种快乐看作卑下的"④。当然，即使根据边沁的功利主义公式，把那些对社会的最大多数人带来最大幸福的行为称为善的或利他的，这种区分标准也是有问题的，因为每一个行为的结果往往会随着时间的推移而变得不确定，即使差别很小的行为也可能产生截然不同的结果。

---

① 博特莱特：《金融伦理学》，静也译，北京大学出版社 2002 年版，第 53 页。

② 西季威克：《伦理学方法》，廖申白译，中国社会科学出版社 1993 年版，第 143 页。

③ 博特莱特：《金融伦理学》，静也译，北京大学出版社 2002 年版，第 52 页。

④ 包尔生：《伦理学体系》，何怀宏等译，中国社会科学出版社 1988 年版，第 230 页。

第三节　基于行为动机的本能冲动说

由于基于直接的行为目的或后果来界定行为性质存在上述困难，因此，一些学者转而从这些行为的产生动机来探讨行为性质。这些学者认为，一个意志的正确与错误在整体上依赖于其动机本身，而不依赖于实际后果，甚至也不依赖于其想要的后果。一般地，如果其动机是正确的，那么，这个意志就是正确的，而不论其后果是什么。鲍尔斯就认为："人们关注他们的朋友的健康和幸福，自愿去服兵役，关心他们年幼的孩子和年老的父母，为了陌生人而甘冒生命危险，以及放弃不会被发现的偷盗的机会。当这些行为是基于对他人的关心或对他人所造成的影响的担忧时，它们就不是自利的行为了。"①

同样，北京大学的王海明也强调："伦理行为是受利害己他意识支配的：受利己利他意识支配的行为，符合道德目的，因而便是具有正道德价值的伦理行为，叫做'道德的行为'；受害他害己意识支配的行为，则违背道德目的，因而是具有负道德价值的伦理行为，叫做'不道德行为'。"② 王海明举例说，一个人给死去的父亲烧纸钱，尽管事实上对死去的老父无益，但由于这对行为者而言是受利他意识支配，从而就是伦理行为。事实上，这正如休谟指出的，"当我们赞美任何行为时，我们只考虑发生行为的那些动机，并把那些行为只认为是心灵和性情中某些原则的标志或表现。外在的行为并没有成功。我们必须向内心观察，以便发现那种道德的性质"；因此，"我们一切德行看来只有由于善良的动机才是有功的，并且只被认为是那些动机的标志。……一个善良的动机是使一种行为成为善良的必要条件"，而"人性中如果没有独立于道德感的某种产生善良行为的动机，任何行为都不能是善良的或在道德上是善的"③。

不过，基于根深蒂固的自然主义思维，西方学者往往将人类的行为

---

① 鲍尔斯等：《理解资本主义：竞争、统制与变革》，孟捷等译，中国人民大学出版社2010年版，第29页。

② 转引自王海明《人性论》，商务印书馆2005年版，第46页。

③ 休谟：《人性论》，关文运译，商务印书馆1980年版，第517、518、519页。

动机或目的性行为的产生动力都归结为本能。例如，麦独孤强调，本能是人类所有一切活动的推动者。基于这一思路，一些学者转而从行为的产生动机特别是本能冲动方面尝试对利己和利他进行界分，这种标准就是对本能冲动的界定。例如，R. 尼布尔认为，人的本性中有自私和非自私两种冲动。根据这两种冲动，包尔生认为："凡动机是个人利益的行为被称为利己主义的，动机是他人利益的行为被称为利他主义的。"[①] 再如，西季威克也强调："我已经像人们通常使用的那样，用'利己主义'这一术语指称一种把行为规定为达到个人的幸福或快乐目的的手段体系"，并且，这种手段把自爱冲动作为行为的主导动机。[②] 同时，行为动机的本能冲动说的系统阐述还可追溯到叔本华。叔本华认为，每一行为都有其动机，并把人类的一切行为区分为三种动机：利己主义、恶意和同情。根据这三种动机，叔本华认为，利己主义旨在获得"自身的幸福"，同情则是要促进"他人的幸福"并符合利他主义，而恶意就是"损害别人的幸福"。也就是说，争取自己的幸福，促进他人的幸福或损害他人的幸福，构成了人类全部兴趣的三种情景，分别与一种冲动相联系。

实际上，学说史上不少学者都从本能角度来探讨人类行为。例如，卢梭强调了人类先于理性而存在的两种本能："一种本性使人对自己的福利和自我保护极为关切，另一种本性使人本能地不愿目睹有感觉力的生灵受难和死亡。"[③] 再如，凡勃伦认为，本能树立了人类行为的最终目的，推动了人类为达到这种目的而做的努力，理智则不过是达到目的的一种方法，个人和社会的行动都受本能支配和指导。为此，凡勃伦从两个角度区分了人类的六类本能：（1）在社会经济、生活习惯和制度发展中起决定作用的三种本能，这包括父母天性、工作本能和随便的好奇心；（2）生活环境或生活传统引起人与人之间在效能上对比所衍生出另外三种本能，这包括竞赛的本能、虚荣的本能和侵占的本能。当然，从根本上说，人的本能仅仅是指基于生理需要而做出的反应，这种本能实际上

---

① 包尔生：《伦理学体系》，何怀宏等译，中国社会科学出版社 1988 年版，第 323 页。

② 西季威克：《伦理学方法》，廖申白译，中国社会科学出版社 1993 年版，第 111 页。

③ 卢梭：《论人类不平等的起源和基础》，高煜译，广西师范大学出版社 2002 年版，第 66 页。

是动物性的。例如，弗洛伊德的精神分析学派就强调，人类基本的、遗传的、本能的冲动来自他的动物本原。从这个意义上说，卢梭和凡勃伦所讲的本能其实已经嵌入了社会性因素。例如，马斯洛强调，人类所有的行为都是本能和文化共同作用的结果。同样，华生甚至认为根本就不存在所谓的本能，“我们习惯上称之为‘本能’的东西大多是训练的结果——属于人类的‘习得行为’”[①]。显然，现代经济学中的经济人假设源于人类对物质利益的追求，而这种追求本质上体现了基于生理需求的这种动物性本能，而缺乏对真实人类行为的刻画。

然而，尽管本能冲动说试图从行为产生的动机角度对人类行为进行划分，这似乎可以揭示行为的深层动因，但由于这种分析忽视了对亲社会性的关注，从而往往会混淆人类行为中的差异。

其一，行为动机和行为本身并不存在单向的对应关系。（1）尽管一般认为，一个正确的行为或意图就是导致或可能导致好的结果的行为或意图，但实际上，人类欲望满足的途径或者说由冲动表现出来的行为却往往不同，因为“两种不同的文化能提供完全不同的方法来满足基本特定的欲望”。[②] 马斯洛就举自尊心的冲动为例来加以说明：在一个社会里，一个人可以通过成为好猎手来满足，或者靠成为一个伟大的医生、勇猛的武士来满足，也可以通过成为一个十足的铁石心肠的人来满足欲望。（2）同一的行为也可能由不同的冲动所促发。例如，我们通常把性行为看成仅仅是追求性的满足，但动机很可能是多样的，或者是出于性欲发泄的目的，或者是要确立自己男性的自信，或者是为了通过征服而获得强者的感觉；更进一步地，在另外的社会里，性欲还代表了吸引注意力的欲望，或者是为了赢得亲密感、友谊、安全或者爱情依赖感的欲望。

其二，行为动机与幸福的最终归宿之间不存在单向的对应关系。（1）人是社会性的动物，行为结果所影响的往往并不局限于行为者本人。包尔生就强调：“对自己健康的关心乍看起来是纯粹利己的。然而只要稍微想想就会清楚地看到：具有健康身体的人决不只是他的健康的惟一得益者；身体的每一

---

① 华生：《行为主义》，李维译，浙江教育出版社 1998 年版，第 88 页。

② 马斯洛：《实现人生价值》，冯化平译，内蒙古出版社 2003 年版，第 8 页。

失调及其后果都会从他本人向周围蔓延。”[①]（2）即使行为者从行动中获得了某种收益，但也不一定就怀有这种动机。譬如，人们往往从礼尚往来中获取功利的收获，但这种副产品可能不是行为者的动机，他也许仅仅是为了获取交往的快乐。也即，人的自爱与爱他人之间也往往表现出更强的协同性而不是对抗性，如父母往往从注视其孩子吃好吃的东西比自己吃能得到更多的个人“自私”的愉悦。既然如此，我们又如何界定这种本能冲动的性质呢？其实，也正如马斯洛质疑的，“假如对真理的需要与对食物的需要更具动物性，那么，为真理而冒生命危险的人比为食物而冒生命危险的人更少一些‘自私’吗？”[②]

其三，上述所列举的两种或三种冲动往往是难以截然区分的。（1）“自身的幸福”就是实现自己的欲望，即满足各种冲动：对富有同情心的人来说，别人的幸福也就意味着他自己欲望的实现；对充满恶意的人来说，因为别人痛苦而会感到满足，并以此增加他自己的幸福。也就是说，出自恶意或同情的行为，同样都可以是利己主义的。（2）即使每个人行为的动机都是出于自利目的，但其追求的利益也并非就是眼前的快乐，而更可能是与普通的道德更为接近的东西。石里克指出，利己主义不是一种冲动，追求某种东西本身也不足以构成自私，而可能是选择一种广泛认可的道德行为。（3）上述所列举的两种或三种冲动并不能说明人类行为的全部。例如，使自己受伤害归属哪种冲动？因此，基于本能冲动对行为的划分往往显得过于粗略和简单。

其四，这种定义的症结还在于把利己主义界定为旨在获得“个人幸福”的内在缺陷。（1）如果将幸福定义为排斥了由恶意和同情引起的欲望之外的欲望，那么，就正如石里克质疑的：凭什么把诸如追求权力、知识、性快感、艺术享受等一些不同的活动统统看作利己主义者同一种冲动的表现呢？显然，按照人类习惯，指向知识和审美乐趣的欲望通常并不称为利己主义。（2）我们也无法划分出一组“肉欲冲动”叫作利己主义，其原因是：一方面，这种边界是不确定的，人们总是想到饥饿、口渴、性冲动；另一方面，即使我们可以把对生理需要的冲动和其他基

① 包尔生：《伦理学体系》，何怀宏等译，中国社会科学出版社1988年版，第327页。

② 马斯洛：《实现人生价值》，冯化平译，内蒙古出版社2003年版，第134页。

于更高等级需求的冲动区分开来，也不能简单地把生理的冲动视为利己主义的，如卢梭、马斯洛等都已经指出，基于生理需要的本能反应并不是恶的而是中性的。所以，众多伦理学家强调，利己和利他的区分必然要涉及人与人之间的关系，即两者的区分是社会性的。实际上，正是将上述的追求用于社会实践中，穆勒在发展边沁的功利主义时在“量”的基础上引入“质”的概念，强调快乐（也就是幸福）所具有内在的特质：只有当快乐来自于我们认可的源泉时，快乐的企盼和实现才能令我们感到幸福。显然，根据这种定义，幸福的意思就不能指个人全部欲望的实现，不是满足自己所有的冲动。

其五，冲动往往萌发于一定的环境，对冲动性质的判断也应联系发生的现实环境。（1）按照弗洛伊德的观点，一个“本我”冲动是一个分离的存在，与世界上任何其他事物都没有内在的联系，甚至与其他“本我”冲动也没有联系；相应地，只要现实条件控制、减弱了这些冲动，或阻止了它们的发泄，它们就成为“自我”而不是“本我”的一部分了。但是，杜威等却强调，成年人的所有冲动，至少是特有的冲动，是与现实结合并受现实影响的，因而也根本上就没有“本我”冲动。显然，涉及社会性的冲动往往都含有一定的价值判断，这使得与冲动相联系的幸福概念本身含有评价性的内容。（2）如果我们把幸福仅仅表示为我们对事物的状态和我们的成熟感到满意和快乐，那么，就会出现伊丽莎白·特尔弗（E. Telfer）所指出的问题：这种定义把个人作为唯一的评判自己是否幸福的仲裁人，这种幸福不再是可由旁人任意裁定并判断是否客观的。这样，一个人认为幸福的，可能在另一个人看来是不满意或远未满足；结果，我们就不可能在人与人之间做精确的对比，更不用说在不同代人之间进行比较了。这也意味着，以任意满足欲求来定义幸福存在明显的问题。譬如，当那些革命者牺牲自己的生命来推进他们所珍爱的事业时，这种行为与通常意义上的幸福（满足渴求）就是不相吻合的。

其六，人类行为的本能冲动往往受到理智的压制。（1）“冷静”的自爱和其他冲动产生的结果往往有差异。巴特勒指出：“虽然美德或者道德的忠诚行为的目的确实在于向往和追求权利或者利益之类的东西，然而，当我们在冷静的时候坐下来，只有在确信这个或者其他的追求的确是为了我们的幸福，或者至少不是与之相反时，我们才可能证明这是对的。”① (2) 如果幸福仅仅意味着满足欲求，那么为了获得幸福，我们可以不通过依靠更多的欲求来实现，而采取一种更顺从、更乐观的态度。例如，伊壁鸠鲁主义就是这样提倡的，这种幸福很大程度上是对欲求、野心和需要的压制；此时，清心寡欲者最为幸福，因而也就不会产生追求自身幸福的行为动机。(3) 为此，我们就需要区分理性和冲动。斯宾诺莎指出，人有两种根本不同的认知：一是感觉的、本能的、联想的，这是人与动物共同具有的；二是理性的，这是人类所独有的。相应地，伊壁鸠鲁主义强调，人除了冲动外还被赋予理性，理性天生就是欲望的管理者。同样，孟子也强调，心的修养依赖于欲望的泯灭，这也是具有理性的君子或“大人”强大意志力的体现。

总之，基于行为动机来界定和判断个体行为的性质具有一定的意义，但如果将人类行为动机进一步还原为本能冲动，以本能冲动来判断行为的性质，却并不能对行为的动机或结果提供一个完全合乎逻辑的明确界定。(1) 从本能出发，往往会将所有行为都归为利己的，因为它体现了人类潜意识的需求。马斯洛指出：“欲望总是最终导向一些我们不能再追究的目标或者需要，导致一些需要的满足……也就是说，动机的研究在某种程度上必须是人类的终极目的、欲望或者需要的研究。”② (2) 动机与由动机产生的结果之间的联系要取决于特定的环境，有时基于增进某种幸福的动机所产生的行为往往是适得其反的。因此，我们在评价一个人的行为动机时，就必须将他实际的行为与具体的环境联系起来。而且，正如前面指出的，本能仅仅是生理的反应，因而它不属于道德的范畴，因而也就不能作为利己和利他的判断标准。相应地，哈耶克用“道德”一词来定义非本能的规则。哈耶克指出：“本能的反应不应具备道德属性，用‘利他主义’之类概念来说明这种反应的‘社会生物学家’显然是错误的”，事实上如果根据这种思想，那么“就应当把性交看做最利他

---

① 转引自阿尔蒙德《探索伦理学：通向善恶王国的旅行》，刘余莉等译，中国社会科学出版社 2002 年版，第 30 页。

② 马斯洛：《实现人生价值》，冯化平译，内蒙古出版社 2003 年版，第 6—7 页。

主义的行为”。①

第四节　基于生命延续的自我保存说

上面分析了人的本能冲动，这种本能冲动是基于人的生理反应，而生理反应最根本的方面是维持生命和自我保全的冲动。正如斯宾诺莎所说：“假如我们不先欲求活着，就不能欲求被赐福，就不能欲求正当地生活。”② 事实上，马斯洛就强调人类最基本的需求是生存的需求，然而依次出现更高级的需求。同样，弗洛伊德考察了人类性本能的冲动，认为人受两种意向的支配——自我保存和种族保存，即求生的与繁殖的生命本能，并由此相信人始终处于与社会的冲突之中。所以，布劳德指出，如果“仅仅考虑生命冲动的生理方面时，我把‘生命冲动’称为‘有机体的自我维护’”③。正是从这个意义上，笔者认为，人的本能首先在于自保或者自我延续；也正是从这种本能性出发，一些学者从自我保存角度探讨人类的利己主义特征。例如，根据斯宾诺莎的观点，个人的每一种情感、意志、行为都是生命冲动的一种表达，生命冲动就是人的实质，而这种生命冲动就是自我维护和自我保护。再如，威尔逊在《社会生物学：新的综合》一书中指出：“当一个人（或动物）以自己的健康为代价而换得他人的健康时，他就有可能被认为从事了一种利他主义的行为。”④

目前，从基因遗传和自我保存角度来探讨人性充分体现在R. 道金斯《自私的基因》一书中。该书指出，在生物中出现的利己主义和利他主义都可以用遗传基因的利己主义来解释：生命现象是遗传基因自我复制的过程，能够更多地自我复制的遗传基因就在自然淘汰中生存下来；而且，如果把自我存续的最大化称为“为己”的，那么个体行为中所显示出来的利己主义和利他主义都是“为己性”遗传基因的组合所带来的结果。根据这种观点，构成人类个体的内在因子本质上就是自私的，因为“我

① 哈耶克：《致命的自负》，冯克利等译，中国社会科学出版社2000年版，第9页。

② 转引自布劳德《五种伦理学理论》，田永胜译，中国社会科学出版社2002年版，第35页。

③ 布劳德：《五种伦理学理论》，田永胜译，中国社会科学出版社2002年版，第20页。

④ 转引自雷斯曼《保守资本主义》，吴敏译，社会科学文献出版社2003年版，第219页。

们人类只不过是一些活着的机器，一些只知道执行程序的机器人，我们只会按程序来保护一些叫作基因的自私的家伙”。显然，这种观点从生物学角度强调，是基因而不是人成为人类历史发展的原动力，而基因根本上又是狭隘的复制者，因而人类本质上也被视为是自私的。这种观点后来得到了大肆的宣传，并被认为是性恶论得到基因学的科学证明的依据。例如，威尔逊等学者就公然宣称，“基因的伦理”完全是“利己主义的”，因为“利他主义者在进行有益于其亲属的过渡时，也要求这些亲属传播它们共同的基因”。[①]

当然，尽管基因自私说发起于生物学界，但实际上，自我保存说早就存在于社会科学界。在经济学中，基于个体的这种自我保存说来判断行为性质的往往被称为行为功利主义：认为凡是有利于个体的行动都是好的，而凡是有利于别的生物的行动只有在作为它的自我保存的手段时才是好的。社会哲学中的自我保存说理论可以追溯到霍布斯，他继承了马基雅维利的性恶说，认为人的自然本性“主要是自我保存，有时则是为了自己的欢乐”，“在达到这一目的的过程中，彼此都力图摧毁或征服对方”，因而“侵犯者本人也面临着来自别人的同样的危险”；因此，“由于人们这样相互疑惧，于是，自保之道最合理的就是先发制人，也就是用武力或机诈来控制一切他所能控制的人，直到他看到没有其他力量足以危害他为止”[②]。也就是说，在国家出现之前的自然状态中，人是自私自利、恐惧、贪婪，并且相互之间相互防范、敌对和残暴好斗的，以致人类社会就像狼一样处于“一切人反对一切人的战争状态”。因此，霍布斯给出了自然法的第一基本法则就是保存自我：“每一个人只要有获得和平的希望时，就应当力求和平；在不能得到和平时，他就可以寻求并利用战争的一切有利条件和助力。”[③] 为此，西季威克认为：“在霍布斯的体系的发展过程中，我们常常发现被当作终极目的和正当行为标准的是保存——而不是快乐——或保存与快乐的折衷物。”[④]

---

① 弗伊：《社会生物学》，殷世才、孙兆通译，商务印书馆1997年版，第2页。

② 霍布斯：《利维坦》，黎思复译，商务印书馆1985年版，第93页。

③ 同上书，第98页。

④ 西季威克：《伦理学方法》，廖申白译，中国社会科学出版社1993年版，第111页。

然而，尽管人类这种基于动物性本能的自我保存的冲动为众多学者所阐发，但是，能否用这个本能冲动来作为利己和利他的区分标准，甚至用这个本能冲动来作为人是“利己主义”的证据，却同样存在诸多问题。

其一，利己主义和自我保存的内涵并不存在一致性。（1）并不是所有的自我保存行为都是利己主义的，如对健康的正常关心、对强盗的抵御等。实际上，自马尔萨斯和达尔文以来，社会生物学在传统上一直强调竞争和适者生存，但我们却很难把避免饿死的行为视为自私的。（2）有许多自我保存的行为甚至是出于利他主义的动机。例如，司马迁忍受宫刑之辱是为了完成《史记》，而苏武忍受北海风雪而顽强生存也是为了向汉王朝传送西域地理人文情况。（3）并非所有的利己主义行为都是自我保存的，利己主义者更多考虑的是享乐而不是生命，考虑的是近期利益而不是远期；甚至，有人会出于利己主义而想自杀，尽管其生命对他人仍很重要，但他自己却由于觉得厌倦而希望了此一生。钱穆说：“自杀是文化人生中的一件事，并非自然人生中的一件事。自然人生只求生，而文化人生甚至求死。求死也有一目的，即是从自然人生中求解放，求自由。”[①]（4）根据居友的看法，人的行为并非都是出于自我保存的目的，相反往往具有冒险的偏好，可以从冒险和斗争中获得快乐；这不仅表现在人的行动上，也表现在人的智力上，这类似于凡勃伦所讲的“好奇的本能”。居友举例说，一个叫鲍德温的英国人孤身一人去非洲打猎，有次险些被一头狮子掀翻在地，那么，“在冒生命危险对人没有任何好处的情况下，人为什么会冒这样的危险?”[②] 所以，米塞斯说，传统上把牺牲个人利益或放弃享乐视为是有道德的，但“这种看法忽视了一个最重要的问题，即道德的真正价值不是牺牲本身，而是这种牺牲所要达到的目的。也就是说，只有在为一个道德的目的而牺牲个人利益的前提下，这种牺牲才是合乎道德的。有些人为了一件正义的事业敢于舍去自己的一切、直至财产和鲜血，而另一些人却愿作出某些不给社会带来任何好

① 钱穆：《人生十论》，广西师范大学出版社 2004 年版，第 18 页。

② 居友：《无义务无制裁的道德概论》，余涌译，中国社会科学出版社 1994 年版，第 124 页。

处的无谓牺牲，这两者之间有着天壤之别”。[①]

其二，自我保存的本能本身难以体现含有人的情感因素的社会价值观。(1) 自我保存是人类的本能反应。斯宾诺莎就强调：“每一个自在的事物莫不努力保持其存在。”[②] 卢梭也指出，“人的第一个意识是它的存在意识。它所关心的首要事情是自我保护”，[③] “自爱始终是很好的，始终是符合自然的秩序的。由于每一个人对保存自己负有特殊的责任，因此，我们第一个最重要的责任就是而且应当是不断地关心我们的生命。如果他对生命没有最大的兴趣，他怎样去关心它呢?”[④] (2) 正因为自我保存仅仅是本能反应，从而并不含有价值判断的含义，因而也就无法作为界定利己和利他的标准。卢梭指出：“大自然让野蛮人只受本能支配……因此，野蛮人的活动都是先从纯动物性的官能开始的”，“野蛮人由于没有任何知识，只能有后一种情感，他的欲望也不外乎是生理的需要。在世间万物中，他仅知道食物、异性和睡眠对他有利，也仅知道痛苦和饥饿对他有害并为之胆战”；[⑤] 因此，“在自然状态下，人与人之间似乎既没有任何伦理方面的联系，有没有明确的义务；因此，他们既不可能好，也不可能坏，既没有善，也没有恶。除非我们让这些词带上生理上的意义，如称个体身上那些可能于他自身保护有害的品质为‘恶’，称那些于他自身保护有利的品质为‘善’”。[⑥] 然而，包括现代主流经济学家在内的众多西方学者却从这种保存本能性的角度出发，把人的行为都视为是利己主义的。例如，西季威克认为，合理行为的原则必然是利己的，甚至可以说，这种对自我存在的追求实际上是以自我实现或自我发展为对象的。而且，尽管野蛮人本能地具有自我保存的自爱心，但从价值判断的角度

---

① 米塞斯：《自由与繁荣的国度》，韩光明等译，中国社会科学出版社 1995 年版，第 74 页。

② 斯宾诺莎：《伦理学》，贺麟译，商务印书馆 1983 年版，第 105 页。

③ 卢梭：《论人类不平等的起源和基础》，高煜译，广西师范大学出版社 2002 年版，第 107 页。

④ 卢梭：《走向澄明之境：卢梭随笔与书信集》，何祚康等译，上海三联书店 1990 年版，第 13 页。

⑤ 卢梭：《论人类不平等的起源和基础》，高煜译，广西师范大学出版社 2002 年版，第 82、83 页。

⑥ 同上书，第 93 页。

看，因为合理的自我发展也就意味着追求自我的完善，这显然是难以被称为利己主义的。

其三，自我保存更经常地被视为有利于人类发展的一种德性。（1）自我保存的冲动往往是社会发展的基础。事实上，包尔生就指出：“个人的自我保存冲动无疑在生活中扮演了一个极其重要的角色，并且经常牺牲他人利益来维护自己。但是没有一个人是这个意义上的个人主义者——即完全独占式地只关心他自己的祸福，而完全不管别人的幸福。”① 而且，像居友这样的伦理哲学家也强调，人类的本能包括了弥补力量的消耗和导致力量的消耗两种倾向，而基于这种本能的生命力的扩散却是与社会和博爱的本能相一致的。（2）正是基于这一点，自我保存就具有德性的意义。这为历史上大多数的伦理学家诸如霍布斯、卢梭、斯宾诺莎、耶林、康德、爱因·兰德等所强调。例如，爱因·兰德指出，有机体的生命就是价值的标准：凡有助于生命的就是善，而损害其生命的就是恶。② 同样，按照斯宾诺莎的理论，生物保存自己存在的本质，正是德性之所在。斯宾诺莎指出：“一个人愈努力且能够寻求他自己的利益或保持他自己的存在，则他便愈具有德性；反之，只要一个人忽略他自己的利益或忽略他自己存在的保持，则他便是软弱无能”，而且，“凡受理性指导的人，亦即以理性作指针而寻求自己利益的人，他们所追求的东西，也即是他们为别人而追求的东西。所以他们都是公正、忠诚而高尚的”③。（3）儒家对生命就极为看重，乃至把附属于生命的一切都看成是善的。例如，孔子认为，“饮食男女，人之大欲存焉”（《礼记·礼运》）。其后的告子、孟子更是强调，“食色，性也”（《孟子·告子上》）。也就是说，饮食和男女之欢都是人生所必需的，是人的本质的一部分；进而，既然人性是善的，那么食色也应该是善的。这就如孟子所说：“可欲之谓善。”（《孟子·尽心下》）

其四，基于基因的自我保存本能无法解释社会中大量存在的利他主义行为。（1）尽管个人都有自保的生物性需要，但“同时人也因为现代

① 包尔生：《伦理学体系》，何怀宏等译，中国社会科学出版社 1988 年版，第 208 页。

② 爱因·兰德：《新个体主义伦理观：爱因·兰德文选》，秦裕译，上海三联书店 1993 年版，第 7 页。

③ 斯宾诺莎：《伦理学》，贺麟译，商务印书馆 1983 年版，第 184、185 页。

生活的复杂性而需要合作。当个人之间相互支持时，给予的冲动比获得的冲动要强"[①]。譬如，根据叔本华的生命意志学说，虽然生命意志起先表现为努力保存个体，但这仅是努力保持类的一个阶段，稍后这种努力将随着类生命在持久、扩展和价值方面超越个体而必然更为强烈；否则，如果生命意志仅仅是维系自己的生存和繁殖后代，那么，每个人必然是痛苦和悲观的，因为欲求必然会得不到满足，欲望也是不断升级和绝无止境的。既然如此，这种基于合作的利他主义又如何解释呢？（2）从自我保存角度得出的利己主义结论仅仅是基于基因的生物本能角度上的理解，它把人的行为仅仅理解为分子化学的活动而没有考虑人的社会性，从而也无法理解人类社会中大量呈现的利他主义行为。洛克就指出，尽管在自然状态中，人有保存自己的权利，却"不能擅自改变他的地位，所以基于同样的理由，当他保存自身不成问题时，他就应该尽其所能保存其余人类"[②]。因此，为了解释生物中的利他主义行为，生物学界后来又出现了另一重要流派——群体遗传学派（group selection），它对利己主义基因说做了强烈批驳。例如，其创始人之一的赖特（R. Wright）强调，并不是每一个彼此独立的基因要进行"基因"选择，相反，"自然选择是在相互适应的基因复合体中'有组织地'进行的"[③]。其实，不仅群体选择学派的代表爱德华兹等强调，动物有时会为了整个种群的生存而主动降低自己的繁殖机会；甚至连达尔文有时也说，自然选择似乎是对整个种族或物质而言，而不是针对个体。（3）根据群体选择理论，内部合作的群体比利己的种群获得更大的生物学上的利益，更有利于生存和繁衍。为此，一群社会学家还建立了一些"群体选择"模型来探讨减少个人适应性的利他主义如何能够通过自然选择得以进化。譬如，群体选择模型的一个变体"亲缘选择"（kin selection）就指出，对亲戚的利他主义是人类和动物"本性"的持久"遗传特性"。那么，这种"亲缘选择"是利己主义的吗？显然，这就与如何界定利己和利他有关，与我们所选择的

① 普罗德安：《伦理、金融和社会》，载普林多、普罗德安主编《金融领域的伦理冲突》，韦正翔译，中国社会科学出版社 2002 年版，第 13 页。

② 洛克：《政府论》下篇，叶启芳等译，商务印书馆 1964 年版，第 4—5 页。

③ 弗伊：《社会生物学》，殷世才、孙兆通译，商务印书馆 1997 年版，第 89 页。

观察参照系有关。如果我们把“己”视为天然个体的“小我”，那么，只要损失自身去帮助自身以外的人的行为都是利他的。

其五，需要指出的是，现代主流经济学也许会遵循威尔逊的主张：“从传统角度上说，为了后代而自我牺牲是利他主义的，但不是从严格的基因学意义上来说。因为个体的健康是由存活的后代数量来衡量的。”① 但显然，这也将遇到里德雷所指出的问题：自我保存的基因学观点再次提出了一个关于“动机”问题的古老争论。② 事实上，如果一位母亲无私地养育了她的孩子，即使她这样做是受到其基因自私行为的指使，但是，作为一个个体，她仍然是无私的。而且，如果我们承认人类个体之间是和平友善的，又为何要去理睬人类基因的那些“动机”呢？正如西季威克指出的：“我们的所有冲动——高级的和低级的，感官的和道德的，等等——都同样地与自我联系在一起，以致当一种冲动产生时，我们就倾向于把我们与之等同起来，除非两种或更多的冲动陷入了严重的冲突。”③ 可见，正如贝克尔指出的，19 世纪中期以后的近代生物学的发展以及 20 世纪的人口遗传学的发展使人们清楚地看到，“人性”只是“问题的开始而非问题的结束，作为历经几百万年演化而来的生命，人类（和动物）本性的持久特性是在极其不同的自然环境与社会环境中进行遗传选择的结果”④。

总之，如果把由基因控制的自我保存本能视为一般生物的特点还说得过去的话，那么，把它引入到对人性的分析就显得非常牵强了。（1）由基因控制且影响的一些社会现象，如亲情利他等，都是由文化做媒介的；而显然，在不同的文化下，亲情之间的关系也存在着显著的差异。（2）如果简单地把这种基因控制的自我保存说运用到人类当中，这仅仅说明人的生物性本能，根本上没有触及人的社会性行为，而后者对人类行为来说是更

---

① 转引自雷斯曼《保守资本主义》，吴敏译，社会科学文献出版社 2003 年版，第 223—224 页。

② 里德雷：《美德的起源：人类本能与协作的进化》，刘珩译，中央编译出版社 2004 年版，第 13 页。

③ 西季威克：《伦理学方法》，廖申白译，中国社会科学出版社 1993 年版，第 113 页。

④ 贝克尔：《人类行为的经济分析》，王业宇等译，上海三联书店/上海人民出版社 1995 年版，第 332—333 页。

为重要的方面。钱穆强调，“求生的目的，亦自然所给予。因此生物之惟一目的，亦可以说是无目的，仍是一自然”，而“人类生命与其他生物的生命大不同。其不同之最大特征，人类在求生目的之外，更还有其他目的存在。而其重要性，则更超过了其求生目的”。[①] 事实上，心理学家往往倾向于从动物本能而延伸至人的分析途径，这对人性的分析就犯了拟物论的错误，而用基因的自我保存倾向来论述人性所犯的错误则比摩尔根的吝啬律还要严重。显然，这种自基因而人性的分析途径相当于德国生物学家洛布所提出的“向性”（tropism）学说，它以无机物运动的物理、化学规律来解释植物的运动乃至动物的运动。根据“向性”学说，一切生物都具有向性运动或去性运动，因而也都具有趋利避害的合目的选择性反应能力，这种合目的性是有机体无意识地为了达到一定结果而发生一定过程的属性。但是，既然是无意识的本能反应，因而也就根本不涉及具有社会性的情感价值评价。

第五节 基于普遍主义的抽象道义说

上述对人类行为的种种界定标准都是基于个体的目的和动机角度，显然，由于人类行为的主观目的和客观目的存在不一致性，目的和动机之间也并非一一对应，因而往往就难以给出清晰的界定。（1）幸福说将人类的生活目的中所包括为他人谋利的行为和为自己牟利的行为混淆了，因为这两种行为都是从自己的主观感受出发的，因而基于幸福说的角度就都是自利的。例如，雷锋的助人为乐行为就是自利的，因为他的生活目的就是“助人为乐”。正因如此，在贝克尔等人推广的经济人分析框架中，所有人类行为都是自利的，即使被公认为利他主义的父母也是自利的。（2）至于从冲动说中派生的同情观，经济伦理学大师阿马蒂亚·森强调，应该从与他人的通感角度来区分人类行为的性质，而不是将同情归入与自利相同的性质。例如，在森看来，那些“基于承担的行为，在

① 钱穆：《人生十论》，广西师范大学出版社 2004 年版，第 16 页。

这个意义上却是非自利的”[①]。但是，按照同情观的逻辑，你越为别人的不幸感到忧伤，越是想帮助别人，你就越自私，因为你实际上在为自己缓解痛苦。为此，森等人撇开基于个体目的和动机的主观分析思路，而是寻找利己和利他客观不变的标准，强调只有抽象的道义是非自利的。

实际上，我们可以把人们的自愿行为分为两种基本类型：（1）“根据冲动的行为”（action on impulse），它是基于特殊情感的反应；（2）“根据原则的行为”（action on principle），它是基于已经接受的某种行为准则。显然，按照后一种观点，行为者将以相同的方式对待其他任何具有同样特征的人，这种规则是先验的，本质上没有创作者。在西方，对先验规则的解释往往归结到上帝。事实上，当苏格拉底承认一种超越城邦界限的正义时，求助的就是神制定的未有明文规定的法律；同样，被以色列乃至其他民族视为绝对戒律的《摩西十诫》，也据称是耶和华授予先知摩西的。[②] 亦即，普遍主义的先验规则在西方最初源于宗教，从而呈现出一种信仰状态：善之所以为善，就是因为上帝（或者其他先知）寄希望于它，善的本质必须由某些先于和独立于那些现实规定的实质性品格给出。例如，圣·奥古斯丁提出，给穷人施舍必是出于对上帝的热爱，而不应为了虚荣。再如，后来另一位大主教 R. 惠特利则指出，按照诚为上的原则行事的人不是诚实的人，其含义是因能得利而行为正直的人只不过是一个非道德的算计私利的人，只有按照正确的行为准则行事时不考虑自身后果的人，才是诚实的人。

当然，这种基于普遍主义的道德的绝对定言律也曾为众多道德哲学家所阐发。例如，在中国，早期的墨家就强调：“品行是：所干的事不图个人之名利；所干的事为个人名利，便是巧诈，犹如为盗。”[③] 在西方，早至基督教兴盛之前，斯葛多学派在希腊化的罗马世界中就已经率先系统地宣称正义的范围是全人类的观点。但不管如何，一般认为，绝对主义伦理观是宗教从外在于人的神之意志所引出的道德，并把某种神秘的、

① 森：《理性的傻瓜：对经济学的行为主义基础的批判》，载哈里斯编《科学与人》，商梓书等译，商务印书馆 1994 年版，第 14 页。

② 按照古希腊学说，正义仅仅适应城邦的惯例，而共同体外的陌生人都应视为敌人。

③ 王海明：《利他主义与利己主义辨析》，《河南师范大学学报》（哲学社会科学版）2001 年第 1 期。

超自然的力量作为道德的根据，只到康德才用不需要做进一步证明的人类超经验的理性来进行解释。康德把行为的准则分为两类：(1) 假言律令（hypothetical imperatives），它是这样一个行为原则：并不是根据这一原则自身的价值接受它，而是作为获得某个欲求目的的准则接受它。譬如，我之所以不说谎，是因为我相信说谎损害信任，从而减少人们的幸福，那么，对我而言，“不应当说谎”这个原则就仅仅是一个假设命令。(2) 定言律令（categorical imperatives），它是一个根据其自身价值接受的命令，而不是作为获得某个欲求目的才接受的准则。

也即，假言律令是有条件的和衍生的，是基于特定的欲求和手段的功效而采行的准则；而定言律令则是行为的终极动机，是无条件的。康德认为，真正的善要求人的行为完全不受他的爱好支配而只是为着一个定言律令的原则，因为一个行为在一个既定处境是正确或错误的，对任何理性人来说，不管他特殊的趣味和爱好是什么，处于这种处境的任何行为就必定是正确或错误的。至于这个定言律令的标准，康德提出的必要而充分条件是：任何把这个原则当作自己行为原则的人，都一直希求其他人都能把这个原则当作他们的行为原则，并根据这个原则来行为。因此，一个行为是正确的，当且仅当任何理性人都根据这个原则自身价值来接受它而不管这个人特殊的趣味和爱好是什么。显然，康德将基于原则行为的思想发挥到了极致，他甚至强调立法者只有基于定言律令制定的法律才是绝对善的。康德指出：“这位全然不受限制的立法者……只从人们的大公无私，只从赋予人们以尊严的理念来评价那些有理性的东西的行为。”①

实际上，根据康德主义观点，具有道德的人就是具有理性的人，因为道德法则就是理性行为的具体体现，因而也只能适用于有理性的人；遵循道德法则的动力也源于我们自身的理性，而非源于外部力量。因此，这种道德法则具有三大基本特征：(1) 一致性（consistency），道德行为不能自我矛盾，一个道德法则体系中的道德规则也不能彼此对立；(2) 普遍性（university），它对每一个具有理性的人都是普遍适用的；(3) 先验性（priority），它不以实际体验为基础，即使它可以应用于实际体验。关于这一

① 康德：《道德形而上学原理》，苗力田译，上海人民出版社 1986 年版，第 93 页。

点，中国也长期流传着这种普遍主义的伦理观，这也正是我们长期偏盛的价值伦理。例如，朱熹就说："公而无私便是仁。"（《朱子语类·第三》）墨子的兼爱论则是这一学说的典型表达："文王之兼爱天下之博大也，譬之日月，兼照天下无有私也。"（《墨子·兼爱下》）即墨家所倡导的品行在于"所干的事不图个人之名利"，否则便是"巧诈，犹如为盗"。按照这种理解，道德法规是一种客观规则，反映的是一种绝对的命令和必须履行的责任；因此，人们也必须无条件地服从，这是理性的要求。例如，《旧约全书》中的《十诫》就是上帝通过摩西展示在人们面前的，那些遵从上帝的人也自然凭借理性知晓对错，因而也会以此作为行动的指南。

正是由于西方伦理学具有一种普遍主义的倾向，因而"康德、穆勒、西季威克、罗尔斯以及其他人的著述，几乎根本不谈渗透于伦理问题常识解释中的文化的本性倾向、性别或人种的特性以及共同体成员身份"。[①]尤其是，根基于理性主义思维，以格沃斯（A. Gewirth）和罗尔斯为代表的现代自由主义者竭力在分析理性的基础上恢复或重构康德的绝对道德律令。例如，罗尔斯就构建了一种在无知之幕（veil of ignorance）——没有一个人知道他在社会中的地位，无论是阶级地位还是社会出身，也没有人知道他在先天的资质、能力、智力、体力等方面的运气，甚至各方也不知道他们特定的善的观念或他们的特殊的心理倾向——下被选择的作为公平和正义的秩序。罗尔斯认为，在这种无知之幕下，保证了任何人在原则的选择中都不会因自然的机遇或社会环境中的偶然因素得益或受损，因而也就无人能设计有利于自己特殊情况的原则，在这种倾向下的行为是善的，构建的秩序也是公正的。显然，尽管罗尔斯的思路不同于康德主张的绝对道德"只能通过先验演绎和设置一个本体的或知性的王国"得以建立起来的必要预设，但是，他的原初状态下的无知之幕也是一种撇开具体情境的同质化原子主义的预设。因此，基于原初状态得出的正义原则"从偶然的、因此也是道德上无关的社会与自然的影响——正是康德所希望的——抽象出来，并不一定依靠于一个本体王国或完全超越经验的超验主体观念"[②]。

---

① 唐纳森、邓菲：《有约束力的关系：对企业伦理学的一种社会契约论的研究》，赵月瑟译，上海社会科学院出版社 2001 年版，第 102—103 页。

② 桑德尔：《自由主义与正义的局限》，万俊人等译，译林出版社 2001 年版，第 48 页。

事实上，正是这种普遍主义原初状态保证了一致同意原则的实现，从而也为罗尔斯进一步拓展他的万民法奠定了基础。

基于这种抽象道义的观点，“利他的”和“道德的”两个术语是等价的，一个利他的行为往往就是指对行为者有害而对社会有益的行为。事实上，这种观点曾经在欧洲统治了漫长的时期，直到斯密的老师哈奇森坚持：出于虚荣或自利的慈善行为不是真正的慈善行为。但是，尽管这种理论试图给予一个利己和利他更为客观的区分标准，但显然还是存在问题。举一个简单例子，如果存在三种原因导致我对 A 不撒谎：一是我对 A 特别尊敬；二是我欲求人们的幸福，并相信撒谎在某种程度上将减少人的幸福；三是把不撒谎原则当作绝对道德律令来接受。那么，正如布劳德质疑的，“前两种原因出现了并像第三种原因那样驱使我不撒谎，那么，我的行为就不再正确了吗?”① 事实上，人不管做什么，他总是按照某种爱好行事，因为只有当人产生了意志或做事的冲动，人才会决定去做；而且，只有当关于一种目的的观念对一个人来说是最快乐的，他才会去追求这个目的，他的活动总是在最强冲动上进行。

然而，道德法则的三个特征或条件往往是难以满足的。说明如下。

首先，就一致性而言。尽管绝对律令要求各种道德规则不发生冲突，但在实际实施中这种冲突往往不可避免。例如，乔治举例说：假设在一个奴隶制盛行的社会中，某天你收留了一名逃跑的奴隶，而此时奴隶的主人追踪而来向你打听这名奴隶的下落，那么，你是谎言搪塞还是据实相告。你的谎言是出于对不道德的奴隶制度进行抵制的目的，而你的诚实却可能助长这种制度的气焰，此时就陷入了一个两难困境。② 事实上，在罗尔斯的理论中，把参与秩序制定的人们置于无知之幕背后的部分目的在于，就社会选择达成某种一致意见。但是，如果由于无知之幕背后的人们对风险的态度不同，就无法达成某种一致意见。推而广之，哈达里就指出：“没有一种已知的社会理想做到了前后完全一致。”③ 正因如

---

① 布劳德：《五种伦理学理论》，田永胜译，中国社会科学出版社 2002 年版，第 100 页。

② 乔治：《经济伦理学》，李布译，北京大学出版社 2002 年版，第 105 页。

③ 唐纳森、邓菲：《有约束力的关系：对企业论理学的一种社会契约论的研究》，赵月瑟译，上海社会科学院出版社 2001 年版，第 41 页。

此，尽管康德提出了绝对伦理，但是，他也不得不花长篇来探讨对一个正在追杀他的人撒谎是否道德的问题。

其次，就普遍性而言。尽管绝对道德要求承担普遍的义务，但在现实生活中义务却是特殊的，如家庭义务就是一种基于特定关系的特殊义务。事实上，在人们交往的发展中，由于个人接触和交往的对象不一样，相互之间的行为规范也必然存在差异。这样，就在普遍主义道德和常识义务之间形成了紧张。例如，一个完全陌生的人和一个亲人一起落水，且只有一个人可能得救时，人之常情是先救自己的亲人。所以，中国的传统文化一直强调“爱有差等”，孔子甚至认为“子为父隐，直在其中”。显然，这种明显的亲人偏袒和传统的绝对道德观之间就难以协调。当然，如果是两个亲人一起落水，如母亲和妻子，那么孰先孰后就引起了社会的广泛争论。事实上，不同人的行为往往会存在差异，这主要与具体个人的社会性、利益相关性以及社会文化有关。一般地，根据基督教教义，他首先应救自己的妻子，因为基督教社会中的家庭组织是以“夫—妻”轴为核心构建的；相反，根据儒家思想，救自己的母亲被视为第一位，因为儒家社会中的家庭组织是以“父—子”轴为核心构建的。这反映出，人类社会很难存在完全一致的道德观念。韦伯就对普遍主义道德质疑道：“世界上果真有这样的道德，能够建立起内容统一的要求，可同时用来指导性爱关系、商业关系、家庭关系和政治关系，用来指导人们同他妻子的关系，同菜贩的关系，同儿子、竞争对手、朋友和被告等等的关系吗?”① 事实上，这种普遍主义伦理观是与信念伦理相通的，它只关注程序而不关注结果。但问题恰恰在于，基于信念伦理的行为往往会带来更坏的结果，从而需要责任伦理来做保障。譬如，儒家所提倡的三纲五常就是这样信念伦理，被后世视为绝对的“善”；但显然，正是由于后世往往完全局限于这种伦理，结果，整个社会反而陷入日益严重的僵化之中。事实上，这种责任是基于个人与社会的接触，从而源于生活的经验，因而必然不是普遍的。正如哈耶克指出的，“我们的先天性本能只表现为我们害怕我们的同胞对我们的言行表示不满”，“就当下的社会而言，根本就不存在什么‘自然的善’，因为依凭人的先天性本能，人是决不可能营

① 韦伯：《学术与政治》，冯克利译，生活·读书·新知三联书店 1998 年版，第 105 页。

造出作为现有人口生存之基础的文明的。”①

再次，就先验性而言。这种绝对道德律令意义上的善被认为是理性的产物，这种观点认为，人的本性能够认识社会的自然秩序，这就是人的理性；因此，德和善就是对理性的符合，事物有永恒的适合性和不适合性。但是，正如桑德尔指出，罗尔斯将人理解为一个“完全抽象化”（empirically-given features）的主体，这种主体构成了与“完全情境化”（radically situated subject）主体相对立的一极，这样的主体不可能进行理性的选择，因为它被剥夺了所有的经验，因而也就丧失了动机和思维的能力。事实上，正如麦金太尔指出的，从上帝命令我们从事某行为这一事实中永远推不出我们应该如此的结论；相反，如果存在一个独立于上帝命令的道德判断标准，那么上帝的戒律就显得多余了。正因如此，康德提出，实践理性不运用于任何外在于自身的标准，但却依靠人的理性来制定普遍的、无条件的和具有内在一致性的原则，并且认为，像诸如“永远讲真话”“永远信守诺言”以及“不要自杀”等准则都可以通过他的检验，而“仅对己方便时信守诺言”这类准则则无法通过检验。譬如，康德断言：任何意愿“当前景中的痛苦大大超过幸福时便自杀”这一准则与所有人的生命的内在冲突相矛盾，因而无法通过他的检验。但是，正如麦金太尔指出的，这种检验方式是拙劣的，这就如能够“永远保持短发”这一准则的人与所有人中的头发生长本性的冲动相矛盾一样；而且，很多不道德的和无足轻重的非道德准则都可以被康德的检验证明与他所要坚持的道德准则一样正确。例如，“除一种诺言外终生信守所有的诺言”“迫害虐待所有持虚假宗教信仰者”和“三月份的星期天永远吃淡菜”等。②

为此，宾默尔就强调指出，“康德从来没有为它自己的观点提供任何真诚的辩护——即使在他的《道德的形而上学基础》里也没有。他的定言命令只是一种辞藻华丽的说法，表达的意思其实就是民间谚语，如同我母亲有一句出名的劝诫，即，‘要是每个人都那样做的话，世界会怎样

① 哈耶克：《法律、立法与自由》第2、3卷，邓正来等译，中国大百科全书出版社2000年版，第518页。

② 麦金太尔：《德性之后》，龚群等译，中国社会科学出版社1995年版，第60页。

啊?’而如果有人会对这句话持有保留意见，那么他就是不道德的。康德主张，人们应该出于理性的原因去遵守这个原则。这个观点却是凭空设想的。然而康德仍旧被普遍看作人类历史上最伟大的道德哲学家”;[①] 而且，“存在普世标准的神话，即使从一开始也说不通。我们自己甚至都认为，在不同的情景之下就应该使用不同的标准。例如，你知道同事在纳税申报单上作假，你是否会公开揭发他呢？但是，如果是他伪造科学实验报告中的结果呢?”[②] 明显的例子是，我们的学者往往对官员贪污义愤填膺，但对自己以及同人乱报课题经费的现象却置若罔闻或心安理得。当然，康德在论证绝对道德律令时确实存在逻辑问题，因为道德本身就是长期演化的结果，而不是基于抽象理性的选择。正因如此，康德也承认，即使基于绝对道德律令的抽象真理也必定受到具体事实的制约。例如，在运用人生准则时，我也必须掌握“我希望别人怎样待我”、“我的行为怎样影响你”等有关事实。

事实上，正如休谟指出的：“理性是完全没有主动力的，永远不能阻止或产生任何行为或感情。”[③] 这意味着，不能单单根据理性来区别道德上的善恶，而是要在其他一些原则的协助下才能做出区别，这种协助原则就是情感。究其原因，尽管绝对主义的伦理可以被看成是人类理性的产物，但这种伦理本质上却是把道德置于某种形而上学的义务感的基础上。居友就不相信形而上学的义务感和某种超自然的制裁能构成科学的道德哲学：“一方面，自然主义和实证主义派的道德观念无论在责任方面还是在制裁方面均未提出任何不变的原则；另一方面，如果理想主义者的道德观念能够提供些什么东西的话，那么他们纯粹是假设性的，而不是有肯定的性质。换言之，属于事实的东西都不具有普遍性，而凡是普遍的东西都是一种理论的假设。结果是，绝对道德律令就它是绝对的和无条件的而言，它在这两方面都消失了。”因此，居友以建立一种没有任何绝对义务和绝对的制裁的道德哲学为己任，主张“从事实本身出发去推演法则，从现实出发去建立理想，从自然出发去提炼道德哲学”，同

---

① 宾默尔：《自然正义》，李晋译，上海财经大学出版社 2010 年版，前言。

② 同上书，第 7 页。

③ 休谟：《人性论》，关文运译，商务印书馆 1980 年版，第 497 页。

时，也批判了这种基于宗教的绝对主义。[①]

而且，每个人生来就在一个特定的社会中，处于一个特定的社会地位，他对其行为的认知都受到社会环境的影响。因此，我们在考察一个行为或者意图在道德上的善恶时，就必须充分结合行为所处的环境来判断。正如巴特勒指出的，对伦理道德的“任何批判性改进建议都必须建筑在对现有道德观念详尽认识的基础之上”，否则“一旦缺乏同现有道德观念的这种联系，伦理原则就极易陷入以严酷的规范来苟求人类的危险之中，结果便是形成‘糟糕的乌托邦’”[②]。相应地，儒家就强调，人的行为并不是遵守一套抽象的道德规范，而是通过不断接触多种多样的生活环境，并通过“仁之心”的反思而达到“克己”。譬如，曾子说：“吾日三省吾身。为人谋，而不忠乎？与朋友交，而不信乎？传，不习乎。”（《论语·学而》）尽管这种演化而成的习俗逐渐成为后人的行为准则，但与抽象的道义却存在根本性区别。李泽厚指出，孟子强调的“仁、义、礼、智”四端具有先验的普遍性和绝对性，这类似于康德的“绝对命令”，但是，这种“绝对命令”不是出自于不可捉摸的上帝，而是与经验世界的人的情感直接联系起来，并以心理情感为基础。[③] 因此，人性善的先验道德本体便是通过现实人世的心理情感被确认和证实的，这实际上就成为“天人感应”“天人合一”的社会基础。

显然，儒家的责任道德观不同于西方社会人神隔离以及绝对道德只能是信仰而无法感知等看法。而且，儒家的责任道德观具有更为深厚的基础。琼·罗宾逊指出：“许多通过宗教明了道德之人真的相信，除了避免上帝发怒之外，并不存在其他想做好事的动机。如果上帝不存在，万事百无禁忌。实际上这就是人们所说过的最为荒唐的事实。就算不相信上帝，也并不意味着你就可以安全地在伦敦沿右侧驾车或在巴黎沿左侧行驶。”在很大程度上，宗教律令之所以发挥道德约束作用，“部分是因为宗教告诉我们，如果你抛弃了道德，经营或醉心于自利的伤天害理之

---

① 居友：《无义务无制裁的道德概论》，余涌译，中国社会科学出版社 1994 年版，序言、第 201 页。

② 施泰因曼、勒尔：《企业伦理学基础》，李兆熊译，上海社会科学院出版社 2001 年版，第 9 页。

③ 李泽厚：《中国古代思想史论》，天津社会科学出版社 2003 年版，第 38 页。

事，你将会受到惩罚，而且部分还因为，宗教还让人们担心自己所做之事受到上帝的反对，因此私下的羞愧之心会一览无余地暴露在一双时时盯住你的眼睛之前”。[①] 最后，需要指出，即使是西方的宗教性道德，实质上也是来自一定的社会生活。李泽厚指出：它“本是一种社会性道德。它本是一定时代、地域、民族、集团即一定时空、条件环境下的或大或小的人类群体为维持、保护、延续其生存、生活所要求的共同行为方式、准则或标准”[②]。

可见，尽管基于普遍主义的抽象道义说引入了一个外部准则来对人类行为进行判断，这在一定程度上克服了基于本能和后果无法理清的利己和利他之间的界限，但是，这种界定标准由于脱离了人类的经验基础，也受到越来越大的质疑，以致它提供的道德解释往往流于空谈。一方面，我们很难从行为者的行为和动机中区分出利己和利他，因为行为本身就是基于动机的，而动机又是个人效用或偏好的函数。另一方面，这种自利和利他的划分实际上也并不是有效的：（1）要把“自利的”满足同由于他人的体验而产生的心理感受区分开来是困难的；（2）把追求自己的效用与其对他人的身心影响结合的行为和那种纯粹追求个人效用而不计对他人影响的行为产生的后果也是显然不同的。正因如此，斯密与其老师哈奇森在此问题上就逐渐分道扬镳，斯密认为，即使一个人仅是受虚荣心的驱使，他做的善事也应当受到承认，只要获得虚荣心的满足是有利他人的行为的结果。显然，这里斯密强调的人类的同情心正是基于对自私动机的抑制之上。事实上，不仅先天的纯粹伦理是很难界定的，个人往往只有在类似经历的基础上才能长远地理解并相信道德信念；而且，规范性的道德伦理根本上就是从实践中产生的，人性也是人类在争取自身生存的斗争中不断发展、逐渐形成的，因而伦理学应该面对经济实践中的决策和行动。

---

① 琼·罗宾逊：《经济哲学》，安佳译，商务印书馆 2011 年版，第 10 页。

② 李泽厚：《历史本体论》，生活·读书·新知三联书店 2002 年版，第 49 页。

第六节 结语

大体而言，对利己和利他行为进行界定区分的流行思路，或者是意图导向性的，把动机和意图作为衡量行为的善恶标准，甚至认为只要具有实现自己目的的动机的行为都是利己主义的；或者是结果导向性的，把那些最终产生有利于自己的行为或者损害他人利益的行为都统称为利己主义的。就意图导向性而言，道德学家强调，一个人的动机是很多其他事情的线索，是预见其后来行为和这些行为结果的依据，因而他们关于伴随动机的信念在很大程度上影响了他们关于具体行动的判断。例如，谦恭是一种美德，但如果在上司面前谦恭的动机是为了获得提升，那么这种谦恭行为就不是善的了。就结果导向性而言，事实上，在目前社会生物学对个体行为的探讨中，利己和利他一般都隐含地是以行为的结果的用语而不是以某种方式行事的意图或倾向的用语来定义的。按照这种观点，利他行为就是以提供帮助（利他）的个体的适应的减少为代价来增加所帮助的个体的适应的行为。[①] 同时，基于动机和后果两种界定标准又常常会结合在一起，从而形成所谓的意图—结果的判断标准。按照这种逻辑，学界又出现了所谓的“主观利他、客观利己”“主观利他、客观利他”“主观利己、客观利他”“主观利己、客观利己”等种种分析思路。

但显然，基于动机或后果的分析本身无法对利己和利他做出合乎逻辑的界定。最后总结如下。

首先，流行的界定标准基本上都是着眼于人的动物性本能这一内容，从而最终都可以得出“人是利己的”这一结论。例如，根据弗洛伊德的理论，原始本能必然促发人的罪恶之念和行动，而表现为道德形象的超我则是后天获得的责任假象，是由父母解释并强加给孩子的，是一定社会制约下的现象。但是，人毕竟不是一般性动物，而是拥有或多或少的亲社会性，由此也就形塑了人的偏好和行为方式，这是对行为进行善恶

① 弗罗门：《经济演化：探索新制度经济学的理论基础》，李振明等译，经济科学出版社2003年版，第172页。

界定的基础。所以，正如马斯洛指出的："经济学这门'科学'只是在熟练、精确、技术地运用一种关于人类需要和价值的整个地错了的理论，这种理论只认识到了人类低级的、物质的需要。"①

其次，流行的标准也不能清楚界定利己和利他行为的边界，这也是目前基于"自利"的经济人假设日益泛化的内在原因。事实上，即使考虑到人的亲社会性，根据斯宾诺莎等人的观点，那些在理性水平上被视为利他主义的行为本质上仍然是利己主义的，其理由是，尽管自由人就像愿意自己完善那样愿意其他人完善，但是，他愿意把自己完善作为目的，不愿意把其他人完善作为目的，而仅仅把他人的完善当作实现自我完善的手段。正是基于这种思路，经济人假设可以把一切人的行为都看成是利己主义的：如果一个人看上去是在为他人的利益做事，就是一种伪装形式的利己主义，因为"他们之所以这么做是因为他们自己可以从中获利"，这也正是经济学帝国主义推动者贝克尔等人的分析逻辑。

再次，流行的界定标准潜含着一种同义反复而在实际上并没有解决问题。事实上，将所有行为归咎为利己主义的解释思路反过来同样可以用来说明所有行为都是利他主义的：那些表面看上去是自私的人们的行为，其真正目的却是利他的。例如，我选择有利于自己的行为，那么我心爱的母亲就会为看到我拥有更多快乐而感到幸福；即使我自私地追求自己财富的最大化，这显然符合那些慈善家的目的，因而为我本身的行为又是为了慈善事业。显然，这种泛化的概念和分析对实际社会行为的研究是没有帮助的。

最后，需要指出，伦理道德本身应该体现出一种社会的追求。正如麦金太尔强调的，伦理学的首要任务就是告诉人们如何认识自己的生活目的，并为实现一种善生活的内在目的而培植自我的内在品格和美德。即使根据元伦理学的观点，道德上的术语也往往具有一定的情感意义，体现了人们反对和鼓励的态度。正如斯蒂文森所说，利他主义的"理想不是由神秘力量加之于人性之上的，它们本身就是人性的一部分。如果要把它们变成人性中更主要的成分，就必须为之而战斗。人们必须用

---

① 转引自戈布尔《第三思潮：马斯洛心理学》，吕明等译，上海译文出版社 2001 年版，第 117 页。

‘正当’、‘错误’这样的一些字眼来为它们战斗，否则这些改变态度的武器就会落到对手手中。必须用思路清晰的理由支持这些理想”。[①] 显然，如果把那些现在被视为利他主义而受到赞扬的行为当作理性的利己主义来解释，那么，这种伦理学就难以体现出对行为判断中人的情感。

① 斯蒂文森：《伦理学与语言》，姚新中译，中国社会科学出版社 1991 年版，第 124 页。

第十三章

利己和利他之互通性：“为己利他”机理的分析

【导读】 基于行为的目的—手段这一角度，可以更有效地对人性行为中的利己主义和利他主义进行界分。正是基于这一视角，我们从真实世界中提炼出了“为己利他”行为机理，它不仅可以将利他和利己统一起来，而且有助于理解社会秩序的扩展。一般地，一个人的需求层次越高，亲社会性越强，通感能力越强，移情效应也就越显著。相应地，他在追求自身利益的同时也就越能关注相关者的利益，从而更倾向于遵循“为己利他”行为机理。

第一节 引言

迄今为止，界定行为的利己和利他的流行标准基本上都是着眼于对人类追求快乐的本能挖掘，由此提炼出了趋乐避苦的“心理的利己主义”概念。后来，一些学者又在更开明的意义上把利己当作道德原则来提倡，从而将之转换为“伦理的利己主义”。相应地，“伦理的利己主义”就为现代主流经济学的经济人假设提供了哲学基础：一方面，它确信人是自私的，即使那些通常被视为慷慨或赠予的行为也被看成是一种伪装形式的利己行为；另一方面，它将利己当成一个指导性的原则，从而在实践中就蜕变成了一个提倡自私的理论。进而，正是由于现代经济学把所有有利于增进个体利益的行为都视为“利己”的，这就不仅抹杀了利己和利他之间的行为方式和性质差异，而且还加剧了行为主体之间的利益冲突。事实上，第十二章分别从行为的后果和动机等方面剖析了界定利己和利他的流行标准的不足。既然如此，利己和利他之间是否存在一种界定标准以及又该以何种标准进行界定呢？本章基于“为己利他”行为机理对人类行为的性质做一辨析。

第二节 重新审视人类行为的性质

一般地，现代主流经济学的泛经济人分析存在着如下严重缺陷：（1）它无法对嵌入不同社会伦理的人类行为进行区分，从而无从考察个人表面上所追求的目标和其真实目标之间的差异，进而也就失去了探讨经济行为的合理基础；（2）它完全抹杀利己和利他之间的区别，从而无法对人类的行为做出基本的价值判断，进而也就无法对个人实际行为提供激励或约束；（3）它不能清晰地界定人类行为的不同特征，从而不能对人类实际行为做出更为精确的预测，进而也就无法对现实行为提供更为可信的解释。事实上，当出于追求个人目标而接受特定社会行为准则的工具价值时，往往会造成个人表面上所追求的目标与其真实目标之间的模糊性。究其原因，按照现代主流经济学的理解，此时人们仍然进行着自利的最大化行为，只不过是在一定的社会制约下进行。为此，卢兹和勒克斯指出，基于需要和人本主义经济学的立场来审视这个问题，就可以清楚地认识到利己主义的泛化分析所存在的一些逻辑缺陷：这不仅是一种同义反复，而且无法体现人本关怀。①

同时，正是由于对人类行为缺乏一个明确的界定标准，现代学术研究和社会认知之间就出现了明显的混乱。一方面，现代主流经济学往往将人类行为都视为自私的。但我们又如何解释这一事实：人们大多希望自己的亲人生活幸福，而每当亲人们有事或生病时总是充满忧虑？在这点上，现代主流经济学倾向于将那些关心最亲近的“他人”的行为也视为另一种形式的利己主义。但这又遇到阿尔蒙德的质疑：“把一个人的利益和他的家庭以及他所供养的人视为一体的观点属于人类早期的思想，那时人们不认为妻子和孩子有独立的身份。一旦他们的独立地位得到承

---

① 卢兹、勒克斯：《人本主义经济学的挑战》，王立宇等译，西南财经大学出版社 2003 年版，第 97 页。

认，关心'自己的'家庭、朋友或国家，都被视作利他而不是利己。"①另一方面，道德哲学理论往往将增进他人或社会利益的行为视为利他的，因为这种行为中渗入了人的亲社会性。但我们又如何说明这一事实：人们往往将工资拿回家与家人分享，而不是送到孤儿院或敬老院？就此而言，波斯纳也问道："长期以来，公司一直对慈善捐款。那么，为什么它们不该将其收入的一部分用于像控制污染或培训落后少数民族成员这样的其他社会需求呢？"②

显然，要说明这些问题，就必须重新对利己和利他做内涵上的考察和概念上的界定，只有存在明确的概念和清晰的内涵，我们才可以更系统地阐明人类究竟是"利己"还是"利他"的，才可以对人类行为做合理的引导。那么，如何对"利他"和"利己"进行界定呢？一般地，根据社会大众的期望以及社会发展的要求，流行的观点往往将那些有利于社会并受到鼓励的行为视为"利他"的，而将那些不利于社会发展并希望被抑制的行为视为"利己"的。但是，由于不同学者对行为后果的认知本身就存在很大差异，简单地利用这一标准来界定人类行为的性质，也会形成截然不同的二元人性观。例如，现代主流经济学，一方面基于"无形的手"原理而将个人的逐利行为视为是有利于增进社会利益的，另一方面又从个体的行为目的角度而将所有的逐利行为都视为利己主义的。有鉴于此，我们必须寻找一个更技术化的概念来厘清日常生活中易于混淆的理解，而这可以借助于"为己利他"行为机理来阐释。

一般地，基于"为己利他"行为机理来理解人类行为的性质，包含两大层次。(1) 从目的上讲，人类行为首先源于生理需求所产生的本能反应，对"己"之需要的满足使得人类行为带有明显的自利色彩，也即，人类行为的基本目的是"为己"的；(2) 从手段上讲，亲社会性的存在使得人类个体往往采取与他们合作的方式来实现"己"的需求，也即，人类行为的主要手段又是"利他"的。显然，从这个意义上说，"为己"

---

① 阿尔蒙德：《探索伦理学：通向善恶王国的旅行》，刘余莉等译，中国社会科学出版社2002年版，第30页。

② 波斯纳：《法律的经济分析》（上、下），蒋兆康译，中国大百科全书出版社1997年版，第545页。

和“利他”本质上是统一的，两者有机融合而构成了一般性的“为己利他”行为机理。同时，尽管人类行为往往包含了“利己”和“利他”的双重内容，但这双重内容的内在结构在不同个体身上却存在差异。究其原因，由于亲社会性以及社会情境的差异，不同个体及其在不同情境下追求互惠合作的方式和程度往往存在差异，由此就导致“为己利他”行为机理被践行的广度和深度也就不同。事实上，人类本身是具有社会性的动物，亲社会性越强，就越会考虑他人或社会的利益，关注自己行为对他人或社会产生的影响，越愿意采取合作的手段，从而越愿意遵循“为己利他”行为机理。相应地，由此衍生的行为互动结果也就越有利于社会福利的增进，个体的行为也就越是呈现出强烈的“利他”性。

第三节 注重手段的“为己利他”思路

大体而言，对行为的“利己”和“利他”进行界定和区分的流行思路可归结成两类：（1）意图导向性的，它把动机和意图作为衡量行为的善恶标准，乃至将所有本着实现“为己”目的的动机的行为都视为是“利己主义”的；（2）结果导向性的，它仅仅从行为的后果来对行为进行道德评价，乃至将那些最终产生有利于自己的行为或者损害他人利益的行为都统称为“利己主义”的。但显然，这些界定标准都存在严重的缺陷：一方面，在理论上，它将人类行为复杂化和琐碎化，从而无法提炼出一个清晰可用的分析思路，也无法为理论的发展提供更为合理的人性基础；另一方面，在应用上，不仅个体效用本身就是难以琢磨的，从而在观察社会现象之时无法识别人的真实目的，而且也难以用完全充分的证据来确立一个行为后果，从而对行为结果本身也是无法界定的。譬如，就暴力色情影视而言，要查证播放这些节目对孩子造成的危害的影响范围和程度就相当困难。所以，斯蒂文森指出：“在实践上，遥远的后果很少能为人所知，这些后果因为是那样的遥远和不确定，所以对现在的态度影响甚微。”①

---

① 斯蒂文森：《伦理学与语言》，姚新中译，中国社会科学出版社 1991 年版，第 135 页。

（一）基于目的—手段的行为评判视角

总体上，如果像经济人假设那样基于本能进而赋予一定价值观而将所有人类行为都视为“利己主义”，那么，就不仅无法辨析人类行为的差异，而且也无助于推进更好的社会实践。爱因·兰德指出，“持‘每个人都是利己的’观点的人，包含了一种极端的模棱两可。从心理角度而言，每个人的行为确实是由利己所决定的。但是，把‘行为动机’等同于‘利己行为’实际上是取消了人类心理因素的基本事实与伦理选择现象这两者的区别。它回避了伦理学的中心问题，即：人是根据什么来行动的?”进而，“那些断定‘每个人都是利己’的人，本意是使自己的陈述成为犬儒主义”。[①] 由此也启迪我们，要对人类行为有个更有意义的区别以及对其影响后果有个更好的预测，就必须开辟新的观察思路：不是从意图—结果的思路，而是以目的—手段的思路来界分行为的利己和利他特性。

首先，目的和手段构成了人类行为的基本结构。有学者指出：“人类行为是基于特定的欲求，为实现特定的目标，并选择各种各样的手段去实现目标的活动。”[②] 由此，为了界定行为性质，首先要确立行为目的。那么，如何界定行为目的呢？这就是我们所讲的利他性问题。一般地，利他行为有利于维系人与人之间的良善关系，有利于增进生活美德和社会和谐，从而往往被视为正义的。亚里士多德指出：“正义本身乃是‘他者之善’或‘他者之利益’，因为它所为的恰是有益于他者的事情；因此，正义呼吁人们把他们从那些惟一只顾自己利益的冲动中解放出来。”[③] 进一步的问题是，如何实现正义？一般地，这首先要确立一些相互利他的基本行为手段。究其原因有二：（1）行为后果往往难以确定，从而无法以后果来评估动机。这正如黑尔所说的：“如果我们问某人的道德原则是什么，我们最有把握作出正确回答的方式，是研究他的所作所

① 爱因·兰德：《新个体主义伦理观：爱因·兰德文选》，秦裕译，上海三联书店1993年版，第178页。

② 转引自王海明《人性论》，商务印书馆2005年版，第48页。

③ 转引自博登海默《法理学：法律哲学与法律方法》，邓正来译，中国政法大学出版社2004年版，第277—278页。

为。……行为之所以能以独特的方式展示道德原则，其原因正在于，道德原则的作用就是指导行为。”[①]（2）从人类的本能冲动以及社会性扩展的角度看，人首先只能是追求自己的利益，并且还首先是满足其基本的生理需要。这意味着，人类行为的出发点是“为己”的，这也是我们比较容易达成共识的地方，尽管我们无法就每个人的行为目的的特定内涵达成一致。

其次，不考虑手段而探求终极目的的做法是不可行的。斯蒂文森指出：“一个对手段一无所知就去推荐具有内在价值的目的的人，也许正在推荐一个无法达到的因而不切实际的目的。”[②] 事实上，为了实现“为己”目的，行为者往往会诉诸一系列的手段；相应地，采取何种手段可以在实现个人的独特目的的同时又不会损害社会其他人的利益，这就是伦理学所要关注的。例如，哈耶克一再强调：“为了防止冲突，人们必须在他们之间达成某种协议或共识。但是，随着有待在彼此间达成协议或共识的人数范围的扩大，他们也就必定越来越难就应予实现的特定目的达成共识；因此，他们只能越来越就他们愿意生活于其间的那种社会的某些抽象因素达成共识。”[③] 究其原因，社会个体的亲社会性水平不同，因而内化亲社会性的偏好也有所差异，从而也就很难确保每个个体去追求相似的目的。不过，哈耶克认为，人们可以就各自目的的实现手段达成基本共识，这就是遵守一种共同的一般性规则。在这里，哈耶克高度推崇市场规则。但这也面临着两大问题：（1）遵循市场规则的行为并不一定会导向社会合作，因为市场规则根本上建立在粗线条的法律之上，它无法处理复杂多变的市场行动；（2）遵守市场规则也并非一定就是自利的，有时甚至需要牺牲特定的利益。譬如，你不能因为有利可赚而买卖假货或毒品，也不能通过操纵市场来获利。从某种程度上讲，那种导向社会合作的遵守市场规则行为实际上也就体现了对“为己利他”行为机理的践行，通过为他人提供利益的合作性手段来实现自己的目的。究

---

① 黑尔：《道德语言》，万俊人译，商务印书馆 2004 年版，第 5 页。

② 斯蒂文森：《伦理学与语言》，姚新中译，中国社会科学出版社 1991 年版，第 199 页。

③ 哈耶克：《法律、立法与自由》第 2、3 卷，邓正来等译，中国大百科全书出版社 2000 年版，第 17 页。

其原因，无论是社会交往还是市场交换根本上都需要遵循"己所不欲，勿施于人"的潜规则，这是更为一般性的市场伦理而非僵化的市场规则。不幸的是，现代主流经济学却极力以市场规则来指代整个市场机制，并将之转化为自利的手段，从而就严重误导了人类实践。

再次，对行为性质考察的核心就是手段的选择。事实上，人类个体实现"为己"目的所能使用的手段是多样的，且这些手段所带来的社会效应往往也存在明显差异。其中，有的手段是损人利己的，有的手段是对他人漠不关心的，也有的手段是通过增进他人利益来实现自身目的。显然，由于伦理体现了整体社会对某行为的偏好态度，它必然要考虑行为对社会利益的影响。因此，人们往往把那些不关心他人利益的行为视为"利己"主义的，而将那种试图通过增进他人利益来实现"为己"目的的行为称为"利他"的。而且，在现代社会中，这两种行为实际上统一于所有人的行为之中。如弗洛伊德所说："个体的发展对我们来说似乎是两种倾向相互作用的产物，这两种倾向是，奋求幸福，通常称为利己主义的，以及趋向于和社会中其他人相结合的冲动，我们称之为利他主义的。……在个体的发展中主要特点是利己主义的倾向，即奋求幸福；而另一种倾向，可以把它称为'文明的'倾向，通常用施行限制来满足自己。"[①] 正是基于行为目的和手段相结合的视角，我们可以提炼出"为己利他"行为机理。而且，人类社会文明越发达、社会合作化程度越高，这种行为机理也就越普遍。事实上，霍尔巴赫就指出，"德行不过是一种用别人的福利来使自己得到幸福的艺术"。[②] 同样，西季威克也提出了一种快乐主义悖论：如果快乐的欲望过于显著了，将会使原来的目的受到挫折；而基于尊重他人的权利等的"实践结果远比利己主义的实践结果更适合道德的一般意义"。[③]

不幸的是，受制于占支配地位的自然主义思维，启蒙运动之后的西方社会倾向于将个体从社会或环境中隔离出来；相应地，这种局部思维

① 弗洛伊德：《一个幻觉的未来》，杨韶钢译，华夏出版社1999年版，第71页。

② 转引自王海明《人性论》，商务印书馆2005年版，第50页。

③ 阿尔蒙德：《探索伦理学：通向善恶王国的旅行》，刘余莉等译，中国社会科学出版社2002年版，第29页。

所看到的往往就只能是，人的自我保全以及追求个人幸福的最终动机，或者最终的“适者生存”的结果。受此影响，学者们所关注的也就主要是行为中的“利己”一面，这特别为崇尚还原思维的“科学主义”学术界所采纳。例如，斯宾诺莎就认为，凡是为实现“为己”目的的行为都是利己主义的，只不过那些通过合作的理性行为者是理性利己主义者。正是基于这一思路，基于“自利”和“理性”相结合的经济人就在现代经济学中逐渐成为具有支配地位的人性假设，尤其成为现代主流经济学理论体系的基石。问题是，强调社会合作的理性利己主义者与只看到眼前利益的短视利己主义者，这两种行为衍生的社会后果往往也是不同的：在一个由理性利己主义者所组成的社会中，人们会认识到倾轧和相互斗争将会导致坏的结果，从而更倾向于通过合作取得长远利益。正是由于这种理性利己主义行为往往有利于社会利益的增进而不是促使囚徒困境的泛滥，因而它就是值得社会提倡的，也就是“善”的和利他主义的行为。所以，布劳德强调：“我们不能把一个明白自己职责的理性利己主义者也会做那些宣称来自于非利己主义动机的许多行为，就肯定这些行为实际上来自利己主义动机。”①

（二）嵌入“为己利他”行为机理中的理性

现代主流经济学也赋予经济人以理性的特征，并由此来强调经济人行为所导向的“社会公益”。问题是，嵌入经济人中的理性概念具有非常狭隘的内涵，它源于人对自然物的控制和支配，仅仅着眼于工具理性和目的理性，其行为的出发点仅是单个主体或以单个行动主体为中心，而根本不关注对他人和社会产生的影响。相应地，这种单向的工具理性并没有考虑到嵌入社会人身上的亲社会性差异，从而无法克服现代社会着眼于交互主体的合理性危机，进而，嵌入这种内涵的理性必然是有限理性，它没有进一步考虑对方的可能反应，也就难以实现自己的长远目的，更不要说促进整个社会的长远利益。正因如此，这种着眼于自利目的的工具理性行为就不值得社会的褒奖。

事实上，在人类交往行为中，行动主体往往不是先验地确定自我成

---

① 布劳德：《五种伦理学理论》，田永胜译，中国社会科学出版社2002年版，第37页。

就，而是在一定条件下追求其个人目的。为此，他们就努力相互理解和沟通行动的状况，以便使自己的行动计划和行为能够取得共识。也即，人类交往行动根本上是基于交往理性的基础上，由此也就导向了社会的合理化。在很大程度上，基于"为己利他"行为机理的行为互动就更好地体现了哈贝马斯意义上的交往行为：主体的行为计划不是按照自我中心的成就计算，而是因相互理解而形成的合作化行为。同时，由于交往行为存在于环境背景的关联中，因而也就是嵌入目的论的工具理性。从这个意义上说，交往理性也就显得更为全面，更有利于社会的良性发展。

第一，交往行为的根本目的体现为互惠合作。显然，这种交往行动实际上就隐含了社会对"利他"手段选择的要求，因为相互性的"利他"必然会导向社会的合作关系；而且，随着合作成为社会的惯例，对合作的追求本身就会成为社会的惯常目的。实际上，尽管"利他"首先是一种为实现"利己"目的而诉诸的有效手段，但是，一旦"利他"行为成为习惯，并且随着这种习惯深入人心，那么，"外在的赞成逐渐被内在的赞成所强化，并成为人性中普遍实用性的一部分"。结果，这种手段就会当成直接目的而被广为接受，成为普遍的共识。斯蒂文森指出："人们开始只是一致同意其仅仅作为手段而具有价值的东西，后来会被一致同意为具有目的价值"；相应地，"确立能被共同接受的（甚至达到不同目的的）手段，在这方面所做的任何努力，都能成为确立被共同接受的目的的一个必要步骤"。[①] 因此，手段就成为界定行为性质的基本标准，从而也成为赋予不同社会情感倾向的一个基本考量对象。

第二，交往理性要求相互理解对方的利益。在很大程度上，"为己利他"行为机理就体现了这一要求，因为它主张通过增进他人利益来实现自己的目的。进而，"为己利他"行为机理也构成了现代文明的基石，成为文明社会中人们所使用的惯常手段。典型的表现就是，人们通过商业上的交易而获取各自利益，通过生产上的合作而分享协力租。相反，直接的基于目的理性的行为损害他人利益或者是直接以掠夺性手段来增进自身利益，这种行为实际上是野蛮社会的典型行为。例如，依靠暴力的

① 以上参见斯蒂文森《伦理学与语言》，姚新中译，中国社会科学出版社 1991 年版，第 218 页。

军事战争就是这种行为的典型反映，在市场机制很不健全的社会中，那些占有信息和资源的权势者通过供求进行掠夺也会促进社会内生交易费用不断高涨。显然，随着社会的发展和人的亲社会性水平的提升，基于交往理性的利他手段就变得越来越有效率，进而，基于“为己利他”行为机理的行为方式在社会中也就会变得越来越普遍。究其原因，社会的发展伴随着人类需求层次的上升，而需求越高级，其互补性越强，从而也就更会遵循“为己利他”行为机理。

第三，交往理性也体现了社会发展的要求。就社会而言，培养社会正义、引导成员的利他行为，不仅仅是培养一种“己所不欲，勿施于人”的道德精神，更重要的是形成一种普遍的社会习俗和制度，从而使个别性的具体手段制度化和普遍化。法学家梅斯纳就认为，社会秩序往往是从人的本性中派生出来的，而且这些责任对大量的人际关系以及为调整这些关系而制定的制度性手段具有相当的影响，它的基本要求是尊重现有主张并使本人的行为同他人的权利协调一致的习惯。正因如此，基于目的—手段思路所确立的行为机理不仅是依据工具理性或目的理性，而且嵌入了价值理性或实质理性，它是以一定的程序规则所保证的实质理性；进而，这种行为所体现的不仅仅是一种信念理性，而是内含了一种浓厚的责任理性内涵，体现了相互交叉理性的特点。当然，尽管我们将价值理性视为“为己利他”行为机理的基础，将“合作”视为社会性的合理需求；但是，这种价值理性并不是僵化的，不是对某种规则的教条性墨守，而是要以历史累积的经验为基础，并能够随着人类需求的变化而调适。

总之，基于行为的目的—手段这一视角，我们可以更好地对行为进行利己和利他的性质界分。一般地，所谓利他行为，本质上就是站在对方或社会角度，并通过增进他人或社会的利益来实现自身目的的行为，这体现了对他人或社会利益的关心。荀子说：“行一不义，杀一无罪，而得天下，仁者不为也。”（《荀子·富国》）这种考虑他人或社会利益的行为就是一种善，不仅对个体是善，而且也是对整体的善。相反，如果对他人或社会的利益漠不关心，甚至试图通过损害他人或社会利益来达到自己的目的，这就是利己主义。相应地，这是一种恶，不仅往往无法真正实现自己的长远利益，而且会造成社会的灾难，因而就是需要加以克制和制约的。大河内一男曾指出："经济伦理必须从人们的日常经济生活'中'所产生，因为所谓经济理论必须以某种形态的经济伦理和一定的人的类型为前提。"① 显然，传统的儒家伦理比较符合这一要求。按照杜维明的观点，儒家的基本思想就是认为，"只有通过自我对他人的不断开放，自我才能保持健康的人格同一性。一个对其周围的他人没有感觉和反应的人往往是以自我为中心的；或者用宋明理学的话说，以自我为中心的很容易导致自我的封闭，从而陷入麻木不仁的状态……严格地说来将他人包容于自我修养，这不仅是利他主义的，而且也是自我发展所必需的"②。可见，这种基于目的—手段来判断行为性质的思路具有浓厚的人本主义色彩，这个思路实质上也就是"为己利他"行为机理。

第四节　根基于多层次需求的行为理论

有关行为性质的流行界定标准是基于动物性本能，这实质上是把人等同于其他动物，或者是把对人的行为研究仅仅局限于低层次需求的生理反应上。结果，根据这种分析思路，最终所有人类行为都可被视为利己主义的。譬如，弗洛伊德在《图腾与禁忌》中就基于动物中普遍存在的乱交现象，认为乱伦的欲望也是人类潜藏最深、最见不得人的一种强烈愿望；相应地，这就需要特别强大的社会规范来加以控制，这是人类独有的。不过，按照现代主流经济学的理解，这种乱伦也是人的欲求，只是在社会约束下无法实现而已。而且，现代主流经济学还认为，个体偏好是不可比较优劣的，因而社会规范的制约并非正当的。问题是，人类果真都偏好乱伦吗？乱伦行为果真体现了"自然正义"吗？

我们可以从如下两方面逐层加以说明。（1）撇开人类的动物性本能是否偏好乱伦行为不说，作为一个拥有亲社会性的人，人的需求往往是多样化的并且是在不断上升的。这样，在人类已经高度进化的今天，一

---

① 大河内一男：《过渡时期的经济思想：亚当·斯密与弗·李斯特》，胡企林译，中国人民大学出版社 2000 年版，出版序。

② 杜维明：《儒家思想新论：创造性转换的自我》，江苏人民出版社 1996 年版，第 117—118 页。

种新的现代性需求往往会抵消或取代人类初级的本能需求。这就意味着，嵌入了亲社会性的人类偏好已经不同于没有任何亲社会性的动物性本能。（2）即使在生物学的观点已经大量渗透进社会科学研究之中的今天，“生物学（也）往往表明人生性就是政治和社会产物，（而）并非孤立和自私的个人”；[①] 更不要说，人类的需求往往还要受社会文化的影响，是道德内化的反映。一般地，“进化的程度愈高，人类的快乐似乎愈具社会化和交际的特征”[②]。因此，在社会化程度愈益增强的文明社会中，人类的需求本身也不再以直接满足自己那些内在的原始需求为基本目的。这也正如霍夫曼指出的，人类许多的利他行为本身是一种促进其他人的福利，而不是有意识考虑自我利益的行为。然而，传统的思路却基于动物性的需求反应而提炼出经济人假设，这就使得我们无法区分文明社会中人类行为的性质。有鉴于此，就产生了一个参照物的需要，它要求能在理论上把利己行为和利他行为加以对比。

基于界分利己和利他的要求，功利主义思维就显得并不适用，因为它只容许一种需要——唯我效用。为此，马斯洛开始转向了人本主义，集中研究人类中那些自我实现型人（self-actualizing man）。正如马斯洛指出的：“如果一个人只潜心研究精神错乱者、神经病患者、心理变态者、罪犯、越轨者和精神脆弱者，那么他对人类的信心势必越来越小，他会变得越来越‘现实’，尺度越放越低，对人的指望也越来越小……因此对畸形的、发育不全的、不成熟的和不健康的人进行研究，就只能阐述畸形的心理学和哲学。这一点已经是日益明显了。一个更普遍的心理科学应该建立在对自我实现的人的研究上。”[③] 按照马斯洛的看法，这些追求自我实现的人虽然也有本能需要，但是，他们在充分享受这些需要的满足的同时，并没有成为这些需要的俘虏，而是向更高的精神健康型需求方向进行转变。这意味着，人们不仅追求低层次需求的满足，更倾向于

---

① 福山：《大分裂：人类本性和社会秩序的重建》，刘榜离等译，中国社会科学出版社 2002 年版，第 206 页。

② 居友：《无义务无制裁的道德概论》，余涌译，中国社会科学出版社 1994 年版，第 101 页。

③ 戈布尔：《第三思潮：马斯洛心理学》，吕明等译，上海译文出版社 2001 年版，译者的话。

追求高层次的需求满足；不仅追求自身的满足，而且也充满了对他人的爱，这种爱是健康的、感情的关系。因此，根据马斯洛所揭示的行为者的需求层次，通过剖析这些人的行为与一般人行为之间的差异，我们就可以辨析出现代的社会人与动物性的原始人在行为方式上的差异，从而给出一个区分利己和利他的基本视角。

马斯洛将人类需求分成5个层次：生理需要、安全需要、情感归属和爱的需要、尊重的需要和自我实现的需要。马斯洛认为，这5种需求是按照一个相对强度等级组织起来的，较高级需要只有在较低级需要已得到某种程度的满足以后才出现。后来，埃尔德菲尔将马斯洛的5种需要压缩成3种：（1）存在性需要，它包括了物质需要和心理需要；（2）关系性需要，它包括承认、肯定和理解等重要的与他人的关系；（3）成长性需要，它是相对于马斯洛的自我实现的需要。一般来说，当一个人处于较低层次的需求阶段，他首先要满足自身的生理和安全的需要。由此就可推出两点：（1）在面对稀缺性的物品时，社会个体所采取的行为往往具有较强的利己性；（2）当追求的是低层次的生理性需求时，这种满足具有较强的排他性，从而人们也就面临着一个零和博弈情境，导致人们的行为也呈现出较强的争夺性。与此不同，随着物品的逐渐丰富，人们的需求也已经从较低层次的生理性需求转向更高层次的社会性需求，此时人们互动就开始面临着一个正和博弈：归属和感情型需要的满足往往不会造成对他人的伤害，反而更可能需要与他人分享才能得到满足。

有鉴于此，在马斯洛看来，当人们满足了较低层次的生理和安全等需求后，发展的要求就达到了需要自我实现的最成熟状态，此时，利己主义和利他主义之间的冲突就有了解决的更大机会或可能。正如马斯洛所言："自私和无私之间的分歧在健康人中完全消失，因而原则上每一种行为都有自私的一面和无私的一面。"① 在这里，马斯洛提出，当人类的物质需求满足以后，其他呈现出强烈互补性的社会性需求就开始出现。显然，20世纪30年代的梅奥实验已经证实了马斯洛的主体学说：人是一个社会人，更愿意结成团体而行动，并在团体中寻找友谊、安全和归属感，而不同的情绪状况也就影响了团体的效率。正是基于这种社会性需

① Maslow A., *Motivation and Personality*, 2nd ed., New York: Harper and Row, 1970, p. 179.

求，利己主义和利他主义就呈现出共融的倾向，利己主义也仿佛融入了利他主义之中。进而，穆勒更早就指出，智力的快乐、情感与想象的快乐以及道德情操的快乐肯定要比仅是感官的快乐具有更高的价值，这种快乐也更具有利他的性质，进而社会制度应该鼓励人们追求更高级的需求。穆勒指出："做一个不满足的人胜于做一只满足的猪；做不满足的苏格拉底胜于做一个满足的傻瓜。如果那个傻瓜或猪有不同的看法，那是因为他们只知道自己那个方面的问题。而相比较的另一方即苏格拉底之类的人则对双方的问题都很了解。"①

同时，马斯洛的这种需求层次说也是与居友的生命哲学一脉相通的。居友认为，在现实中，人类基于扩展自己生命的本能所追求的目标是无数的，而道德便在这种生命扩展的本能中表现出来。究其原因，（1）人的生命总存在过剩的能量，需要对外扩展；（2）生命强度愈高，扩展也愈大。譬如，"现在，工作（就）既是最富经济意义的现象，也是最富道德意义的现象，在这里，利己主义与利他主义很容易和谐一致起来"。特别是，追求更高层次的人，更"需要与他人打成一片，需要通过思想和感情的交流来丰富自己"，因而这种高级的需求在很大程度上更"是利己主义的对立面"。究其原因，"通常构成人类生活的绝大部分高级快乐（艺术之乐、推理之乐、学习之乐、理解之乐、探索之乐等等），只需要极少的外在条件，对所有人来说，它们比真正自私的快乐更容易接近。思想家或艺术家的幸福是一种代价很小的幸福。有一块面包、一本书或一幅风景画，你就可以体验到一种高级的快乐"。因此，"虽然非常低级的快乐有时是自私的，假如说，只有一块蛋糕，那么，小孩子总想独吞。但是，真正的艺术家在他看见美的东西，发现真的东西，或感受到丰富的感情时，他不希望自己是孤独的。在这些较高级的快乐中，有一种扩张力，它随时都要冲破自我狭隘的外壳"。②

进而，马斯洛的多层次需要分析也映衬出新古典经济学的认知缺陷。事实上，经济人假设在提出之初也具有很大的合理性：当时人类所能获

---

① 穆勒：《功利主义》，徐大建译，商务印书馆2014年版，第12页。

② 居友：《无义务无制裁的道德概论》，余涌译，中国社会科学出版社1994年版，第92、100、92页。

得的物质还非常匮乏，绝大多数人还在为满足其基本的生理需求而争斗，以致整个社会层面上所表现出来的基本特征就是“自利”。问题是，在物质需求已经基本满足的今天，一个依旧以自己物质利益最大化为目标的人显然已经跟不上社会和人性发展的步伐，这种人也不再构成社会的主流，这就导致经济人假设也不再具有普遍性。相反，如果其他更高的需要层次得不到推广和支持，就会造成进一步的物欲横流。譬如，埃尔德菲尔的实验就证明：（1）存在性需要越少，满足就越是被人们渴望；（2）在存在性需要和关系性需要的满足水平都很低时，关系性需要越少满足，存在性需要就越是被人渴望。所以，梅奥指出："19 世纪经济学理论的主要假设已经不再站得住了。甚至在100 年以前，可能还容易相信个人利益的追求是经济组织的基础这一原则根本上是切合的和恰当的。但是，虽然仍有一些经济学家和政治学家唱着这个假定，很明显，经济和政治的实践现在已经建立在极其不同的人类社会的概念上了。"①

当然，不是说利己主义在现代社会中已经不再存在，恰恰相反，利己主义和利他主义的关系在人类社会的发展长河中一直并存着：不但以往社会中存在利己主义和利他主义之间的互补性，而且未来社会也存在利己主义和利他主义之间的相互竞争，甚至还可能更为激烈。究其原因，在于人类社会的发展往往会出现异化形态。因此，在物质生活至少在那些发达国家中已经获得了极大满足的今天，必然有越来越多的人会适应社会发展的需要，从而不断提升自己的亲社会性，不断把自己的需求与他人的需求结合起来在更高层次上得到满足，这就是利他主义的表现。但与此同时，也有另一群人依然会将其需求建立在对物质利益的极端膨胀的欲求之上，这种欲求不仅不能提高自身的社会性，反而会损害他们不断上升的需求，这就是现代社会的利己主义者。譬如，秦始皇、希特勒、罗斯福、德蕾莎修女、雷锋等人无疑都实现了他们的自我，但是，他们所处的物质享受阶段以及对社会带来的效用是截然不同的。

之所以会形成这种不同倾向，就在于，人类社会在发展过程中会出现异化倾向，而在这种异化的社会中，人们的满足并不是简单的绝对需求而是相对需求，不是正常的需求而是变态的需求。根据卢梭的看法，

---

① 梅奥：《工业文明的社会问题》，费孝通译，商务印书馆 1964 年版，第 50 页。

在自然状态中，“大自然让野蛮人只受本能支配，或者更确切地说，还赋予野蛮人某些器官能力以补偿其本能上可能缺乏的东西，这些能力起先能够弥补所缺，然后又能使他大大超越本能，把他大大提高到本能以上。因此，野蛮人的活动都是先从纯动物性的官能开始的”①。相应地，野蛮人也只具有因自然冲动而产生的情感，即自我保存的自爱心和对同类的怜悯心，因为“情感本身发源于人的需要，而它的发展又受动于人的知识。因为对于任何事物，人都是在有了概念之后才会去希求它或畏惧它，否则就是纯粹出于本能的冲动”②。但是，随着人的理性趋于完善，它在使人成为社会的人的同时，却使人变成了邪恶的生物。其结果就是，只喜爱安宁和自由的野蛮人变成了整日劳作、为利欲而不停地奔波和焦虑的现代文明人，野蛮人满足于他们自己的真正需要，而文明人永无止境的贪欲和野心只是为了满足虚荣、浮华，是为了使自己高人一等以支配别人的需要。

同时，在异化的社会中，劳动者和劳动本身都会被异化：本来，真正形式的劳动是人类的真正自我实现以及提升需求层次的根本性手段，通过劳动者之间的协作就能够实现互利的利他主义；但是，在等级支配的社会中，劳动不再是基于需要的满足，而是满足劳动以外的其他各种需要的手段。因此，这就如马克思所说：“人（劳动者）只是在执行自己的动物机能时，亦即在饮食男女时……才觉得自己是自由地活动的；而在执行自己的人类机能时，却觉得自己不过是动物。动物的东西变成了人的东西而人的东西变成了动物的东西。”③ 正是在这种异化的社会中，尽管物质生产在飞速发展，但利己主义却依旧非常盛行。显然，这正如早期资本主义表现出的那样，这再一次印证了经济人假设的社会基础。这也意味着，物质的丰富并不一定会带来精神的发展和合作的普及。博登海默就指出：“一个社会制度的成功，很大程度上取决于它是否能够将人们在经济追求和性追求方面未被耗尽的声誉精力引入合乎社会需要的

① 卢梭：《论人类不平等的起源和基础》，高煜译，广西师范大学出版社 2002 年版，第 82 页。

② 同上书，第 82—83 页。

③ 转引自马尔库塞《理性和革命：黑格尔和社会理论的兴起》，程志明等译，重庆出版社 1993 年版，第 253 页。

渠道。……我们必须注意的是，不能使人们的精力消耗或浪费在与邻人的不断冲突中、个人间或群体间的私人斗争中，也不能使人们的精力消耗或浪费在时刻警惕或防范反社会分子的挑衅性行为或掠夺性行为之中。除非社会为个人或群体保证了一定程度的安全，否则，他们就无法致力于那些人们通过合作努力方能实现的更为宏大的目标。"① 显然，这涉及文明发展的状况以及工具理性与价值理性之间的关系。譬如，就当前人类的发展而言，工具理性偏盛而价值理性相对不足，这导致了社会中功利行为的膨胀，甚至正在瓦解传统社会合作的基础，这也是一些思想家对当前社会发展努力进行反思的根本所在。

当然，不管如何，随着生产力的提高和社会的发展，就会有越来越多的人将其需求从物质方面转向精神方面；进而，在一个良好秩序下，人们将会追求更为合理的精神需求，从而为互利的利他主义夯实社会基础。一方面，人类需求层次的上升和利他主义的扩展，往往与社会生产力的发展水平密切相关，进而，生产力的发展就成为广泛利他行为的产生条件和维持保障。《淮南子·齐俗训》中说："夫民有余则让，不足则争。让则礼仪生，争则暴乱起。"《管子·牧民》中则说得更明白："仓廪实而知礼节，衣食足而知荣辱。"另一方面，人类的需求提升又有赖于一个有机的社会共同体，道德行为源于社会互动。斯宾诺莎就指出："理性的洞察力以及其他依赖于这个理性洞察力的善物，只能存在于一个有秩序的人类共同体中，除非它能够在所有人中达到较高程度，否则就不能在一个人身上达到较高程度。"② 譬如，一个离群索居的隐士就不得不花费相当多的时间和精力来保障最低限度的生活必需品，从而也就没有时间来培育美德。有鉴于此，杜维明强调："自我发展的实际过程不仅是对纯粹道德或精神性的追求，而且它必然要涉及人类生存的生物学的、心理学的和社会学的现实。"③ 这意味着，人的利他行为具有强烈的"时空性"，这体现为"为己利他"行为机理也存在一个扩展秩序。最后，生产

---

① 博登海默：《法理学：法律哲学与法律方法》，邓正来译，中国政法大学出版社 2004 年版，第 407 页。

② 转引自布劳德《五种伦理学理论》，田永胜译，中国社会科学出版社 2002 年版，第 36 页。

③ 杜维明：《儒家思想新论：创造性转换的自我》，江苏人民出版社 1996 年版，第 14 页。

力水平的发展也促进了人类需求的多样化，使得社会成员之间的利益互补性增强，从而也就有利于合作的展开。《左传・襄公十五年》中记载："宋人或得玉，献诸子罕，子罕弗受。献玉者曰：'以示玉人，玉人以为宝也，故敢献之。'子罕曰：'我以不贪为宝，尔以玉为宝。若以与我，皆丧宝也，不若人有其宝。'"

总之，对"为己利他"行为机理的分析和理解，可以将它与行为者的需求层次结合起来。一般地，需求层次越高，个体之间的需求就越相容，互动之间的合作性也就越强，从而更倾向于践行"为己利他"行为机理，进而也就呈现出显著的利他主义特征；相反，需求层次越低，个体之间的需求就越相冲突，互动之间的合作性也就越差，从而更倾向于采取经济人的行为方式，进而呈现出强烈的利己主义特征。事实上，斯宾诺莎就说："只有当人们生活于前理性的水平上时，人与人才发生冲突。"[①] 究其原因，这个水平上被追求的物在数量上是有限的，因而存在消费的排他性和争夺性。同时，居友指出，尽管人的"出发点是自私的，但正是由于丰富的生命力，自私也会迫不得已扩展自己，在它自身之外去创造一个它行为的新的中心"[②]。究其原因，这就涉及人的亲社会性。当然，尽管在两种情境下，每个人都实现了自己的需求，但对社会带来的影响却存在明显不同，从而也就被赋予不同的性质。例如，朱熹说："喻义喻利，只是这一事上。君子只见得是义，小人只见得是利。如伯夷见饴，曰'可以养老'；盗跖见之，曰'可以沃户枢'。"（《朱子语类・君子喻于义》）在这个例子中，伯夷面对饴糖想到的是养亲，从而更有利于社会的需要，这就是善。因此，结合马斯洛的需求层次说，我们就可以对人类行为进行界定。最后，石里克指出："只要利他的冲动和上面提到的那些较高级的冲动有了足够程度的发展，上述克制的过程就结束了，就再谈不上'克己'了，因为恰当的行为现在完全是从人的和谐的本性中自行产生出来，人不会再陷入'诱惑'之中。"[③] 显然，此时的利己和

---

① 转引自布劳德《五种伦理学理论》，田永胜译，中国社会科学出版社 2002 年版，第 35 页。

② 居友：《无义务无制裁的道德概论》，余涌译，中国社会科学出版社 1994 年版，第 101 页。

③ 石里克：《伦理学问题》，张国珍等译，商务印书馆 1997 年版，第 174 页。

利他就在"为己利他"这一行为机理上达成了统一。

第五节　基于亲社会性情感的关爱说

就需要的特性来说，层次越高的需求之间的相容性往往越大。不过，也不全然如此。譬如，那些追求地位、荣誉的自我实现者之间可能爆发的冲突往往更加强烈。因此，在需求层次的基础上对利他主义的界定还需添加其他内容，关键就是关爱。正是有了关爱，即使在物质匮乏的时代，社会上也可以滋生出普遍的利他主义行为。其实，无论从动机、效用还是从生存本能等角度所确立的标准之所以都无法把"自私的快乐"和"无私的快乐"真正区分开来，关键就在于，人的任何行为都含有"本我"的因素；相反，那种仅仅出于生理需求的满足而不嵌入任何感情的行为只是一种生理反应，这种反应不应该与嵌入人类道德色彩的用词"利己"和"利他"相混同。这也意味着，区分利己和利他行为的流行标准潜含着内在悖论：一方面，如果带有人的情感因素，那么，人的任何行为都包含"本我"的考虑，从而都可以归结到利己主义的，这是新古典经济学将行为主体都还原为经济人的内在基础；另一方面，如果抛开人的情感因素，那么根本就没有"利己"和"利他"之说，就如我们不会考证动植物的行为是利己还是利他一样。正因为"利己"和"利他"的界定必然包含了人类的感情以及价值判断，因而利他行为往往为社会所鼓励。

当然，人类社会的道德法规往往受到认知水平和文化特征等的影响，从而并不存在放之四海而皆准的绝对律令。既然如此，我们如何确立值得鼓励的道德法规呢？为此，一些学者开始强调以关爱和公正作为道德的普遍原则的重要性。阿伯·皮尔说："重要的不是信仰者和不信仰者的差别，而是关怀者与不关怀者的差别。"① 究其原因，有了关怀，人们在采取行动时就会考虑他人的感受，就更容易采取合作的态度。同样，鲍尔斯也强调："判断一项行为是否是自利行为的关键是其动机。决定性因

---

① 转引自弗洛姆《精神分析与宗教》，贾辉军译，中国对外翻译出版公司 1995 年版，再版前言。

素是这项行为是否由对他人的关心所驱动，而不是它是否给自己带来了幸福。例如，许多慷慨大方的人喜欢助人为乐。但这些快乐并没有让他们成为自私的人：因为他们的行为是出于非自私的动机，所以他们不是自利的。”[①] 事实上，根据早期的功利主义原则或者规则功利主义精神，社会的善是为了“最大多数人的最大利益”。因此，这一原则要求我们待人处世时要权衡他人的利益，要关注他人的存在并提供帮助，这包括衣食住行、病痛以及自尊等。库利就指出，“同情是不可或缺的社会力量。一个人只有理解别人，才能进入周围的生活，才能有意义地生活；他越少同情就越像一头动物，并且越少真正地接触人类生活”；因此，“自私的人（可被看成）是一个沉浸在自我中的人，或是一个以自己的方式维护自我的人，是一个达不到规范要求的人”[②]。

其实，人是社会性动物，他往往根据某些观念所激发的冲动而行为，以致行为本身就可以被看作是嵌入了社会性的各种偏好的外在表现。不过，有些观念和行为对本人是快乐的，但对其他人却是不快乐的，而另一些观念和行为对他人也构成了快乐。也就是说，人们的社会性冲动本质上体现为：对于他人的行为方式或状态知觉或想象会直接引起快乐或痛苦的情感，而人类行为的性质就在于这种冲动的特性。包尔生指出，当行为者倾向于推进自己和他周围的人的幸福或完善的时候，并且伴有义务意识的时候，这个人的行为就是善的；而当行为者既无心愿也无能力推进他人的幸福的时候，甚至反而是扰乱和损害周围人的时候，这种行为就是恶的。[③] 显然，一个缺少利他主义爱好的人，对他人的幸福和灾难是没有直接兴趣的，只要他不被间接地（通过他的其他冲动的激励）要求考虑一下别人，别人的欢乐和悲哀，甚至别人的存在，他都一律漠不关心。因此，石里克指出，利己主义的根本特点就是：不为他人着想，对他人的利益漠不关心，不惜牺牲别人的利益追求个人的目的；相反，“对同伴们的行为方式或状态的知觉或想象会直接引起快乐或痛苦的情

① 鲍尔斯等：《理解资本主义：竞争、统制与变革》，孟捷等译，中国人民大学出版社2010年版，第29页。

② 库利：《人类本性与社会秩序》，包凡一等译，华夏出版社1999年第2版，第100、153页。

③ 包尔生：《伦理学体系》，何怀宏等译，中国社会科学出版社1988年版，第212页。

感"的冲动就是"适合性冲动"，"人们也完全可以把这种冲动说成是利他主义的冲动"[①]。同样，霍夫曼也认为，道德的主要焦点在于考虑他人，这也就是所谓的"关怀"德性。

一般地，一个缺少利他主义偏好的人，对他人的幸福和灾难是没有直接兴趣的。譬如，当一个人对邻人的幸福和不幸抱着视而不见的态度，即使我们对他这种行为不进行谴责，我们也会把他视为一个利己主义者。在很大程度上，这种人性观也为现代主流经济学家所广泛接受。譬如，罗尔斯就赋予原初状态中人以理性并相互冷淡（mutually disinterested）的特征，即只关心自己的某种利益，如财富、威望、权力等，而对他人的利益冷淡。显然，这种"相互冷淡"的假定也就意味着，不愿为了别人的利益而牺牲自己的利益；进而，这种只关注个人利益而对他人利益熟视无睹的动机以及由此表现出来的行为，就构成了经济人的基本特征。在很大程度上，这种经济人对应了尼尔森所列举人的三种类型："艾希曼式的""理查三世式的"和"浮士德式的"。其中，（1）由于艾希曼曾是纳粹的刽子手，因而"艾希曼式的"曾被视为"没心灵的恶棍"模式。但是，对照经济人的理解，艾希曼只是一种"常人"，他只知道履行职责而不问其道德后果。因此，尽管从技术上讲是高效的，但在道德上却是无涉（漠然）的。（2）"查理三世式的"人，他懂得善恶之分，但为了谋取个人私利而会有意识地从事非伦理的行为。事实上，这种人往往遵循一种"算计过的恶意行为"模式，而不顾其行为对别人可能造成的坏的影响，从而体现出典型经济人的机会主义倾向。（3）"浮士德式的"人，他为了获取自认为具有较高价值的东西而不惜采取卑鄙的手段。事实上，这种人信奉"为了良好的目的可以不择手段，有时甚至是恶毒的手段"的信条，尽管也是基于自己偏好而采取行动，甚至在名义上往往还以"为他"为目的，但实际上所考虑的只是"自我"。[②]

正是由于这三类人符合经济人的特征，现代主流经济学就倾向于将之常态化和肯定化。但是，尼尔森却指出，这三种类型的经济人都是成

---

① 石里克：《伦理学问题》，张国珍等译，商务印书馆 1997 年版，第 73 页。

② 施泰因曼、勒尔：《企业伦理学基础》，李兆熊译，上海社会科学院出版社 2001 年版，第 47—48 页。

问题的。与此相反，尼尔森提出，理想的“组织公民”类型要求遵循一种绝对道德律令。但显然，这又成为一种苛求。其实，一般地，只要某人的行为表达了对其他人或社会的关爱，就意味着嵌入了利他因素。例如，儒家强调，“仁者，无不爱也”（《孟子·尽心上》），“仁者，以其所爱，及其所不爱”（《孟子·尽心下》），这些都是利他主义精神的体现。也就是说，涉及利己和利他这种价值判断的东西，首先应该与人的情感有关，单纯的事实并没有道德属性。王海明就指出：“伦理行为与非伦理行为的区别，关键在于是否具有利害人己意识，而不在于是否具有利害人己事实。一种行为，不管事实上给社会和他人带来多大利益，如果不具有利他意识，也不是伦理行为。”① 譬如，一个夜更者无意中吓跑了正在偷窃的小偷，他的行为虽然对事主有利，但并不能说夜更者的行为是利他的；相反，如果父母挂念远行的子女，虽然他们这种行为对子女并没有带来实际的利益，但这种思虑却体现了利他精神。

显然，这里涉及利他和利己这些术语时，就需要做两方面的基本考虑：（1）思想要由存在转化成行动的可能，否则，“光说不做”于事何益？譬如，父母对子女的思虑之所以是利他的，这是因为，只要有可能，他们就希望将这种关怀转化为有利于子女的行为，如电话问候，等等。（2）必须涉及人与人之间的互动，单纯的个体与自然的互动是没有利己和利他属性的。譬如，我通过刻苦攻读以达到成名的目的，这就仅仅反映了个体与自然之间的关系，不带有任何伦理的属性，因为伦理是指人与人之间的关系。当然，如果存在手段的比较，实际上也就必然涉及人与人之间的关系，从而也就带有伦理色彩。譬如，在挖他人墙角以获取功名和刻苦攻读以获取功名之间，我选择后者，这种行为就存在伦理因素。

基于上述分析，笔者认为，判断一个行为是利己的和利他的，就要看这种行为对施动者的意识和受施者的影响。一般地，这种行为有三个基本特征。

第一，这种关怀必须以考虑被关怀者的收益为直接目的。例如，一个人遭劫后在路旁等死，此时一个陌生人过来帮他。这里有可能出现两

① 王海明：《新伦理学》，商务印书馆2001年版，第183页。

种行为：（1）陌生人利用特定形势以索要高额的金钱回报为条件把他送到医院；（2）无条件把伤者送到医院，伤者家人出于感激而回报其同样的金钱。显然，从物质利益上而言，对伤者和救助者的两种物质利益上的结局都是相同的，但两者的性质却是不同的。其中，前一种行为不是基于直接关怀对方的目的，因而救助者的行为不是利他主义的；相反，后者客观上也得到了相同的收益，但这种收益并不是救助者行为的出发动机，因而他的行为是利他主义的。当然，前一种情形需要做进一步的讨论：（1）如果陌生人仅仅索要相当于公平经济交换的金额，那么，他实际上还是遵循广义的“为己利他”行为机理，尽管其行为中表现出的亲社会性还相对较低，没有考虑其他人更为紧迫的需求；（2）如果陌生人借此敲竹杠，那么，他就完全不是采取利他手段，而仅仅关心自己的私利，从而也就完全有悖于利他主义精神。

同时，即使就后一种情形而言，也需要做进一步的审视。譬如，尽管某人的救助行为并不是基于获取收益的目的，但行为的实际结果却对他人或社会造成了损害，那么，这种行为往往也有悖于真正的利他主义精神。究其原因，这种行为往往发源于“个人本位主义”，按照个人的信念行事，却没有设身处地地考虑对方的真正需要。爱因·兰德指出，尽管你宣称爱一位女人，却往往表现出对她的冷漠、敌意或伤害，这实际上也是一种缺乏由“诚实”而导致的不道德，这不是真正的关怀。[①] 相应地，雅赛也指出，自由的选择的一个基本原则就是无支配原则，它要求选择对方真正偏爱的方案；如果使一个人选取一个他本来可以不选取的被支配的选择方案是对这个人的伤害，而且，他所遭受的伤害是双重的：既损害了他的利益，又侵犯了他的选择自由。[②] 在这里，我们需要进一步辨识信念伦理和责任伦理，基于移情关爱的“为己利他”行为机理主要与责任伦理而非信念伦理相通。

第二，这种关怀必须是要设身处地而非一厢情愿。根据韦伯的洞见，

---

① 爱因·兰德：《新个体主义伦理观：爱因·兰德文选》，秦裕译，上海三联书店 1993 年版，第 42 页。

② 雅赛：《重申自由主义》，陈茅等译，中国社会科学出版社 1997 年版，第 81 页。

“道德上为善的目的可以使道德有害的手段和副产品圣洁化”[①]。这意味着，真正的利他主义就必须充分考虑到行为的可能后果，需要避免成为某些人维护自身利益的借口。譬如，古代所存在针对妇女的“三从”（在家从父、出嫁从夫、夫死从子）、“四德”（妇言、妇容、妇功、妇德）伦常，它们在一定时期成为稳定家庭、社会关系的重要规范；但是，这些伦常在后来的演化中却逐渐退化为某些人主宰妇女身心的借口和依据，甚至在负效应已经充分显露下，还依旧用来限制妇女。为此，韦伯在《政治作为一种职业》的著名演讲中就提出信念伦理（ethics of intentions）和责任伦理（ethics of responsibility）的区分，那些恪守信念伦理的行为，必须顾及自己行为的可能后果，也就是要以责任伦理为保障。显然，根据信念伦理的思维，如果由纯洁的信念所引起的行为导致了罪恶的后果，那么行动者就会认为罪责不在他，而在于这个世界，在于人们的愚蠢；相反，信奉责任伦理的人就会考虑到人们身上习见的缺点，而不会以自己所处的地位使他人承担他本人行为的后果。

纵观人类历史，我们也可以发现，在一些以动机和纯价值判断为圭臬的社会，人类行为的结果往往是灾难性的。人类历史上的一些重大革命和运动大多如此，它造成了整个社会长期和反复的动荡。所以，韦伯指出，那些自以为有高贵意图的社会改造者所造成的后果与任何军事独裁者几乎毫无二致；相应地，哈耶克发出孤声的呐喊，警惕致命的理性自负引导人类走向奴役之路，因为“人类史上最大的坏事往往都是好人干的”。实际上，之所以会产生这种行为，也反映出行动者缺乏对他人或社会利益的真正关心，无法站在他人或社会的角度思考问题。阿德勒就指出，当个体不受社会兴趣的激发时，不合需要的偏好或价值观就出现了。正因如此，伦理学界把那些主观以为是在做正确的事而产生不好结果的行为称为“反常的恶”（perverse wickedness），其关键就在于，他们没有设身处地考虑其他人感受的意愿。居友称，诸如拿破仑这样的人具有充分的意志生殖力，试图用自己的意志来取代他人的意志，而由于感觉力少得可怜，从而往往为了个人名垂青史而把世界弄得天翻地覆。

第三，关怀他人并不就一定会损害自己。实际上，如果一个社会中

---

① 韦伯：《学术与政治》，冯克利译，生活·读书·新知三联书店1998年版，第108页。

存在以损害自己的方式来利他的普遍行为，其结果往往并不一定会导向社会最优。这可从两方面做一解释：（1）如果对方也是利他主义者，那么，这种行为实际上就会把对方置于利己的处境，从而不见得会提高对方的效用；（2）如果对方是利己主义者，那么，这种行为反而会鼓励社会中的利己主义倾向，最终还是扼杀了利他主义。有鉴于此，利他行为更为基本的特征是，行为者努力把自己的利益和对方的利益统一起来，从对方的收益增进中实现自己的利益。霍尔巴赫指出："德行不过是一种用别人的福利来使自己得到幸福的艺术。"① 譬如，出于友谊、爱和情感的实际履行，就是将他人的利益融合在自我的价值等级中，从而也就不是所谓的自我牺牲。也即，就行为施动者而言，即使最终是"为己"，但只要实行有利于对方的行为，或者表现出对对方利益的关爱，那么，这种行为往往就是利他的。譬如，既然 A 勇于跳下河救起了落水的 B，我们又何必在意 A 是为了获得荣誉还是纯粹只想做个好人；其关键在于，他救起了人而没有趁机勒索，这一行动有利于被救的人，他也从被救者的获利中得到满足。

同样，就行为的受动者而言，尽管行为者的利他行为最终也使自身得到好处，但只要 A 行为体现了对 B 的关怀并使得 B 受益，那么，A 的行为对 B 来说就是利他性质的。譬如，作为一个失学儿童，B 接受了一些名流或公司 A 的捐助而能够重新上学了，B 也就必须对 A 表达感激，尽管这一援助行为最终也可能提高 A 的社会声誉，甚至变相地为 A 的公司进行广告宣传。关于这一点，可以从子路和子贡的故事得到启示：子路拯弱而受牛谢，孔子说：鲁国必好救人于患也；子贡赎人而不受金于府，孔子说：鲁国不复赎人矣。结果就是，子路受而劝德，子贡让而止善。推而广之，在市场经济下，尽管工商业者的基本目的都是为了盈利，但如果他们的利益是建立在社会其他成员福利增进的基础上得到实现的，如提供更高的产品质量、更优的服务水平等，那么，他们的行为就是利他主义的。相反，如果不关心别人的收益，一味通过欺骗、暴力获得自己的收益，如现实中的假冒伪劣以及误导消费者的广告宣传，这就不是利他主义行为。

---

① 霍尔巴赫：《自然体系》上卷，管士滨译，商务印书馆 1964 年版，第 247 页。

因此，要区分一个动机和行为的利己和利他特征，就应该从动机和行为的接受方角度，看是否有助于接受方的利益；而不应该只是单纯从行为施动者角度，看是否有助于施动者的收益和效用。“利他”意味着推己及人的爱，意味着对他人利益的实际关注。弗洛姆指出：“如果我们看到一个母亲对他的孩子缺少关心，不给孩子喂食，不给孩子洗澡，不关心孩子身体是否舒适，那么人们对她是否真正爱自己的孩子就毫无把握；但是如果我们看到她对自己的孩子异常关心，我们就会被她对孩子的爱所感动。甚至对动物和花草的爱也是如此，如果有一位妇女说她很爱花，可是我们却发现她忘记给花浇水，我们就不会相信她真的‘爱’花。”[①] 显然，这种分析方法较好地将自身行动与他人利益联系了起来，可以较好地解决以本能动机判断行为性质的模糊性，因为人的行动首先是基于个体独特存在的事实出发的。而且，它要求情境设想，考虑自己行为对他人的影响，要求考虑达到各自动机的手段，从而可以更好地将个体的利益和整个人类的发展及保存联系起来进行分析。因此，笔者赞同石里克等人的看法，它简单地通过在“利他”这一手段上达成共识而避免在目的上的含糊不清的争论。特别是，一些学者往往纠缠于主观和客观之分，所谓“主观利己，客观利他”还是“主观利他，客观利己”之分，抑或“主观客观都利己”和“主观客观都利他”等。事实上，如上面一再强调的，动机本身是很难区分的，根本不可能清晰划定一个行为的主观和客观的界限。

总之，对“为己利他”行为机理的分析和理解，还需要将它与对他人的关爱动机和实际影响结合起来。一般地，个体的亲社会性越高，关爱性和同情性就越强，在追求自身利益的同时也就越能够关注相关者的利益，从而更倾向于践行“为己利他”行为机理；相反，个体的亲社会性越低，关爱性和同情性就越弱，在追求自身利益的同时也就越难以关注相关者的利益，从而更倾向于采取经济人的行为方式。叔本华曾指出，当一个行为把对他人痛苦的同情作为它的动机时，它被称作善的；当行动者对他人的悲哀感到幸灾乐祸时，或至少试图以牺牲别人的幸福来促进自己的幸福时，他的行为被称作恶的。也即，我们在辨识人类行为的

---

① 弗洛姆：《爱的艺术》，赵正国译，国际文化出版公司 2004 年版，第 31 页。

性质时，必须考虑该行为的目的和手段，分析它对相关者的影响。事实上，一个利他主义者能够正确处理短期利益和长远利益，不会为短期利益而遮蔽了眼睛，这种为他利己行为也就是善的行为，可以被看成是利他主义的。所以，西季威克说："德性的实现基本上是一种对行为者的幸福的明智的有远见的追求。"① 库利则认为："是否具有同情心可以反映出一个人是否保持着精神健康。……从社会的观点看，精神错乱的实质是在人们大体上一致的事情上不能和其他人进行交流，弱智则被概括为对较为复杂的同情完全不能领会。"②

第六节　移情和"为己利他"行为机理的内化

上面指出，基于获取更大满足，互动的人类行为逐渐呈现出利他主义的色彩，这也就是人的亲社会性。一般地，这种亲社会性有两个源泉：(1) 基于对个人目的实现的理性考虑，利他的行为是达致目的的有效手段。正如福山所说："人类的社会性并不是一种对他人毫无差别的利他主义"，③ 而是与自身利益的紧密程度密切相关。(2) 这种利他主义行为是基于习惯传统的，是与基于关爱的亲社会性联系在一起的，而其中的主要机理则是弗洛伊德所发掘的移情。正如霍夫曼所说："移情是人类关心他人的火花，使社会生活成为可能的粘合剂"，"关爱看起来更像是在特定情境下移情忧伤的自然延伸"④。前者是主流的基于认知发展的道德发展理论，后者则是把道德发展集中在感情领域。霍夫曼指出，当人们的目标、计划或期望处于冲突之中时，道德问题就出现了，对他人权利和福利的敏感性是道德领域的主要特征。一般地，移情是"小我"的扩展以及利他主义精神得到发扬的心理学、生物学和社会学的基础。王阳明在《〈大学〉问》的开篇写道："大人者，以天地万物为一体也。"这里

---

① 西季威克：《伦理学方法》，廖申白译，中国社会科学出版社 1993 年版，第 142 页。

② 库利：《人类本性与社会秩序》，包凡一等译，华夏出版社 1999 年第 2 版，第 102 页。

③ 福山：《大分裂：人类本性和社会秩序的重建》，刘榜离等译，中国社会科学出版社 2002 年版，第 206 页。

④ 霍夫曼：《移情与道德发展：关爱和公正的内涵》，杨韶钢等译，黑龙江人民出版社 2003 年版，第 3、251 页。

的"大人"实际上也就是具有高度道德关怀的社会化的人。同时，"大人"之所以能以一种真诚的和自发的方式表现他对另一种东西的关怀，就在于移情的效果，从而与他物融为一体。

正因如此，有学者指出，关爱既不是智慧的理想，也不是绝对道德的命令，而是"对强化道德的情感的共同体验"。[①] 譬如，面对一个妇女在公共场合突然临盆的情形，一个人既可以神入到一个分娩妇女的痛苦之中，也可以成为对同一环境淡然处之的冷酷者。那么，普通人究竟会如何感觉呢？为此，霍夫曼区分了五类道德交往和道德两难中的人类行为：（1）一个目睹他人遭受痛苦的自然旁观者，他愿意提供帮助吗？如果不提供帮助会觉得怎样？（2）一个伤害或打算伤害他人的违规者，他是否试图避免伤害他人？或者至少此后感到内疚？（3）一个并非本意但确信已经伤害了他人的实际违规者。（4）一个具有多种道德要求的人被迫要做出某种选择，那么，他打算帮助谁？或者如果忽略了某人会感到内疚吗？（5）一个具有多种道德的人在诸如公正、权利、责任和互惠这些相互冲突的问题上如何选择，其中哪一种原则占优势，是关怀还是公正？[②] 瞽叟杀人而皋陶行刑，舜应该负父而逃吗？要认识上述人类的行为，就需要理解移情的内涵。

所谓移情，就是把自己置于另一个人的情境中所产生的一种情感反应。在某种程度上讲，个体对他人所体现出来的这种关爱心就是移情的表现。一般地，当一个人观察到有人处于实际忧伤中时也会感到忧伤，这就是所谓的移情忧伤，这包括同情忧伤、移情愤怒、移情不公正感和内疚等。而且，由于人是社会性的动物，他一生下来就不断经受人类习俗和道德的熏陶；因此，即使最残酷的人也难以在充满痛苦的环境中保持长久的冷漠，或者从中获取快感。显然，从个人角度而言，这种移情是源于自己的经验和体验。斯宾诺莎指出："当一个人想象着他所爱的对象被消灭时，他将感到愁苦，反之，如果他想象着他所爱的对象尚保存

---

① 参见杜维明《儒家思想新论：创造性转换的自我》，江苏人民出版社1996年版，第25页。

② 霍夫曼：《移情与道德发展：关爱和公正的内涵》，杨韶钢等译，黑龙江人民出版社2003年版，第4页。

着时，则他将感觉快乐。"① 这也意味着，个体的移情产生于所属共同体当中。同时，随着所属共同体的扩展，移情的范围也将随之扩展，从而在更大范围内出现相互的利他主义。霍夫曼就提出了移情的四种发展水平：普遍移情、"自我中心"的移情、对另一个人情感的移情、对超越直接情境的另一个人的经历的移情。

显然，基于移情情感的道德与基于对自身长远利益认知的道德具有实质上的相通性，差异只在于，基于移情道德的人借助于人类的亲社会性而实现自身利益，这种亲社会性则是源自长期的互动并在此基础上形成了"为己利他"行为机理。譬如，就上述霍夫曼所列举的五种人类行为而言，移情影响的深度很大程度上就取决于行为者所涉及共同体范围的广度（这不仅是实践中的，也由于人思想中的认识）。相应地，我们的道德产生和选择一般也会根据我们所涉及的道德共同体的圈层结构而定。例如，就第一种类型而言，美国人对待美国士兵因炸弹袭击所遭受的痛苦与伊拉克警察遭受同样痛苦时产生的感觉就截然不同；就第二、第三种类型而言，一个伤害自己亲人的人显然要比伤害陌生人的人会在更大程度和更长时间感到内疚；就第四种类型而言，即使美国人已经比阿富汗人富了很多，但比尔·盖茨还是愿意把金钱捐给美国的儿童福利基金会而不是阿富汗的类似机构；就第五种类型而言，社会中一直都存在大量的亲情庇护者。

如何解释呢？其实，人们之所以会对他人产生移情反应，就是源于他会设想自己可能也会置于相同的境地。显然，其中的机制还是根植于对自身目的和利益的关心，森甚至把基于同情所反映出的馈赠视为热心的、正和形式的自私行动。森指出："当一个人对生活的意识从心理上依靠其他人的福利时，这就是一种同情的例子；在其他情况给定的情况下，意识到其他人的福利的增长可以使这个人直接受益。"② 然而，即使从最终目的意义上说，移情体现了为己的目的，但也正如雷斯曼指出的："对别人的开放实际上就是对自我为中心的失衡的纠偏，这引起了向利他行

① 斯宾诺莎：《伦理学》，贺麟译，商务印书馆 1983 年版，第 115 页。

② 转引自雷斯曼《保守资本主义》，吴敏译，社会科学文献出版社 2003 年版，第 217—218 页。

为的转移。……（因此，）即使它可能也是一种利己主义的，它也完全是一种非霍布斯式的看待自我的方式。”① 进而，库利指出：“怜悯并非是被其他人的形象和特征唤起的与自我对立的情感。如果我认为自己的身体处于可怜的状态，我可能会像怜悯相同状态下的他人一样怜悯自己。……甚至怜悯纯粹由别人的特征被唤起，它也不一定是非自我的。‘父亲疼爱他的孩子’，但是任何研究的分析都可以表明，他把孩子溶进了想象的自我。……一切社会性的情感，在它们都涉及他人的意义上说，都是‘利他主义’的；没有不是‘利他主义’的感情。”②

正是在这个意义上，移情效应实际上就将利他和利己统一了起来，从而也就表现出“为己利他”行为机理。例如，按照现代主流经济学的思想，人根本上都是自私的。例如，母亲和胎儿之间就存在这种关系：母亲希望孩子足月出生，因为这样可以把自己的基因传给后代；胎儿则希望母亲平安健康，否则自己的性命就不保。但实际上，根据以移情为基础的关爱说，只要行为和动机是考虑他人利益的，那么这种行为就是利他的。例如，母亲的动机和行为有利于胎儿的健康，胎儿也是如此，因此，两者的行为是为己利他的或者是利他的。实际上，母子二人依靠母亲的脐带进行呼吸，依靠母亲的心脏输送血液，两者密切合作，共同度过妊娠阶段。再如，在现代主流经济学看来，交换都是为了追求自己的利益，是自私心驱动的；即使在缘关系内或者远古共同体内广泛盛行的礼物的馈赠，也被看成是利己主义的反映，因为在馈赠礼物的同时也收到礼物。不过，如果从另一种角度看待，那么即使市场上的交换也同样可以被视为利他主义的：A 送礼物给 B，B 也送礼物给 A，因而交换是相互给予的一种形式。也即，利己和利他本身就不是截然可分的，利己中有利他成分，而利他最终也是为了利己。威尔逊就说：“人类利他精神的多数表现形式最终都含有自利的性质。”③

为此，瓦格纳强调：“利己通常并不意味着某个个体的独自利益，还

① 雷斯曼：《保守资本主义》，吴敏译，社会科学文献出版社 2003 年版，第 218 页。

② 库利：《人类本性与社会秩序》，包凡一等译，华夏出版社 1999 年第 2 版，第 92—93 页。

③ 威尔逊：《论人性》，方展画译，浙江教育出版社 2001 年版，第 139 页。

包括了其他人的利益；每一个独立的个人都从其他人那里获得利益。例如家庭获得财产是为了遗赠给后代。"① 内维尔·凯恩斯也认为，个人的行为构成了整体行为诸环节中的一环，这个整体行为是利他的。不过，如果考虑到个人行为本身，就其直接后果而言，要与纯粹的利己主义动机区别开来是很困难的。从人类固有的动物性本能来看，"为己"是人类行为的根本目的（当然达到这个目的的途径却不一定是自私的）；但是，由于亲社会性的作用，这种"己"不是固定不变而是不断扩散的，而扩展的"己"所表现出来的行为实际上就与"为他"融合起来。因此，在某种意义上讲"利他"与"利大我"就是同一事情，"利他"就是"为己"的扩展。显然，基于这一视角，我们就可以更好地理解这一观点：救助自己所喜爱的人这一美德并非"无私"或"自我牺牲"，而是"诚实"；友谊、爱和情感的实际履行，包含了他人的利益（理性的利益）融合在自我的价值等级中，并按照它去行动。

当然，个体的移情体现了所属共同体的层次性，但当所有的个体移情发生互动时，也就可能出现冲突，这就是群体性移情现象。群体性的移情要求公正地把每个个体作为"人"来尊重和对待，要求赋予每个人某些基本的东西（包括食物、居所、免于痛苦等）；因此，这种移情超越了个体移情的某种"偏袒性"，如群体移情普遍表达出对被害人的同情以及对罪犯的憎恨。一个现世中的人往往承受个体移情和群体移情两方面的影响，而他的最终行为将取决于两者的强度。例如，中国古代强调："子为父隐，直在其中矣。"这就是把自然的个体移情放在第一位，而西方法制中的包庇罪等是强调群体移情的第一位因素。而且，这种移情的扩展程度主要取决于个体的社会化程度，这种社会性是社会互动的基础上形成的，因而在每个人的不同阶段是不同的。一般来说，婴儿往往依赖社会的存在，但本身不是一个社会化的存在，进而也很少发生移情效应。相应地，婴儿的行为就很难称得上是利他主义的。相反，随着个人的成熟，"个人倾向的侧重和强度都会减小，而尊重他人的情感则会不断

---

① 转引自 J. 内维尔·凯恩斯《政治经济学的范围与方法》，党国英、刘惠译，华夏人民出版社 2001 年版，第 101 页注解 9。

增长和扩展”。①

事实上，人的亲社会性很大程度上是社会经验的产物，而这与个体和社会之间的互动程度有关。一般地，这种经验或互动又表现为两方面：(1) 直接经验，它往往与人的年龄和工作类型有关；(2) 间接经验，它主要与个人所受的教育程度有关。就直接经验而言，一般来说，年龄越大，社会互动的次数越多，从而累积的经验越多，也就越愿意采取合作的行为方式。正因如此，几乎在所有的国家公民的投票权都有年龄限制：不仅在一定年限以下的儿童是没有投票权的，而且竞选不同的岗位也有不同的年龄要求。其原因就在于：基于社会化角度的考虑，缺乏亲社会性，是难以形成真正具有自觉合作性的民主的。同时，一般来说，工作岗位的社会化程度越高，社会性提升的也越快，从而就越容易采取合作的行为方式。正因如此，不同种群和不同性别的人往往受到不同的工作限制：黑人也曾长期被排斥在具有投票权的公民之外，女性也一直被排斥在国家行政之外。究其原因，由于历史的原因，他们的社会参与度都比较低，从而造成了亲社会性的不足。就间接经验而言，一般来说，个体所受的教育程度越高，越能长期而理性地考虑问题，从而也就越愿意采取合作的行为方式，而较少破坏规则。究其原因，成功地完成学业的年数可以度量在学校环境中进行众多合作博弈训练的数量和强度。相应地，正是受教育者推动了法规和社会习俗，并且作为一个公民，做了许多社会期望他们做的事情。当然，这里仅仅是针对正常和理想社会的分析，而现实社会往往存在某种程度的异化，从而也就会偏离上述的分析，详细的分析在本丛书的《合作的文明：“为己利他”行为机理与社会规范》一书中。

总之，对“为己利他”行为机理的分析和理解，还需要将它与人的亲社会性及移情通感结合起来。事实上，道德的行为体现了对他人利益的关心，体现了站在对方角度思考行为后果的意愿，并能够理智地控制自己的行动。正是通过移情利他和利己获得了统一，这也正是“为己利他”机理的基础性内涵。R. D. 米卢（R. D. Milo）曾指出不道德行为的三

① 博登海默：《法理学：法律哲学与法律方法》，邓正来译，中国政法大学出版社 2004 年版，作者致中文版前言。

个来源：(1) 不良的偏好；(2) 缺乏对他人利益的关心；(3) 缺乏理性的自我控制。首先，关于不良的偏好又有两种含义：(1) 反常的恶，由此产生的不道德行为是道德上要求的或者至少是道德上允许的，但它却产生了坏的结果；(2) 偏好的恶（perferantial wickedness），尽管行为者已经认识到这样做是错的，但还是要采取导致这种坏结果的行动。其次，缺乏对他人利益的关心也包含两层含义：(1) 超道德（amorality），是指行为者没有有关争议行动的道德原则；(2) 道德冷漠（moral indifference），是指行为者不受行为的错误性所打扰而追求自己的目标。最后，缺乏理性的自我控制源自两个原因：(1) 道德疏忽（moral negligence），是指任由情绪和欲望妨碍按照自己的判断行动，从而导致错误地认为行为是对的；(2) 道德缺点（moral weakness），有道德缺点的行动者进行行动的欲望要比避免做错事的欲望更强烈。关于移情在人类社会交往中的作用，我们再来看看杜维明的认知："由于自我同其他自我的共鸣，自我所固有的内在源泉便得以丰富。通过与其他人的真正交流，自我获得对自己的评价；越是能了解自己的人，就越是可以理解他人。因此，儒家的'己欲立而立人，己欲达而达人'的格言，就不单是一种利他主义的思想，而且也是对转换中的自我的描述。"①

第七节　结语

生物学、心理学、伦理学等学科的主流观点往往将利己和利他对立起来，将利他主义视为那种承担昂贵成本而有利于他人的行为。② 例如，特里沃斯（R. Trivers）就将利他主义定义为：那些有利于其他（不具有密切关系）有机体的行为就是利他主义行为，而这类行为明显不利于行为者自身；而且，有利和不利往往可以根据这种行为对适应性的贡献而定，利他主义往往意味着减少行为者自身的适应性而提高其他人或者共

① 杜维明：《儒家思想新论：创造性转换的自我》，江苏人民出版社 1996 年版，第 56 页。

② Fehr E. & Fischbacher U.，"The Nature of Human Altruism"，*Nature*，Vol. 425，2003，pp. 785 – 791.

同体的适应性。① 显然，这种观点似乎将个体的适应性和他人及共同体的适应性视为对立的。但实际上，在绝大多数情形下，个体之间以及个体与他人之间都是共生的，从而体现为相互利他主义。从这个角度上说，“利他”和“利己”很大程度上是互补的。西蒙就指出了这一点。② 而且，从词源学的意义上讲，“利己”和“利他”这两个术语本身是人类基于整体利益和社会发展所做出的一种价值判断：一般地，凡是对社会有利的行为就具有利他性。例如，美国著名哲学家托马斯·内格尔指出：“利他主义并不就是可怜的自我牺牲，相反，仅仅体现为一种考虑其他人利益而没有终极目的的行动意愿。”③ 这体现了两点：（1）考虑他人利益而影响自身的行为选择；（2）不需要用潜藏的自私这类最终目的来解释利他行为。

其实，对社会或他人有利的行为并非就会有损于行为者自身，相反，正是个体之间分工合作而共同促进个体和整体的发展。在很大程度上，现代主流经济学也已经意识到了这一点，如它就特别强调个体利益与集体利益之间的根本一致性，并发展了一般均衡、福利经济学第一定理等来加以阐述。问题在于，现代主流经济学却走向了另一个极端，将只要有利于个体的行为都视为利己主义的；尤其是，它往往局限于人的动物性本能而抹杀了人的亲社会性，以致将所有的人类行为都视为利己的。与此同时，现代主流经济学又看到了个体利益与集体利益之间的一致性，进而又转过来为这些利己行为辩护，由此就导致了功利主义、机会主义的盛行和物欲主义的膨胀。显然，为了对丰富多样的人类行为做更为合理的评价，从而增进对人类行为性质的认知，并最终体现对人类社会的关怀，我们需要重新审视流行的利他主义和利己主义的界定标准，放弃传统基于行为目的的观察视角，而集中于行为者的手段选择上。

一般地，利他性主要体现在人们为实现其目的所选择的手段上，它要求关注他人利益而克制自身的欲求。正是在关爱和克己的基础上，人

---

① Trivers L.，“The Evolution of Recipeocal Altruism”，*Quarterly Review of Biology*，Vol. 46，1971，pp. 35 – 57.

② Simon H. A.，“A Mechanism for Social Selection and Successful Altruism”，*Science*，Vol. 250，1990，pp. 1665 – 1668.

③ Nagel T.，*The Possibility of Altruism*，Oxford：Clarendon Press，1970，p. 7.

类的"为己"目的和"利他"手段实现了统一，从而形成了具有一般性的"为己利他"行为机理。库利指出："在我看来，把动机划分为利他的或利己的，不管有没有第三类，如自我—利他的那一类，都是没有意义的；我不能想象对这个问题的详细研究会得出不同的结果。不存在任何特别地与其他动机区别的利他主义的动机：我们一切高级的在社会中发展的情感，都涉及不定的个人形象，都可以联系着自我感觉或一切唤起这些情感的人的特征。……使用'自我主义'和'利他主义'的措辞方式歪曲了事实，最严重的是它假定涉及人的动机有两类，一类是'我的动机'，一类是'你的动机'，这十分类似于可分离的物质的人的观点；而事实上，人的感情的发展过程融合了许多人的形象，因此动机不能属于某一个个人，而是属于交往双方的共同领域。"① 显然，"为己利他"行为机理通过对人类目的和手段的分离考察以及对"己"的圈层扩展分析，拓展了传统对利己和利他进行划界的思路，进一步梳理了利己和利他的内涵界定，并挖掘了其内在联系。

① 库利：《人类本性与社会秩序》，包凡一等译，华夏出版社1999年版，第91页。

第四篇

“为己利他”行为机理的特性解析

第三篇从起源学上梳理了人性的形成过程并由此提炼出真实世界中的“为己利他”行为机理，这不仅有助于更好地解释和预测人们的日常行为，而且也有助于为界分“利己”和“利他”的提供更合理的思路。在很大意义上，理论工作的任务就是要从其变动中寻找不变的特性以及把握变动的规律，进而借助这一规律去认识更为广泛的社会现象。正因如此，本篇对“为己利他”行为机理的基本特性做进一步的剖析，并由此推导出一些相关结论，这将有助于我们更深刻地认识各种层次的人类行为和社会现象。

第十四章

“为己利他”行为机理的社会基础：变和博弈

【导读】“为己利他”行为机理的形成和践行是以合作剩余的存在这一社会基础为前提的，这也就是变和博弈情境。正因为人类社会的互动中存在着合作剩余，就产生了相互协作以做大共同利益这块蛋糕的动机和需要，由此衍生出“为己利他”行为机理；进而，潜在的合作剩余越大，人们越倾向于采取合作方式，因而“为己利他”行为机理越容易产生和扩展。

第一节　引言

“为己利他”行为机理之所以得到广泛的践行，是因为“己”和“他”之间的利益呈互补性和同向发展的关系，以致“利他”行为往往有助于更好地实现“为己”目的。相反，如果“己”和“他”之间的利益是竞争性或背反的，那么就很难通过“利他”行为来实现“为己”目的。一个明显的例子是，重商主义时期之所以实行以邻为壑的保护主义政策，就在于当时将财富唯一地限定在金银等贵金属货币上。显然，通行的贵金属货币是大体固定的，一国货币的增加往往会导致另一国的减少，乃至增加财富的唯一方法就是扩大出口而限制进口。正是基于这一认知，当时新兴的民族国家就积极地干预经济活动，大力发展出口品工业，利用税收等手段保护国内工商业，甚至通过武力来主导贸易规则，并在国际贸易中获取优势。当时的法国评论家蒙田指出：“一个人的获利即为另一人的损失……在别人没有损失的情况下不可能获得任何额外的利益。”[①] 这些都反映出，“为己利他”行为机理得以遵守和践行，就有赖于一种利益互补的社会基础。

同时，基于利益的互补性，利己主义和利他主义就可以被统一起来，这是“为己利他”行为机理的根本特质。在社会学上，利己和利他得以统一的根源就在于居友所称的“道德生殖力”。居友甚至强调，利己主义和利他主义的结合是哲学家伦理学说的基石。一般地，人的生命力不是孤立静止的，而是具有向各方面扩散的趋向。譬如，我们不愿独自享受某种快乐而喜欢他人了解我们的爱和痛苦，我们的工作也在于有利于自己的同时也有利于他人；因此，生命力的扩散必然表现出利他的倾向，从而就滋生出了利他主义。而且，基于利己欲望的追求而言，利他主义往往是这种欲望得到满足的最好途径，因而在这个意义上利他主义又高于利己主义。涂尔干指出：“利他主义注定不会成为我们社会生活的一种装饰，相反，它恰恰是社会生活的根本基础。”[②] 其实，远在古希腊时期，人们就把基于自制基础上的自爱当成高尚人士的美德。例如，苏格拉底宣称，伯里克利在谨慎节制、公正和智慧方面都超过了所有其他公民。在这里，谨慎是指一个人既扩张自身、使其超越他应有的限制，同时又能谨慎地控制自己。[③] 因此，本章从利己和利他相统一的视角来探讨“为己利他”行为机理得以践行的社会基础。

第二节　变和博弈：“为己利他”行为机理的社会基础

第三篇指出，“为己利他”行为机理融合了人的动物性本能和亲社会性，不仅更符合真实的人性，而且可以更好地实现人类的“为己”目的。当然，尽管亲社会性使得人类更倾向于采用合作的手段，但使用这一合作手段的最终目标还是为了实现自己的目的。相应地，当面临着一个无

① 转引自布鲁《经济思想史》，焦国华、韩红译，机械工业出版社2003年版，第12页。

② 涂尔干：《社会分工论》，渠东译，生活·读书·新知三联书店2000年版，第185页。

③ 麦金太尔：《谁之正义？何种合理性?》，万俊人等译，当代中国出版社1996年版，第68页。

法通过合作来增大各自利益的情况时，合作的可能性也就会大大降低。这可以解释，古代社会中的合作半径为何比较狭小，而随着社会协作带来收益的增加，人类社会中基于合作的交易也就日益繁生。所以，福山说：“为什么人们会产生利他主义倾向，也许最终能够对此做出解释的是个人私利，但某种形式的利他主义和社会合作却能给个人带来大量优势。事实上，通过社会合作的复杂形式来创造社会资本的能力或许是人类拥有的最大优势。”① 在现代经济学中，博弈论主要就是用于分析人类的互动行为，因此，这里借助博弈理论的基本知识对“为己利他”行为机理得以形成的社会基础做一剖析。

从社会得益上讲，一般地，博弈可分为（广义的）“常和博弈”和“变和博弈”。（广义的）“常和博弈”是指社会总量不变的博弈，它实质上可进一步细分为“零和博弈”和（狭义的）“常和博弈”。“零和博弈”是指一方之所得就是另一方之所失，而总量为零；（狭义的）“常和博弈”也反映出一方多得利必然是以另一方少得利为前提，但总量为正。“变和博弈”则是指社会总量是不固定的，它又可分为“正和博弈”和“负和博弈”。“负和博弈”是指在博弈过程中会使得社会总福利减少，它实际上是个抢瓷器的过程；“正和博弈”则使得社会总福利增加，因而是一个做大蛋糕的过程。

一方面，（广义的）“常和博弈”很大程度上是纯分配性的，往往蕴含了利益的完全对抗性，从而难以达致合作均衡。就“零和博弈”而言，不同组合的收益变动相当于再分配，也就是对已经进入私人口袋的钱再进行博弈分割；而（狭义的）“常和博弈”则相当于初次分配，将已经生产出来的既定数量的物品再进行博弈分配。显然，由于在“常和博弈”中不存在对所有各方同时都具有的帕累托优化，因而任何方案都可能招致某一方的强烈不满和反对，合作均衡也就难以达致。譬如，诺贝尔经济学奖得主霍姆斯特姆（Holmstrom）在对团队生产进行研究时，就得出了一个有名的论断：如果预算是均衡的，即团队的产出为团队的所有成员所分享，则不存在任何一个分享规则，使非合作博弈的结果达到符合

① 福山：《大分裂：人类本性和社会秩序的重建》，刘榜离等译，中国社会科学出版社2002年版，第207页。

帕累托最优的纳什均衡。显然，此时预算均衡意味着是一个零和博弈，非合作则反映了对个体利益的追逐，而且，团队的联合产出对于代理人的不可观察的行为的偏导不为零。事实上，追求相对效用的互动就体现了这类博弈，争夺社会名声、地位顺次的行为就是如此。例如，在国际象棋比赛中，一个象棋大师就会有把握地假定对手将会下让他最感头疼的一步，而不会出于合作的目的而采取让棋或和棋策略。

另一方面，在“变和博弈”中，由于社会总福利发生了改变，那么就存在帕累托改进的可能，此时通过合作就可以取得更高的收益。这在“正和博弈”中就非常明显，上面的大多数例子都反映了这样的特点。即使在“负和博弈”中，通过合作也可以减少浪费和损失。譬如，两个人发生了矛盾，如果本着合作的精神处理，就可能是“大事化小，小事化了”；相反，不合作则往往可能招致卑梁之女的悲剧或者出现鲁酒围邯郸的戏剧。显然，大量的公地悲剧就反映了在变和博弈中由于不合作所引发的灾难，而经典的囚徒困境实际上也是对“负和博弈”的昭示。因此，我们说，在囚徒博弈中，博弈双方的利益并非是完全冲突的，双方可以通过合作获得“合作租”。实际上，所谓“困境”本身就反映出一种大家都不满意的状态，是双方得到的比可能得到要少的状态。在现实生活中，只要存在多数抱怨的现象，也就意味着出现囚徒困境了。

事实上，互动双方实际采取何种策略关键在于双方之间的利益关系，如果利益关系发生变化，那么，策略也往往随之改变。前面曾指出，基于缘关系的组织之间容易形成合作，并在困境时相互扶持、共渡难关。譬如，1919年简氏的南洋兄弟烟草公司面临英美烟草公司竞争的严重威胁时，广东籍的大买办上海泰和洋行的劳敬修和上海祥茂洋行的陈炳谦就提供资金助其渡过难关，[①] 这是典型的变和博弈情境。但是，一旦利益开始出现严重的冲突，或者说处于一个零和博弈的状态，那么，也会衍生出恶性竞争。例如，上海四大百货公司都是广东人，先施公司的马氏和永安公司的郭氏原来在业务上就存在良好关系，并结成姻亲；但是，一旦成为竞争对手后，就开始相互拆台、互挖墙脚。新新公司的刘锡基

① 白吉尔：《中国资产阶级的黄金时代（1911—1937）》，张富强译，上海人民出版社1994年版，第162页。

原来是先施的创办人之一，因受马应彪的排挤而拆伙另设新新，并从先施和永安挖走不少业务骨干；结果，先施和永安又联合起来共同对付新新，使之损失颇巨。

当然，上面的分析容易说明在“变和博弈”中合作的重要性，但同时似乎也否定了“常和博弈”（广义）中进行合作的可能性和必要性。那么，在“常和博弈”中合作是否真的就成了多余？这就需要结合人类理性的特点以及所追求的收益类型进行分析。事实上，人们之间的互动行为往往是多次的，人类个体也具有不同于动物的长远理性。斯密就指出，两只狗往往会为一块骨头争斗不休，直到一方获得彻底胜利，而此过程中双方都付出了代价；相反，人类则会采取“这次给你、下次给我”的合作方式，通过时间序列交换而避免策略性成本。正是基于这种特点的考虑，那么，即使在“常和博弈”（广义）中，我们也要强调合作，因为短期的“零和博弈”长期来说就可能演变为“变和博弈”。以狭义的“常和博弈”为例，只有在长期的合作中，才可能创造出收益以供在博弈各方之间进行分配，甚至长期的合作也可能导致“正和博弈”的出现；相反，如果不合作，则短期的“常和博弈”就会演化为长期的“负和博弈”。事实上，在双方的交往中，尽管就某个特定的交易而言，往往存在亏盈相抵的情况，如果结合不同的交易，那么最终是有利于各方的。所谓的“投桃报李”讲的就是这个道理，经济学中的交叉补贴以及互投赞成票都反映了这一点。

最后，还需要指出，人类绝大多数的生产和交易行为都是变和博弈：一方面，生产是各要素通力协作通过提高劳动有效性而创造更高价值的过程；[①] 另一方面，交易过程在有利于使用价值最大限度地实现的同时也存在交易成本。事实上，即使像资本市场这种零和游戏的场所：一方的收获正好是另一方的损失；但是，资本市场的交易长期来说也有利于信息的披露，从而有利于资源的有效配置，因此长期来说也是一种变和博弈类型。而且，随着人类社会的发展，这种非零和博弈愈益普遍，正如赖特指出的，人类历史的方向“是指向越来越扩大的非零和。随着历史

---

① 朱富强：《有效劳动价值论：以协调洞悉劳动配置》，经济科学出版社 2004 年版，第 4 章。

演化，每个人都会发现自己在跟越来越多的人一起参加非零和游戏，相互依赖的范围随之扩大，社会复杂性的深度和广度同时便随之增加”。[①]显然，正是大量的、支配性的变和博弈的存在，构成了现实世界中“为己利他”行为机理得以践行的社会基础。关于常和博弈中所隐含的合作需求，可以看下谢林提出的分钱博弈：两个人在没有任何沟通的情况下索要一定数量，如果索要的数量之和小于等于100美元，那么就会实现，否则就什么也得不到。见表14—1所示的分钱博弈。

表14—1　　分钱博弈

索要量	0	1	…	99	100
0	0，0	0，1	…	0，99	0，100
1	1，0	1，1	…	1，99	0，0
…	…	…	…	…	…
99	99，0	99，1	…	0，0	0，0
100	100，0	0，0	…	0，0	0，0

此外，基于常和博弈的策略性形成往往引发不必要的内生交易成本，因而在某种意义上讲，也是一种变形的变和博弈。关于这一点，我们可以看消耗战（war of attrition）的例子，它最早是梅纳德·史密斯（M. Smith）提出来的，反映出每增加一次博弈都将耗费时间、精力、金钱等成本；同时，由于时间和精力对不同人的意义是不同的，也即博弈的成本不同。[②] 在消耗性博弈中，两个局中人为获得在任一时期 $t=0, 1, 2\cdots\cdots$ 价值为 $V>1$ 的奖品而展开争夺，局中人每期的争夺成本是不同的。例如，工资不同的两个人排队购买紧缺价值为 v 的商品（球票、紧缺物资或其他免费商品）。假设：等待某长度时间为一个回合，并假设两个局中人 A 和 B 每一回合博弈的成本分别为 a 和 b，并有 $a>b$，而 δ 表示每一

① 赖特：《非零年代：人类命运的逻辑》，李淑珺译，上海世纪出版集团2003年版，第10页。

② Smith J. M., “Theory of Games and the Evolution of Animal Conflicts”, *Journal of Theoretical Biology*, Vol. 47, 1974, pp. 209-221. Smith J. M. & Parker G. A., “The Logic of Asymmetric Contests”, *Animal Behaviour*, Vol. 24, 1976, pp. 159-175.

回合的折扣因子。因此，随着博弈回合的延长，两人的博弈成本分别为：$C_A^T = a\ (1+\delta+\delta^2+\cdots+\delta^{T-1})\ = a\ (1-\delta^T)\ /\ (1-\delta)$，$C_B^T = b\ (1+\delta+\delta^2+\cdots+\delta^{T-1})\ = b\ (1-\delta^T)\ /\ (1-\delta)$；相应地，它们进行争夺的收益为：$R_I^T = -i\ (1+\delta+\delta^2+\cdots+\delta^{T-1})\ +\delta^T V = -C_I^T+\delta^T V$。设想时间间隔充分短，那么上述离散型就成为连续时间型的消耗战，其博弈成本就可以描述成图 14—1。

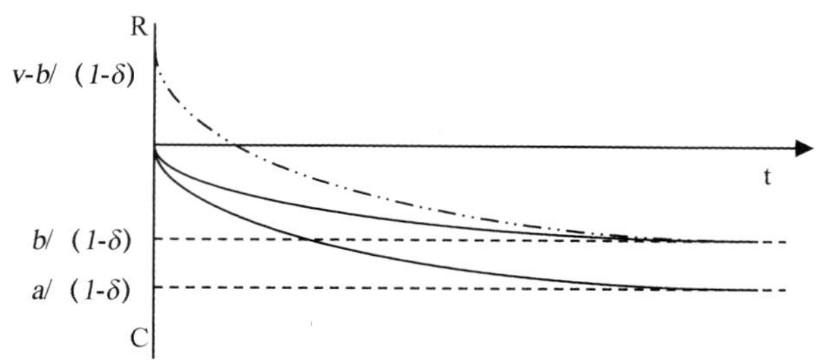

图 14—1　消耗战

总之，鉴于人类自身能力和需求的特征，人类之间的互动主要出现为变和博弈情境，因而基本的行为方式也是合作性的。赖特在探究非洲南部的衮山人（Kung San，或称桑族）为何会形成很大聚居单位时就说：“追踪与猎杀长颈鹿，以及抢在吃腐肉的动物之前割取猎物的肉，都需要众人的合作。更重要的原因可能是，一个家庭无法很快吃完一只长颈鹿的肉，肉可能放到腐坏。所以猎杀长颈鹿维生的民族如果最大聚居单位是家庭，等于浪费兽肉，也就浪费了分享兽肉而给予人情的机会”，“这种人性是非零和的典型表达。别人的食橱空了，而你的食物过剩，于是你给予别人食物，往后你的食橱空了他就会投桃报李，你也因而受益，因为食物对饥饿的人而言，比对饱足的人来的珍贵”。[①] 正因为人类基本的利益是互补的，因而人类的一般行为往往就呈现出某种程度的利他性。居友指出：“在一般的生命中，倘若把属于纯自私的部分与属于‘利他主

① 赖特：《非零年代：人类命运的逻辑》，李淑珺译，上海世纪出版集团 2003 年版，第 12 页。

义’的部分做一比较，我们将发现，前者相比之下是多么的小，甚至是那种最自私的完全属于肉体上的快乐，如吃喝玩乐，也只有在与他人共享时，才富有无穷的魅力。”①

第三节 做大蛋糕：“为己利他”行为机理的根本成因

按照西方社会尤其是现代主流经济学的人性观，人是自利的，而利他行为是罕见的。问题是，人们为何又愿意进行合作呢？进而，这种合作仅仅体现“利己”这一方面的特征吗？显然，合作的基本结果就体现为：能够为互动各方都带来收益的增进，并导致整个社会总体收益的提高。譬如，布坎南就将在私有权条件下生产的产品价值与在资源共同使用条件下生产的产品价值之间的差额称为“社会租金”，② 这种社会租金相当于博弈中的合作收益与非合作收益之差。事实上，无论是有意识的还是无意识的，人们都努力通过合作以实现这些合作租金。赖特强调：“人们以互利的方式互动时，不一定知道自己在做什么。……物竞天择的原理促使我们演化出‘互利利他’，而在基因中植入各式各样的冲动……这些天生的冲动包括：慷慨（有时具选择性，有时候甚至必需小心翼翼）；感激，同时觉得有回报的义务，对证实会回报的人（也称为‘朋友’）有越来越多的同情和信任。所有人类文化中都可发现这些感觉，以及它们所强烈支持的行为，理由似乎是因为在人类尚未自觉之前，物竞天择法则就已经‘肯定’了非零和的逻辑。”③ 在日常生活中，我们之所以愿意与他人进行交换，也正是由于每个人在不同时期的效用需求是不同的，而交换可以使得物品的使用价值得到充分的挖掘和利用；因此，交换根本上也是非零和的，是通过合作而促进整个利益获得帕累托改进的典型现象。通俗地说，这就是一个做大蛋糕的过程，只有将蛋糕做大后，人们才实现自己利益增长的目的。这意味着，在非零和博弈中比较

① 居友：《无义务无制裁的道德概论》，余涌译，中国社会科学出版社 1994 年版，第 102 页。

② 布坎南：《财产与自由》，韩旭译，中国社会科学出版社 2002 年版，第 6 页。

③ 赖特：《非零年代：人类命运的逻辑》，李淑珺译，上海世纪出版集团 2003 年版，第 14—15 页。

容易产生合作性的“为己利他”行为方式。因此，变和博弈是“为己利他”行为机理存在的社会基础，而做大蛋糕则是“为己利他”行为机理得以形成的主要动机和直接目的。

其实，西方社会对人性的要求往往呈现出两大极端：（1）根据物竞天择的自然规律，那些纯粹的自利行为往往也就被视为无可厚非的，这种观点强调，只要不损害别人，任何人都没有促进他人利益的义务（这不仅是法律的，也是社会的）；（2）根据康德的普遍道德律，只有那种当且仅当一个行为被普遍接受时才被称为善的行为，这是指绝对的利他主义，是一种基于不在于最终回报的、纯粹的美德。但是，人类日常行为恰恰处于这两者之间：一方面，人类社会长期积累下来的伦理道德要求人们去关心和爱护他人；另一方面，绝大多数人在日常实践中往往都无法遵循康德的这种普遍道德律。究其原因，真实世界中的人既不是具有无限利他主义思想的“类存在物”，也不是充满掠夺性的野兽；特别是，人的亲社会性往往使他认同一系列具有差序结构的社会共同体，从而表现出不同的行为方式。休谟认为，人们一般只能对家庭和朋友的小圈子里的人做出“有限制的利他行为”。相应地，当我们试图把这种利他行为扩大到关系较远的人们身上时，就会逐渐变得淡漠。正因如此，现实生活往往需要一种不依靠利他主义来组织大量个人的体系：一方面，这可以免于枉费气力地依靠利他主义去做他所不能做的事，这就如同社会主义初期的强制合作社所期望的那样；另一方面，这也能让人们“自由”地用他们有限的利他主义资源做恰当的事：向那些与我们交往最密切的人有效地表达我们的关心。

显然，上述分析正说明了两点：（1）人的本性是“为己”的，个人需求才是行为的目的和活动的本质；（2）实现“为己”目的的手段是合作性的，对手段有效的测度是看其基本的中间传导变量——集体利益（整体蛋糕）是否增大。当然，由于“为己”目的本身体现了自身的需求和动机，而“利他”手段又深植于个体行为之中；从这个角度来讲，市场体系往往比其他体系更有效地使用着利他主义。[①] 不过，西方学者往往

① 艾伦·布坎南：《伦理学、效率与市场》，廖申白等译，中国社会科学出版社 1991 年版，第 27 页。

过分看重这一最终结果本身而忽视了行为的利他特征，以致孟德维尔、斯密以及哈耶克等一大批自由主义者都认为，在满足人们的需要和偏爱方面，市场要求的利他主义最少。相应地，“私恶即公益”命题也就在西方社会得到普遍承认和广泛传播，乃至自由市场交换也被视为增进个人利益的根本性手段。例如，哈耶克就强烈主张，社会的经济问题主要是在特定时空环境中快速调适的问题，而这种调适能力主要由市场来完成，这是基于对私利追求而产生的自发性合作。结果，这些市场主义者往往就忽视了促使这种利他主义发挥的社会基础或基本条件，忽视了社会伦理对人类行为的塑造，而往往想当然地认定市场主体都会切实地践行“为己利他”行为机理。

同时，尽管这些市场主义者强调市场中的自发协作机制，但我们还是可以看到，人类社会中存在大量的有意识的协作行为。例如，在家庭内部就存在着父母和子女之间的财产单向流动，而且，大多数家族企业也往往是依靠亲属们的无偿劳动起步的。[①] 同时，我们也必须认识到，尽管亲属之间的利他主义根本上是基于互惠的基础，但这种互惠很可能并不呈现出共时性，而是存在时间和空间的差序：做大的蛋糕可能首先有利于某一方，然后再促使利益朝相反的方向流动。在很大程度上，这也体现了邓小平倡导的先富与后富之间的辩证关系。现在面临的问题是，基于错位互利的蛋糕做大是否可以在自由市场中实行？也就是说，利他主义是否可以成为市场运行的润滑剂？显然，从个人角度而言，利他主义就体现为一个品牌资本的投资问题；而从社会角度而言，就体现为有助于增进历时性合作的那些法律资本的创设问题。而且，人类确实有智慧来实现这种历时性的互惠合作。事实上，现代市场中的物物交易本身就是罕见的，以致任何交易在一定程度上都体现了某种历时性的互惠合作。

此外，尽管为了更好地达到个体的目标，人们往往采取“利他”手段来增进总体利益，但这里并没有对“利他”的对象加以说明。事实上，黄有光就问道：既然一个父亲（或母亲）能够为了他（她）的子女的福

---

① 福山：《大分裂：人类本性和社会秩序的重建》，刘榜离等译，中国社会科学出版社2002年版，第217页。

利而牺牲自己的快乐，那么，为什么不能为朋友、为亲属，进而为同胞、为人类甚至最后为某种有快乐或痛苦感觉的动物做出类似的牺牲呢？譬如，福山指出：“许多人类社会中所谓的亲属关系其实是不堪一击的。中国某一家族的成员深信他们与同一世系的其他人之间相互都有关系，其实他们要往前数上几十代才会沾点亲。然而，他们却想方设法合作共事，好像他们的大部分基因都是一样似的。”① 其实，非零和互动不仅体现在家庭组织之中，相反“家庭、氏族、村落、棒球队、企业、教派、国家”等组织中都存在非零和互动。赖特指出：“不论哪种团体，之所以受到仿效，必定是因为它拥有的生产力高而且（相对而言）和谐的互动模式。”② 不过，人类社会中“为己利他”行为机理的产生和扩展往往存在一定的顺序：为了达到“利己”目的的“利他”行为往往首先是从与自己的目标和利益最相关的他人开始，而利于与自己休戚相关的他人实质上就是“利己”的扩展。

一般地，利他主义在家庭内部最为浓郁。之所以如此就在于，家庭成员之间存在血缘上的天然联系，并使个体一生中长期相处和交往的牢固基础，也是人类社会中与个体利益最密切相关的组织。当然，随着个体交往范围的扩大，由家庭所联结的这种利益相关性减弱了，从而利他主义的成分也将随之衰退。与此相应，其他利益更为密切的“他”就会对家庭或家庭成员进行取代，从而出现更大范围内的利他主义。例如，从地缘上讲，生活在同一地区的人，由于交往的密切，也就产生了物质利益的共同体。这样，利他主义的作风在邻里之间就可能逐渐流行，所以中国自古就有“远亲不如近邻”的说法。同样，这种分析也可以推延到亲缘、业缘以及德缘等方面。所以，福山就指出，家庭的角色不必非由生物学上的关系来扮演，同一屋檐下的非亲属仆人要比不住在一起的亲属更密切。事实上，在日本，血缘和亲缘的联系就不是很强烈，而领养不具血缘关系的外人非常普遍，这种领养的外人和赘婿受到和亲生儿

---

① 福山：《大分裂：人类本性和社会秩序的重建》，刘榜离等译，中国社会科学出版社 2002 年版，第 218 页。

② 赖特：《非零年代：人类命运的逻辑》，李淑珺译，上海世纪出版集团 2003 年版，第 94 页。

子一样的待遇，即使招赘之后又有了儿子也是如此；而且，住在同一屋檐下的家仆虽然和这个家庭没有血缘关系，但在感情上也往往比住在其他地方的亲戚更亲密，甚至百年之后也会被当作这个家的祖先来祭拜。

根据上面的分析，我们就可以更好地理解在目前社会上的一些现象：如西方社会一些富人往往将遗产遗赠给照顾其晚年生活的仆人而不是留给素昧平生的远房亲戚，甚至也不会留给平日缺乏生活照应的子女；同样，目前在日本社会，那些将家庭权力传给非亲属的过继者而非子女的比例高达25%—34%。[①] 显然，照此推理，随着社会的发展，社会越来越一体化，社会间的利益越来越密切，那么，我们也就可以预见两种后果：一方面，家庭的观念开始淡化，从而家庭中的利他主义逐渐式微；另一方面，为了实现人们更大利益范畴的合作，市场上的利他主义则应该日渐扩散开来。这些事实与现代主流经济学的观点——市场总是使利他主义行为越来越少——明显相悖。事实上，市场体系所要求的“利他主义最少”这一事实也根本不足以支持市场。[②] 这也是笔者一直不厌其烦地强调，伦理认同是市场秩序的基石的重要原因。

斯密曾经说：“虽然共有的精明（prudence）这一原理并不能总是指导每一个人的行为，但它总是影响着每一阶级或阶层中的大多数。”但不幸的是，以后的西方主流经济学家如施蒂格勒等人却将这一观点解释为“自利主导着大多数的人们”，从而把人的行为抽象为经济人。实际上，斯密的看法与目前这种流行观点却是“差之毫厘，谬以千里”。如斯密自己就曾指出，“根据斯多葛学派的理论，人们不应该将自己看作某一离群索居的、孤立的个人，而应该把自己看成是世界中的一个公民，是自然界巨大国民总体中的一个成员”，而且，“为了这个大团体的利益，人们应当随时心甘情愿地牺牲自己的微小利益”，“人道、公正、慷慨大方和热心公益是最有益于他人的品质”。[③] 正是追随斯密的研究思路，森就特别强调同情和责任对人行为的影响，并强调“简单的自利追求并不是伟

---

① 郑也夫：《社会品德与经济繁荣》，《读书》1997年第11期。

② 艾伦·布坎南：《伦理学、效率与市场》，廖申白等译，中国社会科学出版社1991年版，第27页。

③ 参见森《经济学和伦理学》，王宇等译，商务印书馆2000年版，第29页。

大的拯救者”。[①] 同样，宾默尔也说：“对我来说，施蒂格勒就像是一个让人无从攻击的风车。即使在芝加哥也不再有人相信这种观点了。”[②] 一个明显的例子是，饥荒也可能产生于市场机制的运作过程中而不是产生于由食品产量下降所导致的真正稀缺，这一点斯密和森都做了说明。同样，经济学中的囚徒困境更充分地说明了经济人概念中所嵌入的“理性白痴”这一特征。

总之，人是社会性动物，个体完全是因为与他人的交往才在智力上、道德上、文化上和情感上不断成长。因此，为了更好地增加自己的福利，就可以而且应该不仅依靠市场的自发形成的合作，而应该注重自觉的合作，这种合作的基础是利他的精神。也就是说，要使合作顺利，就必须使对方从中获得好处。巴纳德就非常强调调适的核心作用，但他认为“人们之间的那种有意识的、深思熟虑的和有目的的合作”被低估了。[③] 换句话说，巴纳德更关注有意识的合作。事实上，调适既不能像市场机制一样单方向进行，也不能像极端企业组织完全由命令方式来实施，而是需要建立在相互一致同意的基础上。显然，根基于“为己利他”行为机理的社会合作就将这种自发的合作和有意的合作有机完美地结合了起来。

第四节 两类博弈情境的实验证据

Mckelvey 和 Palfrey 等人曾做过两个蜈蚣博弈实验，可以借以对零和博弈和变和博弈所产生的不同结果做一比较。实验一：变和型的标准蜈蚣博弈，参与者任何一方决策时都可以“取走”饼的 80% 而结束博弈，也可以将选择权“传递”给另一位参与者；并且，每一个阶段的饼都加倍（从 0.5 美元到 8 美元）。也即，“传递”所带来的共同所得是巨大的。实验二：常和型的变异蜈蚣博弈：参与者分享一个固定的饼（3.2 美元），

① 森：《经济学和伦理学》，王宇等译，商务印书馆 2000 年版，第 29 页。

② 宾默尔：《博弈论与社会契约（第 1 卷）：公平博弈》，王小卫、钱勇译，上海财经大学出版社 2003 年版，第 28 页。

③ 威廉姆森：《治理机制》，王健等译，中国社会科学出版社 2001 年版，第 108—109 页。

当第一行动者选择“取走”时，饼被平分；随着参与者“传递”，饼的分配变得越来越不平衡。实验结果表明：在实验一中，参与者很少像纳什均衡预测的那样在较早阶段就选择“取走”策略，尽管“取走”的条件概率随着博弈阶段的退后而增加，约有80%的受试者是在最后博弈阶段选择“取走”；① 但在实验二中，参与者往往会马上选择“取走”策略，在实验后半部分，在第一阶段就选择“取走”的条件概率大于50%，而在第二阶段选择“取走”的概率大于80%。②

为了印证这一点，我们可以进一步做有关独裁者博弈和最后通牒博弈的比较实验。一般认为，迄今的最后通牒博弈的实验结果体现了公平对人类行为具有重要的影响：提议方出价的众数和中位数通常位于40%—50%之间，平均数则出现在30%—40%之间，而在1%—10%以及51%—100%区间的出价很少；同时，40%—50%的出价水平很少会被拒绝，而低于20%左右的出价则面临很高的被拒绝率。③ 当然，也有一种观点认为，提议方之所以给出一个慷慨的出价，并非出自内心深处的公平心，而是担心低水平出价会被拒绝而遭受更大损失。为此，我们可以做一个最后通牒博弈和独裁者博弈的对比试验，博弈矩阵分别用表14—2和表14—3表示。

表14—2　　最后通牒博弈

提议方		接收方	
		接受	拒绝
	方案一	10－a，a	0，0
	方案二	10－b，b	0，0

① McKelvey R. D. & Palfrey T. R., “An Experimental Study of the Centipede Game”, *Econometrica*, Vol. 60, No. 4, 1992, pp. 803－836.

② Fey M., McKelvey R. D. & Palfrey T. R., “An Experimental Study of Constant-sum Centipede Game”, *International Journal of Game Theory*, Vol. 25, 1996, pp. 269－287.

③ 凯莫勒：《行为博弈：对策略互动的实验研究》，贺京同等译，中国人民大学出版社2006年版，第47页。

表 14—3　　　　独裁者博弈

独裁者		接受者	
		接受	拒绝
	方案一	10－a，a	10－a，a
	方案二	10－b，b	10－b，b

这个对比试验可以对如下几种观点进行检测：

首先，它可以对人类的公平感作更为精确的检测。在很大程度上，如果一个独裁者愿意给受助方一个正的乃至相对公平的对价，就反映出独裁者并不是完全只考虑自身收益的最大化，因而他在最后通牒博弈实验中所表现出来的慷慨与他内心深处的公平心有很强的关联，而不仅仅是出于策略上的考虑。事实上，Kahneman、Knetsch 和 Thaler 在 1986 年也做了一个选择集受限的最后通牒博弈实验：第一种情形是受试者平分 20 美元，第二种情形是提议方 18 美元和接收方 2 美元。实验结果表明，有 76% 的受试者选择了平分。① 不过，Forstyhe 等人就对独裁者博弈和最后通牒博弈进行了比较实验，发现独裁者并不像 Kahneman 等人的报告中显示的那么慷慨，其平均出价只有 20% 左右。② 独裁者的出价远小于最后通牒博弈中提议方的出价，但又是一个正数，这反映出：提议方既有策略上的考虑，也有利他主义的动机。

其次，它可以检测同一主体面对不同情形所遵循“为己利他”行为机理的差异。在很大程度上，最后通牒博弈体现了变和博弈的情形，而独裁者博弈则更近似于零和博弈；这样，通过对比实验，就可以检验不同社会基础对人类行为的影响。事实上，大量的行为实验也反映出了这两类实验的结果差异：最后通牒博弈实验中提议方的出价往往更为公平。不过，迄今为止的两类实验几乎都是分开进行的，而为了比较两者的差异，我们可以使用同一受试者同时做两类实验。

---

① Kahneman D., Knetsch J. L. & Thaler R., “Fairness as a Constraint on Profit Seeking: Entitlements in the Coase Theorem”, *Journal of Political Economy*, Vol. 98, 1986, pp. 1325－1348.

② Forstyhe R., et al., “Fairness in Simple Bargaining Experiments”, *Games and Economic Behavior*, Vol. 8, 1994, pp. 347－369.

再次，它可以检测不同个体践行“为己利他”行为机理的广度和深度。事实上，只要通过变更不同类型的受试者，如男性还是女性、高学历还是低学历、经济学家还是社会学家，我们就可以通过比较他们在两类实验中的行为差异，检测他们的出价在多大程度上是出于策略上的考虑还是内在的公平心。

…………

第五节 结语

本章的分析揭示了“为己利他”行为机理的社会基础和主要特征：正因为社会互动中存在合作剩余，才衍生出“为己利他”行为机理，并最终做大了共同利益这块蛋糕；同时，正是由于基于“为己利他”行为机理的行为者往往能够关怀其他相关者的利益诉求，从而容易形成互惠合作并产生公平分配的结果。譬如，正因为“男人与女人之间是互补的，所以我们看到男人与男人之间的争斗要比男人与女人之间的争斗频繁得多、激烈得多”①。而且，在早期社会，部落与部落之间的同质性也较高，因而它们之间往往少交易而多战争；但是，随着各方逐渐走上专业化的发展道路，相互之间的争斗就逐渐为交换和合作所取代。事实上，那些老死不相往来的闭塞社会或者自给自足的经济都只能是小范围，它们都仅仅对应于原始状态；相反，目前人类社会“正在走向这样的时代，在那里，原始的自私日益萎缩、衰退，我们对它越来越陌生”，② 越需要合作，越容易衍生出和壮大“为己利他”行为机理。赖特指出：“成功的非零和游戏，一定会导致社会复杂性增加，因为参与的人必须彼此协调，原来可能在各自轨道上运行的人必须聚集起来，形成一个系统，一个大于个人的、步调一致的整体。而且这个整体之内，一定会有分工。”③ 正

---

① 赫什莱佛（也即赫舒拉发）：《力量的阴暗面》，刘海青译，华夏出版社 2012 年版，第 7 页。

② 居友：《无义务无制裁的道德概论》，余涌译，中国社会科学出版社 1994 年版，第 101 页。

③ 赖特：《非零年代：人类命运的逻辑》，李淑珺译，上海世纪出版集团 2003 年版，第 13 页。

因如此，人类社会越是向前发展，人类的需求层次也越高级，其活动范围也越具开放性；人类社会越是向前发展，社会互动的变和特征也就越是凸显，潜在的合作剩余越大。这样，人与人之间、组织与组织之间、国家与国家之间的合作的动机就越强烈，人们越愿意自觉地遵守“为己利他”行为机理，“为己利他”行为机理也越容易得到扩展，以致人类社会分工和交易的半径都得以不断扩大。

第十五章

“为己利他”行为机理的行为特性：互惠合作

【导读】 基于“为己利他”行为机理的行为互动所呈现出的典型特征就是互惠合作。在很大程度上，由合作实现互惠以及由互惠引导合作就是“为己利他”行为机理得以形成和持续扩展的重要动力源。与此同时，基于“为己利他”行为机理的行为呈现出明显的亲社会性，这种亲社会性表现为追求互惠、公平和正义，遵循规范和社会合理性，并具有强烈的移情效应。

第一节 引言

“为己利他”行为机理表明，人类个体行为中嵌入了“为己”的本能需求，从而带有“利己”特性。同时，任何个体又不能完全满足自身的需求，都需要借助他人的帮助；进而，要取得他人的帮助，自己也必须能够帮助别人，这就形成了相互合作关系。显然，合作不仅是为了做大集体蛋糕，而且也必须增进所有合作者的利益。究其原因，集体本身不是天然的利益主体，而仅仅是一种人与人之间利益关系的媒介。在很大程度上，集体仅仅是其成员为了达到其目的而创设的一种人为组织。只有人类个体才是最终的利益享有主体，任何后天创设的组织或其他媒体都只是服务于“人”这一主体的，只是为实现个体这一主体的目的所采取的“手段”；相应地，个人之所以愿意为组织做出贡献，最基本的理由就在于，通过组织目标、集体利益的实现能够获得个人的满足。

由此，我们可以获得两点认识：（1）任何社会性成员都会关注他所在的家庭、企业、公共机构乃至国家等社会共同体的效率，都会在一定程度上承担起对这些共同体的责任，进而努力促进整体利益的提高；（2）从根本上说，社会成员也并不是为集体利益而增进集体利益，为做大蛋糕而做大蛋糕，而是要关注这块蛋糕的分配，关注自身最终所享有的蛋糕份额。为此，要使得所有成员都有做大集体这块蛋糕的积极性，关键就在于做大了的蛋糕能够在所有成员之间分享，而分享则要符合基本的贡献原则和应得权利原则，这就是互惠。在某种意义上讲，由合作实现互惠以及由互惠引导合作，就成为“为己利他”行为机理得以形成和不断发展的根本动力和源泉；而且，正是由于人类的日常行为是互惠合作的，从而体现出明显的亲社会性，这与现代主流经济学所假设的冷淡的经济人存在明显的不同。因此，本章就此做一阐述。

第二节 互惠合作：“为己利他”行为机理的基本方式

一般来说，人类个体需求的相对无限及不断增长与个体能力的相对不足之间存在巨大的矛盾，这使得人类个体之间具有非常强的相互依赖性。《旧约·传道书》写道：“两个人总比一个人好，因为二人劳碌同得美好的效果。若是跌倒，没有别人扶他起来，这人就有祸了。再者，二人同睡，就都暖和。即使有人要压倒一个人，若有两个人就能战胜他，三股合成的绳索不会那么容易地被折断。”正是基于这种依赖性，人类社会的基本倾向在于合作而非竞争，并由此建立了一系列保障合作的社会机制；也正是这类社会机制的建立，人类社会秩序才得以持续扩展。更进一步地，不仅人类善于合作，而且几乎所有的生物都存在或多或少的合作关系，这也是一个种类得以持续繁衍的重要条件。例如，观察就表明，在没有亲缘关系的雄性黑猩猩之间就往往会通过拉帮结派以取得团体的统治权，吸血蝙蝠则往往会喂养跟自己一点也不沾亲带故的小蝙蝠，狒狒也会保护队伍里本不是自己生养的小狒狒。①

① 福山：《大分裂：人类本性和社会秩序的重建》，刘榜离等译，中国社会科学出版社2002年版，第218页。

那么，这种合作关系是如何展开并得以持续下去的呢？这就涉及各种群中的互惠机制及其作用问题。福山就曾经指出，人们出于个人利益而进行社会合作有两条主线：一是亲属选择，二是互惠。① 就人类的亲属选择而言，汉密尔顿的研究表明，亲属间所表现出来的利他主义的程度与他们共有的基因数目完全成正比：父亲和孩子之间，兄弟姐妹之间有一半基因相同；而堂亲、表亲的兄弟姐妹间，姑姑和侄女之间，姨母和外甥女之间只有 1/4 基因相同，因而前者的利他主义将两倍于后者。然而，表面上基于亲属选择的利他主义实质上所体现的是互惠这一本质，否则就难以解释：为什么父母更愿意照料自己的子女而不是兄弟姊妹，更多的是将自身财产留给子女而不是兄弟姊妹，尽管他们的基因中相同的比例是一致的。而且，非亲缘关系者之间长期的利益互惠同样可以提高他们的繁殖效果，这与亲属之间的利他效果并没有多大不同。正因如此，我们可以把两种合作的根本基础都归结为互惠。

同样，在生物界中，广泛存在着不同物种之间的互惠共生现象。例如，海葵和一种小鱼、传粉昆虫和大部分被子植物、藻类和菌类等之间都存在共生关系。再如，有一种吃虫鸟，它进入鳄鱼的口中吃寄生虫，而鳄鱼却决不会把它吃掉。这些大量的互惠现象意味着，互助使每一个体获得的收益比它单独获得的利益更多。从某种意义上讲，物种也是遵守“社会契约”的，以保证它们中任何个体都不滥用其合作者的仁慈，从而避免物种的灭绝。而且，基于“亲缘选择”发展起来的“亲子利他主义”本身也暗含了一定的自私成分。为此，特里沃斯等学者就主张用互惠利他主义（reciprocal altruism）来反映明显的利他行为是由自私的有机体所带来的这一事实，在他们看来，相互把毛皮弄干净以及生物之间的共生关系就是相互利他主义的典型例子。相应地，威尔逊将“相互利他主义”定义为：个体之间在不同时刻所采取的一种利他主义行为的交换。② 显然，这一概念也可以应用到人类社会。比如，一个人救了一个落水者，因此而获得一种承诺，有朝一日他遇到危险时，他的这一行动将

① 福山：《大分裂：人类本性和社会秩序的重建》，刘榜离等译，中国社会科学出版社 2002 年版，第 216 页。

② 弗伊：《社会生物学》，殷世才、孙兆通译，商务印书馆 1997 年版，第 45 页。

得到回报。在《互惠利他主义的演化》一文中，特里沃斯就互惠利他主义模型分析了三个典型事例：一是相互清洁的共生行为；二是鸟类的警告性叫声；三是人类的互惠利他行为。①

当然，也有一些社会生物学家否定“相互利他主义”这一假说。他们的诘难主要有两个：（1）首先是谁先付出，特别是存在着许多弄虚作假和机会主义者的情况下；（2）付出者必须对许多个体施以利他行为，然后才有可能获得回报，因而利他行为是纯损耗性的。② 第二个问题比较容易解释，实际上，利他行为对接受者所代理的收益是巨大的，但对施动者而言往往只是举手之劳，并没有多大的成本付出，而且，利他主义者在今后可能收到的潜在回报收益也是巨大的。这相当于是投保，分期的投入少，可能的收益却很大。显然，在一个市场较为完善的社会中，投保是人人都热衷的行为方式。关于第一个谁先付出的问题，这就是社会制度问题，而制度是基于历史和传统演进的。显然，在连续的社会发展中，并不存在谁先谁后这一问题。而在一个利他主义传统并不浓厚的社会中，这有两个条件：（1）要依靠群体，特别是正式组织，如国家、社团的发动；（2）对一些机会主义者进行一定的选择性惩罚，这也就是发挥人类的自觉能动作用。

其实，人类的社会合作与一般生物的合作之间也存在着明显差异：一般生物之间的合作往往是自发性的，人类却能够实现自觉的合作。这种合作性表现为两大方面：（1）在实际生活中，人们一般都能够清楚地理解自身的目标所在，并希望实现自己目标的最大化，从而努力通过互惠合作来实现自身的目的；（2）人们还能够从社会互动中汲取经验和吸取教训，并将良好的经验通过社会编码程序转化成一定的社会规范，从而有利于合作的推广和传承。一般地，规范有维持和整合社会的功能。不过，遵守规范并作为习惯扎下根来，还需要人们有遵守规范的动机；而人们之所以遵守规范，很大程度上也在于它对于人们产生某种利益。正因如此，金迪斯和鲍尔斯等人认为，仅仅用亲缘利他主义和相互利他

---

① Trivers R. L., “The Evolution of Recipeocal Altruism”, *Quarterly Review of Biology*, Vol. 46, 1971, pp. 35 – 57.

② 弗伊：《社会生物学》，殷世才、孙兆通译，商务印书馆 1997 年版，第 45 页。

主义来解释人类行为是不够的，这仅仅是人类与其他物种所共有的基本方面。① 人类合作的特点更明显体现为它的自觉性和传承性，人类能够不断地积累经验、制定规范，从而使得社会合作得以不断深入和扩展。为此，笔者倡导用“为己利他”行为机理来对人类合作行为进行解释。

正是由于人类的自觉能动作用，行为互惠性弥漫在没有私人关系的整个人类社会中，成为人类行为的基础。实际上，在所有已经知道的人类文化中以及在绝大多数的社会环境中，互惠行为都会在人类物种中出现。② 例如，特里沃斯就将人类的利他行为分为如下几类：（1）在危险时刻帮助他人（如意外事件、掠夺行为、种内入侵等）；（2）分享食物；（3）帮助老弱病残者；（4）共享器具；（5）分享知识；等等。显然，这些行为都只是对付出者产生少量成本，却可以为接受者带来巨大收益。③ 而且，即使在现代商业社会中，几乎所有的自愿性交易行为都存在或多或少的帕累托优化特性，从而都体现了“为己利他”行为机理。同样，Hoffman、McCabe 和 Smith 的实验也表明，在具有策略性互动的小团体和具有公共品环境的大团体中，受试者往往能够获得更有效的社会结果，他们能够获得比非合作博弈理论所预计的更多的收益，即使在一次性博弈中，许多受试者也显示出明显的互惠倾向。④

同时，“为己利他”行为机理本身就意味着，只有相互的利他主义才会持久，只有互惠的合作才可以得到扩展。例如，Watabe 等所做的囚徒困境实验就表明，大部分（87%）受试者在获悉对手将会合作时，自己也会选择合作，这明显不同于经济人的分析。⑤ 同样，Kiyonari、Terai 和

---

① Bowles S. & Gintis H.，“Origins of Human Cooperation”，in Hammerstein P. ed.，*Genetic and Cultural Evolution of Cooperation*. MIT Press，2003，pp. 429 – 443.

② Gouldner A.，“The Norm of Reciprocity：A Preliminary Statement”，*American Sociology Review*，Vol. 47，1960，pp. 73 – 80.

③ Trivers R. L.，“The Evolution of Recipeocal Altruism”，*Quarterly Review of Biology*，Vol. 46，1971，pp. 35 – 57.

④ Hoffman E.，McCabe K. & Smith V.，“Behavioral Foundations of Reciprocity：Experimental Economics and Evolutionary Psychology”，*Economic Inquiry*，Vol. 36，1998，pp. 335 – 352.

⑤ Watabe M.，Terai S.，Hayashi N. & Yamagshi T.，“Cooperation in the One-Shot Prisoner's Dilemma based on Expectations of Reciprocity”，*Japanese Journal of Experimental Social Psychology*，Vol. 36，1996，pp. 183 – 196.

Yamagishi 对 149 个日本大学生做了三种不同的“囚徒困境”对比实验：实验一是标准的“同时行动”囚徒困境博弈；实验二是“第二参与人”情况，其中受试者被告知囚徒困境中的第一个参与人已经选择了合作；实验三是“第一参与人”情况，其中受试者被告知其合作或被背叛的决定将在第二参与人行动之前告诉第二参与人。结果发现：实验一中有 38% 的受试者选择合作，实验二中有 62% 的受试者选择合作，实验三中有 59% 的受试者选择合作。[①] 显然，这反映出，在他人选择合作的情况下，选择合作的比例比没有信息的情况下大大提升；而且，当对方能够获悉自己的选择信息时，大多数人也选择相信他人会合作。

用现代经济学术语或者公共选择理论的观点来讲，互惠合作也就是交易双方之间的“交叉补贴”或“互投赞成票”问题。“交叉补贴”意味着交易一方让渡一定的利益给另一方，以使对方也得到利益；而当己方处于不利地位或境遇时，对方又可以伸出援助之手以渡难关。这样，双方在困难时就都能够坚持下去，否则就会损失更大的利益。而且，按照边际效用递减规律，这种“交叉补贴”实际上是一种保险机制，防止利益的波动起伏，从而使得总效用最大化。显然，交叉补贴是非常普遍的，它可以使一个厂商在不同市场展开运营，如连锁店，也可以使一个跨国公司在不同国家和地区设立分公司。“互投赞成票”则是公共选择中的术语，是指在互相支持对方最优的方案，从而避免最差境遇的出现，它在现代政党政治中可以经常见到。为了说明这一点，我们用表 15—1 来做一简要分析。

表 15—1　　互投赞成票模型

投票人	方案			
	A	B	C	D
X	8	7	2	3
Y	5	3	3	9
Z	2	5	10	3

① Kiyonari T., Terai S. & Yamagishi T., “Social Exchange Economies with Identical Preferences and Collinear Endowments”, *Review of Economics Studies*, LIII, 2000, pp. 457 - 463.

规则如下：X、Y、Z 三人就 A、B、C、D 四个方案投票决定实施哪两个方案，每人可以赞同两个方案；并且，2/3 的多数票的方案获得通过，也即，某个方案只要获得两张赞同票就可以通过。显然，在六张赞同票中，必然至少有两个方案获得两张以上的赞同票。可能的投票结果有两种：（1）每个人都根据方案对自己的效用大小顺序进行投票，此时，A 和 B 两个方案获得两张赞同票而通过，而方案 C 和 D 各得一张赞同票。这样，X 获得的效用是（8 +7）=15，而 Y 的效用是（5 +3）=8，Z 的效用是（2 +5）=7。（2）存在互投赞同票的情形，譬如，Y、Z 互投赞同票，此时 Y 赞同方案 C 和 D，Z 也赞同方案 C 和 D，结果，C 和 D 获得通过。这样，Y 获得的效用是（3 +9）=12，Z 获得的效用是（10 +3）=13，而 X 的效用仅为（2 +3）=5。显然，通过互投赞同票，Y 和 Z 的效用都得到了改进。

可见，互惠合作是“为己利他”机理得以形成和持续扩展的重要动力源。譬如，福利经济学第二定理表明，每一个帕累托最优都是相对于某一价格组合（和某种资源的初始分配）的一个完全竞争均衡状态，但是，把福利经济学第二定理应用于实际的公共行动却往往非常困难。究其原因，要计算实现帕累托最优所要求的资源初始分配，就需要获得相应的市场信息。显然，在纯粹利己动机的驱使下，私人往往没有披露这些信息的激励，从而要得到这些信息却非常困难；相反，如果建立在互利的伦理基础上，则就会有更多的披露信息的私人动机，博弈各方之间相对更容易协调。因此，森指出：“博弈理论的语言——还有经济学理论的语言——使得对于这类行为模式的研究变得十分困难，这是因为它们很容易误导人类，使其认为无论一个人表面上最大化的是什么，基于一个简单的解释，都必定是他的真正目标。但是，实际上，一个人能够最大化什么，取决于他和她把什么当作能够控制的适当变量，以及在每一个博弈者看来什么变化可以被视为正确的和可操作的控制手段。为了一般地追求个人目标而接受特定社会准则的工具价值时，一个人的真正目标与其最大化的目标之间的区别就会变得模糊起来。如果互惠不是被认为具有内在价值而是只具有工具价值，并且，如果为了更好地实现每个人的目标，而认同互惠并采取互惠的行为的话，那么，就很难说一个人的‘真正目标’是追求互惠而不是他们个人的实际目标。”①

第三节　亲社会性：“为己利他”行为机理的行为特征

上面的分析说明了利他往往是人们实现自己目的的基本手段，如果说“亲缘选择”或者“群体行为”较为适合一般生物之间的合作方式和进化途径的话，那么，有意识的“互惠”则更加体现出迄今为止的人类社会的合作方式。显然，这就体现出个体行为中的亲社会性，金迪斯和鲍尔斯等人将亲社会性定义为：有助于促进合作行为的生理的和心理的反应，它主要体现为羞愧、内疚、移情以及对社会性制裁的敏感，等等。② 正是由于这种亲社会性，人们往往希望惩罚规则的违反者，从而减少搭便车现象。③ 关于“为己利他”行为机理中显示出来的亲社会性，笔者从如下几个方面做一分解说明。

（一）相互利他主义

现实世界中人类行为所嵌入的亲社会性首先表现为相互利他主义倾向。在很大程度上，正是由于认识到了利益的相互依赖性，从而促使了人们对他人目标的关心，并进一步形成了社会中的利他主义精神。显然，这与现代主流经济学说存在明显的不一致，因为现代主流经济学说往往强调：利他主义往往降低了个体的适应性而提高了群体的适应性，因而利他主义基因只有在诸如紧密亲缘关系之类的特殊环境中才可以繁荣，而在其他环境中则会逐渐消失。④ 究其原因，主流学说忽视了利他主义的互惠性，忽视了利他主义者之间互动的持久性，而仅仅做一般的随机抽象分析。事实上，基于有利于他人或社会这一角度，原则上有三种利他

---

① 森：《经济学和伦理学》，王宇等译，商务印书馆2000年版，第86页。

② Bowles S. & Gintis H.，“Origins of Human Cooperation”，in Hammerstein P. ed.，*Genetic and Cultural Evolution of Cooperation*. MIT Press，2003，pp. 429－443.

③ Frank R. H.，“If Homo Economicus Could Choose His Own Utility Function，Would He Want One with a Conscience?”，*American Economic Review*，Vol. 77，No. 4，1987，pp. 593－604.

④ Simon H. A.，“Altruism and Economics”，*American Economic Review*，Vol. 83，No. 2，1993，pp. 156－161.

主义的机理：(1) 出于纯粹的“爱”所展示的利他主义，甚至不惜损害自己的利益；(2) 由于受到威胁而利他；(3) 出于明智的自利动机，为了自己而利他。

一般地，前两种利他主义都是不能持久的。就第一种来说，利他所能够利用的资源是有限的，当单方面的利他行为耗尽其所有的资源的时候，利他行为也就不得不停止了。事实上，即使当资源还有剩余的时候，单方面的利他主义也往往就已枯竭了。就第二种来说，利他行为在威胁一旦消去之后马上也将丧失，甚至可能转变为掠夺行为，古今中外也不乏这样的例子。因此，只有第三种的“为己利他”才有充足的、不断补充的利他的资源和激励。事实上，社会中本身并不存在基于抽象道义的绝对道德，人类学家 W. E. 摩尔指出，爱是有条件的，建立在单方面的爱和服从基础上的爱却能带来深刻平等的爱的婚姻只有在荒唐的小说中才能发生。① 而且，大量的社会现实和行为试验也都表明，正是由于互惠合作和利他主义的相互结合和强化，社会个体往往能够更有效地达到他的目的。例如，威尔逊指出：“我们可以为道德态度的遗传性增加大量的历史证据，这些证据表明，有合作态度的个体一般生存更持久，并且留下更多后代。”② 事实上，互惠本身也意味着，合作各方的手段是“利他”的。正因如此，互惠范围的延伸就促进了“利他”手段的使用半径的扩展，互惠也就成为利他主义兴起的社会基础。

（二）关注公平和规范

现实世界中人类行为所嵌入的亲社会性还表现为关注公平、遵循规范的倾向。Andreoni 等指出，当基于经济人的互动行为所产生的均衡会带来不平等的收益分配结果时，那么实际结果往往就会与这种自利行为产生偏差，会出现一种有助于增进公平和提高弱势者收益的替代结果。③ 在

---

① 摩尔：《组织个性》，载米尔斯等《社会学与社会组织》，苗力田译，浙江人民出版社 1986 年版。

② 转引自孟旦《一种证明伦理规则的现代方式：约翰·穆勒、孟子和当代生物学》，载《儒家与自由主义》，生活·读书·新知三联书店 2001 年版，第 206 页。

③ Andreoni J., Brown P. M. & Vesterlund L., “What Makes an Allocation Fair? Some Experimental Evidence”, *Games and Economic Behavior*, Vol. 40, 2002, pp. 1 – 24.

很大程度上，几乎人类所有的文化里都存在互惠的规范，这种规范是产生和维持交易的基础。例如，当哥伦布到达美洲时，正是基于互惠的规范，欧洲人可以和当地土著进行礼物互换。显然，正是由于对公平和规范的关注深深地影响了人们的行为，使得人们不仅关心自身收益的最大化，而且关心对方的收益，关注相关者之间的收益差距。这有两方面的原因：（1）为了避免受到对方的惩罚或者其他人的强互惠行为的惩罚，社会个体宁愿采取更显大方的行为；[①]（2）这种大方行为也会内化在人的偏好之中，行为经济学提出了“差异厌恶理论”、社会偏好理论等都是此类偏好的体现。事实上，迄今所做的最后通牒博弈、独裁者博弈、权力—掠取博弈以及公共品投资博弈等大量实验都显示出，提议方的分配方案往往有明显的公平性。[②] 那么，人们经过互动所达成的结果为何往往会比主流博弈论的均衡结果更接近公平呢？这曾引起大量行为经济学者和心理学家如 Kravitz[③]、Rabin[④] 以及 Gueth[⑤] 等人的关注。

一般地，对公平行为的解释主要有两个基本思路：（1）期望收益假设，自利的提议者之所以愿意提出一个公平的出价主要是因为，他们担心不公平的出价很可能被拒绝；（2）规范性假设，提议者提出一个公平的出价简单地就是因为，他们被公平的关注所驱动。当然，正如 Carpenter 指出的，这两种解释公平的思路都是从个体行为动机角度着眼而没有将行为者的偏好结合起来：只不过期望效用理论仅仅假设行为者是个体主义的且只关注金钱支付，而规范性理论则假设行为者在结果变得不和

---

① Henrich J., Boyd R., Bowles S., Gintis H., Camerer C. & Fehr E. eds., *Foundations of Human Sociality: Economic Experiments and Ethnographic Evidence from Fifteen Small-scale Societies*, Oxford, UK: Oxford University Press, 2004.

② Camerer C. & Thaler R., “Anomalies: Ultimatums, Dictators and Manners”, *Journal of Economic Perspectives*, Vol. 9, 1995, pp. 209 – 219.

③ Kravitz D. & Gunto S., “Decisions and Perceptions of Recipients in Ultimatum Bargaining Games”, *Journal of Socio-Economics*, Vol. 21, 1992, pp. 65 – 84.

④ Rabin M., “Incorporating Fairness into Game Theory and Economics”, *American Economic Review*, Vol. 83, 1993, pp. 1281 – 1302.

⑤ Gueth W. & Huck S., “From Ultimatum Bargaining to Dictatorship: An Experimental Study of Four Games Varying in veto Power”, *Metroeconometrica*, Vol. 48, 1997, pp. 262 – 279.

谐时愿意放弃金钱报酬。① 其实，从起源上看，固然“为己利他”行为机理具有非常强的工具主义特征，它为更好地实现“为己”的目的所驱使；但是，由于“为己利他”行为机理经过长期的扩展和凝结，已经成为人们的一般行为规范，并且通过社会伦理等内化在人的偏好中。金迪斯指出，不同于其他物种，人类偏好是社会性地可塑的，规范和价值都会渗入到个人的偏好之中。② 这种机理在社会学上被称为人的社会化，③ 而在心理学上则被称为规范的内在化。④ 显然，正是由于“为己利他”行为机理会不断地扩展并逐渐内化在人类偏好之中，因此，合作和利他行为就成为人类社会的普遍现象而不仅仅是一种孤立的现象，也不是一种特殊的行为特征。

（三）追求社会正义

现实世界中人类行为所嵌入的亲社会性还表现为关注社会正义的倾向。现代主流经济学往往强调，人具有机会主义倾向，会使用一切所有可以使用的资源来最大化其个人利益，为了达到目的往往会不择手段。但实际情况却是，任何社会个体都嵌入或多或少的亲社会性，他往往会关注通过何种手段来获利。例如，孟子说：“君子未尝不欲利，但专以为利，则有害。为仁义，则不求利而未尝不利也。”（《孟子·梁惠王上》）这也就是儒家“义以生利”和“见利思义”的主张。在很大程度上，这种“义以生利”也就是要通过利他的手段来实现自己的利益，这实际上就是要贯彻“为己利他”的行为机理；因此，基于亲社会性的行为，利他是人类实现“为己”目的的根本手段。事实上，正如西季威克指出的：“如果功利主义者要回答这样的一个问题：‘为什么我要为了他人更大的快乐而牺牲自己的快乐？’那么，我们同样也可以问一个利己主义者：

---

① Carpenter J. P., “Is Fairness Used Instrumentally? Evidence from Sequential Bargaining”, *Journal of Economic Psychology*, Vol. 24, 2003, pp. 467 – 489.

② Gintis H., “A Framework for the Unification of the Behavioral Sciences”, *Behavior and Brain Sciences*, Vol. 30, 2007, pp. 1 – 61.

③ Durkheim E., *Suicide, a Study in Sociology*, New York: Free Press, 1951.

④ Grusec J. E. & Kuczynski L. eds., *Parenting and Children's Internalization of Values: A Handbook of Contemporary Theory*, New York: Wiley, 1997.

‘为什么我要为了将来的欢乐而牺牲目前的欢乐？为什么我要关心自己的将来的感受多余关心其他人的感受？’”①

当然，从目的—手段二分的观点看，手段是外在于目的的，是工具性的，仅仅是帮助个人达到既定目标；但是，随着社会互动的增强，人类可选择的手段逐渐变成了社会的一种行为规范，并开始内化在人的行为机理中，并在代际得以沿袭和传承。正因如此，“为己利他”行为机理被内化了，这种内在化改变了行为者的偏好和目标，从而会将互惠合作和社会正义视为直接的目标，而很少考虑更进一步的“为己”动机。在很大程度上，这也就是儒者所讲的“义以生利”，它是社会合作秩序不断扩展的根本动因。同时，这种行为机理的内化及其对人类行为方式的影响，类似于经济人偏好的内化及其对人类行为方式的影响：经济人源于功利主义，而功利主义本身体现了“为他利己”行为机理。但是，在经济人假说的宣传下，“利己”这一手段却逐渐内化在个体的偏好中，以致从实现“为他”目的的手段演变成了经济人行为的直接目的。

（四）强互惠行为

现实世界中人类行为所嵌入的亲社会性还表现为大量的强互惠行为。事实上，按照现代主流经济学的观点，当利己主义者和利他主义者在市场上相遇并竞争时，利己主义者会取得优胜，从而导致利他主义者的逐渐消逝；但是，在现实生活中，我们依然可以看到大量的利他行为，利己主义者也并不一定可以取得优胜。为什么呢？一个重要的原因是，利己主义者不仅会遭到那些受损者的报复，也会遭到社会上其他人的惩罚。社会上其他人对这种不公平、非合作行为惩罚往往需要承担一定的成本，却不能享受直接的收益，金迪斯和鲍尔斯等人将这类行为称为强互惠行为。② 强互惠行为也为大量的行为实验所证实，这里以公共品自愿投资博弈实验为例加以说明。设置一个公共账户，4 个匿名的受试者可以把任意

① 转引自森《理性的傻瓜：对经济学的行为主义基础的批判》，载哈里斯编《科学与人》，商梓书等译，商务印书馆 1994 年版，第 30 页。

② 金迪斯、鲍尔斯：《走向统一的社会科学：来自桑塔费学派的看法》，浙江大学跨学科社会科学研究中心译，上海世纪出版集团 2005 年版。

数量的筹码投资于该公共账户，每一轮结束后，受试者都能得到公共账户中筹码总数的40%，一共进行6轮。假设开始时每个人都有20个筹码，这样，如果每个人都将自己的筹码全部投入公共账户，那么，第1轮后每个人能得到32个筹码，第2轮后则可以得到51.2个筹码（4×32×40%），以此类推，全部6轮后将得到210个筹码。但是，假如存在一个从不向公共账户投资的搭便车者，则第1轮后，他将得到44个（20+3×20×40%），其他每个人得到24个（3×20×40%）；6轮过后，搭便车者将得到258个，其他每人大约只有60个。

显然，根据现代主流经济学的理性逻辑，每个人都不向公共账户投资是纳什均衡。但实验表明，只有很少人符合这一推断。例如，Fehr和Schmidt的实验显示，最初几轮中，投资的平均水平在40%—60%之间，随着轮次的增加，投资额有所降低，最后一轮有73%的个体拒绝投资，剩下的投资水平也大幅度下降。尽管实验的结果似乎与理性人假设相符，但实验结束后的调查表明，大部分人声称这样做是出于愤怒，而通过减少投资来报复那些搭便车者。后来Fehr等人设计了一个允许对搭便车者进行惩罚的实验，受试者可以支付一定的成本来罚没某个人的筹码。显然，在这种情况下，惩罚可以增加公共福利，却要个人支付成本。因此，这就可能产生第二种意义上的搭便车：人人都希望别人来实施惩罚而自己坐享其成。但是，实验结果却表明，惩罚行为非常普遍，而且整个投资水平也明显提高。① 显然，正是强互惠行为的广泛存在，保证了社会合作的顺利展开。事实上，Marlowe等人的实验证明，这种强互惠现象在大而复杂的社会中往往比小规模的社会中更有意义。②

（五）移情效应

现实世界中人类行为所嵌入的亲社会性还表现为移情效应的广泛存在。在很大程度上，人们之所以关注公平与正义、关注其他人的收益，

① 参见叶航《导读：被超越的“经济人”与“理性人”》，载金迪斯、鲍尔斯等《走向统一的社会科学》，浙江大学跨学科社会科学研究中心译，上海世纪出版集团2005年版，第14页。

② Marlowe F. W., Berbesque J. C., Barr A., Barrett C., Bolyantaz A., et al., “More ‘Altruistic’ Punishment in Larger Societies”, *Proceedings of the Royal Society B-Biological Sciences*, Vol. 275, No. 1634, 2008, pp. 587-590.

互惠和相互利他主义之所以能够不断扩展，其重要机制就在于移情效应。一般地，移情效应源于设身处地的感受，从而将社会性偏好内在化；而移情效应的产生又源于社会互动，这种互动提高了个体的亲社会性。事实上，任何社会个体从来都不是孤立的，都与其交往对象之间存在密切的联系。在很大程度上，孤独的人必然缺乏社会性，从而也就没有任何交易。250 年前，休谟提出，由于人们在构成上的类似性，有类似的生活体验，当一个人想象到自己处于他人的位置上时，就会把他人的处境转变成心理意象，从而在自己身上引起同样的感受；这就出现了把他人的利益当成自己的利益来考虑，也就是“己”和“他”的交融。显然，移情是一种亲社会动机，它与个体强大的自我中心动机相抵触。特别是，当移情与互惠原则相结合并根植于道德法则中而得到最小化时，就可以成为利他主义发展的一个强大力量。

其实，人类社会中普遍的互惠和利他现象根本上是移情效应发生作用以及作用扩散的结果。究其原因，基于移情的关爱要获得繁盛，就需要个体移情的相互交融，形成群体性移情，而群体性移情的基本精神就是公正性。霍夫曼指出：“‘互惠’从结构上讲是同公正性原则相关联的，它涉及了除‘平等’之外的所有公正性概念：那些需要更多、工作更努力，或生产得更多的人就应该也拿得多；惩戒是与罪行大小相关联的。如果人们更倾向于采纳‘互惠’性原则的话（我认为大多数人都这样），那么，一个比别人做得更多或者说一样多的人却拿到比别人少的报酬时，他肯定会感到愤怒。”① 有的学者认为，人们偏爱互惠性是在自然选择中获得的，互惠性的利他主义也是霍夫曼关于移情进化论和互惠进化论的一个重要论据。事实上，在霍夫曼看来，早期人类种族得以生存是必须通过对那些优秀者进行褒奖而实现的，没有褒奖，社会中的利他主义也会枯萎。②

（六）社会合理性

现实世界中人类行为所嵌入的亲社会性还表现为行为的社会合理性。

---

① 霍夫曼：《移情与道德发展：关爱和公正的内涵》，杨韶钢等译，黑龙江人民出版社 2003 年版，第 255 页。

② 同上书，第 270 页。

事实上，主流的经济人行为主要体现了工具的合理性，这种思维将个体之外的所有事物都视为实现私利最大化的工具，而且这种工具理性具有短视的倾向，无法看到长远的利益和整体的利益。与此不同，“为己利他”行为机理将个体之间的利益视为不可分的，短期利益和长期利益之间也是不可分的，从而关注社会合理性问题。正是基于这种社会合理性，人类社会基于“为己利他”的互动所形成的共同体已经从家庭、邻里、小部落等扩展开去，逐渐出现了扩展式的家庭、地方社区、职业团体等中介性志愿组织，如在日本出现了家庭共同体—企业社区共同体—社会利他行为的发展轨迹。当然，这种社会合理性与纯粹利他主义也存在很大的不同，后者会陷入孤立怪论的旋涡，从而难以得到持续扩展。柯武刚等人就指出，只有人类的价值目标才有助于协调人，而追求绝对的、与人类共享价值无关的客观目标有可能削弱人类社会的凝聚力。①

显然，人类行为中的这种社会合理性取向也为大量的行为实验所证实。例如，在独裁者博弈实验中，社会性使得提议者能够向接收者提供一个相对公平的出价；而且，进一步的实验表明，在双向独裁者博弈中，提议者的出价会更加公平，这显然体现了“互惠”性问题。正因为基于“为己利他”机理的利他行为是互惠性的，最终是实现所有相关者的长期收益最大化。从这点上说，基于“为己利他”机理的行为也是理性的，它是基于更为周全和更为长期的理性考虑。因此，森认为，自利行为和更周全的利他考虑之间并不存在冲突，相反，自利行为和非自利行为的结合是团体忠诚的一个重要特征。森指出：“把任何偏离自利最大化的行为都看成是非理性行为，就意味着拒绝考虑伦理在实际决策中的作用。”②

可见，基于“为己利他”行为机理的行为嵌入了明显的亲社会性，这种亲社会性表现在追求互惠、公平和正义，遵循规范和社会合理性等方面，并具有强烈的移情效应。正是这种亲社会性的存在，保障了“为己利他”行为机理的施行，从而促进了社会合作的存在和扩展。金迪斯和鲍尔斯说，如果没有这种亲社会性，无论合约制度、政府法律的执行

① 柯武刚、史漫飞：《制度经济学》，韩朝华译，商务印书馆2000年版，第83页。

② 森：《经济学和伦理学》，王宇等译，商务印书馆2000年版，第21页。

以及声誉多么强烈，人们都将会是反社会的，人类社会也就不可能存在。[①] 这种反社会性表现为人们体验羞愧、内疚、移情和懊恼的能力的削弱或缺乏，Mealey 认为，这类人在美国社会只构成男性人口的 3%—4%。[②] 事实上，正是由于基于“为己利他”行为机理的行为者往往能够关怀其他相关者的利益诉求，从而容易形成互惠合作并产生公平分配的结果。在很大程度上，“为己利他”行为机理所呈现的这些行为特征也已经为大量的行为实验所证实。例如，Charness 和 Rabin 提出的准最大化（quasi-maximin）理论就强调，人们部分地会受最大化整个剩余以增进所有参与者利益的动机所激励，尤其是会增进那些低收益的接受者的利益。同时，受试者的行为也受互惠主义的激励，当其他人不情愿奉献时，受试者也会撤回奉献以获得公平的结果，有时则会惩罚那些不公平的行为者。[③]

第四节 亲社会性的实验证据

为了集中探究行为者在决策中的信念以及情感，Ernesto Reuben 和 Frans van Winden 做了一个变通的权力—掠取（power-to-take）博弈实验：两个回应方，其中一类的两个回应方是相互不认识的生人，另一类是两个回应方是相互认识的朋友。实验的主要目的是看回应方的反应，并探究回应方的情感与其决定是否对资源进行破坏之间的关系。结果发现，破坏与受试者所经受的消极性情感的强度呈明显的正相关，而与积极性情感的强度呈明显的负相关；那些进行破坏的回应方被发现具有明显较高的愤怒、轻视、失望以及恼火等情感，而具有很低的快乐和感恩等情感。而早期 Bosman 等人的实验表明，回应方之所以有诸如愤怒之类的消极性情感反应，主要是被很高的掠取率以及所经受的掠取率与期望的掠

① Bowles S. & Gintis H.，“Origins of Human Cooperation”，in Hammerstein P. ed.，*Genetic and Cultural Evolution of Cooperation*，MIT Press，2003，pp. 429－443.

② Linda M.，“The Sociobiology of Sociopathy”，*Behavioral and Brain Sciences*，Vol. 18，1995，pp. 523－541.

③ Charness G. & Rabin M.，“Understanding Social Preferences with Simple Tests”，*Quarterly Journal of Economics*，Vol. 117，2000，pp. 817－869.

取率之间的差异所激发。[①] Ernesto Reuben 和 Frans van Winden 等人的实验也大致证明了这一点：掠取率越高、实际掠取率与期望掠取率的差距越大，回应方所经受的愤怒等情感就越强烈，作为回应，回应方也就越可能对资源进行破坏以惩罚掠取者。而且，实验还发现，作为朋友的回应方实施的破坏要比作为陌生人的回应方更高，尽管作为朋友和作为陌生人的回应方对高掠取率所表现出来的愤怒和不快乐的程度几乎是无差异的。也就是说，作为陌生人的愤怒回应方所实施破坏的频率和数额都要低于作为朋友的愤怒回应方。具体实验数据见图 15—1、表 15—2 和表 15—3。[②]

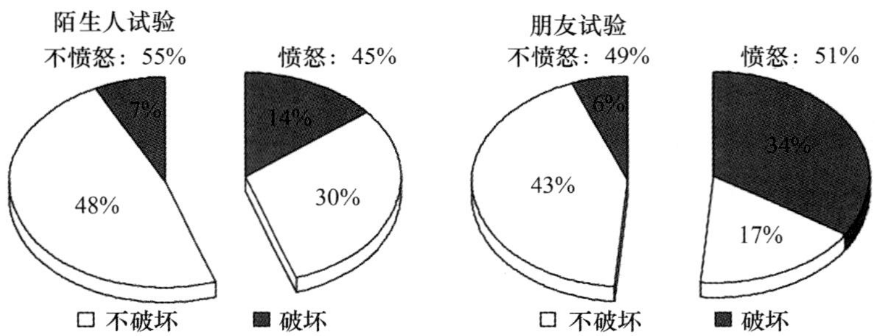

图 15—1 两类权力—掠取博弈实验结果

表 15—2 愤怒和不愤怒回应方的破坏比较

回应方	两个陌生人		两个朋友	
自身破坏率	$d_i = 0$	$d_i > 0$	$d_i = 0$	$d_i > 0$
赞美	2.6	1.9	2.7	1.3
愤怒	2.8	4.0	2.3	4.1
蔑视	2.6	3.8	2.2	4.5
沮丧	3.0	4.3	2.7	4.3

① Bosman R., Sutter M. & van Winden F., “On the Impact of Real Effort and Emotions in Power-to-take Experiments”, *Journal of Economic Psychology*, Vol. 26, 2005, pp. 407 – 429.

② Reuben E. & van Winden F., “Social Ties and Coordination on Negative Reciprocity: The Role of Affect”, *Journal of Public Economics*, Vol. 92, 2008, pp. 34 – 53.

续表

回应方	两个陌生人		两个朋友	
妒忌	3.2	3.8	3.3	3.7
感激	3.1	1.9	3.5	1.5
内疚	1.6	1.6	1.4	1.4
恼怒	3.4	4.6	2.9	5.2
高兴	3.0	1.9	3.6	1.3
骄傲	2.8	2.7	2.3	2.8
后悔	1.4	2.1	1.4	1.6
悲伤	2.1	2.4	1.6	2.2
羞愧	1.4	1.3	1.4	1.3
惊讶	3.7	4.1	4.0	4.5

表 15—3　　　　回应方对另一回应方的情感比较

回应方	两个陌生人			两个朋友		
破坏率	$d_i > d_j$	$d_i = d_j$	$d_i < d_j$	$d_i > d_j$	$d_i = d_j$	$d_i < d_j$
赞美	2.2	2.5	2.5	3.1	3.8	3.1
愤怒	3.3	1.8	2.2	2.3	1.1	1.6
蔑视	2.7	1.5	1.9	1.7	1.1	1.3
沮丧	4.1	1.9	2.2	2.6	1.1	1.6
妒忌	2.9	1.7	2.6	2.3	1.1	1.5
感激	1.6	1.8	1.8	2.7	3.2	2.0
内疚	2.4	1.3	2.0	1.5	1.2	1.4
恼怒	4.3	2.0	2.8	2.5	1.1	1.6
高兴	1.9	3.2	2.2	2.6	5.0	3.2
骄傲	2.2	3.6	2.0	3.1	4.8	2.5
后悔	1.8	1.4	1.5	1.3	1.2	1.8
悲伤	2.1	1.7	1.3	1.9	1.1	1.3
羞愧	1.8	1.3	1.7	1.9	1.1	1.9
惊讶	4.8	2.0	3.7	4.7	2.1	4.1

注：d_i是自身的破坏率，d_j是另一回应方的破坏率。

一般来说，个体的亲社会性来自相互之间的互动关系，又会影响相互之间的互动关系，影响相互之间的合作程度，从而影响团队的效率。这种亲社会性以及由此产生的合作状态显然存在于不同企业组织中，并典型地体现在企业文化上。为此，我们可以通过对企业员工之间的行为考察和分析来比较不同的企业文化，从而挖掘不同企业文化的优点和劣势。一般地，我们可以通过这样几类行为实验来简要评估一个企业中的信任水平以及相应的文化特征：（1）信任博弈实验（trust game），它可以检测群体中成员之间的相互信任和积极互惠的程度，还可以考察影响这些信任关系的具体因素；（2）交换礼物博弈实验（gift-exchange game），它也可以检测社会成员之间的相互信任和积极互惠的程度，进而分析企业组织成员的行为；（3）见义勇为博弈（ready to help others for a just cause），它也可以检测不同社会的文化以及成员的信任关系，进一步比较不同社会的合作状况。

第五节 结语

正是基于“为己利他”行为机理，人们相互合作，在做大蛋糕的同时又形成互惠主义，从而有助于提高群体和个体的适应性，这反过来又使得实行“为己利他”行为机理的群体或个体在与其他群体或个体的竞争中更具优势。当然，尽管互惠合作能够增进双方的利益，但是，当社会存在着大量的小利益集团时，这种互投赞同票式的互惠行为往往呈现出强烈的外部性：它虽然对互动双方有利，却可能损害其他人的利益，甚至常常是导致社会的净损耗。[①] 譬如，“防勾结”博弈模型就说明，如果将“为己利他”行为机理仅仅限制在小共同体内部，那么大量的小共同体之间进行博弈，也会导致容纳所有这些小共同体的更大共同体陷入“囚徒困境”。因此，这就需要“为己利他”行为机理在社会中的扩展。正因为“为己利他”行为机理的基本行为方式是互惠合作的，这种互惠合作使得行为带有显著的亲社会特性；但是，它与冷淡的经济人假设却存在根本的差异，这恰恰反映出经济人假设的缺陷，从而值得我们反思。

---

① M. 布坎南、G. 塔洛克：《同意的计算：立宪民主的逻辑基础》，陈光金译，中国社会科学出版社2000年版，第178—180页。

事实上，尽管亚当·斯密相信人类具有自利的本能，并信奉基于个体主义的自由市场，但显然，他所持有的理由又与现代主流经济学不同。在斯密看来，市场的优点不是人们假设它在资源配置方面的效率，而是在于通过比较利益、专业化分工来扩大经济化的范围和规模，从而增进财富和人类的利益；而且，他坚持认为，在自利心的推动下，并不会创造出什么社会的“自然和谐”，而是通过经济增长可以减轻劳动的痛苦。因此，丹尼尔·贝尔认为，斯密的世界是个人主义世界，但不是利己主义世界。[①] 加里·贝克尔则将经济学中的个人理性和社会生物学中的群体理性相结合来说明利他主义的存在，他证明，虽然利他主义者放弃某些自身适应性以增加他人的适应性，但是，由于他的利他主义行为的受益者不会损害他的利益，因而他的自身适应性可能高于具有相同能力的利己主义者的适应性。[②] 即使是英国的极端精英自由主义者阿克顿也认为：“自由与道德是密切相关、须臾不可离的”，“自由要求具有牺牲精神，它假定事物存在着众多的可能性状态——这就要求在相互竞争的众多利益之间要相互作出妥协和牺牲部分利益”。[③] 这些都反映了“为己利他”行为机理的现实性和合理性，反映出现实世界中人性所嵌入的亲社会性存在。

---

① 丹尼尔·贝尔：《经济论述中的模型与现实》，载丹尼尔·贝尔、欧文·克里斯托尔编《经济理论的危机》，陈彪如等译，上海译文出版社 1985 年版。

② G. S. 贝克尔：《人类行为的经济分析》，王业宇等译，上海三联书店/上海人民出版社 1995 年版，第 335—349 页。

③ 阿克顿：《自由与权力》，侯健译，商务印书馆 2001 年版，第 309、311 页。

第十六章

“为己利他”行为机理的扩展维度：互动频率

【导读】“为己利他”行为机理的践行和扩展往往与互动频率有关，而个体之间的互动与他们所属群体有关。因此，“为己利他”行为机理的扩展过程就呈现出明显的圈层轨迹。同时，社会互动既可以体现在个体之间，也可以体现在群体之间。因此，“为己利他”行为机理也就会沿着个体交往和群体交往这两个维度不断扩展。

第一节 引言

人们在长期的社会互动中逐渐形成了导向互惠合作的“为己利他”的行为机理，这种互惠合作典型地出现在小规模的具有亲缘关系的群体之中。但同时，我们也可以看到，在大的人类社会中，即使在陌生人之间（他们今后可能再也不会碰见，再也不会发生交易）也存在明显的合作现象。[①] 如何解释呢？实际上，这就涉及“为己利他”行为机理的扩展：“为己利他”行为机理会逐渐内化在人的偏好中，以致原先形成的行为规则逐渐转化成为支配未来行为的习惯。那么，这种“为己利他”行为机理又是如何扩展的呢？其扩展过程是否存在一定的秩序呢？博弈理论的基本知识告诉我们，当局中人面临着一次性或偶发性的互动时，每

---

① Fehr E., Fischbacher U. & Gächter S., “Strong Reciprocity, Human Cooperation and the Enforcement of Social Norms”, *Human Nature*, Vol. 13, 2002, pp. 1 – 25; Fehr E. & Rockenbach B., “Detrimental Effects of Sanctions on Human Altruism”, *Nature*, Vol. 422, 2003, pp. 7 – 140.

个局中人都试图寻求自己的最大化，从而达到非合作的博弈均衡，这种均衡往往不是帕累托有效的。但是，如果双方之间发生的是次数较多甚至无限回合的重复博弈，那么，以牙还牙或者冷酷策略就是更好的策略选择，进而合作也往往就是均衡解。显然，这就意味着，随着人类交往次数的增加，人类行为表现出更强的“利他性”。这也是为什么共同体内部的利他主义倾向特别明显，因为内部的交往频率更高，并且更容易得到认可和反馈。

从人类社会发展史来看，人类社会的利他主义也首先呈现在小规模的家庭之内和具有血缘关系的成员之间，其关键原因就在于，人类的交往是始于特殊私人关系内部，具有缘关系的个体之间所发生的互动也最为频繁。同样，企业组织之所以得以出现并壮大，关键也在于它将不同的个体集中在特定的场合，增加了相互之间的交往频率，从而也就有利于相互间的协调和合作。基于交往频率的道理，艾克斯罗德指出，在美国参议院中，“如果存在一个很大的机会使得一个议员将与另一个议员再次打交道，那么就不存在独立于其他议员所采用的策略的最优策略。你最好与那些在将来会回报合作的人合作，但不要与将来行为不太受现在影响的人合作。达到稳定的双方合作的可能性取决于双方继续打交道的机会的大小”[①]。另外，D. 米勒曾对人类社会中不同类型组织中的分配原则做了区分：暂时性的群体倾向于支持贡献原则，而那些期待未来与他们的同伴相互影响的人则更倾向于赞成平等原则。[②] 为何会存在这种差异呢？在很大程度上，这也可以用交往频率来加以解释：暂时性的群体互动频率较低，从而无法形成长期的互惠关系，相应地，当每个人所得到的与之投入的相称时，就可以被看作是实现了正义；相反，互动性较强的群体则更看重未来的互惠，从而更愿意把忽略投入的平等分配视作恰当的。

当然，最小努力的协调博弈以及奥尔森的集体行动逻辑也显示出，小规模团体的成员之间比较容易形成合作，那些大型团体则往往很难有效协调。与此同时，现实世界中也存在不少有效协调的大规模团体。因

---

① 艾克斯罗德：《对策中的制胜之道：合作的演化》，吴坚忠译，上海人民出版社 1996 年版，第 12 页。

② D. 米勒：《社会正义原则》，应奇译，江苏人民出版社 2001 年版，第 70 页。

此，这就带来了这样的问题：这些成功协调的大规模团体又是如何形成的呢？R. A. Weber指出，即使有效协调并不出现在那些原初大团体中，但是，有效协调的大团体能够“成长”：从那些易于协调的小团体开始，通过不断增加一些能够意识到团体历史的新人，从而就可以创造出有效协调的大团体。① 也就是说，行为的利他主义和组织的协调是可以扩展的，那么，行为的利他主义和组织的协调优势是如何扩展的呢？一般地，这又与“为己利他”行为机理的扩展相一致。其实，正是由于行为的利他主义程度与行为者之间的利益紧密程度密切相关，因而这种紧密性也就成了“为己利他”行为机理扩展的基本路径。因此，我们说，随着人类社会交往半径的延长，这种嵌入合作精神的“为己利他”行为机理的应用半径也得到相应的拓展。

至于“为己利他”行为机理的扩展途径，我们可以进一步分析现实世界中的互动主体。一般地，现实世界中的互动主体既可以是个体（小我）的，也可以是集体（大我）的；相应地，基于所参照的互动主体的差异，我们就可以看到“为己利他”行为机理往往沿着两个维度在不断扩展：个体之间的扩展和群体之间的扩展。关于这两个方面都已经有了很多文献：在行为方式的个体扩散方面，无论是皮亚杰的认知心理学还是桑代克的人类的学习理论都说明，个体在成长过程中正是通过向周遭个体的学习和模仿而形成自己的社会认知和行为方式的；在行为方式的群体扩散方面，Bandura、Boyd、Conlisk以及Krueger等人的论文表明，个体会接受那些处于优胜地位的文化和文明形态以提高自己的适应力。②同时，正是由于个体对优胜者所持的信念、技术和文化实践的采用，导致一个群体的规范、文化为另一个群体的规范、文化所取代，由此产生

---

① Weber R. A., "Managing Growth to Achieve Efficient Coordination in Large Groups", *American Economic Review*, Vol. 96, No. 1, 2006, pp. 114 - 126.

② Bandura A., *Social Learning Theory*, Eaglewood Cliffs, NJ: Prentice-Hall, 1977; Boyd R. & Richerson P. J., *Culture and the Evolutionary Process*, Chicago: Chicago University Press, 1985; Conlisk J., "Optimization Cost", *Journal of Economic Behavior and Organization*, Vol. 9, 1988, pp. 213 - 228; Krueger J. I., "Towards a Balanced Social Psychology: Causes, Consequences, and Cures for the Problem-seeking Approach to Social Behavior and Cognition", *Behavioral and Brain Sciences*, Vol. 27, No. 3, 2004, pp. 313 - 327.

了文化的扩散和转移。[①] 因此，本章就从这两个维度对“为己利他”行为机理的扩展轨迹做一阐述。

第二节 “为己利他”行为机理在个体之间的扩展

前面的分析指出，作为个体的“己”是第一性的：任何人生下来首先是感觉到的是自身的存在或者需要。当然，对“己”的感觉和重视又是相对而言的，离不开其对应物“他”的存在。一般地，“他”和“我”（“己”）之间存在这样的双重关系：（1）“他”在某种程度上是“我”的认识客体，也是实现“己”需求所依赖和诉诸的对象；（2）“我”与“他”之间又是相互沟通的，否则就会变成抽象的“我”和“他”。正是基于这种关系，相对于“本我”，这个“他”就变成了“他我”，这也是“他我”的根本含义。同时，由于“我”与“他”的交融和统一，在某种意义上，这个相对于“本我”的“他我”又可以称作“你”。弗兰克指出：“认知‘他我’与‘他我’的相遇只有具备以下条件才有可能：可以说，我们的‘我’一如既往地寻求这种相遇，而且，‘我’在与单个真实的‘你’实现任何外部相遇之前在理念中与‘你’有关，这种对‘你’的理念中的关系、这种与‘你’的第一性统一确定‘我’的存在；没有相应的‘你’，‘我’永远不会存在，也无法想象，正如‘左’离不开‘右’、‘上’离不开‘下’无法想象一样；因为，‘我’之所以是‘单个’的、‘独立’的‘我’，并非由于‘我’的自在，由于‘我’的自我确认，而正是由于‘我’独立于‘他我’、独立于‘你’——由于‘我’与‘你’的对立，当然也由于‘我’与‘你’在这种对立中的联系。”[②]

这种思辨实际上也反映出，“己”是相对的，是相对于“他我”或“你”而言的；而当作为联系对象的“他我”或“你”发生变化时，

---

① Gintis H., “Solving the Puzzle of Human Prosociality”, *Rationality and Society*, Vol. 15, No. 2, 2003, pp. 155 – 187; Henrich J., “Cultural Transmission and the Diffusion of Innovations”, *American Anthropologist*, Vol. 103, 2001, pp. 992 – 1013.

② 弗兰克：《社会的精神基础》，王永译，生活·读书·新知三联书店 2003 年版，第 55 页。

“己”的内涵也会发生相应的变化。譬如，这个“你”可以是原子主义个人，也可以是家庭之类的小共同体组织，还可以是企业、国家乃至国际联盟这样的大社会组织。这样，通过“你”这一参照系的变换，“己”的外延也就展示出一个不断扩展的谱系。一般地，“己”的外延的扩展轨迹与作为“本我”的“己”所触及的“你”或“他”的外延有关：如果“你”或“他”的外延大，那么“己”的外延也就大。此时，也往往在“你”“他”“己”后加上个“们”以适应概念外延的拓展，从而就有了“你们”“他们”和“我们”。弗兰克指出：“任何一个‘我们’，无论是家庭、阶层，还是民族、国家、教会，都与某一个不在其中并与其相对的物体相对立，但同时，‘我们’在另一种联合、更高的联合中可以包容所有‘你们’和‘他们’——原则上是世界万物；在更高的、绝对意义上看，不仅所有人，而且万物都似乎原本就为成为包容一切的‘我们’的一分子而存在，因而是‘我们’的潜在部分。”①

当然，一般来说，“己”的外延的扩散有其时间和空间的秩序，因为在时间上有相互交往的长短等，在空间上有相对位置的远近等。正因如此，尽管长期互动的个体之间往往可以形成“为己利他”行为机理，但是，这种“为己利他”行为机理在现实生活中存在明显的结构性特征：那些具有共同背景、相似特性以及较近距离的个体之间更容易形成和实施“为己利他”行为机理。纳什等人的有转移支付的联盟博弈实验就表明，在人数较少时（如四人联盟博弈），联盟的形成与位置的安排无关；但是，当人数增多时（如在七人联盟博弈中），相邻的参与人或小组之间就比较容易形成联盟。② 而且，其他一些有关人类认知能力的研究也表明，人类的生活群落规模为150人左右，这是典型的狩猎—采集群体、宗教的弥撒团体、工厂的生产团体、军队的战斗团体（连）以及一般人的通讯录中的数量。③ 确实，在小规模的团体内，个体之间比较容易认同，互惠互利原则也更容易发挥作用，这也是为什么奥尔森强调小集团的原

---

① 弗兰克：《社会的精神基础》，王永译，生活·读书·新知三联书店2003年版，第57页。

② 《纳什博弈论论文集》，张良桥等译，首都经济贸易大学出版社2000年版，第95页。

③ 里德雷：《美德的起源：人类本能与协作的进化》，刘珩译，中央编译出版社2004年版，第69页。

因。而且，正是在特定的首属共同体中，“己”由“小我”扩展为“大我”，此时“为己”和“利他”才合二为一。（1）基于“小我”为基准进行审视，那些为了“大我”的行为就是利他性的；（2）基于范围更大的“大我”视角，这些行为又明显具有“利己”性。

在某种程度上，这种“己”的扩展在博弈理论中就可以被理解为“个体理性”的扩展，而“利他”和“为己”的融合则表现为“个体理性”和“集体理性”或者“短期理性”和“长期理性”的融合，从而也就在“非合作博弈”和“合作博弈”之间架起了沟通的桥梁。一般来说，在博弈的非合作表示中，行为人是个体，或者是被当作个体处理的团体。在博弈的合作表示中，行为人是个体的联盟，包括单成员的联盟。但上面分析却表明，从某种意义上讲，单个博弈可以同时得到合作和非合作两种表示。（1）具有合作表示的博弈可以表示为一种非合作博弈，方法是将联盟的策略减少到个体策略的组合。它要求将单阶段合作表示的博弈处理为多阶段的非合作博弈，其中个体在实现一种联盟结构和联盟的联合策略之前要提出合作提议、反提议等。（2）在博弈的非合作表示中，通过拓展“个体”的外延就可以导向合作均衡的出现，此时，策略组合赋予联盟各成员的策略就构成了博弈合作表示中联盟的策略。当然，非合作博弈要向合作博弈扩展面临两大问题：（1）必须构成一种将联盟作为行为人处理的方法使得对策略联盟精确定义自我支持；（2）必须确定对合作博弈合适的理想化以便证明均衡在任何理想合作博弈中存在。实际上，在非合作博弈中，行为人关于选择的假设会影响动机，而合作博弈则与选择环境有关。

最后，需要指出的是，从人类社会发展的自然属性上看，这种扩展秩序的最重要方面就是“缘关系”的紧密程度。特里沃斯指出：“互惠利他主义演化的前提与亲缘挑选工作的前提相类似。”[①] 雷斯曼则做了更为充分的阐述：“道德和利他主义起源于一种规范的计算，这种规范的计算不能被还原为在独特环境中存在的标准的结果。它们可能起源于确定亲属团体的具体制度环境”，因为“亲属意味着同情：互动的频率赋予习惯

---

① 转引自孟旦《一种证明伦理规则的现代方式：约翰·穆勒、孟子和当代生物学》，载《儒家与自由主义》，生活·读书·新知三联书店2001年版，第206页。

和常规以共同决定的权威。亲属意味着同情：熟悉和接触可以有助于解释充满感情地捐献肾脏。亲属意味着持续性：一种最初的风险意味着在后期可以取得一个很好的互惠的机会”。正是在这个意义上，尽管社会中的人类都具有人道主义的义务，但往往又会优先对待自己的亲人。例如，孔子将孝悌视为仁之本，即“弟子入则孝、出则悌，谨而信，泛爱众，而亲仁”（《论语·学而》），“君子笃于亲，则民兴于仁”（《论语·泰伯》），这就是强调人类利他主义的血缘差序。实际上，孟子对此所做的注释就是：“亲亲，仁也”（《孟子·尽心上》），“仁之实，事亲是也”（《孟子·离娄上》）。即“仁”首先是亲族之爱。所以，李泽厚说：“孝和悌通过血缘从纵横两个方面把氏族关系和等级制度构造起来。”[①]

可见，基于个体的视角，我们可以发现“为己利他”行为机理的扩展轨迹：随着“己”的交往对象的扩展以及交往频率的提高，“为己利他”行为机理及其衍生的利他主义呈现出一个圈层的扩展过程。赖特描述道：“一种以亲善报答亲善的基因会扩展（其作用）至远亲家庭，并且通过婚姻扩展至其他家庭，并且依同样的逻辑继续扩展。”[②] 显然，这种扩展对整个社会的发展也是有利的，正如儒家所说：“老吾老，以及人之老，幼吾幼，以及人之幼。天下可运于掌。”（《孟子·梁惠王上》）而且，大量的社会现实也证明了这种扩展顺序：一方面，共同体内部的成员之间的信任度往往较高，从而更容易展开分工和合作，原因是，共同体内部成员之间更为熟悉，交往更为频繁；另一方面，正如马歇尔发现的，在富裕国家中人的“无私的倾向更为明显”,[③] 原因就在于，富裕国家中人们之间分工更细、交往频率更高，因而相互依赖性也更大。正是基于这种个体之间的互动，产生出了人性中的亲社会性内容，而这是“为己利他”行为机理的社会基础。

---

① 李泽厚：《中国古代思想史论》，天津社会科学出版社 2003 年版，第 11 页。

② 转引自孟旦《一种证明伦理规则的现代方式：约翰·穆勒、孟子和当代生物学》，载《儒家与自由主义》，生活·读书·新知三联书店 2001 年版，第 206 页。

③ 转引自雷斯曼《保守资本主义》，吴敏译，社会科学文献出版社 2003 年版，第 215 页。

第三节 “为己利他”行为机理在群体之间的扩展

上面指出，基于不同参照系的分析视角，我们可以将以组织形态存在的行动单位——“大我”——看成是个体行动主体——“小我”——的扩展，并从更大的“他们”这一高度来分析“大我”这一主体的行为特点。但是，一旦“我”与“他”相结合形成更大范围的“大我”，这个“大我”就往往会呈现出自身独特的特点，而不再仅仅是原来“小我”的简单加总和放大。正如弗兰克指出的，“‘我们’完全不是‘我’的简单‘复数’，不是许多‘我’的简单相加”；“‘我们’不是第一人称的复数，不是‘多个我’，而是第一人称与第二人称统一体——‘我’与‘你’（‘你们’）统一体——的复数”①。打个比方，个体加入不同团体所呈现出来的特性差异就如一个原子加入不同的原子团所呈现出来的特性差异，不仅同一原子在不同原子团中所展现的特性是不同的，而且，新出现的原子团所呈现的性质也往往不同于组成它的那些所有原子。譬如，根据公共选择的基本理论，我们就知道集体行动的结果与个体行动往往存在很大差异：一般地，群体往往比个体更慷慨激昂、更富有牺牲精神，也更残酷无助。②

事实上，任何个体的行为都会受到群体的影响，因为这有助于提高个体的适应性和生存率，鲍伊德等就将新成员接受支配群体的文化形式称为“遵奉者传递”（conformist transimission）。③ 而且，为了提高自身的适应性和生存率，个体都首先遵循其所属群体的规范，因为群体内成员之间的互动频率更高。吉利阿索在《默契交易》一书中写道：“动物的社会性本能，并不朝向其同类的所有个体，而只朝向自己所属集团的个体。与此完全相同，原始人情感中的社会性正是在他所属的集团内部才能有

---

① 弗兰克：《社会的精神基础》，王永译，生活·读书·新知三联书店 2003 年版，第 57 页。

② 参见朱富强《有效劳动价值论的现实阐释》，经济科学出版社 2005 年版，第 1 章。

③ Boyd R. & Richerson P. J. , *Culture and the Evolutionary Process*, Chicago: Chicago University Press, 1985.

效地发挥出来。”[①] 显然，如果一个群体内已经存在了有利于集体合作的规范和传统，“为己利他”已经成为成员的基本行为准则，那么，新的成员就更乐于遵循这一行为机理，从而有助于“为己利他”行为机理的扩展。

而且，在分析“大我”的行为特性时，也不能简单地将“大我”与相对应的“大他”割裂开来。否则就犯了抽象的机械整体主义错误，这与抽象的原子个体主义错误是一致的。[②] 正如库利指出的：“‘群体自我’或‘我们’只是包括了其他人的‘我’。把自己和群体等同的个人，用‘我们’这个字眼来表示共同的意愿、意见等等。这种意识是由内部合作抵御外界力量而激发产生的。……民族自我，实际上是所有的群体自我，只有在与更大的社会发生联系时才能感觉到，这正如个人的自我只有在与其他个人的关系中才能被感觉到。我们没有意识到其他国家，就不会有爱国心。”[③] 同时，由于群体往往具有独立于个体的特征，因此，即使个体本身具有利己主义的特性，但集体也会发展出有利于合作的规范。奥尔森就指出，即使在社会性联系较为松散的组织和个体之间，通过选择性激励也可以产生大集团的集体行动。譬如，大多数国家的政治选举就是一个大规模的集体行动；而且，一个越是组织良好的社会，这种集体行动也就越普遍。[④]

这样，一方面群体本身会产生有利于集体发展的合作规范，另一方面个体行为又深受群体规范的影响，因此，“为己利他”行为机理就得以在群体内扩展开来。其中有两个基本逻辑：（1）伦理上的信任可以在个体之间进行扩展和转移：我对一个不认识的没有打过交道的乙的信任，是因为我打过交道并信赖的甲推荐的或者甲信任乙；进一步地，我对一个同行业的商人采取信任态度，是因为在我们这个国度或者这个行业，

---

① 转引自栗本慎一郎《经济人类学》，王名等译，商务印书馆1997年版，第73页。

② 弗兰克：《社会的精神基础》，王永译，生活·读书·新知三联书店2003年版，第58页。

③ 库利：《人类本性与社会秩序》，包凡一等译，华夏出版社1999年版，第148—149页。

④ 从这个意义上讲，由于中国古代社会一直是一个相对自给自足的封闭社会，很难形成西方社会那样的民族主权国家，也就缺乏国家的理念，有的只是帝王观。当然，由于在春秋战国时期存在着相互对抗的列强，因而我们可以在那时找到国家民族主义的痕迹。譬如，在秦统一中国后，张良等就是因其潜在的国家观而对秦王朝实施颠覆活动的。

大家普遍践行“为己利他”行为机理。如休谟指出：“我学会了对别人进行服务，虽然我对他并没有真正的善意；因为我预料到，他会报答我的服务，以期得到同样的另一次服务，并且也为了同我或其他人维持同样的互助往来关系。”① (2) 基于个体的信任通过社会习惯的沉积，能向不认识的群体、向整个社会扩展，从而形成基于“为己利他”行为机理的社会规范。正如罗尔斯指出的，一个道德的（公正的、合作的）行为会导致其他人日益增多的道德行为，这又会强化第一个人的合作行为，并鼓励更多的道德行为。② 相反，违规人数的增加也可以预见会进一步导致违规人数的增多，布坎南将这种动态的过程描述为是对一个社会的立法资本（自愿遵守规则）的侵蚀。

此外，群体之间也会展开竞争和合作。就竞争而言，那些具有良好规范而实现内部有效合作的群体往往更有效，从而会在竞争中获得优势。正因如此，处于劣势的群体就会模仿这些优胜群体，从而导致有助于合作的规范的扩展。实际上，Boyd 和 Richerson 指出，由于人们往往会模仿更为成功的邻里，从而使得处于高支付均衡的团体里的行为扩展到处于低支付均衡的邻近群体中。③ 正因为在一个适合的环境中，有利群体的规范可以迅速扩散开来，因此，基于“为己利他”行为机理的合作方式就可以通过组织之间的模仿而扩展到更多的人群之中，从而形成谢林提出的社会中普遍存在的“聚点均衡”现象。就合作而言，群体之间的关系实际上也就转化为“大我”之间的关系，“大我”之间同样存在互惠性，从而需要合作；这样，“大我”的行为也同样具有遵循“为己利他”行为机理的内在要求。由此，“为己利他”行为机理也就可以作为分析群体行为的一个基本视角。同时，“大我”本身是不断扩展的，因而“为己利他”行为机理在群体之间也会存在一个扩展的过程。大量的事实也表明，社会规范在群体之间的扩展也存在着圈层扩展的过程。例如，企业社会责任往往首先在一个国家或地区内部的企业之间进行传播，然后再扩展

---

① 宾默尔：《博弈论与社会契约（第 1 卷）：公平博弈》，王小卫、钱勇译，上海财经大学出版社 2003 年版，第 43 页。

② 缪勒：《公共选择理论》，杨春学等译，中国社会科学出版社 1999 年版，第 20 页。

③ Boyd R. & Richerson P. J., “Group Beneficial Norms can Spread Rapidly in a Structured Population”, *Journal of Theoretical Biology*, Vol. 215, No. 3, 2002, pp. 287 – 296.

到其他国家和地区。同样，国家联盟也首先出现在地理上相对接近的国家之间，然后再扩展到其他国家之间。管理学的先驱性人物芙丽特认为，新的和真正的民主秩序也是从邻近地段的团体开始逐渐扩散开来的。[①]

显然，正是以这个不断扩展的基于“为己利他”行为机理的人际关系为基础，形成了企业群体内外的劳动分工，形成了促进合作的治理机制，促进了社会组织的持续嬗变；同时，正是基于外延不断扩大的“己”，人类社会形成了差序性的社会秩序，形成了不断完善的社会规范和不断扩展的道德共同体。《大学》中说：“古之欲明明德于天下者，先治其国；欲治其国者，先齐其家；欲齐其家者，先修其身；欲修其身者，先正其心；欲正其心者，先诚其意；欲诚其意者，先致其知。”显然，这就是传统儒者的追求，也是社会发展的合理扩展秩序，它与“为己利他”行为机理存在内在的一致性。在实践中，古代中国的社会秩序也遵循着圈层扩展这一差序原则：自从夏朝以来，中国就被划为五个同心的和分层次的地带或区域。其中，中国区甸服是皇家管理区，处在国王的直接统治之下；直接环绕皇室管理区的是国王建立起来的中国人的列国，被称为侯服；侯服之外是为统治王朝征服的中国人的国家，构成所谓的绥服或宾服；最后两个地区是留给野蛮人的，生活在绥服或宾服之外的受管制的蛮夷居地，称为要服；而在控制地区之外的戎狄地区则为荒服。这就是中国古代的“五服”社会秩序。[②]

滕尼斯就把人类的群体生活划分为共同体和社会两种，认为共同体是建立在自然的基础之上的群体（家庭、宗族）里实现的，因而是一种持久的和真正的共同生活；除了家庭外，也可能在小的、历史形成的村庄、城市等联合体以及在诸如友谊、师生关系等以精神为基础的联合体实现，诸如血缘共同体、地缘共同体和宗教共同体等都是作为共同体的基本形式。因为这些共同体是建立在有关人员的本能的中意或者习惯制约的适应或者与思想有关的共同的记忆之上，因而是有机地浑然生长在一起的整体，“是一种持久的和真正的共同生活”。相反，社会产生于众

① 雷恩：《管理思想的演变》，孙耀君等译，中国社会科学出版社2000年版，第336页。

② 余英时：《汉朝的对外秩序》，载《剑桥中国秦汉史》，中国社会科学出版社1992年版，第409页。

多的个人的思想和行为的有计划的协调之上，是个人预计从共同实现某一种特定的目的会于己有利，因而聚合在一起共同行动，因而是机械的聚合和人工制品。[①] 显然，滕尼斯这里所讲的社会仅仅反映了早期契约社会的状况，因而也只是对应于涂尔干意义上的失范社会，而不是对应于未来的一种有机团结社会。实际上，正如本书一再指出的，“为己”是人类的本性，而不仅仅存在于滕尼斯所定义的社会中，早期共同体中的行为也反映了“为己”的存在，只不过由于更为密切的利益关系而表现出更强的互利主义的利他行为，从共同体到社会的发展也体现了“为己利他”行为机理的扩展过程。

可见，“为己利他”行为机理不仅在个体之间扩展，也会在群体内部和群体之间扩展，而这种扩展明显地存在一种差序性，这就是互动频率的原因。一般地，共同体内部成员之间的交往要比和外部成员之间的交往更为频繁和广泛，因而共同体内部更容易产生基于“为己利他”行为机理的合作倾向。鲍尔斯和金迪斯指出了共同体内部产生合作的三个效应：（1）声誉效应，即在一个重复的互动过程中，共同体成员有动机以合作行为塑造声誉。究其原因，共同体成员之间频繁互动降低了信息收集成本，并且提高了发现与别人交往可以降低信息收集成本的特点的成员的收益；而且信息获取和传播越快，共同体的成员就越有动力以合作来塑造声誉。（2）报复效应，即成员之间的互动越全面，那么惩罚机会主义者的机会就越多。究其原因，在一个共同体当中，如果成员之间今天进行交往，那么他们在未来进行交往的概率就会比较高，因而就会以比较善意的方式进行交往，以避免对方在今后出现背叛行为。（3）分割效应，即亲社会行为更有可能得到奖励，他们之间也更容易进行交往，而反社会行为者则刚好相反。[②] 当然，随着共同体的扩展，合作的领域和规模也将获得进一步的拓展。所以，金迪斯和鲍尔斯等也认为，强互惠首先是在共同体内部的互惠利他主义基础上产生的，并通过共同体之间的竞争和冲突而使人类社会的利他形式转向了更大的共同体，从而促使

① 滕尼斯：《共同体与社会》，林荣远译，商务印书馆 1999 年版。

② 金迪斯、鲍尔斯：《人类的趋社会性及其研究：一个超越经济学的经济分析》，浙江大学跨学科社会科学研究中心译，上海世纪出版集团 2006 年版，第 96 页。

了利他主义的传递和演化。

第四节 “为己利他”机理扩展的实验证据

上面的分析指出，“为己利他”行为机理实施的深度和广度与互动双方之间交易频率有关，交易频率越高，越愿意践行“为己利他”行为机理，行为也越具有公平性。例如，来自信任度比较低的意大利南方地区的移民会将不信任感带到新的地方。[①] 同样，那些在宗教环境中长大的人，即使在成年后摈弃宗教，也会表现出共同的信念和偏好。[②] 而且，这一点也已经为不少行为实验所证实。例如，秘鲁亚马孙流域的马奇根加（Machiguenga）部落是一个以家庭为经济单位的社会，家庭成员进行狩猎获得并以火耕方式来种植木薯，而居民之间的社会性联系非常少，不熟识的人之间进行交易的现象更是罕见，他们甚至不知道除了具有亲戚关系之外的其他马奇根加人的确切名字。正因如此，这个社会就没有多少公平分配的概念，从而往往也就形成不了大规模和长时期的分工与合作。例如，Henrich 对秘鲁亚马孙流域的马奇根加部落的农夫所做的实地最后通牒博弈实验发现，当地农夫的出价比其他地方所观察到的实验对象的出价要低得多：平均值为 26%，众数为 15%；而且，接收方几乎接受了任何出价。[③]

同时，也有一些行为实验表明，“为己利他”行为机理将会随着双方的互动而扩展：行为者的行为往往会受到其互动者曾经的行为特性的影响，也会受周围其他人的行为特性的影响。就前者而言，例如，Bohnet 和 Frey 就做了这样一个最后通牒博弈对比实验：接收者站起来讲述有关自己的身世，包括名字、出生地、爱好和专业等；当独裁者了解到对方

---

① Guiso L., Sapienza P. & Zingales L., “The Role of Social Capital in Financial Development”, *American Economic Review*, Vol. 94, No. 3, 2004, pp. 526 – 556.

② Guiso L., Sapienza P. & Zingales L., “People’s Opium? Religion and Economic Attitudes”, *Journal of Monetary Economics*, Vol. 50, No. 1, 2003, pp. 225 – 82.

③ Henrich J., “Does Culture Matter in Economic Behavior? Ultimatum Game Bargaining among the Machiguenga of Peruvian Amazon”, *American Economic Review*, Vol. 90, 2000, pp. 973 – 979.

的一些“富有爱心”之处后，平均出价明显提高了很多。[①] 再如，Eckel 和 Grossman 的独裁者博弈实验也发现，当接收者是一个知名的富有爱心的红十字会员时，对他的出价向上翻了一番。[②] 就后者而言，例如，Knez 和 Camerer 就发现，受试者在最后通牒博弈中出价明显受到其他人出价高低的影响。[③] Cason 和 Mui 的独裁者博弈实验也表明，如果另一个受试者出价较高，该受试者通常也会出价高一些。[④] 此外，Berg、Dickhaut 和 McCabe[⑤]，Fehr、Gächter 和 Kirchsteiger[⑥] 以及 Falk 和 Gächter[⑦] 等人所做的礼物交换博弈（两人轮流决定送给对方一定的礼物）实验也表明，当第一行动者送的礼物较大时，第二行动者也会送出较大的礼物。

为了考察行为方式在个体之间以及社会中的扩展，我们可以做这样两个实验：（1）个体行为如何相互影响；（2）集体行动如何影响个体行为。

首先，就个体行为之间的相互影响而言，我们可以做一个 3 人两阶段的独裁者博弈实验：一个固定数额的“蛋糕”X 在 3 人之间分配，其中的提议方相对于接收方是独裁者，它可以单方面决定“蛋糕”的分配方案 $X=(X_d, X_r)$，使得 $X_d+X_r=1$，而不必考虑受助者是否接受。实验分两个阶段：第一阶段，作为提议方的博弈人 1 首先从 X 中获取一定的份额 t_1，剩下的 $(1-t_1)\times X$ 交给博弈方 2；博弈方 2 再从 $(1-t_1)\times X$ 中获取一定的份额 t_2，剩下的 $(1-t_2)\times(1-t_1)\times X$ 交给博弈方 3。

---

① Bohnet I. & Frey B. S., “Social Distance and Other-regarding Behavior in Dictator Games: Comment”, *Americam Economic Review*, Vol. 89, 1999, pp. 335 – 339.

② Eckel C. C. & Grossman P., “Altruism in Anonymous Dictator Games”, *Games and Economic Behavior*, Vol. 6, 1996, pp. 181 – 191.

③ Knez M. J. & Camerer C. F., “Social Comparison and Outside Opuns in 3 – person Ultimatum Games”, *Games and Economic Behavior*, Vol. 10, 1995, pp. 165 – 194.

④ Cason T. N. & Vai-Lam Mui, “Social Influence and the Strategy Method in the Sequential Dictator Game”, *Journal of Mathematical Psychology*, Vol. 42, 1998, pp. 248 – 265.

⑤ Berg J., Dickhaut J. & McCabe K., “Trust, Reciprocity and Social History”, *Games and Economic Behavior*, Vol. 10, 1995, pp. 122 – 142.

⑥ Fehr E., Gächter S. & Kirchsteiger G., “Reciprocal Fairness and Noncompensating Wage Differentials”, *Journal of Institutional and Theoretical Economics*, Vol. 152, 1996, pp. 608 – 664.

⑦ Falk A. & Gächter S., “Reputation and Reciprocity Consequences for the Labour Relation”, *Scandinavian Journal of Economics*, Vol. 104, 2002, pp. 1 – 26.

这样，博弈方1、2、3分别获得的收益是：$t_1 \times X$、$t_2 \times (1 - t_1) \times X$、$(1 - t_2) \times (1 - t_1) \times X$。检测目的：(1) 博弈方2行为是否受博弈方1行为的影响？这可以借助于检验t_1和t_2之间是否存在相关性。(2) 两阶段的独裁者博弈与一阶段的独裁者博弈是否存在差异？

…………

其次，就集体行为之间的相互影响而言，我们可以做2类变异型最后通牒博弈实验：提议方和接收方都不是个人而是一个由5人组成的团体。一类是提议集团的5个成员分别独立出价，提议集团的最后出价是5人的平均出价；同时，接收集团的5个成员独立接受还是拒绝，接收集团是否接受的最后决策由5人投票的简单多数决定。即提议集团提出的分配方案$X = [(X_{1p} + X_{2p} + X_{3p} + X_{4p} + X_{5p})/5, X_r]$，其中$(X_{1p} + X_{2p} + X_{3p} + X_{4p} + X_{5p})/5 + X_r = 1$。如果提议被接受，每个提议方可以获得$(X_{1p} + X_{2p} + X_{3p} + X_{4p} + X_{5p})/5$的1/5，而每个接收方获得$X_r/5$；相反，如果提议被拒绝，所有提议方和接收方都是零。另一类是提议集团的5个成员在相互交流后共同给出一个出价，接收集团的5个成员也在相互讨论后共同决定独立接受还是拒绝（也可以采用简单多数表决制），即提议集团提出的分配方案$X = (X_p, X_r)$，其中$X_p + X_r = 1$。如果提议被接受，每个提议方可以获得$X_p/5$，而每个接收方获得$X_r/5$；相反，如果提议被拒绝，所有提议方和接收方都是零。检测目标：(1) 团体决策与个体决策是否存在不同？(2) 成员之间有无沟通下所做出的集体行动是否存在差异？①

…………

第五节 结语

以互利共生的存在为社会基础，以互惠合作为基本行为方式，外延不断扩展的“为己利他”行为机理就构成了人类社会的现实、有效、合理的一般行为机理：个人在增进了社会利益的同时，又实现了自身的目

① Gary Bornstein & Ilan Yaniv, "Individual and Group Behavior in the Ultimatum Game: Are Groups More 'Rational' Players?", *Experimental Economics*, Vol. 1, 1998, pp. 101 – 108.

的。同时，人类具有学习的能力，包括从自身过去的经验学习和向他人或社会学习，这些学习可以增加个人的适应性。西蒙指出了社会学习的两方面贡献：（1）它提供了在所有生命活动中尤其是与环境的互动中都非常有益的知识和技能；（2）它所传递的诸如目标、价值和态度等有助于获得他人支持的回应。为此，西蒙用顺从性（docility）来解释人类个体向他人学习以及接受社会影响的倾向，而且这种顺从性也是自然选择的结果，因为在有限的人类理性下，顺从性使得个体采用社会文化传播的行为方式而不去评估其对个体适应性的贡献。[①] 显然，当人们接受社会互动积累的大量合作经验时，就会促进利他主义的蔓延，也即人类的合作行为会随着交往范围的扩大而扩展。达尔文在 140 年前指出：“自私和爱争吵的人们不会凝聚，而没有凝聚，就不会有任何影响。一个部落如果拥有更多的勇气、同情和忠诚的成员，这些成员往往相互警告对方危险的存在、相互帮助和保护对方……那么，这个部落就会获得扩展，并战胜其他部落——这样，那些社会的、道德的品质就逐渐前进，并扩散到全世界。”[②]

一般地，社会互动既可以体现在个体之间，也可以体现在群体之间。因此，“为己利他”行为机理也就会沿着个体交往和群体交往这两个维度持续扩展。在很大程度上，“为己利他”行为机理的扩展和蔓延也就逐渐酝酿出一种合作文化，进而，“为己利他”行为机理又会随着文化的传播而扩展。金迪斯指出，文化传播具有多种路径：（1）垂直的，如由父母传给小孩；（2）水平的，从同辈传给同辈；（3）斜向的，由年长者传给年轻者；（4）威信的，由地位高者影响地位低者；（5）群体相关的以及群体随机传递。[③] 同时，就“为己利他”行为机理的实施和扩展的强度而言，它又与互动频率有关。在很大程度上，高频率的互动就是利他主义滋生和蔓延的重要因素。斯密就坚信，只要给定充分的自由竞争和市场秩序的自然成长空间，市场诚信体制也会随着交易的扩大而慢慢产生出

---

① Simon H. A.，“A Mechanism for Social Selection and Successful Altruism”，*Science*，Vol. 250，1990，pp. 1665 – 1668.

② Darwin C.，*The Descent of Man*，New York：D. Appleton and Company，1873，p. 134.

③ Gintis H.，“A Framework for the Unification of the Behavioral Sciences”，*Behavior and Brain Sciences*，Vol. 30，2007，pp. 1 – 61.

来。事实上，斯密在1762—1763年撰写的《法理学讲义》中明确指出：“只要商业在某一国家兴起，就总会带来人们正直和守时的习惯。这些美德在未开化的国家里几乎是不存在的。”例如，在当时欧洲各国中荷兰人最注重做生意，同时也是最遵守诺言的人。显然，在一个小规模的群体内部，相互之间的交往频率较高，更容易产生“为己利他”行为机理。事实上，人类社会的“为己利他”行为机理首先就是从小规模群体内部萌芽的。

同时，根据“为己利他”行为机理的内涵：“己”本身就不是抽象的而是社会的，它会随着交往对象的不同而在内涵和外延上进行拓展。显然，随着“小我”逐渐扩展为“大我”，原先被视为“利他”的行为也具有了“利己”的特征。正因如此，“为己利他”行为机理就具有这样明显的特性：（1）它有效地将人类行为中的利己主义和利他主义双重因素统一起来，从而有助于解释利他主义的强度和丰度；（2）它还可以更有效地揭示人类行为的演化性和差异性，分析社会规范的演化轨迹。因此，“为己利他”行为机理就是对现代主流经济学的经济人假说所作的合理修正，这种修正有助于体现人性演化的连续性，并使得我们对经济行为的研究更加具体和丰富。实际上，马歇尔就曾经指出：“一种经济学说愈是简单和绝对，倘使它所指的分界线在实际生活中不能找到的话，则在把它应用到实际时它带来的混乱就愈大。”① 所以，马歇尔强调连续性分析，认为人的行为动机也是连续性的。同时需要指出，“为己利他”行为机理的扩展过程，也就是人类的学习过程，同时也是逐渐被凝结成制度的过程。道格拉斯·诺思指出：“人类学习不仅仅是单个个体终其一生的经验累积，而且也是过去数代人的经验累积，社会的学习累积体现在语言、人类记忆和符号存储系统——包括构成社会文化的信念、神话和做事方式中。文化不仅决定某一时期的社会绩效，而且还通过它的支持性框架约束参与者，从而影响长期的变迁过程。”②

---

① 马歇尔：《经济学原理》上卷，朱志泰译，商务印书馆1964年版，第一版序言，第14页。

② 诺思：《理解经济变迁过程》，钟正生、邢华译，中国人民大学出版社2008年版，前言。

第十七章

“为己利他”行为机理的普适意义：重要推论

【导读】“为己利他”行为机理将人类基于动物性的本能目的和基于亲社会性的实现手段结合起来，它在真实世界中较“为己利己”“为他利他”“为他利己”等行为机理更为普遍、合理和可行。而且，基于“为己利他”行为机理，我们还可以得出一系列的重要推论，从而有助于对人类的偏好和具体的行为方式进行更合理而可信的分析。

第一节 引言

我们知道，市场本身是由人类的互动行为所衍生出来的，而人类行为受心理的、社会的、文化的、制度的因素影响。鲍尔斯指出：“任何社会中商品和服务的生产和分配都是受一整套规则所组织的，其中，包括国家、企业和其他组织中基于法令规定的分配，也包括基于性别、年龄和血族关系（如家庭内）以及礼品、盗窃、讨价还价和市场在内的族长式或其他风俗式分配。这些规则的特殊组合就形成了整个社会形态，如资本主义、传统社会、共产主义、族长体制和法团主义。这些明显的分配规则和其他制度一起规定一个人为了其生计必须做什么或应该做什么。”[①] 也就是说，市场本身必然嵌入社会关系之中，卡尔·波兰尼称之

① Bowles S. , “Endogenous Preferences: The Cultural Consequences of Markets and Other Economic Institutions”, *Journal of Economic Literature*, Vol. 36, No. 1, 1998, pp. 75 - 111.

为“市场社会”。在某种意义上，尽管现代资本主义崇尚个体竞争，但现代资本主义市场本身也是镶嵌在资本主义社会价值观和生活方式之中，它所注重的也是互利式的交换而不是马基雅维利主义。由此，我们可以得到两点结论：（1）由于市场交易必然反映出特定时代人与人之间的社会关系，因而市场必然充盈着丰沛的市场伦理，而抽象规则只不过是市场伦理之汪洋中的一个个岛屿而已，而且这种岛屿也是由市场伦理凝结而成；（2）由于具有亲社会性的个体总体上遵循着“为己利他”的行为机理，基于这种行为互动所塑造出的市场伦理具有强烈的合作性，这是人类市场半径不断延长和社会秩序不断扩展的基础。

在很大程度上，正是基于“为己利他”行为机理，人类社会中产生了持久而不断扩展的分工和合作，通过这种合作使得每个人的生活状态都比孤立时更好。而且，具有亲社会性的个体之所以采取合作的方式，主要不是基于计算理性而是基于社会理性，这种社会理性又凝结在社会习俗以及文化伦理之中。事实上，正是经过长期的社会互动，互惠合作关系逐渐内化于社会习俗和文化伦理之中，以致行为只要遵循这种合作性的习俗和伦理就自然会实现有效的社会合作。在很大程度上，正是借助于社会伦理这一媒介，人类这种合作关系得以内在化为某种规范而在代际传承和扩散。正是由于这种合作关系已经被内在化了，因而金迪斯说：“被内化的规范不是作为达到其他目的的手段或约束而是作为个体偏好函数最大化的自变量被接受的。”① 显然，正因为市场在某种意义上只不过是对应于特定社会价值观和生活方式的规范总和，因而尽管市场个体往往本能性地存在自利的目的和机会主义的动机，但这种私利行为一旦超出了社会规范就会受到惩罚。也即，合作性的市场伦理制约了个体的机会主义行为选择，使他不至于为达到私利的目的而肆无忌惮地损害他人。不幸的是，资本主义的兴起却努力使市场摆脱与生活方式和价值观念的联系，使个体行为不再受社会的、文化的、宗教的等规范的束缚。在这种情形下，现代经济学开始将市场等同于一个冷冰冰的抽象规则，并创造了“经济人”这一概念来为肆无忌惮的逐利行为提供理论支持。

---

① 金迪斯、鲍尔斯：《走向统一的社会科学：来自桑塔费学派的看法》，浙江大学跨学科社会科学研究中心译，上海世纪出版集团2005年版，第42页。

第二节 “为己利他”行为机理的普适意义

“为己利他”行为机理的提出，主要是基于人类行为的目的和手段这一维度，同时结合了人类的亲社会性。但是，根据目的和行为手段的两维关系，我们可以得出四种基本的行为机理：为己利他、为己利己、为他利他、为他利己。那么，为什么说“为己利他”行为机理比其他三种行为机理在现实生活中更为普遍和合理呢？为此，这里继续就这四种行为机理做一简要的比较分析。

首先，就“为他利他”行为机理而言，它实质上就是纯粹利他主义行为。一般地，“为他利他”行为机理在现实中被遵守乃至扩展，需要一些非常严格的条件。（1）这种完全为他人着想的行为需要高度的道德感，并建立在高度自律性的基础之上；甚至不惜损害自己的利益，需要“俯首甘为孺子牛”和“杀身成仁”的精神。显然，尽管这种行为体现了高度的社会责任感，是社会中值得提倡和发扬的；但是，对一般人而言，这要求太高了，因而它就像星星那样闪耀但又遥不可及。爱因·兰德在《阿特拉斯耸耸肩》中就写道：“我以我的生活和对生活的爱发誓，我永远不会为了他人而活，也不会要求他人为我而活。”[①]（2）要真正做到以“他人利益”为目的，就必须对他人的效用有充分的了解，而除非心心相印之人根本难以做到这一点；而且，纯粹的利他主义行为，也可能因为过度利他而产生的低效率，[②] 就如君子国中的相互谦让导致的无效率一样。譬如，在麦琪的礼物博弈中，我们就可以看到，德拉（Della）和吉姆（Jim）是对非常恩爱的夫妻，都愿意为对方付出牺牲；结果两人都为了给对方买一份礼物而卖掉自己的心爱之物，导致了悲惨的结局。

所以，奈特指出：“个人在自由主义的旗帜下常常想要承担起这种

---

① 转引自布鲁克、沃特金斯：《自由市场革命：终结大政府之路》，启蒙编译所译，上海译文出版社 2014 年版，第 111 页。

② 王玉珍：《道德秩序的经济学分析：对利他行为的一个分析角度》，经济科学出版社 2005 年版，第 9 页。

(改进社会的道德）责任，这种倾向表现出人在智力和道德上的自负，这是不道德的。道德—社会的变革只能通过真正平等和互利的个人间达成的真正道德一致来实现，而不能由哪个人来引起，让其他人来响应。”[①]布坎南则进一步强调：“任何个人或是团体，假设要独自承担起照顾他人的责任，而没有他人在互利互惠基础上达成一致同意，让奈特担心的道德自负就会出现。”[②] 事实上，正如前面已经指出的，自爱是人类实践的普遍原则。康德指出：“一个有理性的存在者对于不断伴随着他的整个存在的那种生命快意的意识，就是幸福，而使幸福成为规定任意的最高根据的那个原则，就是自爱的原则。”[③] 而且，正是基于自爱原则，人们在实践中形成了差序格局的社会关系。这正如王绍光和刘欣指出的：“这种理论无法解释信任在不同人群间的分布。差序格局的存在说明人们信任什么人、不信任什么人的主要依据是对其可信度的估计。”[④]

其次，就“为己利己”行为机理而言，这实际上是纯粹的利己主义者。遵循这种行为机理的人可能是对别人的利益毫不关心的人，如“拔一毫而利天下不为也”的杨朱；甚至也可以是不惜损害别人的利益以达到自己目的的人，这是经济人的极端化。显然，尽管人的动物性本能冲动往往促使人们产生这种行为动机，但真正实行起来却会遇到很大问题，因为它往往会受到其他人的制约；而且，单纯利己行为从短期看也许是利己的，但长远上却是损人不利己的，如囚徒困境实际上就反映了个人理性的困境。事实上，从理论上说，在长期的市场竞争的基础上，利己主义者将会把利他主义者都排除出去。究其原因，利他主义者因为收益为负而逐渐死亡，这正如表17—1所示的人性演化博弈中，演化博弈均衡就是静态均衡（利己主义，利己主义），这将陷入囚徒困境。

---

① M. 布坎南：《由内观外》，载曾伯格编《经济学大师的人生哲学》，侯玲、欧阳俊、王荣军译，商务印书馆2001年版，第141页。

② 同上书，第142页。

③ 康德：《实践理性批判》，邓晓芒译，人民出版社2003年版，第26页。

④ 王绍光、刘欣：《信任的基础：一种理性的解释》，载郑也夫等《中国社会中的信任》，中国城市出版社2003年版，第221页。

表 17—1　　人性演化博弈

	利己主义	利他主义
利他主义	-1，3	2，2
利己主义	0，0	3，-1

问题是，在现实中出现的囚徒困境却比理论上推导的要少得多，[①] 而更常见的现象是人们往往愿意采取或多或少的利他主义行为，从而促使人类的合作秩序不断扩展。如何解释呢？其实，上述的演化博弈是抽象的，它把人们之间所产生交往视为是随机的；但在实际生活中，人们不会与所有市场个体都发生随机的交易，而是逐渐形成了自己的交易圈。结果，在利他主义者与利他主义者之间形成了较为持久的交往，而利己主义者只能在市场上随机游动，最后只能与利己主义者进行交易。在这种情况下，利他主义者显然可以获得更大的收益，这样，利他主义行为就会逐渐扩散开来。特里沃斯甚至指出，一个物种个体的生命期越长，就越容易遇到其他利他主义个体，该物种就越容易形成互惠合作。[②] 正因为用直接利己的手段来达到“为己”目的的“为己利己”行为机理往往缺乏效率，从而在实际应用中必然不会是普遍的。为此，爱因·兰德也指出，真正自私的个体致力于追求自己的长远利益，倾向于通过交易方式获取个人利益；相反，他不会将自身利益建筑在他人的牺牲之上，不会成为肆无忌惮的自我主义者。

再次，就“为他利己”行为机理而言，它体现为早期的功利主义行为，也是经济人假设的一般内涵。一般地，“为他利己”行为机理也存在两大缺陷：（1）把他人利益的实现建立在自利的行为上，这实际上是建立在“私恶即公益”命题之上，如市场上的商业竞争。但是，正如前面指出的，“私恶即公益”本质上是一个假命题，并且已经为实践和理论所证明，因而这种行为的真正结果往往是虚无的，“利己”的手段很可能达不到“为他”目的。（2）这种行为机理的贯彻同样需要建立在对他人效用了解的基础之上，但由

① Williamson O. E.，“Credible Commitments: Using Hostages to Support Exchange”，*American Economic Review*，Vol. 73，No. 4，1983，pp. 519 –540.

② Trivers R. L.，“The Evolution of Recipeocal Altruism”，*Quarterly Review of Biology*，Vol. 46，1971，pp. 35 –57.

于“为他”目的本身具有非常强的不确定性（因为我们实在不知道别人的偏好和效用），因而这种行为就会逐渐演化为一种“虚伪”：“为他”仅仅是借口，利己才是直接目的。在这种情况下，往往会借口为了他人的长远利益而不惜损害其现实利益，如中国古代父母为女儿的缠足行为。可见，正如第七章、第八章指出的，“为他利己”机理实际上是把人类行为的目的和手段颠倒了，因而基于“为他利己”行为机理的互动结果很可能与基于“为己利己”行为机理一样。在很大程度上，这两种行为机理往往合二为一，从而也不可能是现实生活中占支配地位的行为机理。

最后，就“为己利他”行为机理而言，这是本书致力阐发的人类行为机理。显然，一方面，每个人都知道自己在特定时间、特定地点、特定背景下的偏好以及效用大小，每个人可以更好地设定自己的目标，因而“为己”目的本质上是确定的；另一方面，为了更好地达到这种目的，具有社会性的人根本的行为方式就是与人合作，有时甚至不惜牺牲自己的短期利益。因此，这种“为己利他”的行为机理不但具有合理性，而且具有现实性，它体现了动物性本能和亲社会性的结合。美国学者 L. S. Stavrianos 就指出：“人类组成了血族社会才是脱离动物界的标志。在血族社会中人与人的关系已经由合作代替了搏斗和竞争，在获得食物和性伴侣中出现了不同于动物的规律，这种规律实际上便是道德的最初形态。”[①] 事实上，正如王海明所说：“卖真药，是以利他为手段；卖假药，是以损人为手段。就这一社会活动的行为总和来说，如果卖假药多于卖真药，那么，每个人买假药的几率就会多于买真药的几率，因而所受的损害就会多于所得到的利益。……这样一来，药铺就会倒闭了，药品买卖的社会活动便不可能存在了。”[②] 因此，既然药品买卖活动还存在，显然这就意味着，卖真药的利他手段是社会的主流。而且，“为己利他”行为机理也体现了伦理学上的“爱有差等定律”：谁给我的利益和快乐较少，谁与我比较远，我对谁的爱必较少；谁给我的利益和快乐较多，谁与我比较近，我对谁的爱必较多。[③]

---

① 转引自茅于轼《中国人的道德前景》，暨南大学出版社 1997 年版，第 67 页。

② 王海明：《人性论》，商务印书馆 2005 年版，第 124 页。

③ 同上书，第 13 页。

因此，通过对这四类行为机理比较分析就可以知道，它们在现实生活中的实际存在性是不一样的：“为己利他”行为机理像爱心普照人间，“为他利他”行为机理像星星般稀少，“为他利己”行为机理则充斥了口是心非者，“为己利己”行为机理则将导向社会黑暗。笔者用图 17—1 做形象的表示。琼·罗宾逊就指出：“就物种的生存而言，任何动物都一定有某种程度的自私自利性——一方面有为自己获取食物并捍卫自己生计的强烈欲望，以及将这种自私欲望爱屋及乌地扩展到家族身上——因之也会为了自己的伴侣和孩子的利益而斗争的欲望。另一方面，除非这种逐利行为因为对他人的尊重和同情而有所减轻，否则就不可能有社会生活。一个绝对自私的社会将分崩离析；完全利他的个体不久也会饿死。虽然这两种截然相反的趋势之间存在冲突，但每种趋势都有存在的必要，所以必须有一套使它们并行不悖的规则。此外，还必须有某种机制可以使个人在他人利益与自己的眼前利益发生冲突时，遵循这些规则。”①

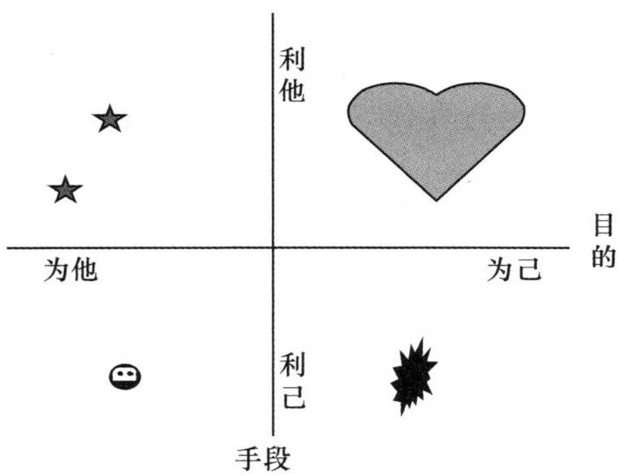

图 17—1　四种行为机理现实存在的形象化表示

事实上，“为己利他”行为机理本身就是从儒家基于“己所不欲，勿施于人”的道德黄金行为以及斯密基于同情心的“克己”行为中提炼出来的。弗尔德瓦里就对斯密的“同情心”和纯利他主义做了界分：一个纯利他主义者的行为只是为了避免不利的影响，但这种行为并不会给他

① 琼·罗宾逊：《经济哲学》，安佳译，商务印书馆 2011 年版，第 2 页。

带来正的效用；相反，“同情心”者则可以从帮助他人或增进他人利益的行为中获得正的效用。相应地，由纯利他主义者构成的社区就会出现悖论：某个成员不知道是否该为了别人而牺牲自己的消费，还是在知道减少消费会使别人不高兴的情况下进行消费。相反，在一个由“同情心”者构成的社区则没有这种悖论，因为他们的效用函数既包括了自己的消费，也有选择地包括了别人的消费，每个人都在这两者之间寻求平衡。同时，由“同情心”者构成的社区也明显优于由“经济人”构成的社区，理由是：一个冷漠的“经济人”在没有风险的情况下会利用机会偷窃他人的物品，因为对别人的不利影响不会影响他的效用函数；进而，当某人的效用因为别人遭受苦难而提高时，就会产生出消极的同情心或厌恶感，不仅对受害者漠不关心，而且还会心生厌恶感。①

可见，尽管基于目的和行为手段的两维关系，我们可以将人类行为机理归纳为四种基本类型：为己利他、为己利己、为他利他、为他利己；但显然，“为己利他”行为机理更可行且合理，从而是人类社会的基本行为方式。社会学大家涂尔干就指出：“遵守道德就意味着履行责任，任何责任都是有限的，都会受到其他责任的限定：如果我们为他人所做的牺牲太多，就不免自暴自弃；如果我们过分地发展自己的人格，就不免自私自利。”② 同样，法学家富勒将人类的道德分为愿望的道德和义务的道德。其中，愿望的道德体现了人们对德性的追求，而义务的道德往往源自人类互动中产生的互惠关系。富勒认为，法律就是在两者之间的分界线：“在其下，人们将因失败而受谴责，却不会因成功而受褒扬；在其上，人们会因成功而受嘉许，而失败却顶多会导致怜悯。”③ 当然，这种义务的道德是最低层次的道德，现实生活中人们的行为道德往往要等于或高于这个义务道德，从而也就体现了人们之间互惠合作的关系，而人类社会分工的产生以及协作系统的形成就是“为己利他”行为机理在现实生活中得以应用的结果。如果利用主流经济学所倡导的“显示性偏好”

---

① 弗尔德瓦里：《公共物品与私人社区：社会服务的市场供给》，郑秉文译，经济管理出版社 2011 年版，第 109—110 页。

② 涂尔干：《社会分工论》，渠东译，生活·读书·新知三联书店 2000 年版，第 195 页。

③ 富勒：《法律的道德性》，郑戈译，商务印书馆 2005 年版，第 50 页。

原理来解释的话，人类社会的分工和合作就体现了“为己利他”的行为机理。

第三节　“为己利他”行为机理的一些推论

上面指出了“为己利他”行为机理在现实生活中的普适性存在，从而可以提供理解现实行为及其相应现象的分析框架。当然，一个好的理论不仅可以对现实提供事后解释，更应该能够对行为或现象进行事前预测，并能够对人类实践提供理论指导，从而可以导向一个更为合理的社会境地。显然，“为己利他”行为机理正可以提供这些功能，因为它充分地考虑了个体的亲社会性，而个体亲社会性的强弱又与互动的收益结构、交易频率以及理性程度等有关。因此，通过对这些因素的梳理和考察，我们就可以依据“为己利他”行为机理而推导出一些有关人类行为的基本认知，从而更好地理解和预测多元化的人类行为，并发现现实生活中所存在的问题。

特里沃斯在分析一般生物的互惠利他主义时，也探讨了影响互惠利他主义的一些生物学参数，包括生命期长度、分布率、相互依赖的程度、父母的关爱、支配性等级、战斗中的援助，等等。[①] 这些生物性因素在人类社会中同样存在，同样会影响个体间的合作行为。[②] 当然，在考虑人的合作行为时，不仅要考虑生物性因素，也要考虑社会性因素。事实上，Branas-Garza 等人的独裁者博弈实验就表明，社会化程度越高的受试者往往表现出越高的利他性。[③] 因此，结合人类的社会性和生物性双重因素，我们就可以从“为己利他”行为机理获得一系列的推论，这些推论有助于我们对行为的预测，也有助于通过对现实的比较来发现现实世界中存在的问题。

---

① Trivers R. L.，“The Evolution of Recipeocal Altruism”，*Quarterly Review of Biology*，Vol. 46，1971，pp. 35－57.

② Campbell J. H.，*Human Evolution*，Chicago，IL，1966：Aldine；Lee，R. & I. Devore，*Man the Hunter*. Chicago，IL：Aldine，1968.

③ Branas-Garza P.，Cobo-Reyes R.，Espinosa M. P.，Jimemenez N.，Kovarik J. & Ponti G.，“Altruism and Social Integration”，*Games and Economic Behavior*，Vol. 69，No. 2，2010，pp. 249－257.

公设 1：就个体特性而言，一般地，个体的亲社会性越强，就越愿践行“为己利他”行为机理。

按：个体的亲社会性越强，对人类社会的整体性联系的认识越深；同时，其社会性需求的实现也越依赖于迂回方式，从而越需要基于互惠合作。一般地，亲社会性往往是直接或间接经验的产物，因而根据公设1，我们可以得到两个进一步的推论。

推论 1—1：一般来说，教育程度越高，亲社会性越强，就越愿践行“为己利他”行为机理。

按：协调合作是社会发展的基本动力，[①] 而如何增进社会的协调和合作以提高集体生产力则往往依赖于人文教育。事实上，公共教育的根本任务就是提高人们对相互依赖性的认知，从而提高他们的亲社会性，并训练他们进行更好的合作。正因如此，社会化的公共岗位往往需要达到一定教育程度的人士担任。当然，在特定时期（如当前）的公共教育并不一定会提高人的亲社会性，而这恰恰反映出教育本身已经被异化：教育已不再是出于推动社会发展的目的，而是沦落成为个人谋取私利的手段，以致蜕化成为一种工具主义式的技能培训。

推论 1—2：一般来说，年龄越大、阅历越丰富，亲社会性越强，就越愿践行“为己利他”行为机理。

按：在一个合作性较强的良性社会中，社会经验往往是年龄的增函数，如刚出生的婴孩就因缺乏社会经验而表现出十足的利己主义倾向；而且，越追溯往古，源于直接经验的亲社会性也就越重要，以致古代社会中担任重要岗位的往往都是那些年长者。当然，如果社会中的功利主义盛行，那么社会经验往往会起相反的作用，它不断强化个体的机会主义潜能，这也是常常会出现“老奸巨猾”的原因。

公设 2：就对方特性而言，一般地，对方的亲社会性越强，就越愿践行“为己利他”行为机理。

按：“为己利他”行为机理具有非常强的互相性，人们往往愿意奖励那些合作者而惩罚那些背信者，这是“为己利他”行为机理得以扩展的重要机制。一般地，互动方的亲社会性又可以从两个方面看出：一是他

---

① 朱富强：《有效劳价值论：以协调洞悉劳动配置》，经济科学出版社 2004 年版，第 2 章。

相对于“我”所采取的态度和行为方式，二是他相对于“他人”所采取的态度和行为方式；因而根据公设2，我们可以得到两个进一步的推论。

推论2—1：一般来说，对方对自己的态度越友好，就越愿践行“为己利他”行为机理。

按：人们往往愿意友好对待那些友好待己的人而歧视那些歧视自己的人，这也就是“行为的相互主义”，这不仅一直为“以牙还牙”“投桃报李”等道德习俗所宣扬，也为现代大量的行为实验所证实。[①] 当然，人类社会中也存在“以德报怨”“恩将仇报”等现象，但是，（1）这类现象毕竟不是普遍现象；（2）这类现象也是在特定时空下社会发展被扭曲的产物。

推论2—2：一般来说，对方对他人的态度越友好，就越愿践行“为己利他”行为机理。

按：当人们乐于见义勇为和惩恶奖善时，实际上就树立了一种追求合作的品牌，从而也会引导他人与他进行合作，这种行为也就是行为经济学中关注的“强互惠”现象。许多实验都表明，人们宁愿获得较少的收益也愿意与那些以前表现友善的人进行交往。[②] 当然，人类社会中也存在“畏强凌弱”“欺善怕恶”等现象，但同样，（1）这类现象毕竟不是普遍现象；（2）这类现象也是在特定时空下社会发展被扭曲的产物。

公设3：就双方关系而言，一般地，互动双方的私人关系越紧密，就越愿践行“为己利他”行为机理。

按：个体之间的关系越紧密，意味着社会距离越短，从而越能够协调行动。同时，相互之间的利益联系越紧密，越容易发展出相互依赖性。一般地，个体间关系往往来自于共同生活背景、共同的爱好等，而这种生活背景和偏好等可以源于天然的亲缘关系，也可以是后天的志趣培养，因而根据公设3，我们可以得到两个进一步的推论。

推论3—1：一般来说，互动双方的亲缘关系越强，私人关系就越密

---

① Rabin M.，“Incooperating Fairness into Game Theory and Economics”，*American Economic Review*，Vol. 83，1993，pp. 1281 – 1302.

② Kahneman D.，Knetsch J. & Thaler R.，“Fairness and the Assumptions of Economics”，*Journal of Business*，Vol. 59，1986，pp. 285 – 300.

切，就越愿践行“为己利他”行为机理。

按：个体之间亲缘关系本身就是在共同的生活环境中逐渐形成的，在未来的生活中也存在千丝万缕的联系；同时，共同的生活背景和文化熏陶也有助于培养共同情感和相互合作，从而培养出亲缘利他主义。例如，汉密尔顿就证明，亲缘关系程度是其选择行为的重要参数。①

推论3—2：一般来说，互动双方的共同偏好越多，私人关系就越密切，就越愿践行“为己利他”行为机理。

按：个体之间的共同偏好有助于增进双方的交流，结成深厚友谊或利益同盟，从而容易形成一个“大己”；事实上，“德缘共同体”就是由共同志趣形成的精神团体，而各种行会等则是由共同利益形成的利益集团。这些团体往往对外展开共同行动，对内则进行协作。

公设4：就互动特性而言，一般地，个体之间的互补性越强，就越愿践行“为己利他”行为机理。

按：个体之间的互补性越强，意味着他们间博弈的变和性越强，从而越能通过做大蛋糕而实现帕累托改进，各方进行合作的动力和激励也越强。一般地，这种互补性与个体在其自身特性和需求类型的异质化有关，因而根据公设4，我们可以得到两个进一步的推论。

推论4—1：一般来说，个体间的异质性越高，互补性越强，就越愿践行“为己利他”行为机理。

按：个体间越异质化，个体之间的互补性就越强，相互之间的利益相关性也就越强，因而通过合作获得的收益也就越大。同时，个体之间的异质化也是分工的基础，事实上，传统社会的分工之所以受到限制，也就在于个体的异质化程度不高。②

推论4—2：一般来说，个体的需求层次越高，互补性越强，就越愿

---

① Hamilton W. D.，“The Genetical Evolution of Social Behavior”，*Journal of Theoretical Biology*，Vol. 7，1964，pp. 1 – 52.

② 古典分工理论认为，人口数量越多越有利于社会分工，这是城市起源的根本原因。但是，这种理论仅仅适应于古代社会，此时人类分工主要依赖于体现为体力异质化的人。然而，到了现代社会，分工主要不是在差异化的体力或简单的脑力之间，而是体现为更为复杂和异质的脑力，这就需要包括人力资本在内的广义社会资本的积累。事实上，中国人口如此众多，但整个社会的分工又如此无序，以致不断爆发低水平的重复建设以及低档品过剩的需求不足危机，也主要是整个社会人员同质的问题。

践行“为己利他”行为机理。

按：需求层次越高、需求越多样化，不同的需求之间的互补性就越强，从而更容易形成合作。其实，教育之所以能够提高受教育者的亲社会性而增进社会合作，一个重要原因就是教育提高了受教育者的需求层次：从物质需求转向了精神需求；同时，不同类型和层次的教育又促进需求多样化，各种需求之间的互补性更强。[①]

公设5：就互动频率而言，一般地，社会互动的频率越高，“为己利他”行为机理就越容易得到践行。

按：个体之间互动越频繁，社会性就越高，利益的互补性也越强，因此，人们也更愿意通过合作来增进自己的利益，这也是重复博弈理论所揭示的。一般地，这种互动频率的高低与组织规模的大小和成员之间的文化认同有关，因而根据公设5，我们可以得到两个进一步的推论。

推论5—1：一般来说，共同体规模越小，互动越频繁，“为己利他”行为机理就越容易得到践行。

按：共同体规模越小，成员的利益越相关，日常的互动也越频繁，更容易形成道德共同体。正因如此，“为己利他”行为机理首先滥觞于家庭之中，而后扩张到五缘共同体。相反，在大型的企业组织中，由于成员之间的互动较为稀疏，往往形成一种基于等级制的命令和控制式的关系；同样，在一个大的社会中，也往往采用普遍主义的抽象规则，建立基于个体主义的道德秩序。

推论5—2：一般来说，组织的文化越浓郁，互动越频繁，“为己利他”行为机理就越容易得到践行。

按：组织内文化的认同性越强，组织成员越易通过移情感受他人需求，越倾向于把共同体视为扩大的“己”，从而采取“为己利他”行为机理。譬如，日本企业往往比西方企业更重视企业文化的建设，因而其成员采取“为己利他”行为机理也就更明显。同样，家族企业中文化往往

① 教育的主要目的绝不是为了提高受教育者获取物质利益的能力，相反，其根本作用是影响人的偏好。因此，不能像主流经济学那样简单地基于个人的成本—收益分析来解释教育的需求和供给，并以此来判断教育的过剩和不足，而那些基于成本—收益思维而主张教育产业化的人则更是等而下之了。

较为浓郁，因而也更有利于其成员采取“为己利他”行为机理。

公设6：就社会发展而言，一般地，社会发展水平越高，“为己利他”行为机理就越容易得到践行。

按：社会发展水平的提高使得人们的需求得以从物质层次上升到尊重和实现等精神层次，而这类需求的互补性更强。同时，社会发展水平的提高也使人类需求从私人领域日益转向公共领域，而公共领域的需求更加依赖于合作。一般地，这种社会发展水平体现在社会整体生活水平以及个人相对生活水平两个方面。根据公设6，我们可以得到两个进一步的推论。

推论6—1：一般来说，社会的整体生活条件越高，“为己利他”行为机理越易践行。

按：当物质极度匮乏之时，人们首先追求的是生理需求的满足，由于这种需求存在很强的争夺性，从而“为己利他”行为机理难以有效展开；相反，随着社会的发展、生产力的提高，人们可以摆脱对稀缺性物质的争夺，更好地追求那些体现生命永恒的需求，从而也更容易采取“为己利他”的行为机理。①

推论6—2：一般来说，个人的相对生活水平越高，“为己利他”行为机理越易践行。

按：个人的生活水平越高，拥有的财产就越多，个人消费后剩余的也就越多，从而越有能力从事慈善事业。同时，社会赋予他们的优势地位，也使他们更愿意成为社会的榜样，从而逐渐训练出节制和慷慨的品德。事实上，大量的生活现象也表明，富人捐赠的比例更高，也更愿意为环境保护、减少污染等公共设施出钱投资，这也是智猪博弈所揭示的道理。②

公设7：就社会结构而言，一般地，社会结构越有序，“为己利他”

---

① 现代社会的争斗性似乎并不弱于历史上的某些时期，这在很大程度上体现了一种异化，因为社会的发展尤其是精神需求方面的发展也面临着一个否定之否定的轨迹。

② 在当前中国社会中“为富不仁”现象却比较普遍，这在很大程度上是特定历史时期的短暂现象：（1）近百年的社会动荡尤其是社会主义革命摧毁了传统的显贵家族，而那些富人大多数是新近的暴发户，他们大多还处于追求积累财富的阶段而没有上升到从事慈善事业的层次；（2）不断变动的社会经济环境使得这些富人的社会地位具有很大的不确定性，而为了维护其社会地位，这些新贵们就努力把握一切稍纵即逝的机会来增大其财富而不是分散财富，甚至会为显示其社会地位而相互斗富。正是由于中国的富人们还没有培养出从事慈善事业的基本偏好，这就引发出了一些重要社会问题，如人们普遍的所谓“仇富”现象就是一个显证。

行为机理就越容易得到践行。

按：社会结构状态往往影响人们的互动关系，平等而有序的社会结构使得人们的地位和能力更为平等，更容易预测对方人的行为反应，从而更愿意且能够采取合作而非掠夺的方式增进自身的收益。一般地，社会结构的平等和有序程度主要与社会收入分配、保障体系以及社会成员的构成有关，因而根据公设7，我们可以得到两个进一步的推论。

推论7—1：一般来说，社会收入分配越公平、社会保障体系越发达，“为己利他”行为机理越易践行。

按：当收入极不平均时，社会成员对公共品的投资能力和需求就相差悬殊，因而利他性和互惠性就不足以促成较高的努力水平。同时，由于社会经济地位的悬殊，带来社会和政治力量的不平等，因而会破坏共同监督和制裁的有效性。相反，在一个收入相对平均的社会中，羞愧心理将发生显著效果，使得成员不愿意成为一个单纯的“受赠者”而不是“救助者”。例如，有关美国教堂、本地服务、政治团体以及提供本地公共品的社群组织参与度的近期研究就表明，在收入分配比较平均的地区，这些团体的参与度就比较高。[①]

推论7—2：一般来说，社会成员的种族背景越复杂、种族隔离程度越高，“为己利他”行为机理越难践行。

按：种族的差异往往会导致社会收入的差异，从而降低互助的能力；种族间的隔离导致互动频率的降低，从而又降低了互助的意愿。同时，种族之间的文化差异使得社会凝聚的文化纽带松懈，除了法律制裁以外的社会、心理制裁往往不起作用，从而加剧人们之间的机会主义。关于种族差异对社会合作的影响，我们可以比较一下美国和欧洲的情形；而关注种族隔离对社会合作的影响，我们可以比较一下美国和南非的情形。[②]

---

① Alesina A. & La Ferrara E., “Participation in Hetterogeneous Communities”, *Quarterly Journal of Economics*, Vol. 115, No. 3, 2000, pp. 847 – 904.

② 美国社会因为存在大量的天然种族共同体，为了防止种族共同体间的排斥对抗，美国社会就转向对个体主义的强调，试图在健全法律的基础上实现个体间的交往信任。不过，基于法律的带字符信任在很大程度上是粗放式的，因而信任程度就存在一定的上限，每当突发事件爆发，这种信任的脆弱性就会暴露出来。

公设8：就社会制度而言，一般地，社会制度越成熟、完善，“为己利他”行为机理越容易得到扩散。

按：社会制度越成熟、完善，市场交易越频繁，社会分工越深化，社会成员之间的利益关联也更紧密；此时，更便于通过“利他”来实现“为己”目的，更有利于实现“义以生利”这一黄金准则。一般地，社会制度的完善包含了正式的法律规章健全和非正式的市场伦理成熟这两个方面，因而根据公设8，我们可以得到两个进一步的推论。

推论8—1：一般来说，法律制度越健全，“为己利他”行为机理越容易得到扩散。

按：法制越健全，产权关系才越明确，越容易对那些实行机会主义的不合作行为进行惩罚，从而更有助于强互惠行为的出现；而且，在发达的市场中，信息交流和传播机制都很健全，人们可以对互动者的行为进行甄别，便于强互惠行为的扩展和社会化。

推论8—2：一般来说，市场伦理越成熟，“为己利他”行为机理越容易得到扩散。

按：市场伦理本身就体现了人本主义的基本精神，其基石就是“己所不欲，勿施于人”。市场伦理的成熟，意味着人们更追求通过合作来实现自己的诉求，并将市场伦理内化为自身的行为基点，有助于促进分工半径的扩展，并促使“为己利他”行为机理的实施范围不断扩大。

公设9：就社会文化而言，一般地，个体本位主义越严重，“为己利他”行为机理越难以得到扩散。

按：个体本位主义往往只关心“小我”，并将其他人和物当成自我实现的工具。在这种社会中，就充满了争斗性和排斥性，从而很难形成持续有效的合作。一般地，这种个体本位主义主要是伴随商业主义和市场竞争主义而产生的，商业主义促进了物质文明和金钱理性的偏盛，而市场竞争主义则带来了对相对效用的欲求。根据公设9，我们可以得到两个进一步的推论。

推论9—1：一般来说，商业主义越发达、物质文明和金钱理性越偏盛，“为己利他”行为机理越难以得到扩散。

按：在商业主义偏盛的社会，人们根本上注重的是物质性需求，这种物质性需求因稀缺性而具有内在的冲突性；同时，这种需求往往不仅停留在生理满足方面，而且会进一步上升到心理层面，以致物质成了无限欲求的对象而形成金钱拜物教，这些都会进一步增加相互冲突的欲求之间的争斗性，必然导致行为功利主义的盛行而使"为己利他"行为机理萎缩。

推论 9—2：一般来说，市场竞争越激烈、相对效用的欲求越强烈，"为己利他"行为机理越难以得到扩散。

按：市场竞争引发的征服和控制欲使得人们对那些固有位置进行争夺，从而导致了相对效用主义的盛行。显然，由于位置是一定的，在对位置效用的争夺中各方的利益也是对立的，从而无法通过"利他"的手段实现"为己"的目的。实际上，这种情形又回到了零和博弈，在这种情形中，每个人都要试图通过最小最大化策略来防止受到他人损害并尽可能地损害对方，从而必然滋生出严重的机会主义行为。

最后，我们可以对经济人假设和"为己利他"行为机理的适用性做一比较说明。一般地，经济人分析框架比较适应于大规模的市场经济行为，这是因为：（1）市场经济中的主要追求是物质利益，物质利益的分配本身是冲突性的，从而形成了较强的零和博弈关系；（2）市场经济中的交易互动往往是零星的，零星的互动基于行为功利原则，从而难以进行基于长期利益的信誉投资；（3）市场经济中的行为主体之间往往是匿名的，这种伦理不相关性使得行为者很难建立起特殊的私人关系，从而更愿意遵循一般的行为规则。事实上，布坎南也指出："作为商品和服务的买者或卖者，人在市场上的行为较好预测些，因而要比其他方面的行为更容易进行科学的分析。就个人的'经济'行为来说经济理论是一门精确的科学"；但是，"社会科学家力求解释社会制度和这些制度下的人类行为，因而面对着特别难以对付的问题。……只要人能够选择而且的确进行选择，科学家就不能准确地预测或解释他的行为。除了这种复杂性外，人的行为还受到几乎是无穷的因素的影响，所以，要预测人的行为，哪怕只是大致准确地预测，也是极其艰巨的事业"。① 在很大程度上，本书提出的"为己利他"行为机理更有助于对社会行为的分析。

---

① 布坎南：《民主财政论》，穆怀朋译，商务印书馆 2002 年版，第 178 页。

第四节 结语

“为己利他”行为机理将人类个体的动物性本能和亲社会性结合起来，从而具有两方面的重要意义：(1)“为己利他”行为机理更准确地揭示现实世界中人的行为特征，从而是对人类行为方式所作的更为合理的提炼和抽象。事实上，在现实生活中，人类的行为并非如经济人假设那样基于一般性的抽象规则，而是呈现出明显的差序性。显然，基于“为己利他”行为机理，我们可以更容易认识人类社会关系中的这种差序性。究其原因，正是亲社会性的存在，使得同一个体在处于不同社会关系以及担当不同角色时所采取的行为往往是不同的。同时，“己”的内涵和外延也是可变的，社会互动的加强以及欲望层级的提升都会导致“己”的圈层扩展，从而形成不断膨胀的“大我”。(2)“为己利他”行为机理更有利于指导人们的日常行为和社会实践，因为它提供了一个规范行为的清晰而合理的标准。事实上，在现实生活中，人类的行为并非如经济人假设那样基于最小最大化原则来预防他人的侵害行为，而是具有明显的合作性。显然，基于“为己利他”行为机理，我们可以更容易认识人类社会活动中的这种合作性。究其原因，正是基于“为己利他”行为机理，即使在整个合作性的社会中逃避合作的成本而分享其他人的合作收益将会带来更大收益，嵌入亲社会性的个体也往往不愿意这么做。究其原因，具有社会理性的个体明白，如果这么做的话，整个社会的合作将会解体。

显然，对现实行为的解释和对日常行为的指导这两方面都反映出，“为己利他”行为机理是比经济人假设对人性更为合理的刻画，它不仅可以更好地揭示现实世界中的具体行为，而且有助于促进社会合作的持续扩展。事实上，只有“为己利他”行为机理得到践行和扩展，社会合作秩序才能持续扩展，人类社会才能持久生存下去。当然，“为己利他”行为机理被践行的程度往往与行为者的亲社会性以及行为互动者之间的关系有关。其中，亲社会性主要取决于个人的受教育程度、需求层次以及社会制度和文化伦理等因素，而双方的互动则取决于两者之间的社会关系、互补程度以及对方的亲社会性等。进一步地，结合对这些具体因素的考察，我们就可以从“为己利他”行为机理中得出一系列的推论，从而可以有效地对现实生活中的具体行为进行解释和预测。事实上，现实社会中互动的个体，不仅关注对方的行为结果，也关注对方的行动意图，其所采取的行为方式也与对方的意图有关。[①] 正因如此，结合了行为目的和手段的“为己利他”行为机理就可以很好地解释这一点，为观察和分析现实行为提供框架性思维。

① Rabin M.，“Psychology and Economics”，*Journal of Economic Literature*，Vol. 36，1998，pp. 11－46.

第五篇

经济人与“为己利他”机理的比较

前面四篇分别解剖了现代主流经济学中经济人假设的问题以及提炼出真实世界中的“为己利他”行为机理。实际上，人类理性根本上体现为考虑的长远性，它建立在“克己”的基础上，从而可以在“为己利他”行为机理上得到更好的反映，由此也可以确立行为经济学的微观逻辑基础。既然如此，西方学者为何如此偏好于经济人假设呢？为此，最后一篇从心理学基础和社会文化基础两方面对经济人假设和“为己利他”行为机理再次做一比较，进而为现实社会行为提供一个一般性的微观分析基础和框架。

第十八章

经济人范式中的理性悖论：有限理性概念的审视

【导读】经济人分析范式在理性内涵的使用上存在明显的逻辑悖论：基于行为功利主义的定义以及由此展开的行为分析实际使用的是有限理性，在理性模型的构建和宏观经济的分析上实际使用的却是完全理性。正是由于在不同场合所使用理性内涵存在如此的不一致，现代主流经济学对短期的行为评价和长期的现象预测就出现了断裂。而且，现代主流经济学试图用“无形的手”将两者沟通起来，却一直无法说明“无形的手”是如何运作的。相反，基于长期利益的实现程度和“为己利他”行为机理的实施程度这一视域，可以更好地区别有限理性和完全理性这两个概念，更好地认识现实生活中各种行为的理性程度，从而理解社会中不同程度的合作现象。

第一节　引言

现代经济学的理性分析范式存在严重的概念悖论：一方面，经济人定义上所体现的行为是只关注眼前利益的有限理性；另一方面，基于经济人所建立的理性模型却是以完全理性为基础的。这种概念悖论之所以出现就在于，现代经济学中包括理性在内的一系列词汇都是经济学自身创立的，它将原本就有的普通词汇赋予了特殊含义而转化成专业词汇，在一些经济学大家的宣传下并经过一段时间，这些词汇原先所表达的含义反而被经济学人彻底忽视和遗忘了。并且，在使用过程中，经济学人往往又倾向于根据需要而随时赋予所创造的词汇、术语以特定的内涵。例如，有经济学人就将理性行为定义为：与他们创设的模型保持一致的行为，而将除此之外的行为都视为非理性的。但显然，这种理解往往有别于社会大众以及社会科学其他分支学科的学者的认知。同时，一些主流经济学家试图通过创设新的理性词汇而将人类社会重塑为其所认可的模式，如把市场主体打造成随时准备基于计算理性而展开行动的原子个体。但显然，这也很不成功，原因是，它根本上不能反映人类的实际行为，从而在解释和预测上就必然会遇到逻辑障碍。正因如此，凯恩斯很早就非常反感于经济学中的语言帝国主义，他希望直接使用人们日常生活中使用的语言。事实上，在日常生活中，不同个体的行为往往存在理性和非理性的不同，也有理性程度的差异，理性的程度则往往体现在长远利益的实现程度以及实现长远利益所具有的认知和意志上。因此，本章就经济人范式内含的概念悖论做一简要剖析，并结合日常经验和行为实验来探究人类理性的真实内涵，从而提供一个识别行为理性与否及其程度的可行标准。

第二节 “经济人”范式中的理性内涵及其悖论

现代主流经济学将其理论体系建立在经济人这一基石之上。经济人把人性刻画为自利的和理性的：一方面，它将人类还原为孤立的动物个体，这种动物个体只关心自身的生理需求，并凭借各自力量而为此展开残酷竞争；另一方面，经济学又赋予这种动物以超人般的理性，这种理性足以权衡它所获得的各种信息，从而可以实现人类社会的和谐一致。正是基于这种定义的人性假设和理性概念，现代主流经济学把任何人类行为都视为理性的，尤其热衷于为市场上的任何逐利行为进行辩护。米塞斯指出：“根据定义，行动总是理性的。只是因为从自己的评价的角度看行动的目标是不值得追求的，就把它们称为非理性的，这是毫无根据的。这种表达的模式引起了严重的误解。”① 然而，这种人性假设却内含了明显的悖论：一方面，经济人假设源于行为功利主义，它从一次性行

① 米塞斯：《经济学的认识论问题》，梁小民译，经济科学出版社2001年版，第33页。

为的后果来判断行为的合理性，而这种只考虑短期收益的经济人最多是有限理性；另一方面，现代主流经济学又“似乎”把经济人视为完全理性的，此时经济人就成为上帝的化身，可以实现长期的收益最大化。

首先，就流行界定的有限理性而言，经济人行为往往只是关注一次性或少数次互动的收益而忽视长期收益。事实上，正是基于这一基本含义的理性经济人，现代主流经济学往往将鸽子、猴子、老鼠等动物的行为都视为是理性的，一些学者还做了不少实验来证明这些动物的行为是理性的。[①] 问题是，常识告诉我们，动物们无法考虑长期利益，更不能按照动态最优化原则行动，这是斯密早就做了说明的。其实，既然现代主流经济学用经济人概念将人类行为和一般动物行为统一起来，而动物的行为本身又是短视的；那么，在这种思维的指导下，不仅个体不可能实现他的长期利益最大化，而且人类社会也无法达到帕累托最优的状态。正因如此，经济人行为将会使得整个社会陷入囚徒困境之中，以致森将经济人视为“理性的傻瓜”。不过，人毕竟不是一般动物，真正的理性者会尽可能地考虑自己的长期利益，而不会像傻瓜一样行事。

其次，就建模上的完全理性而言，理性模型中的行为几乎纳入了所有能够考虑到的信息并遵循形式逻辑原则。事实上，正是基于理性模型的逻辑，现代主流经济学认为，市场中存在一只“无形的手”，在它的预定协调之下，个体的逐利行为可以导向社会帕累托改进乃至社会财富的最大化。问题是，尽管现代主流经济学认为市场这只“无形的手”可以引导资源的有效配置，却根本没有揭示“无形的手”究竟是如何对资源进行有效配置的，而只是诉诸一种先验的假设或者引入一个万能的上帝。其实，正是由于“私利即公益”命题的流行并为经济学人所广泛接受，现代主流经济学开始热衷于用行为功利主义来为个人的自利行为辩护。结果，现实世界中的机会主义行为日益偏盛，日常行为和社会规则背后往往潜伏着形形色色的道德风险，人类经过上万年社会互动才逐渐形成的那种自制力和利他性在相对短暂的商业资本主义冲击下也快速消逝。

那么，个体的逐利行为果真可以实现社会公益的最大化吗？无论是

---

① Kagel J. H., Battali R. C. & Green L., *Economic Choice Theory: An Experimental Analysis of Animal Behaviour*. Cambridge & Newyork: Cambridge University Press, 1981.

理论逻辑还是实践事实，都给出了否定的回答。（1）经济人假设的理论有效性已经遭到了18世纪的哲学家孔多塞，19世纪的数学家道奇森，[①] 20世纪的福利经济学家阿罗和森，计量经济学家布莱克以及信息经济学家维克瑞等人的逻辑否定，他们的理论都证明了社会上存在着这样一个不争事实：正是从个体理性的功利主义出发，导致了社会合作的困境。[②]（2）经济人行为的现实合理性也已经遭到了森、宾默尔、卡尼曼、塞勒、鲍尔斯、金迪斯、弗农·斯密斯这些伦理经济学家、行为经济学家以及实验经济学家的质疑，宾默尔甚至把纳什均衡和囚徒困境称为一场学术灾难，因为纳什把自利作为其推论的前提，使许多人误认为这是对人性的真实刻画。相应地，就需要思考另一个问题：为何“无形的手”会失效呢?

其实，探究整个社会福利的现代宏观经济学源自凯恩斯。在凯恩斯看来，人因非理性而会产生货币幻觉，这种幻觉会导致经济的波动。为此，凯恩斯经济学就主要探究针对具体经济问题的相机抉择政策，它应对的是短期萧条经济，解决的措施也基本上是治标的，具有强烈的工具主义和操作主义特性。例如，舒马赫指出，“就任意一件事而言，经济学的判断重视短期远大于长期，因为在长期，正如凯恩斯语气轻松实际上却残忍地说，我们都会死”；“更有甚者，经济学处理商品的根据是其市场价值，而不是根据商品真正的内涵”。[③] 不幸的是，自从20世纪70年代凯恩斯经济学重新经过新古典经济学的理性思维改装之后，现代主流经济学就开始认为，一个个有限理性片段结合在一起就可以达到完全理性；于是，一些主流经济学家就开始极力鼓吹这种有限理性并将之运用于实践之中，结果反而严重误导了社会实践，使得社会经济发展日益陷入到囚徒困境之中。

那么，人类社会是否就不能摆脱这种囚徒困境呢？当然可以，关键

---

① 道奇森（C. L. Dodgson）也就是《爱丽丝漫游仙境》的作者刘易斯·卡罗尔（Lewis Carroll），后者是他的笔名。

② 德尔、韦尔瑟芬：《民主与福利经济学》，陈刚等译，中国社会科学出版社1999年版，第97页。

③ 舒马赫：《小的是美好的：一本把人当回事的经济学著作》，李华夏译，译林出版社2007年版，第27、28页。

就在于充分发展人的理性。在很大程度上，经济人假设的根本性缺陷就在于：它只是静态地理解人性，而没有看到人性的发展；相应地，它只是揭示了人性的浅层特征，而忽视了人性的深层特征。法国哲学家和历史学家菲雷（F. Furet）就指出，同质经济学是一个“有关人类的贫乏模型”：（1）它完全不考虑所有心理层次上的因素，尤其没有考虑到文化层面上的因素；（2）它忽视了根植于人类行为根源的积累经验的复杂性。[①]然而，由于知识结果的狭隘或者对抽象逻辑的偏好或者其他因素，迄今为止，大多数经济学人依然不愿放弃基于经济人假设的抽象研究范式，依然无法通过诉诸传统的社会性、责任以及美德来缓和正潜滋暗长的社会失范问题，依然局限于工具合理性的发展而弃交往合理性于不顾，甚至把带有社会性字眼的交往合理性都视为一种巫术，从而不属于科学研究的范畴。

可见，现代主流经济学的经济人分析范式存在明显的逻辑缺陷。谢拉·道指出：“主流经济学在理论和应用上存在一个明显的分歧，无论是理论模型还是应用模型都是非常片面的。”[②] 究其原因，经济人分析范式中同时蕴含着有限理性和完全理性两种内涵，正是这两个理性概念之间的不一致，使得现代主流经济学在对短期的行为判断和长期的行为预测之间就必然会出现断裂。事实上，尽管经济学家把人类个体都视为“自利”的，但“自利”概念的使用本身就存在着是最大化长远利益还是最大化短期自利的巨大差别。显然，现代主流经济学中的“自利”概念主要着眼于短期利益，因而这种短视的经济理性一直受到质疑和批判。例如，普特南强调：“现代版本的‘经济人’既不是真正理性的，也不是真正按照他或她的自利行动的。”[③] 同样，怀特海将之称为“理性的吊诡”：“现代知识的专业化就是训练人的思维去遵守方法论。17世纪历史性革命与更早时期对自然主义的反响，都是超越中世纪知识阶层所迷恋抽象概念的例子。这些较早时期所具有的理性主义之理想，并没有追求到它。

① 转引自盖内里《模型化与经济理论：演变与问题》，载多迪默、卡尔特里耶编《经济学正在成为硬科学吗》，张增一译，经济科学出版社2002年版，第122页。

② Dow S. C.,“Pluralism in Economics”, in Palgrave Macmillan ed., *The New Palgrave Dictionary of Economics*, London: Macmillan Press, 2008.

③ 普特南：《事实与价值二分法的崩溃》，应奇译，东方出版社2006年版，第65页。

他们忘记了推理方法需要运用抽象作用所涉及的限制。因此，真正的理性主义必须超越自己，回归具体适时以获得灵感。自给自足的理性主义，实际上就是反理性主义。”①

第三节 “经济人”范式缺陷的行为实验审视

现代主流经济学在使用理性概念时往往根据其解释的需要而随意变换理性的内涵：（1）当经济学将所有人的行为都视为理性的时，它实际上使用了有限理性概念，因为它认为个体在每一次行为决策时都实现了条件约束下的收益最大化；（2）当经济学构建数理模型尤其是时间序列模型来作最优化和动态最优化的行为分析时，它实际上使用了完全理性概念，因为它尽可能地将各种因素都考虑进来而得出一般均衡的结论。显然，正因为在现实行为的理性解释和对数理模型的理性分析上存在理性内涵的差异，从而出现了理论和现实相脱节的现象。为了说明这一点，我们可以来看博弈论课堂中经常讲解的“1元面钞的拍卖悖论”问题，这是源于耶鲁大学教授马丁·舒比克设计的一个游戏。②

在课堂上，老师拍卖一张1元钞票，请同学给它开价，每次叫价以10分为单位；出价最高者将获得这1元钞票，但出价最高和出价次高者都要向拍卖人支付其出价数目的费用。实验结果是：1元钞票的价格一路飙升，直到终于有人认识到此博弈具有无上限性而发出惊呼，拍卖最终才落槌。其基本的竞争逻辑是：假设目前的最高价格是A出60分，而B出50分，如果就此停止，那么A将获得盈利40分，而B将损失50分；显然，B继续出价70分，如果拍卖落槌，B将获得30分，而A将损失60分；这样的过程可以一直持续下去，出价就会远远超过1元的面额。因为，假如A出价10元，而B出价10.1元，此时如果A不继续出价10.2

① Whitehead A. N., *Science and the Modern World*, New York: Macmillan, p. 200. 转引自何宗武《经济理论的人文反思》，载黄瑞祺、罗晓南主编《人文社会科学的逻辑》，台北：松慧文化2005年版，第428页。

② Shubik M., “The Dollar Auction Game: A Paradox in Noncooperative Behavior and Escalation”, *Journal of Conflict Resolution*, Vol. 15, 1971, pp. 109 – 111.

元，那么，A 将损失 10 元；而 A 如果出价 10.2 元获胜，损失将减少为 9.2 元。这样的循环会无穷下去，直到掏光除最后胜者外其他人口袋里所有的钱财，以致最后舒比克教授能够用拍卖获得的金额请全班学生吃一顿大餐。按照现代主流经济学的观点，所有人的行为都是理性的，但问题是，用远超过面额的价格（譬如说是 10 元）来购买 1 元，这种行为能够算是理性的吗?

与这种实际情形不同，主流博弈论基于无限理性的理论分析却认为，博弈方只要采取某种策略就可以用低于面额的钱买到这 1 元，从而获得收益剩余。假设如下，现有 A、B 两人的口袋的钱都是 2.5 元；运用后向归纳法，如果 A 喊价 2.5 元，从而赢得 1 元钞票，但他却亏了 1.5 元；而如果他喊价 2.4 元，B 只有喊价 2.5 元才可以取胜。由于多花 1 元来获得 1 元是不合算的，因此当 B 地喊价在 1.5 元及以下时，A 只要喊价 2.4 元就可以取得胜利。同样，A 如果喊价 2.3 元也行得通，因为 B 还是不可能在 2.4 元处取胜，A 一定会继续叫价 2.5 元进行反击；因此，要击败 A 的 2.3 元喊价，B 一定要出价 2.5 元。也就是说，2.3 元的喊价将足以击败 1.5 元及以下的喊价。同样的推理，2.2 元、2.1 元一直到 1.6 元的叫价都可以取胜。也就是说，如果 A 喊价 1.6 元，理性的 B 将预见到 A 不会放弃，非要等到价位升到 2.5 元不可；因为，既然已经损失了 1.6 元，再花 90 分获得 1 元是合算的。上面的分析表明，第一个叫价 1.6 元的人将胜出，因为这一叫价建立了一个承诺或威胁。而且，进一步分析，只要出价 70 分就可以做到这一点，因为一旦叫价 70 分，那么他一路坚持到 1.6 元就是合算的；在这种情况下，60 分及以下的对手就会觉得跟进是不合算的。显然，在这个理性分析中，只要预算是共同知识，即使每个人的预算是不同的，只要有人叫价到 70 分，这场拍卖就会结束。问题是，现实情形能够在多大程度上与上述理性分析结论相符呢?

显然，上述理论上的策略选择存在一个基本前提，即局中人都是完全理性的。相反，如果 A 完全理性，而 B 是非理性或有限理性的，那么，即使 A 叫价为 70 分，C 也可能继续往上叫价，结果，拍卖也是无法停下来的。这意味着，即使有参与者学习了主流博弈论的基本思维，并严格按照这种思维去选择博弈策略，最终也可能实现不了理想的最大收益。究其原因，任何个体不可能都是基于数理模型中所使用的那种完全理性，或者不是所有人都可以有这种完全理性。正因如此，现实生活中往往会大范围地陷入马丁·舒比克教授所设计的这种陷阱，以致"一元面钞悖论"成为一个普遍现象。例如，超级大国之间为微小的利益不断进行战略升级，美国的星空大战体系等就是如此。一般地，我们也常常把这种骑虎难下的博弈称为协和谬误，起源于20世纪60年代英法两国联合投资开发超音速协和飞机，尽管市场行情并不确定，但是，这种飞机一旦投资开发，花费就会急剧上升；并且，随着投入和研制工作深入，越难以停止投资，以至英法两国白白吞了不少苦果。再如，美国介入越南战争、阿富汗战争、伊拉克战争以及以巴冲突等都是骑虎难下的典型例子。同样，赌徒追加赌注、老虎资金对东南亚各国货币的攻击以及东南亚各国政府的保卫货币等行为，也都曾陷入一个骑虎难下的状态。

一般来说，现实生活中人们的行为往往是有限理性的，这种有限理性介于只考虑一次性行为的绝对非理性和考虑所有进程的完全理性之间。[①] 关于现实生活中的人类行为理性问题，我们也可以从实验经济学的经典案例——蜈蚣博弈实验——中窥见一斑。在下述的五阶段蜈蚣博弈中，根据主流博弈论的后向归纳理性思维，唯一的纳什均衡是（40，10），即博弈一旦开始就会马上结束。但是，1992年加州理工大学的McKelvey和Palfrey以上述参数所做的系列研究实验却得出了与这种后向归纳法很不一样的结果。他们的做法是：每一次实验各用10个参与者作为1和2两组，每一个实验者参加10次。实验结果是，实验者并不马上在第一阶段取走较多的钱而结束游戏，多数是在第二阶段和第三阶段结束。当然，实验还表明，当实验参加者越有经验时（参加过更多次实验），游戏结束得越快。[②] 结果见图18—1。

---

① 如果将考虑所有进程的行为称为绝对（完全）理性的，那么，只考虑一个进程的行为就可以称为绝对非（完全）理性。

② Mckelvey R. D. & Palfrey T. R.，"An Experimental Study of the Centipede Game"，*Econometrica*，Vol. 60，No. 4，1992，pp. 803 – 836.

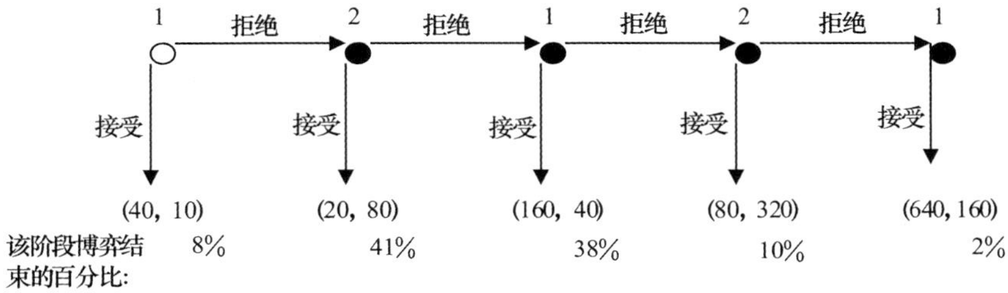

图 18—1　五阶段蜈蚣博弈实验

这些实验显然表明，很多人类行为并不遵循后向归纳的理性逻辑；同时，那些接受了经济人思维熏陶而采取策略的人往往得到更糟的结果，其行为显得更不理性。当然，在现实生活中，由于大多数人的行为都会受到社会的、文化的、制度的各种因素的影响，其行为逻辑往往都不是基于后向理性，从而在一定程度上都能够跳出这种极端非理性的行为模式。譬如，一些犯罪活动的受害人就常常愿意花费巨大的时间和精力来确保犯罪者被逮捕并判以重刑，被抛弃的情人往往也愿意支付巨大的个人代价来进行报复。显然，这些行为都与基于后向归纳的理性思维并不相符：根据后向归纳理性，犯罪者不可能再来伤害自己了，对前情人进行报复对自己也不会带来实际效用，因而既然过去的都成了沉淀成本，那么也就不必再进行追溯或报复。

为了说明人们的日常行为与后向归纳理性之间的差异，我们可以再来看一个源于凯恩斯的“选美比赛”博弈。博弈程序：一群受试者在 0—100 之间选一个整数，选的数字最接近于猜测平均数的 2/3 为赢家，可获得奖品 10 元。显然，根据后向归纳法，由于 67 是 100 的 2/3 的最大平均数，因而第一个的层次后向归纳应该把选择数的范围缩小到［0，67］；由于 44 是 67 的 2/3 的最大平均数，因而第二个的层次后向归纳应该把选择数的范围缩小到［0，44］；由于 29 是 44 的 2/3 的最大平均数，因而第三个的层次后向归纳应该把选择数的范围缩小到［0，29］；而在第四个层次，最大数为 20，以此类推，那么就可以得到唯一的纳什均衡 0。但事实上，这个数成为大家选择的结果几乎是不可能的。1995 年 Nagel 对此做了研究，她使用 14—16 岁的德国学生作为受试者发现，选择的平均是 35 左右，而许多试验对象要么选择 33（从中位数 50 开始的一步推理），或者选择 22（二步推理）；按照 Nagel 的估计，44% 的人使用第一个层次的后向归纳，39% 的人使用两个层次的后向归纳，少于 3% 的人使用多于两个层次的后向归纳，而 13% 的人不使用后向归纳。[①]

1998 年，Ho、Camerer 和 Weigelt 所做的相似实验也发现，几乎很少人会在第一轮就选择零均衡。事实上，他们也不应该选择零，否则就聪明过头了。[②] 也即，这个实验反映出，赢者并不需要完全理性，完全理性者也不一定会成为赢者；而赢的关键是要比对方多想一步，而这又需要有对方的信息。后来，Camerer 进一步以此来分析股市中的“泡沫”发生和崩溃。说明如下：首先，我们假设大部分基金经理都预期到股指的高点会在 6000 点出现，因而第一步推理就是在 6000 点之前如 5900 点卖出股票；但是，如果考虑到别人的这种动机，那么自己的最佳选择是在更低的 5800 点卖出股票，这是二阶推理；如此推演下去，应该现在就卖出股票。但是，现实世界中却很少有人会这么做。

为什么呢？Camerer 的解释是：大多数人并没有这样的完全理性，而往往只具备有限理性，因而他们通常只能运用二阶推理或三阶推理。在这种情况下，即使有些聪明的人能够运用更高阶的推理和决策，但由于他们是少数，这种更高阶的推理决策反而对己不利。因此，行为互动和演化的结果就是，二阶或三阶推理在股市上就会被确立为“正确的”行为方式并引导人们的买卖决策。关于这一点，阿瑟也有所描述：“完美理性或演绎理性，在面对复杂情况时必定会‘力不从心’，这有两个原因。第一个原因是显而易见的：当复杂性超过了一定程度时，人类的逻辑思维能力就无法应付了，这就是说，人类的理性是有限的。第二个原因是：在多个行为主体的行为是完全理性时，因此每个行为主体都不得不猜测其他行为主体将如何行动。这就是说，他们必须依据主观信念以及关于主观信念的主观信念来做出决策。因此研究不存在客观的、明确的、共同的假设了”，“现在心理学家基本上已经有了这样一个共识：在复杂的

---

① Nagel R.，“Unraveling in Guessing Games：An Experimental Study”，*American Economic Review*，Vol. 85，No. 5，1995，pp. 1313 – 1326.

② Ho T. H.，Camerer C. & Weigelt K.，“Iterted Dominance and Iterated Best-response in Experimental ‘P-beauty Contests’”，*American Economic Review*，Vol. 88，1998，pp. 947 – 969.

或不确定的情况下，人们会使用一些有自身特点的、可预测的推理方法，而且这些推理方法都不是演绎性的，而是归纳性的”。[①]

同时，为了说明影响现实生活中个体行为的具体因素，我们可以继续看一个公共品投资博弈。设置一个公共账户，4 个匿名的受试者可以把任意数量的筹码投资于该公共账户，每一轮结束后，受试者都能得到公共账户中筹码总数的40%，一共进行 6 轮。博弈开始时每个人都有 20 个筹码，这样，如果每个人都将自己的筹码全部投入公共账户，那么，第 1 轮后每个人能得到 32 个筹码，第 2 轮后则可以得到 51.2 个筹码（4 × 32 ×40%），以此类推，全部 6 轮后将得到 210 个筹码。但是，假如存在一个从不向公共账户投资的搭便车者，则第 1 轮后，他将得到 44 个（20 +3 ×20 ×40%），其他每个人得到 24 个（3 ×20 ×40%）；6 轮过后，搭便车者将得到 258 个，其他每人大约只有 60 个。显然，根据主流博弈论的理性思维，每个人都不向公共账户投资是纳什均衡，但实验表明，只有很少人符合这一推断。例如，Fehr 和 Schmidt 的实验显示，最初几轮中，投资的平均水平在 40% 和 60% 之间，随着轮次的增加，投资额有所降低，最后一轮有 73% 的个体拒绝投资，剩下的投资水平也大幅度下降。[②] 显然，这个实验反映出这样两点：（1）理性分析的理论结论并没有在实验中出现；（2）越接近结束，行为就越与理性人假设相符。

当然，实验结束后的调查表明，之所以在博弈尾声的投资率大幅度下降，大部分人声称这样做是出于愤怒，而通过减少投资来报复那些搭便车者。后来 Fehr 等人设计了一个允许对搭便车者进行惩罚的实验，受试者可以支付一定的成本来罚没某个人的筹码。在这种情况下，惩罚可以增加公共福利却要个人支付成本，这就可能产生第二种意义上的搭便车：人人都希望别人来实施惩罚而自己坐享其成。但是，实验结果却显示，惩罚行为非常普遍，而且整个投资水平也明显提高。也就是说，现实世界中每个人或多或少地都希望通过互惠合作来最大化自身收益，甚至为此愿意花费成本来对那些机会主义行为进行惩罚。显然，这反映出

① 阿瑟：《复杂经济学》，贾拥民译，浙江人民出版社 2018 年版，第 71 页。

② Fehr E. & Schmidt K. M., “A Theory of Fairness, Competition, and Cooperation”, *Quarterly Journal of Economics*, Vol. 114, 1999, pp. 817 –868.

了人类行为和其他动物行为之间的差异。其实，尽管学术界长期以来热衷于用亲缘利他主义、互惠利他主义、共生利他主义等来对普遍合作现象提供解释，但这种解释是生物学解释，主要适用于人类和其他生物的共同现象，却没有揭示人类和一般生物的差异。其实，人类具有其他生物所没有的理性，这种理性提供了人类具有有意识进行合作的能力，而其他生物之间的合作基本上都是无意识的。由这种理性能力所促动的行为就体现出了“为己利他”行为机理：为了实现自身的需要，会主动地寻求与他人的合作；而且，理性能力越强，就越容易形成合作。

可见，现实社会中的人类行为与经济人范式的理论结果往往相差很大，这是因为现实生活中的个体既不是完全无理性的，也不是完全理性的，而是介于这两者之间，而理性的程度则受个人的社会性影响。譬如，撇开了人的社会性，在参与者的有限时限被精确知晓而信誉完全归于个人时，主流博弈论得出了元博弈均衡是唯一的结论。究其原因，由于不能诱使一个人在其生命的最后阶段进行合作，错误的行动对他不会产生影响，因而通过后向归纳推理而得到的行为动机就类似于有限次博弈。事实上，正是基于这一后向思维逻辑，现代主流经济学构设了交替世代模型并得出了如下结论：如果假设社会知道在个人生命的最后阶段中没人会合作，则年老者的自私行为是隐含协定的一部分；相反，如果年轻人失去合作，则记录被破坏，所有人之后均进行短视的最优化，因而年轻人将倾向于合作。[①] 然而，在日常生活中明显的事实是，年老者的合作倾向似乎更强烈，至少总体上不比年轻人弱，谢林就指出了这一现象。[②] 而且，这也为大量的行为实验所证实，如 List 所做的囚徒困境实验就表明，年龄大的受试者就比年龄小的受试者的合作率更高。[③] 那么，如何解释这类现象呢？其实，这正反映出社会性对人类行为的影响，人们采取的行为并不完全是基于计算理性，相反行为本身体现了其社会性程度。

---

① Pearce D. G.：《重复博弈：合作和理性》，载 J－J. 拉丰编《经济理论的进展——国际经济计量学会第六届世界大会专集》（上），王国成等译，中国社会科学出版社 2001 年版，第 178 页。

② 谢林：《冲突的战略》，赵华等译，华夏出版社 2006 年版，第 143 页。

③ List J. A.，“Young, Selfish and Male: Field Evidence of Social Preferences”，*Economic Journal*，Vol. 114，2004，pp. 121－149.

显然，年老者与他人或社会的互动时间比年轻人更长，其受社会合作要求的熏陶的时间也更长，行为中内含了更浓厚的社会伦理因素，因而一般来说也更倾向于合作。其实，民间定理已经告诉我们，人们无限次的重复博弈可以实现稳定而有效的合作均衡，问题是，如何理解人类社会中的无限次博弈问题。从某种意义上讲，人类社会的无限次博弈并非指个体所真实经历的博弈次数而言，而是指整个社会所经历的互动而言，社会的互动结果会通过文化因子等方式遗传下来，从而形成个人的生活方式。

第四节　基于长远利益视域的理性理解

上面揭示了现代主流经济学在人类理性理解上的混乱。那么，如何理解人类理性呢？米塞斯指出："理性和非理性概念根本不适用于目的。每一个希望传达对目的的判断的人可以赞赏或谴责这些目的是好还是坏，是优良还是庸俗等等。当把'理性'和'非理性'的表述运用于达到一个目的所采用的手段时，这种用法只是从一定的技术的角度看才有意义。但是，只可能以两种方式说明使用不同于被这种技术定位'理性的'那些手段的原因：或者是行为者不知道'理性的'手段，或者他由于希望达到其他目的——也许从旁观者的角度看是非常愚蠢的目的——而不用理性的手段。在这两种情况之下说'非理性的'行动都是正当的。"[①]也就是说，要判断人类理性的内涵，关键在于认识人类行为的目的。进而，要识别人类行为的目的，又要从人类与其他动物的根本性差异入手：这就是人类更关注长远利益。为此，人类往往会有意识地克制自身的短期欲望，约束自身的短视行为，这就是人类理性的真正内涵。事实上，如果个体在采取行动时只是权衡一次性互动的功利量，那么，这就与其他动物致力于在每一次的争斗中取胜的行为没有差异了，进而也就只留有武力而非文明。

正是基于长远利益的实现这一根本目的，我们对人类理性就可以得出这样两点认知：第一，人类理性不等于对一次性行为作功利权衡的有

---

① 米塞斯：《经济学的认识论问题》，梁小民译，经济科学出版社2001年版，第33页。

限理性，而是体现在能够考虑尽可能多的行为进程。譬如，德国马丁·尼莫拉牧师（Martin Niemller）在其墓碑上曾写道：起初纳粹追杀共产主义者，我没有说话，因为我不是共产主义者；接着纳粹追杀犹太人，我没有说话，因为我不是犹太人；后来纳粹追杀工会成员，我没有说话，因为我不是工会成员；此后纳粹追杀天主教徒，我没有说话，因为我是新教教徒；最后他们奔我而来，却再也没有人为我站出来了。显然，正是由于一次次的明哲保身行为，最终反而损害了自身。因此，这种明哲保身行为就不是理性的，至少不是充分理性的。第二，一个人决策时所纳入考虑的进程越多，那么，其理性发挥也就越充分。在很大程度上，人类社会的发展就依赖于人类理性的成熟和发挥。人类学家萨林斯指出：“如果朋友做礼物，礼物交朋友……那么，原始人就可以摆脱霍布斯丛林。”① 事实上，正是由于人类理性的逐渐成熟，市场的“无形的手”机制才日益有效，才会出现不断深化的分工和合作，才可以获得广泛的合作剩余和长期效率。因此，要真正分析现实生活中的合作及失调现象，就要挖掘真实世界中的人类行为机理。

同时，基于行为进程的考虑或长远利益的实现这一视域，我们就可以更好地区别有限理性和完全理性概念。第一，如果只关心单次或少量行为进程的功利量，那么就是有限理性的；而且，两个以上的有限理性联合在一起的时候，就往往会陷入囚徒困境之中。试想，一个无法跳出囚徒困境的人类互动，又怎能称为完全理性呢？事实上，正是由于现代主流经济学倡导的经济人不关注他人利益，崇尚所谓“拔一毫而利天下不为也”的信条，以致由经济人组成的社会就很难形成有效合作，从而也就无法实现长期利益的最大化。第二，行为者能够考虑到的行为进程越短暂，那么，其理性的“有限”程度就越高，这种行为的联合也越容易陷入囚徒困境；相反，如果行为是完全理性的，那么就容易实现完全的帕累托改进，从而达到一般均衡状态。相应地，根据互动者跳出囚徒困境的程度，可以界定行为理性的“有限”程度。从某种意义上讲，重复博弈使得人们逐渐达致合作，这也体现出理性的发育。事实上，许多学者都指出，人类能够更长期考虑问题，比任何其他物种都具有更长远

① Sahlins M. P., *Stone Age Economics*. Chicago: Aldine Pub. Co, 1972.

的眼光，可能要超过其他物种好几个数量级。[①]

进而，基于长远利益的实现程度来理解理性内涵的新视域，我们也就可以深层审视现代主流经济学所承认的那些泛理性化行为。譬如，许多人热衷于炒股，但往往是在股市急急上涨乃至接近高位时还不愿抛出，而在股市急急下跌乃至接近底部时还不敢进入。那么，这些行为是理性的吗？按照现代主流经济学的观点，显然是理性的。但试想，如果不能清晰地认识到股价高位时潜含的巨大风险乃至因被股市套牢而造成巨大损失，那么这类行为果真可以被称为“理性”的吗？同样，按照现代主流经济学的经济人理解，未成年男女间因陷入一时激情的不洁性交、因追逐猎奇心的抽烟和吸毒、因厌倦读书的逃学和退学、因嘴馋的过量饮食等，都是完全理性的。其理由是：它们都可以被视作追求个人福祉最大化的行为，这种行为之所以发生就在于，行为者因具有高贴现率或偏好而带来了高未来成本。究竟如何理解呢？

森曾指出，一个选择只有在经受了批判性思考之后还能成立，才可以被视为理性的。[②] 显然，无论是普通常识还是心理学上的内省都表明，这些行为往往是源于一时冲动，从而就是非理性的。其实，当事者大都意识到这些行为长期对他们带来的损害，只不过，他们缺乏足够的意志来克制这种一时的欲望，或者，因为短视或者意识欠缺而只考虑即期效用或考虑不到长期效用。例如，Fehr 和 Zych 指出，相对于最佳消费决策来说，“上瘾”行为的消费太多了。[③] 在很大程度上，上瘾行为往往是出于贪图一时的快乐而不顾长远的后果，为此，瘾君子在上瘾行为过后也往往会感到痛苦和后悔。既然事后连自己对那种没有克制的行为都会感到后悔，那种行为当然也就不可能是理性的。例如，谢林强调，诸如对合法或非法药物的上瘾、赌博和电子游戏等难以克制的行为以及由暴食、花痴引起的一时冲动等，都是偏离理性的行为。[④] 正因如此，经济学帝国

---

① Stephens W., Mclinn C. M. & Stevens J. R., “Discounting and Reciprocity in an Iterated Prisoner's Dilemma”, *Science*, Vol. 298, 2002, pp. 2216 – 2218.

② 森：《正义的理念》，王磊、李航译，中国人民大学出版社 2012 年版，第 168 页。

③ Fehr E. & Zych P. K., “Do Addicts Behave Rationally?”, *Scandinavian Journal of Economics*, Vol. 100, No. 3, 1998, pp. 643 – 662.

④ 谢林：《承诺的策略》，王永钦、薛峰译，上海世纪出版集团 2009 年版，第 79 页。

主义者贝克尔等对上瘾等所做的“理性分析”,[①] 也就遭到众多非正统经济学家以及其他社会学家的批判。[②]

一般来说，瘾君子上瘾程度越严重，那么，他所表现出来的行为就越不理性。关于这一点，我们可以以吸烟为例做具体分析。按照现代主流经济学的观点，初次吸烟者会像“年轻的经济学家”一样理性地衡量抽烟的利弊，从而决定是否吸烟以及吸多少烟。[③] 但是，正如Slovic、Finucane、Peters和MacGregor指出的，吸烟本身是一个危险性的行为，其危害可能会延续好几年以及今后上百上千的情节。因此，吸烟决定中可疑的理性提供了这样一个典型例子：面对那种后果将会缓慢改变的行为时，经验性思考很难考虑长远。[④] 事实上，大量的研究也证实，当年轻的吸烟者开始尝试吸烟时很少考虑其风险，也很少考虑吸烟的数量；相反，他们往往是受一时的冲动所驱使，是为了享受吸烟带来的新鲜感和刺激以及取悦其朋友。同时，当后来吸烟逐渐常态化时，绝大多数吸烟者也希望很快就停止吸烟，而不管他们已经吸了多长时间、每天要吸多少支烟以及以前他们已经历了多少次不成功的尝试。而最后，尽管很多人都做了尝试，但只有很少一部分人真正戒了烟。而且，一项针对吸烟者的调查：如果能够重来，你们还会开始吸烟吗？结果，有85%的成人吸烟者和80%的年轻吸烟者（14—22岁）都回答：不会。[⑤]

基于长远利益实现的视域，我们还可以对大学课堂上越来越多的逃学行为做一分析。这个例子源自笔者2009年在英国Exeter大学访问期间的切身感受，一次有关“银行体系与金融危机”的讲座结束后，商学院院长针对听讲者不足发出了这样的感叹：为什么那么多的国际学生愿意花上万英镑一年的学费千里迢迢地来英国求学，却又不愿意来听这些免费的讲座呢？要知道这些讲座对他们专业的学习和未来的就业都有很积

① 贝克尔等人之所以认定上瘾也是理性的，关键在于对理性的定义。

② 卡梅伦：《七宗罪的经济学》，姜博译，华夏出版社2017年版，第173页。

③ Viscusi W. K., *Smoking: Making the risky decision*, New York: Oxford University Press, 1992.

④ Slovic P., Finucane M., Peters E. & MacGregor D. G., “Rational Actors or Rational Fools: Implications of the Affect Heuristic for Behavioral Economics”, *Journal of Socio-Economics*, Vol. 31, 2002, pp. 329 – 342.

⑤ Slovic P., “Cigarette Smokers: Rational Actors or Rational Fools?”, in Slovic P. ed., *Smoking: Risk, Perception, & Policy*. Thousand Oaks, CA: Sage, 2001, pp. 97 – 124.

极的作用。显然，按照现代主流经济学的经济人分析思维，这些学生的行为是理性的，而且可以举出非常多的理由：他们的海外求学目的就是为了获得一个洋文凭以为未来就业的敲门砖，人生职业则是以后的事而不在目前的考虑之内；要准备近期的 presentation 或考试，因而拓展视野的讲座只能舍弃；更偏好于谈情说爱，与异性的约会更为重要；等等。问题是，我们还是要进一步问：这些行为果真是理性的吗？

事实上，正因为大多数人往往都只是着眼于一次性行为或短期行为的考量，尽管他们似乎每次都过着一种心满意足的生活，但最终却失去了提升人生潜力的机会；相反，少数人则很早就能够确立较长期的追求目标，并能够在每次行为选择中选择那些与其长远目标相符的行为，尽管在此过程中充满了紧张、困惑乃至煎熬，但最终却实现了自身的追求。显然，如果对这两种行为进行比较，那么就能说，后一种行为是理性的，或者是更为理性的，而前一种行为则是非理性的，或者说至多是有限理性的。究其原因，前一种行为只能看到短期的收益，而后一种行为的眼界更长远，最终实现的利益也比前者更大。关于这一点，我们再来看斯坦福大学的心理学家米歇尔（Walter Michel）在 20 世纪 60 年代末到 70 年代初所做的延迟满足实验：给 600 个 4—6 岁的孩子每人一个棉花糖，并对他们说："现在我要出去一会，要是在我回来之前谁的棉花糖还没有吃的话，我会再给他一个。"半个小时后第一个小朋友忍不住将糖果给吃了，接下来陆续有人做了同样的事；等到研究者回来时只有极少数的小孩没有吃糖，于是这些小孩每人又得到了一个棉花糖。在随后的十几年内，心理学家一直观察着那些孩子的成长，结果发现，那些半途将糖果吃掉的小孩多数碌碌无为，而那些一直坚持到最后的小孩都做出了一番大事业。对此，卡尼曼评论说："有些孩子成功地经受住了 15 分钟的考验，其成功原因是他们能把注意力从诱人的奖励上移开。10 年或 15 年之后，那些忍住了诱惑和没忍住诱惑的孩子之间会出现很大差别。忍住了诱惑的孩子在认知任务——尤其是高效地重新分配注意力方面的控制力更强。当他们还年轻时，他们染上毒品的可能性更小。"①

因此，要更好地理解人类理性，应该基于行为进程的考虑或长远利

---

① 卡尼曼：《思考，快与慢》，胡晓姣等译，中信出版社 2012 年版，第 31 页。

益的实现这一视域。一方面，人类的需求和快乐不同于其他动物，实现了这种需求和快乐的人也就应该被视为具有更充分理性的人。为此，在对人类理性行为做判断时，就要避免局限于一次性或短期行为的功利考量，因为这种短视行为往往不利于长期目的的实现。另一方面，短期行为往往受条件约束或偏好波动等影响较大，从而具有更强的不确定性。这样，如果以每一次行为的功利量来“显示”个人的目标，那么，就根本无法对未来行为进行预测。显然，基于长远利益和行为进程的视域所理解的理性概念，可以对现实世界中的具体行为提供更好的解释和比较：大量的“捡了芝麻丢了西瓜”的短视行为都不是理性的，或者是高度有限理性的。例如，那些不愿意参加讲座的国际学生尽管可以获得即期的收益最大化，如从 presentation 制作或谈情说爱乃至闲逛中获得了效用；但是，由于他们没有为未来打下更为坚实的基础而没有实现长期收益最大化（尽管他们很可能根本无法意识到这些长期收益的丧失），从而其行为就是短视的，仅仅体现为有限理性。在很大程度上，长期利益的实现程度也体现了不同个体处理信息的能力：有的人只能考虑很短的几个环节，而另一些人则可以考虑得更长远。正因为不同个体面对同一信息的处理能力不一样，从而也反映出其理性程度的不一样。

当然，基于长远利益的实现这一视域所理解的理性，尽管与社会流行的观点相一致，却与现代主流经济学的观点相冲突。譬如，按照这种视域的理性理解，婴儿是最缺乏理性的，因为婴儿还不具有考虑长期的能力；但是，现代主流经济学却将婴儿也视为理性的，因为婴儿也实现了自身的目的。在现代主流经济学看来，人们的行为之所以出现某种差异，并不是因为他们的理性程度有差异，而是因为他们关注的是不同的目标。同时，有些人之所以认为别人不能理性地思考，主要在于他们难于理解不同于自己文化背景的行为。例如，塔洛克举例说：“原始部落的男子吹螺号，并举行某种别样的仪式（几乎总是包括往外泼水）来求雨。他的行为与现代美国人在云中撒播碘化银造雨的行为一样理性。这个原始人不大可能会成功，但这不能怪他的精神支配能力。他不了解雨的真正形成机制，他的推理也不大可能导致有效的行动，但是，根据他初步的‘了解’，他的思考过程与其文明同类的思考过程一样理性”；因此，“自己选择的做法与外人认为合理的做法之间的差距，很可能不是由行为人一方的非理性引起的，而是由行为人的根本目标与外部观察者的根本目标之间的简单错位或是差异引起"[①]。

塔洛克这里的分析显然存在逻辑问题，原始部落的仪式和现代人的撒播碘化银的表面目的是一致的，都是求雨；但是，由于他们采取的方式不一样，导致目标实现的程度也有很大差异。这里，手段与目标之间的差距显然揭示出了行为者在理性程度上的差异，而这种理性差异又是由认知差异造成的。在很大程度上，正是人类有限的认知能力限制了他们的问题解决能力，而认知能力的差异则造成了不同人的问题解决能力的差异。相应地，随着人类社会的发展和科学技术的进步，人类的知识水平和认知能力也在不断提升，这带来人类理性程度的相应提高，但现代主流经济学却否定了人类理性的演化性和提升性。同时，即使一个人的知识水平和认知能力提升了，但他是否会将这种知识和认知用于具体的问题解决上也存在变数，因为知识运用的过程本身也需要成本的投入，需要暂时的牺牲。这就是人的意志力。一般地，人类的意志力是有限的且是有差异的，有限意志力使得人们的选择往往并不能符合其长远利益，有限意志力的差异则造成知识运用程度和理性程度的差异。

总之，人类理性的衡量应该着眼于长期利益的实现视域。当然，这里也就涉及了人类理性的两大内涵：（1）理性的人能够认识它的长远利益并做出正确的选择，而选择的正确性依赖于决策者的知识程度，从而体现了认知力问题；（2）理性的人能够追求它的长远利益而抵御短期的诱惑，而抵御诱惑的强度依赖于行为者的意志力大小，从而体现了意志力问题。这样，现实世界中个人的理性程度就是认知力和意志力的函数，简单地可表示为：个体理性 = 认知力 + 意志力。一方面，只有以"知识"为基础，人们才能选择正确的事，才有真正的行动自由。正是在这个意义上说，正因为那些做错事的人往往并不"知道"自己做了什么，因而他的行动实际上并不是自由的。事实上，按照苏格拉底的看法，人类意志完全依赖于认识，也正是由于受到被欲望蒙蔽了的观点的影响，人们才会做出道德上的错误行为。在这里，苏格拉底就将认识与自由联系起来：自由的行为依赖于正确的观念，而不自由的行为则依赖于错误的观

① 塔洛克：《官僚体制的政治》，柏克、郑景胜译，商务印书馆 2012 年版，第 38 页。

点。同样，王阳明则强调“致良知”和“知行合一”，其理由是：世未有知而不行，知而不行，不是真知。例如，小孩看见火会伸手摸，因为他不知道烫人；但小孩看见火不会伸手摸，因为他知道烫人。另一方面，在现世生活中，“知”不一定导向“行”，“行”也不一定反映“知”，“知”与“行”的断裂源于各种诱惑。正是在这个意义上说，有知识要导向正确的行动还需要有意志力，认知力和意志力的结合才形成真正的理性，进而才可以获得真正的自由，这也就是导源于柏拉图的理性自由主义。在很大程度上，古代圣贤之所以自由，不仅是因为他是博学的，而且还因为他具有强大的克制力，从而是理性程度最高的人。相应地，坏人则是不自由的，则不仅因为他认识不了好坏，而且因为他缺乏抵御短期私欲的意志。

这也意味着，我们不能简单地在认知力和意志力之间画上等号，原因在于，认知力仅仅体现了一个人的理性潜力，这种潜力要转化为现实理性，就需要依赖意志力；而意志力的基本作用在于赋予人们抵制短期诱惑的能力，体现了行为的“自制”和“克己”。同时，无论是认知力还是意志力，都是在长期的学习和实践中不断成长的。这意味着，人要获得自由，就需要不断通过学习和“践行”来提升自己的理性能力。例如，孔子说，“七十从心所欲不逾矩”，这就是建立在长期的学习和践行之上。从这个角度来说，“圣人”就是理性最高的人，因为他是最博学的人，也是最具克制力的人。例如，博学的约翰·穆勒就被当时的首相格莱斯顿（W. E. Gladstone）称为“理性主义的圣人”。相反，那些对食品、酒精、性、赌博、烟草、毒品、网络等上瘾的人，往往也就是缺乏控制力的人，相应的活动也就不属于理性行为。卡梅伦指出：“就神经性行为或在更正常的范围内程度较轻的压力来说，我们认为成瘾（无论是赌博、贪食还是吸食毒品）是一个没有能力被打破的活动循环，如果个人能够完全地控制选择，那么这些成瘾行为不会被自由地选择为偏好结构的一部分。这些被认为是神经性的或者某种意义上的失调，可以豁免于罪恶的范畴，因为在成瘾者缺乏选择能力的时候产生了成瘾行为。”①

---

① 卡梅伦：《七宗罪的经济学》，姜博译，华夏出版社2017年版，第178页。

第五节　克制、为己利他和行为理性

人类理性本质上体现为对长期利益的追求，而人类的长期利益和短期利益之间往往又是相冲突的；因此，理性的个体要追求长期利益，就需要对短期的欲望或偏好进行克制。尤其是，在相互联系的人类社会，任何人的目的实现或利益获得往往不是基于孤立的个人理性行为，而是会涉及与他人的联系，涉及他人的反应；相应地一个理性的行为也就必须将与他人的互动关系纳入进来考虑，对自身欲望和利益的克制必须与他人的利益和反应联系起来。这样，社会性行为的理性衡量还必须考虑另外一个重要因素：亲社会性。也即，社会理性 = 认知力 + 意志力 + 亲社会性。由此，自制心和亲社会性在社会互动中就表现为对“为己利他”行为机理的遵守。显然，正是基于“为己利他”行为机理的互动，产生了广泛的社会合作，进而使得个人的长远利益以及社会的整体利益得以充分实现。从这个角度上说，基于长远利益的实现的视域所理解的有限理性的内涵与“为己利他”行为机理所体现的行为特征就具有明显的相通性。

为了说明这一点，笔者首先来剖析一下“为己利他”行为机理中嵌入的亲社会性及其衍生出的行为差异。（1）“为己利他”行为机理充分重视嵌入于个体行为中的亲社会性：互动的人们在追求自身利益的同时，也能够考虑到对方的收益；这样，由于自身收益的增进是以他人收益的相应提高为前提的，从而所形成的博弈均衡就不仅是合作的而且也是持久性合作的。（2）基于不同个体的亲社会性差异，“为己利他”行为机理得以实行的广度和深度也是不同的，从而也就可以理解不同层次的合作现象以及合作的程度差异。在某种程度上，“为己利他”行为机理实施的深度和拓展的广度本身就体现了不同个体或群体的社会性高低和理性的充分程度：个体的亲社会性越高，就越会遵循“为己利他”行为机理；而一个社会中如果有更多成员遵循这一行为机理，那么社会合作也就越普遍。这样，“为己利他”行为机理就在行为的有限理性和完全理性之间架起了一座桥梁，它不仅可以更好地解释大量存在的合作现象，而且有助于提高互动行为的协调性，从而获得更高的合作利益。

在很大程度上，正是由于“为己利他”行为机理包含了对长远利益的关注以及对克己、自制的要求，由此也就可以理解，行为的理性程度往往依赖于行为者的认知和意志。关于这一点，历史文献以及文学寓言中就有很多这样的记载，如羊续悬鱼、子罕辞宝、陶侃运甓以及奥德修斯拒塞壬的故事，他们都能够坚定自己的意志而克制当前的欲望。例如，古希腊神话中作为智慧象征的奥德修斯在特洛伊战争后的回家途中，为了坚定不受海妖塞壬诱惑的意志，他在命令水手把各自的耳朵塞住的同时，还要求他们将自己捆绑在船桅上；同时，为了避免意志可能的松懈，他又命令其手下，如果自己要求解开绳索，他们可以且务必要捆绑得更严。同样，现实生活中也有大量的此类例子。例如，目前越来越多的妇女在分娩时要求不使用麻醉，即使医生往往建议将面罩放在产妇身边，以便她需要时就吸入一口笑气（一氧化氮），但一些意志坚决的产妇还是拒绝这种机会，因为担心弱化自己不使用麻醉的意志。结果，尽管她经历了痛苦并一度希望依靠麻醉，但事后大多数产妇还是庆幸自己没有使用麻醉。显然，在这种情形中，尽管就分娩过程而言，似乎产妇的决策导致了功利的下降（痛苦的增加），从而是非理性的，而从分娩的结果来看又是更为理性的，而这种更为理性的结果则在于产妇的意识和意志。所以，谢林说：“有完全行为能力和神志清醒的人会理性选择阻止、强迫或改变自己后期的行为——来限制自己的选择，使其违背在行为发生时自己的偏好。（而）理性决策、现实偏好和跨期最优化方面的研究都不太容易分析这种自控现象。”①

同时，人类理性也是在演化和成长的，往往需要经历一个学习和实践的过程，因为认知的增进、意志的强化以及亲社会性的提升都依赖于长期的社会互动。而且，人类理性的成长过程往往还非常痛苦。在很大程度上可以说，接受和享受痛苦本身是人类理性成长中的一个重要特性，否则就会永远摆脱不了低层次的有限理性，只能处于次优的满足阶段。柏拉图在《理想国》中就打了个比方：那些没有受过教育的人就像被囚禁在黑暗的洞穴中的囚犯，他只能看见监狱的墙壁上木偶戏的影子，他自然将这种影子当成真实的东西。柏拉图写道：“如果有人硬拉他走上一条陡峭崎岖的坡道，直到把他拉出洞穴见到了外面的阳光，不让他中途

---

① 谢林：《承诺的策略》，王永钦、薛峰译，上海世纪出版集团2009年版，第60页。

退回去，他会觉得这样被强迫着走很痛苦，并且感到恼火；当他来到阳光下时，他会觉得眼前金星乱蹦金蛇乱舞，以至无法看见任何一个现在被称为真实的事物”；但是，一旦他的眼睛逐渐适应了阳光，他的四肢适应了新的自由，他就会逐渐享受起新发现的幸福来，并且，“如果他回想自己当初的穴居、那个时候的智力水平，以及禁锢中的伙伴们时，……他会庆幸自己的这一变迁，而替伙伴们遗憾”。①

更进一步地，人类之所以与其他动物不同，也在于人类往往能够并愿意选择这一痛苦的锤炼；而且，越是能够坚守这一锤炼的人，理性程度就越高，从而也就越能够成为古代所谓的“君子”或“圣人”。赫胥黎在《美丽新世界》中描述了一种由假象的科学原理所指引的、旨在追求“幸福”的未来社会，其中人一出生就接受社会指派的工作和价值观，生活的目的就是感觉的快乐，甚至用一种引起幻觉的药物“soma”来消除妨碍感觉快乐的烦恼、焦虑等所有东西；于是，人们失去了个人情感，失去了爱情——性代替了爱，失去了痛苦、激情和经历危险的感觉，甚至失去了思考的权利，失去了创造力。显然，尽管人们的身体满足和感觉快乐都得到了保证，但这种生活只是动物和奴隶的生活，而人类更愿意过目前这种生活，尽管这种生活中充满了焦虑以及不满意的事情。② 为此，穆勒强调指出，人类具有不同于动物的需求和快乐，而这种需求和快乐的获得往往要经历一个痛苦的学习和认识阶段，而不是满足于每一次的感官快乐。穆勒指出：“没有哪个聪明的人愿意变成愚人，没有哪个受过教育的人愿意变成毫无知识的人，没有哪个具有感情和良心的人愿意变成自私和卑鄙的人，即使有人劝告他们：愚人、笨伯或无赖能得到更好的满足。”③

正是基于“为己利他”行为机理这一视域，我们就可以明白，人类理性是不断成长的，从而有限理性本身也是一个内在性概念。由此，我们就可以对现代主流经济学的理性概念进行审视：现代主流经济学的理

---

① 柏拉图：《理想国》，郭斌和、张竹明译，商务印书馆 1986 年版，第 274、275 页。

② Huxley A.，*Brave New World*. London：Granda，1977.

③ Mill J. S.，“Utilitarianism”，in Acton H. B. ed.，*Utilitarianism，on Liberty and Considerations on Representative Government*，London：Dent，1972，p. 8.

性基本上都是先验和抽象的，即使引入的有限理性概念很大程度上也是外在的。事实上，现代主流经济学所使用的有限理性概念主要是阿罗及西蒙等提出的，它主要是从外在的信息不确定性等因素着眼，从而将有限理性理解为外在条件的约束。相反，基于“为己利他”行为机理的有限理性概念则是从行为主体的内在视野着眼，将有限理性理解为只关心单次行为或少量行为的后果，而不关心行为的整个进程的后果。例如，阿罗提出有限理性主要源于两个基本原因：（1）环境是复杂的，在非个人交换形式中，人们面临的是一个复杂的、不确定的世界，而且交易越多，不确定性就越大，信息也就越不完全；（2）人对环境的计算能力和认识能力是有限的，人不可能无所不知。西蒙则在阿罗的基础上进一步强调，个体受计算成本的制约而往往不会寻找最优的状态或最大的收益，而只是获得满意的结果。

显然，如果仅仅将有限理性理解为信息获得和计算能力的制约，这实际上也是一种完全理性，因为它在可利用的资源约束下实现了最优。即使西蒙提出了满意解，根本上也是因为在条件约束下而无法看到更好的状态；相反，如果在相似条件下有两个以上收益的可行选择，当然会更满意于效用高者。为此，Cohen 和 Dickens 指出，即使现代主流经济学引入了有限理性概念，也无法真正认识、解释和预测人类的行为：（1）如果有限的信息处理能力是造成异常行为的主要原因，那么，仅仅补充信息或者提供计算辅助就无法真正消费那种有问题的行为；（2）一些异常行为之所以广泛出现，很大程度上是因为它们往往遵循特别的拇指规则。①

事实上，正是由于人类偏好和理性中嵌入了众多的社会性因素，这才真正导致人们的日常行为会明显偏离现代主流经济学所设定的标准经济模型。例如，Mullainathan 和 Thaler 就归纳了三大重要原因：（1）在有限理性条件下，人类所面临的有限认知能力限制了他们的问题解决能力；（2）有限意志力反映出，人们又使得选择并不能符合其长远利益；

① Cohen J. L. & Dickens W. T.,“A Foundation for Behavioral Economics”, *American Economic Review*, Vol. 92, No. 2, 2002, pp. 335 – 338.

（3）有限的自利表明，人们往往愿意做出牺牲来帮助他人。[1] 其中，认知能力限制反映出行为者对自身最优目标本身的认知程度，它更体现为一个有认知局限的活生生的人而不是无所不能的计算反应器；意志力的限制反映出人们为实现最大化目标而克服短期诱惑的自制力，现实个体即使清楚自己的长远利益目标以及应该理性行为的行为方式，实际上往往也不会这样去做；有限的自利则反映出人们所具有社会性偏好，日常行为更倾向于遵循习惯和社会惯例而不是个人利益最大化。

在很大程度上，上述三大因素往往相互影响。例如，巴斯夏指出："通常，一种当时让人觉得舒坦的好习惯，后来总是带来痛苦，比如，生活放荡、懒惰、挥霍浪费。一个人如果仅仅注意到一种习惯的可以看得见的后果，而没有洞悉那些当时看不到的后果，他就会沉溺其中而不能自拔。他这样做，不仅仅是天生的嗜好，也自以为是经过深思熟虑的。"[2] 同时，上述三大因素都可以用统一的"为己利他"行为机理加以解释：基于认知能力以及意志力的维度，人类理性的充分程度就主要体现在行为者所考虑的事物进程的程度上，完全理性者能够充分考虑其长远利益；基于有限自利的维度，人类理性的充分程度就主要体现在行为者与他人合作以及行为协调的程度上，完全理性者更倾向于采取与他人或社会最大限度合作的行为方式。正因如此，一个理性者往往更愿意遵循"为己利他"行为机理而不是像理想经济人那样时刻准备采取机会主义的策略行为。

可见，基于长远利益的实现程度所理解的理性概念与"为己利他"行为机理是相通的："为己利他"行为机理实施的深度和广度会影响到长期收益的实现程度，从而也就体现了行为理性的充分程度。当然，"为己利他"行为机理的深度和广度又与行为者的认知力、意志力以及亲社会性有关。一般地，个体的亲社会性越高，"为己利他"行为机理的实施越充分，追求长远利益的意识力越强，理性程度也越高，其行为所呈现出的利他性也越明显。显然，这一视域的理性理解与理性经济人假说存在根本性不同，并且，它可以清楚地揭示出理性经济人分析框架中存在的

---

① Mullainathan S. & Thaler R. H., *Behavioral Economics*, NBER Working Paper 7948, 2000.

② 巴斯夏：《财产、法律与政府》，秋风译，商务印书馆 2012 年版，第 6 页。

逻辑悖论。一方面，经济人假设源于行为功利主义，它着眼于特定某次行为或少量次行为所带来的功利（效用）评价，因而理性经济人本质上是有限理性的；相应地，现代主流经济学对具体现实行为的分析和解释，几乎都是本着有限理性意义来使用理性概念。另一方面，经济人模型往往又假设行为个体会全盘考虑所拥有所有信息、资源等以实现收益最大化，因而又在完全理性意义上使用理性概念；相应地，现代主流经济学崇尚福利经济学第一、第二定理，热衷于基于时间序列的动态最优。正是基于这种相互矛盾的思维，现代主流经济学一方面从理性模型中获得了市场出清和一般均衡的结论，另一方面又往往无法解释导致投资失败和经济危机之类的“理性”行为。同时，承袭了新古典经济学的“经济人”分析思维，而经济人又是有限理性的，甚至是接近“绝对”的有限理性；因此，主流博弈论不仅得出了囚徒困境这一般性论断，而且也无法破解囚徒困境以及解释现实世界中大量存在的合作现象。

第六节 结语

基于不同的先验假设，现代学术界要么认定人是无道德地自私的，要么将人视为有道德地无私的；其中，无私意味着为他人或社会而牺牲自我的幸福，自私则意味着仅仅以追求个人利益为目的。这样，流行的观点就将自私和无私对立起来，进而将利他和利己对立起来，由此就无视兼具两种品质的现实人。学术界之所以有此种取向，主要在于，通过树立出这样一个稻草人有助于批驳对方观点。其实，尽管一个人致力于最大化自身利益，但只要他不是以损人为目的，相反，还努力通过提供满足他人需要的产品来实现自身收益，那么，这种行为当然也就不能被视为自私的。究其原因，“自私”一词已经嵌入了社会性评价，而“自利”则是一个更显中性的词汇，它与人们的自身追求联系在一起，同时也与实现的手段联系在一起。显然，有效地实现自身的追求，这就体现了人的理性。布鲁克和沃特金斯就写道：“理性自私的人并不为了自己的目的而把其他人当作被利用的玩物，也不是把自己当作被他人利用的玩物。”[①] 从这个意义说，人类理性并不等同于嵌入在经济人假说中的理性，因为经济人行为往往导向囚徒困境；相反，人类理性根植于“为己利他”行为机理之中，基于“为己利他”行为机理的行为互动才更容易促进社会合作的深化。

同时，人类理性本身包含了认知和意志这两大基本内容，而基于认知力和意志力状况则可以认识理性水平的高低。巴塔耶写道：“内心世界与现实相对立，就像过度与节制，疯狂与理性，沉醉与清醒。只有物具有节制，只在物与其本身的一致中才有理性，只在对物的明确认识中才有清醒。”[②] 这也意味着，人类理性是逐渐发展成熟的，而不是先验不变的。事实上，布鲁克和沃特金斯就指出：“当我们谈论理性时，并不是指大多数经济学家所讨论的理性。经济学家历来假设每个人都具备无意识的‘理性’。用经济学家大卫. 弗里德曼的话来说，‘每个人都具有目标，并且会选择正确的方式来实现’。根据弗里德曼的观点，‘婴儿是理性的，猫也是’。这和我们所说的‘理性’无关。我们所说的理性是意志的选择，运用理性而非情感来指导你的生活。任何时刻、任何问题、无条件地、无论如何都要遵循理性。那不是每个人都能做到的，婴儿与猫是没有能力做到的”；同时，“理性并不仅仅意味着对任何偶然出现的事实，而是意味着不断扩大你的实质，并运用于实践的承诺。理性是关于如何获得食物、住所、金钱、信息、灵感的思考，是对你想和哪种人建立关系的思考，如员工、同事、朋友和恋人。”[③]

由此，我们就可以深刻审视现代主流经济学所理解的理性概念。事实上，经济人分析范式本身在理性内涵的使用上存在明显的逻辑悖论：在定义上实质反映的是“绝对”有限理性，在分析中实际应用的却是“绝对”完全理性。针对这两种不同的理性内涵，现代主流经济学试图用“无形的手”机制将两者沟通起来。问题是，迄今为止，现代主流经济学并没有搞清楚“无形的手”来自何处以及是如何运作的，以致只好乞求

---

① 布鲁克、沃特金斯：《自由市场革命：终结大政府之路》，启蒙编译所译，上海译文出版社 2014 年版，第 111 页。

② 巴塔耶：《被诅咒的部分》，刘云虹、胡陈尧译，南京大学出版社 2019 年版，第 109 页。

③ 布鲁克、沃特金斯：《自由市场革命：终结大政府之路》，启蒙编译所译，上海译文出版社 2014 年版，第 104、103 页。

于自然的明智而转向了神意说。而且，无论是现实生活中的日常行为还是实验室里的受试者行为，大量的结果都与现代经济学的标准经济人分析范式所得出的理论结果相差较大：经济人分析或者是基于一次性行为的考虑而陷入囚徒困境，或者是基于完全的理性计算而获得理想化的帕累托最优结果。但是，无论是在现实生活中还是在行为实验中，个体的行为都既不是将所有进程纳入考虑的完全理性，也不是只考虑一次性进程的完全非理性，而是介于两者之间的有限理性。

一般地，人类理性本质上体现为对长远利益的关注，而行为的理性程度也就体现在长远利益的实现程度上。同时，理性行为又可以从两个维度加以审视：（1）事后的反思，人们必须不断地对自己的行为加以反思，看这些行为是否有助于长远利益的实现，只有经过反思而依旧被接受的行为才是理性的；（2）事前的克制，人们必须对自己的短期利益和暂时欲望加以克制，防止这些欲望损害长期利益，只有具有一定的意志力以克制短期欲望的行为才是理性的。基于这一理解，未雨绸缪的鸱鸮显然是比得过且过的寒号鸟更为理性，因为寒号鸟既考虑不到自身的长远利益，也缺乏意志去追求这些长远利益。相应地，就人类社会而言，由于有限的个人能力和无限的个人欲望之间存在巨大差距，人类只能通过合作才能逐渐实现或增进个人利益。为此，人类个体就必须克服机会主义带来的短期利益的诱惑，从而寻求互惠合作的方式。显然，这也就是人类理性的内涵，它表现出“为己利他”的行为机理。

由此，我们可以对现代经济学所使用的理性概念进行反思：在很大程度上，经济人所内含的“理性”概念以及后来发展出的“内在逻辑一致性”中采用的“理性”概念都只是经济学家出于方便而任意创造出来的。凯恩斯指出，经济学家将诸如“理性”等一些普通词汇归入重要的专业词汇并赋予这些词汇特有的意义，一段时间后渐渐改变了它们原来表达的意思和我们对它们的理解。实际上，经济学家对理性行为的定义是人们的行为和他们发明的模型保持一致，那么，除此之外的行为便是非理性的，这就等于卷入了一个浩大的工程，将人类重塑为经济学家认可的模式。[①] 同时，我们也不能用有限理性作为现代主流经济学理论的保

---

① 斯基德尔斯基：《重新发现凯恩斯》，秦一琼译，机械工业出版社2011年版，前言第Ⅺ页。

护带，不能将有限理性等同于在信息成本约束下实现满意最大化。费埃德伯格指出："有限理性是一种复杂混合体的产物，构成复杂混合体的要素有情感，有通过社会化过程而被传授并且也已被内化的行为惯例，有道德和伦理的诸多思考，还有工具性的策略和计算。"①

① 费埃德伯格：《权力与规则——组织行动的动力》，张月等译，格致出版社/上海人民出版社 2008 年版，第 111 页。

第十九章

人性认知的心理学基础：还原论和人本论的辨析

【导读】 现代主流经济学的经济人假设植根于早期的还原主义心理学之中，它仅仅反映了动物性的本能需求而忽视了人类的亲社会性，因此，不仅无法揭示“无形的手”来自何处以及如何运作，也无法从根本上理解“囚徒困境”与现实相悖的现象。相反，“为己利他”行为机理则嵌入了新近发展的人本主义心理学，它将人类基于动物性的本能目的和基于亲社会性的实现手段结合起来，因此，它可以更好地挖掘“无形的手”如何运作而实现社会协调，从而是比经济人假设更合理、更有效的人性提炼。

第一节　引言

现代主流经济学往往将其学说体系视为普遍而客观的，从而也就被视为是独立于心理学的，或者是“心理无涉的”。果真如此吗？在很大程度上，心理认知是几乎所有社会科学的基石，现代经济学当然也不例外。既然如此，现代主流经济学为何会以与现实相脱节的经济人作为基石来构筑起整个理论体系呢？在很大程度上，经济人假设也是建立在特定的还原主义心理学基础上的。进一步的问题是，现代主流经济学为何会以这种心理学为基础？同时，这种还原主义心理学又存在什么问题？尤其是，自现代主流经济学在20世纪初赋予经济人假设以理论的硬核地位以来，心理学科本身已经发生了巨大的变化，那么，现代主流经济学为何没有跟随心理学科的发展而对其人性假设进行调整和修正呢？明显的是，现实生活中的人类行为比新古典经济学所宣扬的基于理性选择的自利人假说要具有更复杂的心理特征。一般地，作为社会科学理论的核心假设，应该与社会发展保持历史的和逻辑的一致性，从而应该根据历史提供的新材料不断尝试和完善。那么，又该如何对人性假设进行发展和修正呢？这种发展和修正又与心理学科的发展存在何种关联呢？有鉴于此，本章就人性假设的心理学基础及其潜在问题做一全面而透彻的比较分析，并由此为现代经济学研究探寻更为合理而可行的人性假设。

第二节　现代经济学说与心理学的脱节

从学说史看，经济学的整个发展过程都与心理学密切联系在一起。例如，边沁学派的社会理论就强调了决定社会现象的主观因素。进而，作为现代经济学的前身，效用理论和边际效用理论根本上都与心理学密不可分，它将边沁学说纳入边际效用之中来分析经济行为，如埃几沃斯的《数理心理学》一书就处理了心理学和社会学问题。[①] 不幸的是，经济学与心理学这两大学科间的对话并没有有效地保持下去，相反，心理效用的不可比较性却导致边际效用理论在 20 世纪初遭遇到各方面的攻击；在这种情形下，经济学界开始出现了一场行为主义运动，它试图摆脱所有的心理学元素。其结果是：首先用新的序数效用代替基数效用，后来显示性偏好又进一步排除了序数效用中的心理学残留；这样，偏好就似乎从一个形而上的概念转化成了一个仅仅从行为就可以推导出的具有科学性效力和经验客观性的概念。基于这种转换，现代主流经济学发展出了逻辑和行为的内在一致性的经济人假说，由此将人类社会概念化为一个由精于计算而缺乏情感的经济人组成的世界。相应地，社会个体也被视为效用最大化者，把商品、服务、休闲、犯罪、工作环境乃至养育儿女都纳入经济模型的分析之中。

然而，随着经济学与心理学间的裂痕日益扩大，现代主流经济学逐

---

① Edgeworth F. Y., *Mathematical Psychics: An Essay on the Application of Mathematics to the Moral Science*, London: C. Kegan Paul, 1881.

渐不愿意尝试去解释这些人类偏好的来源。在这种情况下，尽管现代主流经济学试图从行动中抽象出一定的理性偏好概念，但经济学却逐渐蜕变成一门有关人类行为的事后解释性学说，而根本无法对个体的具体行动做出事前预测。这可从两方面加以理解：（1）如果只有被观察的行为具有科学的客观性，那么，作为偏好理论的心理基础的直觉等就起不到任何作用；（2）从行为中导出的偏好实际上往往非常困难，这也使得基于行为视角的偏好理论很少有实践意义。[①] 同时，日益抽象化和封闭化的研究倾向，使得认知心理学和社会心理学等学科分支对人类行为的新近研究大都被排除在标准的经济分析框架之外，结果，在某种意义上，原本热衷于行为研究的现代主流经济学就具有了明显的“反行为”倾向。[②] 正是看到这种矛盾，越来越多的心理学家、制度主义者以及其他一切非正统经济学家对现代主流经济学刻意地独立于心理学的取向提出了尖锐的批判和深刻的反思：现代主流经济学只是集中于非常狭隘的一些问题而忽视了真实世界的广泛现象。

不幸的是，尽管潜含深刻缺陷的理论思维已经招致了如此多的反思和批判，但是，大多数现代主流经济学家依然热衷于新古典经济学的抽象逻辑，他们不仅乐于基于已发生的行为来“猜测”行为者的偏好，而且还进一步将这种偏好归一化成一个先验的信念。例如，赫什莱弗等就不同意用心理学和社会学中的原则来解释偏好差异，而萨缪尔森等则发展出了“显示性偏好”理论；进一步地，施蒂格勒和贝克尔等人宣称，个人之间的偏好差异极小，绝大多数行为都可用价格和禀赋来加以解释。事实上，不管这些主流经济学家是否相信偏好在个体之间是不是可变的，但他们一般都乐于把偏好视为经济模型的外生变量，并进一步假定个体偏好在市场的互动过程中是不可改变的因素。问题是，正如鲍尔斯指出的：“如果偏好受我们所研究的政治或制度安排的影响，那么，如果不考虑这种偏好的内生性，我们就无法精确地预测和一致地评估新的政治或

① Lewin S. B., “Economics and Psychology: Lessons for Our Own Day From the Early Twentieth Century”, *Journal of Economic Literature*, Vol. 34, No. 3, 1996, pp. 1293 - 1323.

② Sendhil M. & Thaler R., “Behavioral Economics”, in *International Encyclopedia of the Social and Behavioral Sciences*, Oxford: Pergamon, 2001.

制度。"[①]

当然，在新古典经济学集中于探究物质资源的配置之初，这种分析思维确实具有相当的适用性。究其原因，经济人所承袭的自然主义思维本身就是源于人对自然物的利用和控制：人们在面对无能动性的动物或者自然时往往可以遵循工具理性行事，基于计算的工具理性有助于有效地使用自然物或奴役动物以最大化满足自身效用。不过，这种思维在现代经济学的研究范围内却日益暴露出严重问题。（1）随着近年来经济学帝国主义运动的蓬勃发展导致经济学的研究内容不断拓宽，现代主流经济学开始将这种模型化分析思维逐渐拓展到诸如犯罪、家庭行为等传统上的非经济领域；并且还声称，经济学理论及其经典范例不仅能够解释市场行为，而且也能够解释所有的人类行为，从而就未免过于自信和"英雄主义"了。[②]（2）即使我们面对的处理对象是自然物，为了人类全体利益和长期利益着想，也不能采取短视的竭泽而渔的最大化行为，否则就会陷入囚徒困境或公地悲剧；相反，要通过人与自然的和谐合一以保持社会经济的可持续发展，这涉及人类代际的合作问题，也体现了现世者对整个人类以及后代所承担的责任问题。

第三节　经济人假设的还原主义心理学基础及其问题

一般地，现代主流经济学的经济人假设是对人性进行高度抽象和还原的产物，它撇开了影响人类行为的社会的、心理的、文化的等各种具体因素，而将人退化为一个无血无肉的骷髅架。当然，这并不是说，经济人假设与社会学和心理学之间毫无关系，相反，在很大程度上，它是建立在早期还原主义心理学的分析思维之上的。我们知道，对人性的分析本身就是心理学的传统领域，不过，早期心理学主要从动物行为中来探究人类行为。究其原因，早期心理学具有强烈的还原主义倾向：它相

---

① Bowles S.，"Endogenous Preferences: The Cultural Consequences of Markets and Other Economic Institutions"，*Journal of Economic Literature*，Vol. 36，No. 1，1998，pp. 75 – 111.

② England P.，"The Separative Self: Androcentric Bias in Neoclassical Assumption"，in Ferber M. A. & Nelson，*Beyond Economic Man: Feminist Theory and Economics*，Chicago: Chicago University Press，1993.

信人类的一切行为都可以被解释成为低等动物的基本反应，从而抹杀了人类不同于其他动物的那些社会性因素。显然，经济人的内涵也正对应着早期心理学有关动物性本能的研究结论，而之所以出现这种对应也就在于，现代主流经济学也深受西方社会中根深蒂固的自然主义传统的影响。这种自然主义把人视为自然或者动物的一部分的产物，并在分析思维上具有抽象化和还原化的特质。正是受这种自然主义思维的影响，现代主流经济学就倾向于将具有丰富社会性的个体还原为只具有动物性本能的低能儿，这种低能儿追求的只是自身的生理需要，其行为也是源于生理的冲动。

（一）早期还原主义心理学

我们知道，自从冯特开创现代心理学之先河以来，心理学各学派就如雨后春笋般不断推陈出新。其中，早期对人性探讨的主要有两大流派：本能论和行为主义。后来，又兴起了建立在对这两者进行批判之上的人本主义心理学，从而在人性认识上就出现了三次大的心理学思潮。

首先，本能论可以追溯到把本能作为人的动机进行探讨的达尔文，而主要的提倡者则是美国的詹姆士、麦克杜伽尔以及洛伦茨等；同时，受达尔文主义和本能主义的影响，弗洛伊德创建了精神分析学派，从而掀起了人性探究的第一次大思潮。弗洛伊德的主要目的是对人类情感尤其是对非理性的情感获得一种理性理解：一方面，他以精神错乱者和心理病态的人为研究对象，关注无意识对人类行为的影响；另一方面，他又试图把人类行为归结到化学和物理的范畴中去，以性本能和死亡本能来构建精神分析的基本体系。然而，这种把人类行为和动机都归结为本能的本能主义心理学往往有过分简单化的倾向：它为每一种行为设置了一种本能，但这种假设往往不能解释实际问题。事实上，某些本能在某些人或某些文化中得到极大发展，而在另外一部分人或文化中则几乎消失了。

其次，为了弥补本能主义的弱点，由华生开创，并为桑代克、赫尔、斯金纳等发展而出现了一种表面上与本能论完全相反的行为主义学派，从而掀起了人性探究的第二次大思潮。它不是像弗洛伊德那样把个体行为的动机放在深层的内在冲动的驱策上，而是放在外在环境的影响上；

不是基于对病人的心理病态的主观分析，而是注重严格客观的“科学”方法。因此，行为主义者对人们为什么以及抱有什么目的去制约别人这个问题不感兴趣，而感兴趣于他们能否制约某人以及如何才能把它做得更好。事实上，行为主义者往往把人的行为与“人”分离开来，不研究行为当中的人，而只研究行为这个结果。[①]

当然，尽管本能主义和行为主义之间存在巨大差别，但两者之间也存在根本性的共通点：它们都不允许人类对他们自己生活哪怕是最细微的控制。事实上，行为主义本身就是经由动物心理学之门而进入心理学的，从而也就必然缺乏内省的方法，因为人们不可能诉诸动物的内省而只能根据外在的行动来研究动物。因此，像本能学派一样，行为主义者也是把人视为与其他动物无本质区别的动物：人不仅像其他动物一样仅仅对一些奖惩刺激被动地做出反应，人本身还天然地带有破坏性和反社会的倾向。事实上，行为主义学派基于在老鼠身上进行的研究得出了“一般人”的动物特性，而精神分析学派从病患者的潜意识中挖掘出了“一般人”之间的仇恨。而且，英国动物心理学家摩尔根还提出一个所谓的吝啬律：只要能用更低级的心灵作用来解释的活动，就绝对不用较高级的心灵作用来解释它。显然，正是着眼于人与动物的相同之处以及自动物而至人的分析途径，弗洛伊德的无意识本能说和华生的刺激反应说被广泛推广到了其他领域，尤其是深深地影响了日益受自然主义思维支配的新古典经济学。

在很大程度上，正是具有还原论倾向的本能主义和行为主义对人性的分析和认知，为现代主流经济学的经济人假设提供了心理学基础。例如，施蒂格勒1981年在主题为“经济学还是伦理学”的特纳讲座中，就把人假设为一种追求功用最大化的动物，因为很明显鸽子和老鼠都是这样。[②] 究其原因，无论是弗洛伊德的性理论还是经济学的经济人假设都承继了西方社会的自然主义思维，都把个体看成是反社会和相互竞争的。弗洛姆指出：“弗洛伊德关于性的整个理论是在这样的人类学的前提下形

---

① 参见弗洛姆《生命之爱》，王大鹏译，国际文化出版公司2001年版，第81页。

② Stigle G. J.，“Economics or Ethics?”，*in McMurrin S. M. ed.*，*The Tanner Lectures on Human Values*，*Harvard University*，April 1980，Cambridge：Cambridge University Press，1981.

成的，竞争和相互的敌意是与生俱来的”，“达尔文在生物学领域也表达了这一原则，就是他的‘生存竞争理论’。经济学家们，如李嘉图和曼彻斯特学派，把这个理论引入了经济学领域。后来在同一人类学前提的影响下，弗洛伊德宣称它同样适用于性欲领域。他的基本概念是‘性的人’，正如经济学家所提出的‘经济的人’。不论是‘经济的’还是‘性的’人，都是一种便利的虚构，断言人性——孤独的，非社会的，贪婪的和竞争性的——使资本主义看上去像一种完全符合人性的制度，完全用不着批评”。①

问题是，从动物至人的分析思维实际上是以动物的本能行为比拟人的社会性行为，这显然犯了拟动物论的错误。例如，阿尔蒙德强调，“一谈到心理分析学，在任何情况下都是只有人类的怪异行为才被拿到心理分析学那里解决。大量的‘正常’范围内的人类行为是不需要做特别解释的，无论人们对什么是正常的行为持有怎样的争议”。② 正是由于早期的心理学带有强烈的自然主义特征，从而就无法真正剖析个体的能动性行为。胡塞尔指出，“由于带有自然主义，心理学根本无法与精神活动达成一致，也无法与精神生活的最根本问题达成一致”。③ 格劳秀斯很早就指出，不能从未开化的野蛮民族的实践中推断出任何违背人性的结论一样，我们也不能通过把人还原为动物来探讨人性。正是基于还原主义思维，现代主流经济学中的经济人假设所根基的就是撇开亲社会性的不完全人性；相应地，经济学帝国主义运动倡导者的分析也主要集中在个体出轨以及其他的不合理行为，而人类长期以来所形成的且普遍存在的合作现象却被严重忽略了。

（二）人本主义心理学的发展

在某种意义上说，还原主义分析对那些亲社会性严重缺乏或处于孤立状态下的人的行为具有一定合理性；但是，它根本上无法适合于分析

① 弗洛姆：《健全的社会》，蒋重跃等译，国际文化出版公司 2003 年版，第 65 页。

② 阿尔蒙德：《探索伦理学：通向善恶王国的旅行》，刘余莉等译，中国社会科学出版社 2002 年版，第 14 页。

③ 胡塞尔：《胡塞尔选集》，倪梁康编译，上海三联书店 1997 年版，第 977 页。

那些具有高度社会性的一般人类行为。心理健康专家就用“反社会者”（sociopath）这一术语来指称其行为完全受自利算计所支配的经济人，他们没有对错意识，缺乏对他人的健康快乐或者是痛苦的任何关心。[①] 而且，正因为弗洛伊德的思想体系中存在这样一个致命的缺点：它的全部学说都贯穿着生物学的观点，而否认人的历史性，否认社会、文化因素对人格发展的影响。因此，随着精神分析运动的发展，一些精神分析学家也开始对弗洛伊德的思想体系展开了批判，并强调社会文化因素的作用，从而促使了人本主义心理学的兴起和发展。

首先背离弗洛伊德学术的是阿德勒。阿德勒认为，人最显著的一点就是在体格上相对于其他动物的劣势，但人通过发展大脑的能力而将自己的劣势转化为优势；为此，他反对弗洛伊德的本能学说，而是强调社会条件和人际关系对人格发展的影响，从而建立了精神分析的个体心理学。例如，阿德勒认为：“我们不能同意所谓的‘本能’心理学在美国大力倡导的那种倾向，因为他们所说的‘本能’除了遗传倾向外，还有很大的空白尚未说明。同样地，我们不能同意行为主义者的‘条件反射’和‘反应’。从一个人的‘本能’和‘反应’来构建他的命运和个性是没有用的，除非我们了解这种移动所朝向的目标。”[②]

其次，荣格也开始脱离弗洛伊德学说。荣格不同意弗洛伊德把性视为人类行为的中心，而是强调，如果简单地以性欲为前提进行演绎，那么就会对文化产生毁灭性的打击。为此，他把“里比多”一词拓广为整个精神能力，从而独树一帜地建立了精神分析的原型理论。例如，荣格指出：“不管怎么说，弗洛伊德的心理学不是关于健全的精神的心理学”，“弗洛伊德心理学的病态症状在于：它建立在一种未经批判的、甚至是无意识的世界观的基础上，而这就容易使人类经验和理解的领域在很大程度上变得狭隘”。[③]

受此影响，随后又兴起了以霍妮和弗洛姆为代表的强调社会文化作

---

① 鲍尔斯等：《理解资本主义：竞争、统制与变革》，孟捷等译，中国人民大学出版社2010年版，第33页。

② 《阿德勒人格哲学》，罗玉林等译，九州出版社2004年版，第16页。

③ 荣格：《未发现的自我》，张敦福译，国际文化出版公司2001年版，第191页。

用的精神分析社会文化学派，尤其是弗洛姆将其精神分析应用于对社会制度的批判上而形成了独特的精神分析的人本主义思想。这里还需要指出的是，即使弗洛伊德认为，“个体发展和文明发展这两个过程也一定会相互敌对和对各自的基础提出质疑”，但他还是强调“这场斗争不是从原始本能的对立中派生的”；① 相反，人类社会也会产生一个超我，而在超我指引下的文明进化逐渐为人类设立了一定的伦理道德关系，从而可以调和两者的冲突。

事实上，正如亚里士多德以及格劳秀斯等都早已指出的，如果我们的目的是试图发现事物的本质，发现自然法的东西；那么，就必须关注那些处于完好状况下的事物，而不是关注那些被腐化的事物。这意味着，为了揭示不同于动物本能的人性，我们考察的对象必须是一个具有一定亲社会性的社会人，并在亲社会性不断升华的历史发展过程中考察整个人类的特性。不幸的是，直到20世纪30年代晚期，西方心理学主要是建立在对非正常人的研究基础上。正是在这种情形下，马斯洛萌发出这样的念头：如果心理学对他们周围的正常人熟视无睹，那么，又怎能客观公正地诠释人类的精神呢？为此，马斯洛对无论是建立在对病态研究还是建立在对动物行为研究上得出人性的那些做法都展开了批判，从而掀开了被称为第三次大思潮的人本主义心理学派。

基于对人性发展的分析，马斯洛提出了人类需求的五层次论。马斯洛指出：“如果一个人极度饥饿，那么，除了食物外，他对其他东西会毫无兴趣”；但是，“要是面包很多，一个人的肚子却已饱了”，那么，“其他（高一级的）需要就立刻出现了”。② 显然，我们可以把马斯洛对一个人需要发展的分析推广到整个人类社会，这样人类的需求以及派生出的人性也就可以通过挖掘人类的需求状况的演化而得到分析，这就是历史演化的思路。然而，现代主流经济学却仍然以早期的精神分析和行为主义等理论为基础，而对新发现的更为成熟的人性理论视而不见。究其原因，西方社会承袭了古希腊的自然主义思维方式，把自然世界和人类世

---

① 弗洛伊德：《一个幻觉的未来》，杨韶钢译，华夏出版社1999年版，第72页。

② 戈布尔：《第三思潮：马斯洛心理学》，吕明等译，上海译文出版社2001年版，第41页。

界的一切规律和机理都视为既定的和不变的，人和动物都属于自然世界的一部分，因而也具有相通的内在规律。正是在这种思维定式下，主流“经济学家从来不让他们的分析受到同时代专业心理学家的影响，而总是为自己建立他们认为称心的一些心理过程的假定”。[①]

可见，尽管现代主流经济学所宣扬的经济人假设得到了早期还原主义心理学及生物学的理论支持，但是，早期心理学和生物学的研究主要只是体现了人的动物性而缺乏对社会性的分析。譬如，弗洛伊德的精神分析法所研究的对象是病态的人而不是健全的人，更不是体现精神方面自我实现的人；而华生等的行为主义则以老鼠等生理反应来推测人的行为。相应地，生物学更把人的行为等同于基因乃至分子的运动。正因如此，现代主流经济学像早期心理学一样，仅仅“注重机制、反应模式、本能，却忽视最特殊的人类现象：爱、理性、良心、价值观”。[②] 显然，由于经济学假设揭示了人类内心的动物性本能，从而它给人以一种似曾相识的感觉，这也是它得到普遍支持的原因。但是，这种分析撇开了人类的亲社会性，从而不但必然与社会实践脱节，更无法实现长远利益。同时，正是由于经济人假设仅仅反映了动物性的本能需求而忽视了人类的亲社会性，从而出现了个体理性与集体理性的二律背反，现代主流经济学也从个体理性中得出了“囚徒困境”这一均衡；但显然，在真实世界中的“囚徒困境”并不像经济学理论所表明的那样普遍，而这也显露出现代主流经济学分析上的缺陷。

第四节　基于人本主义心理学的“为己利他”行为机理

按照还原论的经济人假设，人类个体只具有关注自身需求的本能，时刻寻求实行马基雅维利式行为的机会，从而无法形成有效而广泛的社会合作，这为囚徒困境、公地悲剧以及集体行动的困境等所证明和刻画。但是，大量的经验事实和行为实验却表明，人们在绝大多数场合中能够进行合作，可以形成有效的集体行动，从而可以有效地化解“公地悲剧”

---

① 熊彼特：《经济分析史》第1卷，朱泱等译，商务印书馆1991年版，第50页。

② 弗洛姆：《精神分析与宗教》，贾辉军译，中国对外翻译出版公司1995年版，第6页。

和囚徒困境等问题。(1) 就来自实地案例的研究而言，以2009年诺贝尔经济学奖得主埃莉诺·奥斯特罗姆为中心的印第安纳学派就指出，个人使用者所组成的集团在自愿和无须承担责任的基础上可以有效地组织起来，成功地阻止了资源的滥用和退化，成功例子包括阿尔卑斯山的草甸和森林、日本的公用山地、西班牙的灌溉系统、加利福尼亚的地下水抽取以及菲律宾桑赫拉，等等。(2) 就来自行为实验的文献而言，大量的两人讨价还价博弈实验表明，尽管非合作行为不会导致有效结果，但实验结果却远比非合作博弈理论所预计的更具合作性也更有效；同样，公共品投资博弈实验也反映出，受试者获得的最终收益也远比非合作博弈理论所预计的要高。

显然，这些都否定了现代主流经济学基于经济人分析框架而得出的“公地悲剧”这一先验观点。那么，如何解释人类社会存在的大量合作现象呢？这就涉及对真实世界中人性及其行为机理的认识。(1) 任何个体都处于社会关系之中，从而产生了亲社会性。正是这种亲社会性的存在，使得个体不会感到自身被赋予了可以利用的优势议价地位，这产生了公正分享的规范。(2) “囚徒困境”的前提是：人仅仅考虑生命的个体意义。但是，亲社会性却使得现实个体可以或多或少地认识到生命对整个社会的共同意义，从而倾向于关注议价结果的效率，并在很大程度上愿意放弃自身收益以换取社会福利的实质增长。个体心理学的开创者阿德勒就指出，任何人的生活都受到职业类、社会类和性类三大制约，“个体对生命意义的阐释，无一例外地显示于他对这三大问题的反应之中”；因此，“所有真正‘生命意义’的标志在于：它们都是共同的意义——是他人能够分享的意义，也是他人能够接受的意义”。①

正是出于对人类特殊性的关注，到20世纪60年代，还原主义在心理学上逐渐土崩瓦解了，以马斯洛的人本主义心理学为代表的后弗洛伊德主义时代已经来临。马斯洛倡导的人本主义心理学的基本特征就是：考察人的社会性，从动态发展的角度探究人性的塑造以及相应的行为机理，这就涉及社会关系和文化伦理等内容。爱因斯坦指出，人具有孤独性和社会性这双重特性，正“因为存在着这些多种多样的、时常相互冲突的

① 阿德勒：《生命对你意味着什么》，周朗译，国际文化出版公司2000年版，第4—7页。

努力，才能说明一个人所独有的性格，而且这些努力的特殊结合就决定了个人所能达到的内心平衡的程度，以及他对社会福利所能做出贡献的程度”，并且，“这两种倾向的相对强度很可能主要取决于遗传。但他最后表现出来的个性，它的形成主要取决于人在发展中所处的环境，取决于他所成长于其中的社会的结构，取决于那个社会的传统，也取决于社会对各种特殊行为的评价”。[①]

实际上，任何人都是处于一定社会关系中的人，因而人性必然会包含两方面的基本内容：（1）基于生理反应的本能，它是人和其他动物所共有的，是先天的，体现了自我的保护和利益追求；（2）基于社会互动产生的亲社会性，它是人类所特有的，是后天的，体现了本能冲动所受的社会影响和制度约束。相应地，几乎所有的人类行为都蕴含了伦理关系，这种伦理关系使人们重视社会性的交往，关注行为对他人的影响，关注目的实现的方式，这就是互惠合作。在很大程度上，互惠合作是社会化个体实现自身目的的主要方式，也是社会交换得以持续存在并有效扩大的基础。正如阿德勒所言，一个人如果希望实现生命的真正意义，就必然会积极寻找协作之路，这也就是“利他”手段的实践；同时，他也“会调整自己，适应目标，他将培养一种社会感，并通过练习娴熟于这种感觉”，[②] 从而使得偏好发生变化。

一般地，人类的行为首先是以满足“身体我”的自然需要为根本出发点，因而作为个体的“小我”就是“己”的核心；但是，个体在与他人的互动中又会形成不断膨胀的“社会我”，以致人类在实现其“为己”目的时所采取的行为方式往往具有强烈的合作性和利他性。显然，结合“身体我”和“社会我”的考虑，就可以挖掘出人类实在而合理的行为机理——“为己利他”。其中，“为己”是人类行为的根本性目的，体现了动物性本能；而“利他”则是实现“为己”目的的有效手段，体现了亲社会性的要求。其实，正是由于亲社会性的存在，同一个体在处于不同社会关系以及担当不同角色时所采取的行为往往就存在很大差异。同时，

① 爱因斯坦：《为什么要社会主义》，载《爱因斯坦文集》第 3 卷，许良英等译，商务印书馆 1979 年版。

② 阿德勒：《生命对你意味着什么》，周朗译，国际文化出版公司 2000 年版，第 7 页。

“己”的外延也是可变的，社会互动的加强以及欲望层级的提升都会导致“己”的圈层扩展，从而形成不断膨胀的“大我”。这也意味着，在现实生活中，人类的行为并非如经济人所假设的那样是基于平面式的一般抽象规则，而是依据不同的私人关系而呈现出明显的差序性。显然，“为己利他”行为机理不仅体现了人类行为的本能冲动和亲社会性，而且能够清楚地反映出人类社会关系中的这种差序性，从而就是对人类行为所做的更为合理的抽象。

“为己利他”行为机理表明，人类个体往往需要借助他人或社会的帮助才能实现自身的需要，而要取得他人的帮助，自己首先也必须能够帮助别人，要增进他人或集体的利益。因此，“为己利他”行为机理往往隐含着对互惠、公平和正义的关注，对规范和社会合理性的遵循，并具有强烈的移情效应。正是由于“为己利他”行为机理不仅是从现实生活中提炼出来的，而且能够体现人性发展的需要和方向，更大程度地满足了核心假设应该具有“历史的逻辑的一致性”这一要求，从而也就可以成为真实世界经济学的理论体系的基石。同时，“为己利他”行为机理的践行和扩展往往与行为者的亲社会性密切相关，因此，“为己利他”行为机理不仅可以分析利他主义和利己主义在不同时空下的比重，而且能够将现实世界中互惠利他、亲缘利他、共生利他以及强互惠利他等具体行为都包含在同一分析框架下。尤其是，“为己利他”行为机理被践行的广度和深度体现了行为者的亲社会性高低，从而可以成为对社会行为进行价值判断的一个基本依据。一般地，行为者的亲社会性越高，越容易通过移情而将同情心扩展到“他我”身上，从而增进他人或社会的利益，因而这种行为也就是更值得赞誉和推广的。① 正因如此，“为己利他”行为机理也就可以为以人为本的伦理经济学提供人性和行为机理的基础。

当然，这里还是有必要将流行的经济伦理学用语和这里倡导的伦理经济学一词做一简要辨义。一般地，经济伦理学是探讨经济行为中的道德责任，关注的是外在的规范制约，试图用外在的伦理来规范人们的行

---

① 事实上，较高的亲社会性也是社会精英的基本特点，这也是笔者在课堂上以及在其他场合一再宣扬的：社会精英就是不再囿于“小我”思考问题，而是承担一定的社会责任，这种对精英的培养也是一流高校的基本责任。

为，或者是对经济领域的行为进行道德判断；相反，伦理经济学则主要分析人类经济行为中内在的伦理因素，考察伦理道德对人类行为机理塑造过程中的影响，研究的是内化了伦理因素的人的行为而不是抽象的经济人行为。显然，伦理经济学较经济伦理学更像是经济学的一个分支。事实上，通过对人类行为内在的伦理因素的关注，可以更真实地揭示人类的行为机理，从而有助于修正和完善现代主流经济学中不合理的人性假设，有助于发展和完善现代经济学。关于这一点，森也持相同的观点，他不支持以外在的伦理来规范经济学，也不是简单地主张跨学科，而是主张从经济学内部提出通过修正经济学前提假设的局限性来加强经济学的解释力。

一般地，伦理经济学也可以分成两个层面：宏观层面和微观层面。宏观层面主要探讨整个市场运行过程中的伦理因素以及社会协调系统的伦理基础，微观层面则更注重对个人行为机理中内在的伦理因素进行探索。就经济学理论的发展而言，微观层面的探究往往更为重要。事实上，笔者的系列研究遵循从微观到宏观的逻辑，但主要侧重于微观层面。这主要出于两点考虑：（1）任何理论都必须建立在微观机理的基础之上，否则肯定是不完善的，就如凯恩斯经济学一样；（2）现代主流经济学想当然地把人的行为抽象为经济人机理，而正是经济人的假设导致了经济理论与实践的严重脱节，并使得经济学越来越脱离对人自身发展目的的关注。事实上，森也指出，对经济学来说，第一个根本性问题是人类行为的动机问题，即“一个人应该怎样活着”。[①] 为此，这里的研究就是要反思主流经济学中基于抽象理性的经济人假设条件形成的原因以及它本身的科学性，并结合伦理因素挖掘人类行为的真正机理。

同时，需要指出，任何社会都会存在一些与“为己利他”行为机理相违背的行为，存在一些损人利己、欺瞒豪取的现象。尽管如此，我们还是必须明白两点：（1）这些现象无论如何都只是占整个社会的很少一部分，尽管这些现象往往引人注目，但互惠合作是社会的基本面。事实上，如果这种现象上升到一定限度乃至成为多数，那么人类社会也将不复存在了。（2）这些现象的存在不代表它们就是合理的，尽管它们符合

---

① 森：《经济学和伦理学》，王宇等译，商务印书馆2000年版，第10页。

经济人的最大化行为原理，但社会困境也由此而生。事实上，人们设计了一系列制度规章以及塑造了一整套文化伦理，就是要对这些行为和现象加以抑制。显然，以斯密为代表的早期古典经济学家就将人类行为嵌入在社会环境中进行考察，即使观察到了经济活动中的自利性，也没有将个体的经济行为孤立出来，而是重视伦理因素对个体偏好的影响，关注移情效应如何促使个体对自己的欲望采取“克制”的态度。在很大程度上，古典经济学家的分析已经涉及了嵌入在人类行为中的这一“为己利他”行为机理。

不幸的是，现代主流经济学却基于还原论思维而从斯密的“自利人”观中抽象出了“经济人”这一假设，它片面强调了人性中的逐利内容而剥去了广泛的伦理关系。例如，施蒂格勒就宣称，斯密使我们确信了这一真理：自利统治着大多数人。针对这种误解，森批评说，施蒂格勒的理解完全偏离了斯密自己对人类行为动机的认知，因为斯密更广泛地探讨了诸如同情、豪爽、公共精神以及其他相互关心的情感。现代主流经济学家对斯密的错误理解明显体现在，他们只看到斯密强调没有任何其他的考虑比自利更能解释人们为何追求富有成效的交换，却撇开了斯密有关人类行为动机的一般理论。其实，尽管斯密认为，我们不需要用仁慈等来解释为什么屠夫、啤酒商和面包师想出售他们的产品而消费者则希望购买它们，但这也并不意味着，市场个体对其他人的利益和诉求是漠不关心的，一个人要想在市场中获利首先需要了解他人需要什么。同时，交换也不是社会生活中甚至经济活动中的唯一方式，而诸如分配、生产以及相应的工作动机和原则等都是重要的，它们都深深地影响了生产率；而且，即使就交换机制而言，它要有效率也需要更多的基础性动机来引导买卖双方的欲望，这包括责任、信任、社会规范，只有这样才能促进市场经济走向成功。所以，森感慨地说，如此多的资本主义拥护者竟然如此拒绝给予好商业行为的道德品质以稍许注意，这不得不令人感到非常惊讶，因为这种行为对资本主义的成功是如此重要。例如，施蒂格勒仅仅赞扬斯密这样一种智慧：建立了一般自利人假设，但显然，这不是斯密的信念，也不是什么智慧。①

① Sen A. K., *Reason Before Identity*, Oxford: Oxford University Press, 1999, pp. 3 – 4.

可见，基于动物性的本能目的和基于亲社会性的实现手段的结合，我们可以提炼出“为己利他”这一行为机理，这一行为机理与人本主义心理学所关注的亲社会性相联系。在很大程度上，“为己利他”行为机理的基本内涵本身就源于对心理学和社会学等学科长期积累和发展的知识和思维的充分吸收和借鉴，从而具有深厚的社会经验和严格的理论逻辑基础。相应地，也必然有助于对社会行为的解释和社会实践的指导。事实上，现实世界中的任何行为都不可能是先验的，不可能是固定不变的。因此，就不能基于理性行为假设对行为进行单纯的数理推导，而必须充分考虑与之相关的各种个体的、社会的、地理的、文化的、历史的、制度的等因素。不幸的是，现代主流经济学的经济人假设却是先验的、一维的，它撇开了这些社会的、心理的因素，而在抽象思维下用工具理性的形式逻辑来分析具体社会关系下的个体行为。正因如此，基于经济人假设的分析往往把个体行为看成是一成不变的，最多在模型构建时加上不同的约束条件，从而无法理解人类多样化的行为，最多用一个不断扩展却无实质内容的效用概念来“自圆其说”。

第五节　经济学的人性假设应根基于何种心理学

现代主流经济学往往将经济学视为研究人类理性行为的学科，这种理性行为是先验的，所基于的是数学逻辑，从而很大程度上是独立于心理学的。但是，这种先验的经济人假设并非真正独立于心理学，而是根基于早期的还原论心理学。所以，森 1973 年在《行为与偏好概念》一文中指出，经济学家对待心理学态度中潜含了一种悖论：一方面，经济学家往往相信经济学能够独立于心理学的假设，而对那种在经济分析时探寻行为动机的努力持强烈怀疑态度；另一方面，经济学假设又明显依赖于心理学推理来提供可信性，理性本义上就是一个我们对所观察到的行为的心理解释。[①] 其实，经济学所研究的经济现象本身就是由人的行为产生的，而人的行为又受文化的、心理的因素影响，心理学正是研究人类

---

① Sen A. K., “Behaviour and the Concept of Preference”, *Economica*, Vol. 40, No. 159, 1973, pp. 241 – 259.

社会的一般行为特性，因而经济学根本就无法离开心理学。而且，经济学也从来没有离开过心理学，古典经济学就是从人性理论中推导出经济学原理的，现代主流经济学的大多数名词和假设更是以心理学为基础。问题在于，经济学的人性假设应该根基于何种心理学？艾尔斯指出：“古典经济学家从人性理论中推导出经济学原理，这是完全正确的；而错误之处……则在于18世纪盛行的人性观念。……问题在于现代心理学观点与过去的传统之间的差别。”①

其实，主流经济学的自利假说或经济人假设所根基的是早期的还原论心理学，而这种心理学所揭示的主要是人性中的动物性一面。因此，基于这种人性观所展开的行为分析往往缺乏对人类行为中社会性的考虑，从而无法反映真实世界中人的社会心理和社会行为。譬如，弗洛伊德的精神分析法所研究的对象是病态的人而不是健全的人，更不是体现具有高度社会性的自我实现的人，而华生等的行为主义则更是以老鼠等生理反应来推测人的行为；同样，生物学中更把人的行为视为基因乃至分子的运动，以基因的自我保全来解释人的本性。正是基于这种局限，老制度经济学派将心理学的批判作为它对正统的新古典经济学批判的主要弹药，目前那些经济社会学家也是这类运动的继承者。② 究其原因，在他们看来，人类的心理不是一成不变的，而是随着社会环境的变化而演进。当然，正如艾尔斯指出的：“从一种更广泛的意义上说……所有的心理学现在都是行为主义；从这一意义上说，那些终究置身于心理学家内部纷争之外的‘制度’经济学家们都是坚定的行为主义者”，但“问题在于现在心理学观点与过去的传统之间的差别”③。也就是说，合理的经济学思考方式必须源于正确的人性观念。那么，何谓正确的人性观呢？这就需要对早期心理学和现代经济学的有关行为分析进行比较，要充分契合心理学对行为研究的最新发展。

---

① 艾尔斯：《经济进步理论：经济发展和文化变迁的基本原理研究》，徐颖莉等译，商务印书馆2011年版，第105页。

② Lewin S. B., "Economics and Psychology: Lessons for Our Own Day From the Early Twentieth Century", *Journal of Economic Literature*, Vol. 34, No. 3, 1996, pp. 1293－1323.

③ 艾尔斯：《经济进步理论：经济发展和文化变迁的基本原理研究》，徐颖莉等译，商务印书馆2011年版，第105页。

确实，根基于还原心理学的经济人假设揭示了人类内心的动物性本能，从而给人一种似曾相识的感觉，从而得到了功利原则主导的现代社会的普遍支持。相应地，现代主流经济学热衷于基于个体理性的效用最大化原则来探究一切社会经济现象的成因，并由相互制衡而建立了越来越精密的防范措施（如法制、产权）。问题是，这种经济人分析一开始就撇开了人的社会性，把人还原为原初状态下的简单生物，从而不仅会产生个体理性和集体理性之间的冲突，而且也必然会与现实的社会实践脱节。譬如，尽管现代主流经济学也试图像弗洛伊德那样努力寻求一种包罗万象的系统化的解释体系，但显然，迄今为止它所提供的解释往往显得非常牵强；甚至不妨自问一下：现代主流经济学对人类行为解释比弗洛伊德的精神分析更为合理而可信吗？其实，近百年来心理学的研究本身已经出现了跳跃式发展，但是，现代经济学理论所依赖的心理学基础却没有相应的变化，显然，这凸显了现代主流经济学思想上的落伍性。正是由于所依据的心理学还是比较原始和初级的，因而经济人分析所得出的结论往往就会脱离现实：它不但无法解释多样化的人类选择行为，也无法指导社会制度的完善和改进。

事实上，人不仅具有追求自身私利的本能冲动，也具有与他人合作的社会性。从根本上说，任何个体都是具有合作性的物种，其行为都具有一定的亲社会性，正是这种特性造就了不同于动物世界的人类社会。鲍尔斯等在《理解资本主义：竞争、编制与变革》一书中写道："我们的文化和我们的本性共同作用，使得智人成为我们这样的独具合作性的物种。我们具有合作性这个事实，意味着好人并不总是落在最后。"[①] 但是，现代主流经济学所依赖的硬核——经济人假设本身却存在严重缺陷，以致现代经济学越来越成为一门"沉闷"或"阴郁"的科学。究其原因就在于，"它假定人是自私的、唯利是图的，是'一个欢乐与痛苦的计算器，其运算快如闪电，就像一粒充满着幸福渴望的水珠，在某些改变其处境的刺激因素的作用下，振荡不已，但他的本性则始终不变'；说它是'乏味的'科学，还因为经济学是建立在老掉牙的心理学基础之上的，从

---

① 鲍尔斯等：《理解资本主义：竞争、统制与变革》，孟捷等译，中国人民大学出版社2010年版，第46页。

而必须随着心理学的新发展而不断重构；还有一个原因是，经济学假定人们（至少对于厂商来说是这样）总是处于‘一种连续的警觉状态，一旦他们那敏感的直觉——察觉到供给和需求状况的变化，他们将立即改变价格和/或改变定价准则’；原因还在于，经济学假定市场是完美的，竞争是纯粹的，商品、劳动力与资本都是同质的”①。

在很大程度上，正是基于早期的还原论心理学，现代经济学将异质的社会人还原为同质的原子个体，从而便于运用数学符号来指代人的行为。由此，现代经济学也就快速走上了数理化的道路，致力于照搬自然科学的思维和方法。其实，史库森就指出，“有目的的人类活动不同于植物、动物和机器的活动。生物和物理规则似乎是固定的，并且可以量化。物理学家和化学家注意到在自然事件中存在一种有规律的重复模式应用科学方法，他们可以重复地进行一项可以控制的实验并与其所得到的结果都是一致的。在一系列相同的环境中，动植物也会以不变的方式作出反应，就像巴普洛夫的狗或者回到海中的旅鼠”，但“在经济学和其他研究人类行为的科学中却并不是这样的。人类不是机器或旅鼠，他们不会一次又一次地重复自己的行为或者对某种刺激作出固定的反应”；不幸的是，“许多经济学家和社会学家过去为自然科学的精确所倾倒，一直尝试效仿物理学或生物学”，问题是，“严格应用自然科学中的科学方法不会总是在经济学领域中发挥同样作用，即使这些方法已经成为现代经济学界工具中不可缺少的一部分”②。

第六节 结语

上面的分析表明，现代经济学所根基的本能心理学和行为主义存在严重缺陷，因为它们集中探究的是无意识行为，从而物质或撇开了嵌入在人身上的亲社会性。譬如，早期的行为主义就以婴幼儿为调查对象，

① 程恩富、胡乐明等：《经济学方法论：马克思、西方主流与多学科视角》，上海财经大学出版社 2002 年版，第 202 页。

② 史库森：《经济逻辑：微观经济学视角》，杨培雷等译，上海财经大学出版社 2005 年版，第 30—31 页。

并且运用动物心理学的方法，它力图解释婴幼儿的行为过程并由此来解释成人的活动。为此，它就引入了条件反射，试图通过对某些刺激的联想来获得单从这些继发的刺激所得不到的结果。但显然，人类行为绝不是机械的反应，而是由内在意识驱动的，而这种意识往往与环境和文化有关。为此，后来发展起来的社会心理学就特别关注人的内在经验所产生的意识，进而将个体活动或行为置于社会过程中来探究，试图从具有复杂关系的群体活动的整体出发来分析该群体成员的个体行动。在很大程度上，正是以弗洛伊德的本能心理学和华生的行为主义为基础，现代主流经济学无论在解释还是预测上都暴露出了种种缺陷。

然而，尽管本能主义和机械行为主义在今天的心理学界已经遭到了极大的否弃和发展，但大多数主流经济学家却一如既往地坚持传统的经济人假设，最多是通过放宽经济人的外延来将利他行为纳入传统的经济人分析框架下，而这些扩大化的偏好依然是外生的、不变的。那么，为何现代主流经济学还要"试图把所有的东西都放入一个理性的体制中，好好地贴上标签，存入头脑的一个个抽屉里"呢?[①] 弗里德曼曾指出："除非这一类的批评得到了下面这类证据的补充说明，否则它们就毫无意义，这类证据就是：存在某一种假说，它与正在受到批评的理论在上述那些方面中的某一方面不同，并且能够对同样或更大范围的现象给出较好的推测。"[②] 显然，笔者提出的"为己利他"行为机理吸收新近的人本心理学的思维，并与人类不断增长的亲社会性相适应，不仅可以解释经济人假设可以解释的现象，而且可以更好地解释经济人假设所不能解释的现象，是对经济人假设的有效修正和完善。因此，以"为己利他"行为机理为基础，我们可以更好地促进现代经济学的发展，并为人本主义经济学的构建夯实基础。

---

① 威尔森：《马斯洛与后弗洛伊德主义》，杜新宇译，华文出版社 2001 年版，第 77 页。

② 弗里德曼：《实证经济学方法论》，载豪斯曼编《经济学的哲学》，丁建峰译，世纪出版集团/上海人民出版社 2007 年版，第 168 页。

第二十章

人性认知的社会文化基础：基督教和儒家的比较

【导读】 经济学本身是一门着眼于整个社会健康发展的社会科学，但在经济人分析框架下，现代主流经济学却逐渐退化成了个人发财致富的“技术（实用）科学”。现代主流经济学之所以如此坚持既不现实也缺乏实践性的经济人假设，很大程度上与追求所谓的客观性和科学性有关；进而，这种“科学化”取向又与西方社会的文化特质和伦理特点有关，与西方社会根深蒂固的自然主义思维有关。

第一节　引言

一般地，现实社会的人类个体具有这样两大特性：（1）他具有生存、自我保护和发展实现的本能需求，进而，从先天本能这一维度出发，任何个体的行为都嵌入了“为己”的目的；（2）他往往难以独自地实现自身目的，而是需要依赖与他人或社会的合作，进而从目的实现这一维度出发，任何个体的行为又嵌入了或多或少的利他性。显然，全面考虑人类行为的基本目的和实现此目的的有效手段选择这两大维度，就可以从丰富多样的人类具体行为中提炼出既具现实性又具一般性的“为己利他”行为机理。其中，“己”的需要是行为的根本出发点，而互惠的利他主义则是达到“为己”目的的有效手段。在很大程度上，儒家社会对人性及其行为机理的认知与这种“为己利他”行为机理之间存在明显的相通性：（1）儒家把“仁”作为人性的根本特征，而“仁之心”则源于人的社会性，通过人之主体的移情而达到“克己”的境界；（2）尽管儒家的“仁”以“己”的需要为出发点，但又强调“利他”手段选择的重要性。同时，不仅儒家社会有此认识，早期古典经济学也将人的行为嵌入社会环境中进行研究，从而将人性看成是自爱和同情心的结合，尤其重视移情对日常行为的影响。例如，斯密的人性观与“为己利他”行为机理之间就具有明显的相通性：斯密在《道德情操论》和《国富论》两书中将“利己”和“利他”作为人性二重性来分别加以阐述，并在“克己”的基础上实现人性观在经济界与道德界的统一。

不幸的是，现代主流经济学却固执地坚持一种既缺现实性也乏实践性的经济人假设。为什么会产生这种现象呢？在很大程度上，这与新古典经济学确立支配地位以降的经济学日益追求所谓的客观性和科学性有关，这种倾向使得现代主流经济学极力模仿物理学那样的“硬”科学。同时，经济学之所以会形成这种“科学化”的取向，又与西方社会的文化特质和伦理特点有关，与西方社会根深蒂固的自然主义思维有关。米洛斯基指出：“西方世界的经济学，总是被同时代西方对自然界的理解所奴役，在价值概念上尤其如此。即便到了不久以前（比方说从19世纪初以来），自然科学方法的理想形象在塑造经济理论中的经济行为人的形象中，仍然发挥着支配性的作用。”[①] 因此，尽管现代主流经济学强调运用“科学方法”来获得理论知识，但正如贝拉等指出的：“社会科学不是一种脱离现实的认识活动，它是一种或一套深深植根于西方哲学和人文科学的（在一定程度上还有宗教的）历史中的传统，它提出关于人的本性、社会的本性以及人与社会的关系的假设。不管承认与否，它也提出关于好的人、好的社会的假设，并研究社会现实化这些假设的程度。意识到这些假设的文化根基，可以提醒社会科学家注意到这些假设是可争论的；假设的选择涉及深深存在于西方思想中的争论。”[②] 因此，本章就人性认知的社会文化基础做一简要的比较分析。

---

① 米洛斯基（即米洛夫斯基）：《制度主义经济学的哲学基础》，载图尔主编《进化经济学（第1卷）：制度思想的基础》，杨怡爽译，商务印书馆2011年版，第67页。

② 贝拉等：《心灵的习性：美国人生活中的个人主义和公共责任》，周穗明等译，中国社会科学出版社2011年版，第400页。

第二节 基督教社会的自然主义思维与人性认知

无论是从源头——古希腊的科学知识和希伯来的宗教信仰——进行观察，还是从演化过程——古罗马时期、中世纪以及启蒙运动以来——加以考察，西方社会的思维总体上都呈现出强烈的自然主义和理性主义特质，而且这种思维特质逐渐渗透到了整个西方学术之中。根据这种自然主义思维，人类社会只是自然世界的一部分并都受相似的内在规律支配，人类之间的互动行为与物体之间的相互作用也是相似的并受制于同一机理。这样，就产生了西方主流学说的两大明显特征：（1）由于自然主义思维具有明显的还原论倾向：自然现象可以还原为基本粒子（原子、分子等）的作用，社会现象也可以还原为基本个体的作用，这种个体行为还可以进一步还原为动物性本能乃至基因的反应。因此，现代主流经济学就撇开了人类不同于动物的社会性特质，而在“本能性自利”的基础上将两者等同起来。（2）由于自然界中各自然体之间的关系是独立的和普遍的，相应地，生活界各社会体之间的关系也被西方社会视为独立的和普遍的，从自然界获得的普遍主义和个体主义就被拓展到对人类社会秩序的分析中。因此，现代主流经济学以先验的人性观为基础，并在“无形的手”这一预定协调原理基础上得到“私恶即公益”命题。

罗桑瓦隆在《乌托邦资本主义：市场观念史》中指出，自然科学家如牛顿等人首先解释了自然界的和谐秩序，受此激励，道德哲学家们开始探索和构建社会经济领域的自然和谐秩序。① 经济学界也受此影响，斯密开始用一只“无形的手”原理来论证经济社会中和谐的自然秩序，萨伊用“供给自动创造需求”证明了经济运行的自生自发机制。正是基于这种自然主义思维，西方社会往往把“真理的事实”与“经验的事实”区分开来：“真理的事实”致力追求的是理论逻辑的严密性，“经验的事实”追求的则是理论对历史的描述。显然，由于理论的探索主要体现在“真理的事实”上，因而在理论探索与现实经验之间就出现了脱节。例

---

① 皮埃尔·罗桑瓦隆：《乌托邦资本主义：市场观念史》，杨祖功等译，社会科学文献出版社 2004 年版。

如，正是基于这种理论探索的思维，西方社会确立了先验的个人主义思维，在这种先验的个人主义思维的指导下，现代主流经济学在探究人性及其行为机理时就撇开了历史性、人文性、社会性和演进性的考虑，而以一种形而上学的人性观作为理论的基础和分析的前提，这就是现代主流经济学所依赖的经济人假设的社会根基。从某种意义上讲，经济人就是现代主流经济学为了模仿物理学等自然科学而做的一种原子化的抽象假设，它与现实世界中的人性及其行为机理相差甚远。究其原因，现实中任何个体都具有或多或少的亲社会性，人类行为也必然内含了特定时空下的伦理关系。

自然主义思维之所以在西方社会如此根深蒂固，不仅因为它源于古希腊的自然哲学，而且还因为它与基督教的基本思维相吻合。事实上，基督教一开始就否定了世俗世界，认为肉体的共通性远劣于精神的共通性，从而也就不去认真探索世俗的真实生活和需求。正因如此，爱国主义以及家庭感情等都受到耶稣本人和他大多数信徒的反对，相反，基督教将古老的经济睦邻伦理延伸到主内兄弟的关系上，从而形成了一种以宗教博爱伦理为基础的新的生活共同体。例如，尽管基督教会对耶稣的母亲表示尊敬，但耶稣本人却不抱这种态度，相反，他蔑视地对其母亲说："妇人，我与你有什么相干。"（《新约·约翰福音·第二章》）更有甚者，耶稣宣称，他来到这个世上就是为了叫儿子与其父亲疏离，女儿与其母亲疏离，媳妇与其婆婆疏离。为此，当时耶稣就离开其家庭而在自己周围聚集起一个新家，一个不是靠血缘关系而是靠精神纽带结合起来的家庭。而且，耶稣一再要求跟随他的人也切断与其家庭的血缘联系，他说："如果有人来我这儿而不厌恶他的父母妻儿和兄弟姐妹甚至他自己的生命，那他就不可能成为我的门徒。"（《新约·路加福音·第十四章》）

当然，尽管基督教源于犹太教，但由于作为继承者的基督教受到发源于古希腊的自然主义理性的更强烈冲击，因而两者对人类世俗关系的认知还是存在一些差异。在很大程度上，犹太教思维与人类现实生活更加接近。事实上，尽管作为以色列中心教义的《摩西十诫》是一种绝对戒律，它命令和禁止某种行为而不受环境的影响；但是，在法的应用上，以色列民族对待一个居住于此或暂时在此旅行的异乡人和对待一个完全外在于任何特殊关系的异乡人的方式却存在差别，前者会被看作是共同体的成员。例如，在不同共同体内部的成员之间放高利贷是禁止的，而对一个陌生人完全可以因放贷而获利。① 其原因主要是，犹太教与当时的原始宗教之间具有很强的传承关系，而原始宗教是在某种程度上反映了人类的社会生活，因而犹太教还保留着与人类社会的经验生活之间的那种藕断丝连的联系。但是，基督教却经历了更为激烈的创唱性改造，后来又大肆吸收了古希腊的自然理性主义思维，从而更进一步地脱离了人类的现实生活。

总之，正是基于根深蒂固的自然主义思维，现代主流经济学逐渐确立了原子论个体主义方法论的支配地位，从而完全抹杀了人的社会性。一方面，它以经济人假设为基石构建了有关个体行为的一般分析框架：在这种框架下，人与人之间是爱无差等的，都是独立的且互不关心的个体。另一方面，它还试图进一步将经济学打造成一门几何学般的公理体系，建立一整套基于假设—演绎的理论体系。显然，正因为现代主流经济学试图在先验的人性假设基础上来推演人类的选择行为，它就不会去努力观察和辨识具体人类行为的特点，而是热衷于将一切行为硬生生地套在一个形式化的经济人模型上。例如，现代主流经济学在分析人类的利他行为以及社会的合作现象时，往往倾向于把信任视为外生的，是直接工具性的东西。正如郑也夫指出的，西方社会成本概念中的“信任少感情，多计算，信任的双方——托主与受托人都是理性的，信任是制约搭便车的冷酷的工具……这种以‘个体和理性’为解释视角的社会唯名论的思想与杜尔凯姆（即涂尔干——本书作者注）强调‘社会和规范’——社会先于个体，强于个体，社会塑造了个体——的社会实在论的思想截然对立。理性选择理论……在信任、团结与合作的产生上过于强调理性的因素，忽视了传统与习俗的作用；在信任的社会功能上过于强调个体的功利层面，忽视了信任与群体凝聚和社会秩序的关系”②。

---

① 麦金太尔：《谁之正义？何种合理性?》，万俊人等译，当代中国出版社 1996 年版，第 210 页。

② 郑也夫：《信任论》，中国广播电视出版社 2001 年版，第 60 页。

第三节　儒家社会的经验主义思维与人性认知

与西方社会的认知思维不同，儒家直接从社会关系来认知人性、行为以及相应的社会现象，它的思维具有明显的社会主义[①]和经验主义特质。正是基于这种思维特质，儒家所认知的“自我”不是像西方社会所主张的那种“独立的自我”，而是一种“互依的自我”。这种“互依的自我”倾向于依社会角色和关系来界定个人的自我概念，并依其在所属关系网中所占的位置来表现出合宜的行为。例如，黄光国就区分了基于生理反应的“身体我”和基于社会依存关系的“社会我”：作为“身体我”，其冲动是为了满足生理上生而俱有的各种欲望，为了满足欲望，就必须从外在环境中获取资源，从而表现出非常强烈的工具性；相反，作为“社会我”，其冲动则是基于与他人和社会的关系，从而会自觉地依照自我与他人之间的角色关系而采取不同的行为。在黄光国看来，具体社会关系中的人是“身体我”和“社会我”的统一，因而尽管个人仍需要从外界获得各种不同的资源，但是，现实社会中人的行为方式却与现代主流经济学所宣扬的经济人存在根本的不同。黄光国指出：“在基督教文明的影响之下，西方式的‘自足式个人主义’是以个体的身体实体来划分己之界限的；在东方的‘包容式个人主义’里，个人的‘身体我’虽然是独立的，‘社会我’却是嵌镶在一定的社会关系网络之中的，而且，‘社会我’的边界会视其参与每一社会事件的性质的不同而有所变化，它可以纳入家人、朋友、同事，也可以纳入同社会中的其他人。”[②]

同时，由于社会关系上的明显差异，中、西方社会也逐渐形成了不同的社会结构。费孝通在《乡土中国》一书中指出，西方社会中人与人之间存在一种团体格局的关系，就像界限清楚、单位分明的一个个稻田里的柴捆儿，“几根稻草束成一把，几把束成一扎，几扎束成一捆，几捆

---

① 这里的“社会主义”中的“社会”不是政治范畴的概念，而是指与自然相对的词源概念，强调的是“社会性”。

② 黄光国：《儒家关系主义：文化反思与典范重建》，北京大学出版社2006年版，第63页。

束成一挑。每一根柴在整个挑里都属于一定的捆、扎、把。每一根柴也可以找到同把、同扎、同捆的柴，分扎得清楚不会乱的。在社会，这些单位就是团体……团体实有一定界限的……（但）在团体里的人是一伙的，对团体的关系是相同的，如果同一团体中有组别或等级的分别，那也是事先规定好的”。[①] 与此不同，传统儒家社会的社会关系则像是“把一块石头丢在水面上所发生的一圈圈推出去的波纹：每个人都是他社会影响所推出的圈子的中心，被圈子的波纹所推及的就发生联系；每个人在某一时间某一地点所动用的圈子是不一定相同的”。再如，国际知名的华人心理人类学家许烺光则先是用情境中心和个人中心来凸显中国人和美国人的性格，接着又用父子轴、夫妻轴和母子轴来分别说明中国、美国和印度的文化特征：中国的社会组织、在家族中是以父—子关系及其所属性为优先，在仅据血缘关系扩大的族系中也充满了社会性的欲求，成员间的交互依存性较强，培育了中国文化的状况中心指向（如集团内部的相互依存、感恩图报等），从而构成了具有统一于亲族原理的亲族连带社会；印度的社会组织则以家族中的母—子关系及其所属性为优先，显示了一方对另一方的依赖（个人总是领受者，也不必负有报恩义务），从而培育了印度社会的超自然中心倾向；美国则显示了家族内夫—妻关系的优越性，培育了基于自我依赖的美国文化的自我中心指向，构成了具有契约性质的联合特征社会。[②]

其实，任何人类个体都是处于社会互动关系中的“社会我”，他的需要就不仅仅是停留在生理的满足上，而必然具有或多或少的社会性。也即，具体社会中的个体不是孤立的，从而绝不仅仅体现为“身体我”。显然，正是由于儒家社会在分析人性及其行为时，首先将其置身于特定的群体之中，考察他与其他成员的互动关系；相应地，儒家学说本身就是来自于人的人伦日用，来自社会实践和经验。而且，正是由于儒家社会从具体的社会关系中观察人性及其行为，从社会演化的角度来探讨人类社会性的变动趋势，从而有强烈的集体主义、经验主义和演化主义的思维特征，而这与经济人假设隐含的个人主义、先验主义和普遍主义的思

---

① 费孝通：《乡土中国·生育制度》，北京大学出版社 1998 年版，第 25 页。

② Hsu F. L. K., *Americans and Chinese: Two Ways of Life*, New York: Abelard-Schuman, 1953.

维方式存在根本的不同。由此可见，儒家社会和基督教社会在对人性、行为及社会的认知上都存在很大差异，其中，“为己利他”行为机理更接近儒家的看法，并且，它也更有利于对现实丰富多样的行为进行解释和预测，更有助于对认识到经济人行为的危害并提出相应的实践指导。因此，如果能够以真诚的学术态度来看待社会的现实和流行的理论，并且具有真正知识分子的理念和勇气，那么，深受“知行合一”观熏陶的儒家学者就可以且应该会对经济人这一现代主流经济学的硬核做出修改和发展。

然而，正如孟子很早就指出的，“行之而不著焉，习矣而不察焉，终身由之而不知其道者，众也”（《孟子·尽心上》）。也就是说，那些一味追求主流的人仅仅是平庸的俗人，因为这些主流风潮正是体现一个社会中低次元的具象方面。但显然，现代主流经济学教育似乎正热衷于培养这些俗人，它注重的是训练一般性的分析范式而不是培育个体性的问题意识。在这种教育的主导下，中国大多数经济学人都热衷于照搬现代主流经济学的研究思维和分析范式，大肆宣扬那种不但脱离现实而且也与自身文化认知相差甚远的经济人假设，并以经济人概念来熏陶年轻经济学子的心灵。那么，为什么会出现这种现象呢？在很大程度上，这与中国学术的长期僵化以及由此引发的“革命性”变革有关：被殖民主义心态使得一大群学者刻意地“打破”传统文化的“束缚”来进行学术和理论的创新，刻意地模仿西方社会的文化伦理来理解和构造学术和理论，特别是刻意地吸收西方文化中那些外在的功利主义内容。当然，经济人假设与儒家传统的伦理道德之间毕竟存在着很大的差异和冲突，而传统儒家伦理对中国人心理和思维的影响又是根深蒂固的；正因如此，经济人假设往往也会被那些已经内化了儒家伦理的学者所排斥，这从儒家学者在接受西方主流经济学的过程中所体现出来的焦虑性可见一斑。

总之，儒家社会更关注现实社会关系中的人性及其行为机理，这种思维认知与“为己利他”行为机理具有更强的相通性。因此，要对个体的社会性征及其程度进行考察，就可以且应该充分借鉴儒家学说的相关思维和认知，这也是现代经济学发展的内在要求。哈耶克曾告诫道：“如果从长远考虑，我们是自己命运的创造者，那么，从短期着眼，我们就是我们所创造的观念的俘虏。我们只有及时认识到这种危险，才能指望避免它。”① 正是基于这种认识，尽管经济人假设已经成为现代主流经济学难以分割的一部分，成为几乎所有经济学人的基本思维和信念；但是，笔者却花费大量的时间和精力来对经济人假设的渊源、内涵及其演变历程做了梳理，尤其是对其内在缺陷做了深刻的剖析。一方面，通过这种系统的分析来告诫学界同人目前这种抽象化的经济人分析框架在分析具体社会行为上的不足，揭示以这种假说来鼓励或默认经济人行为可能对社会发展造成的危害；另一方面，又积极对中西方社会的人性、行为以及社会的认知进行比较，从儒家的社会认知中挖掘人的现实行为机理。笔者相信，只有认识到现代主流经济学在人类行为机理上的缺陷，才有助于我们真正地反思主流经济学，并思考经济学的本土化，或者建立适合多样化人类社会环境的经济学，才能最终促进经济学的真正发展。当然，这并不是说，我们不要研究那些经济人行为，而在于端正研究经济人行为的目的。借用琼·罗宾逊的话来说，我们学习和理解经济人行为不是为了用于指导我们的行为，而是研究如何提防经济人行为造成的危害，从而在“强互惠”的基础上促进“为己利他”行为机理的滋生繁殖。

第四节 自然主义思维与现代经济学的庸俗化

经济学是一门以人类活动及其衍生出的社会经济现象为研究对象的学科，为了深化认识，就必须考虑到人类活动深层次的心理特征以及需求动机。一方面，就需要动机而言，人类需要满足的不仅仅是衣食住行等生理需求，而是包括社交、尊重、自我发展等各类社会性需求。同时，为了实现这些不断升级的社会性需求，人们需要且能够对一些低级欲望进行克制。另一方面，就心理特征而言，它并非仅仅是基于生理需求的本能反应，而是受历史环境和文化制度等各种社会因素的深刻影响，因而具有明显的人文性、社会性、多样性和发展性。同时，尽管人性中确实嵌入了自利的本能，但这种本能是否以及如何发挥却不应受到无节制

① 哈耶克：《通往奴役之路》，王明毅等译，中国社会科学出版社 1997 年版，第 11 页。

的鼓动。不幸的是，现代主流经济学却刻意打开人性的潘多拉盒子，将各类“为己”的私欲以及实现这种私欲的工具理性都释放了出来，却将“利他”的亲社会性及其相适应的交往理性关在了里面。于是，它片面地强调和推崇人性中的本能性内容和利己手段，并以行为功利主义原则将这种本能和利己行为合理化。正是基于现代主流经济学学说，为了最大化个人利益，市场主体可以名正言顺地运用各种策略性手段损人、坑人，把蓄意损人坑人都当成生财之道，进而把这种生财之道视为个人能力的证明以及社会成功的标志。

其实，从经济学说史上看，从亚里士多德、洛克、斯密、李嘉图、边沁、西斯蒙第、穆勒、马克思直到霍布森、马歇尔、凡勃伦、加尔布雷思等一大批早期经济学家，都不会将个体仅仅视为一个物质利益的追求者，而将人们对物质利益追求的最终目的视为是为了实现超越物质的精神价值；他们都没有将物质生产视为社会发展的最终目的，而仅仅是将之视为人类福利改善的重要手段；他们都不是仅仅重视工具理性的发展，而是将之视为价值理性的补充；尤其是他们看到了现实世界中的种种不公正和异化现象，看到了严重的不平等和贫困现实，从而特别关注弱势阶层的生活改善，关注社会制度的建设和完善。例如，尽管斯密被视为经济学科的创始人，但他常常站在穷人一边反对富人。斯密写道：“社会最大部分成员境遇的改善，决不能视为对社会全体不利。有部分成员陷于贫困悲惨状态的社会，决不能说是繁荣幸福的社会。而且，供给社会全体以衣食住的人，在自身劳动产物中，分享一部分，使自己得到过得去的衣食住条件，才算是公正。”[①] 同样，作为自由放任学术的批判者，西斯蒙第更是强调，经济学研究人的物质福利的实现，而人不仅有着物质和非物质需求，而且其物质福利的实现程度也受到非物质因素的影响。此外，知识渊博的约翰·穆勒则认为，经济学所研究的不是财富依存于自然方面的原因，而是财富依存于人们的心理、精神、制度、社会关系等非自然方面的原因。

然而，现代主流经济学却逐渐丧失了经世济民的传统使命，而蜕变

---

① 斯密：《国民财富的性质和原因的研究》上卷，郭大力、王亚南译，商务印书馆 1972 年版，第 72 页。

为个人发财致富的“实用科学”。而且，这种“实用科学”往往不可能真正为人类社会的长期发展服务，甚至也不能真正地增进个人的长远利益。事实上，现代主流经济学把现实个体都还原为同质的经济人，这种经济人时刻准备抓住机会来实现自身效用的最大化，同时时刻提防可能遭受的其他人机会主义行为的损害。尤其是，由于现代主流经济学片面地宣传经济人行为，把经济人的行为方式转化为一个共同知识，从而就会激励每个人都力图在遭受他人损害之前损害对方，从而加剧了囚徒困境的衍生。在很大程度上，正是现代主流经济学这种思维和理念的广泛传播，导致社会内生交易费用急剧增长，从而阻碍了正常的交易行为。同时，整合社会的伦理道德逐渐被瓦解，而个人功利成为行为选择和判断的唯一标准。显然，这些都促使我们重新反思现代主流经济学的思维方式，反思现代主流经济学理论对人类社会发展的实质作用。

那么，经济学特质为什么会发生从早期古典经济学到现代主流经济学的转变呢？现代主流经济学为什么如此推崇和鼓吹并长期沿用经济人假设呢？在很大程度上，其直接动因可归咎为西方社会流行的哲学思潮，而根本动因则根基于西方社会根深蒂固的自然主义思维。在哲学思潮方面：（1）自 18 世纪初叶起，西方社会就兴起了功利主义哲学，它将功利视为区分是非、善恶的标准；（2）自 19 世纪末，实用主义开始成为美国最有影响的哲学流派，它具有反基础主义倾向而热衷于功能性的解释，并推崇进化的思想以及人对不断变化的社会、政治和经济条件的适应。同时，功利主义和实用主义又紧密结合在一起，从而导致早期功利主义哲学的内缩和形式化。进一步地，受资本主义工具理性和金钱理性勃兴的影响，西方社会从行为功利主义中提炼出了经济人这一假设。

事实上，功利主义原初旨趣体现在从社会角度追求“最大多数人的最大利益”，而“自利”仅仅是实现“社会利益最大化”这一目标的手段。相应地，基于这一内涵的早期功利主义思想实质上可以且应该被称为“为他利己主义”。然而，从社会本体论上说，这种社会哲学观却将人类社会作为目的的“为己”和作为手段的“利他”颠倒了：“为他”成为个体行为的目的，而“利己”则成为达致“为他”这一目的的途径和手段。那么，现代主流经济学为什么会把“为己”当成“利他”的手段呢？这就涉及启蒙运动以后逐渐兴起的“私恶即公益”这一信条，而斯密则用“无形的手”对之加以包装。在很大程度上，正是随着“无形的手”预定协调观的流行，强调社会福利的规则功利主义逐渐蜕化为注重个人利益的行为功利主义；并且，随着“社会利益最大化”这一目的不断排斥而“自利”这一手段的片面强调，“自利”手段最终上升为“目的”本身，从而使得“自利人”逐渐为“经济人”所替代。与此同时，在“自利人”向“经济人”的转化过程中，人类行为的目的又被做了进一步的抽象和简约，丰富多样的人类需求简约为特定的物质或金钱需求。这样，经过一系列的还原化、抽象化和平均化，经济人失去了丰富的个性而成为一个根本不存在的原子符号。

同时，“私恶即公益”这一信条之所以在19世纪后逐渐流行起来，从根本上说，又与西方社会的主流文化心理和基本认知思维有关，而西方社会的文化心理又根基于其根深蒂固的自然主义思维：在西方社会，无论是功利主义、实用主义、逻辑主义、实证主义还是实在主义，这些思潮都或多或少地打上了自然主义烙印。事实上，自古希腊的自然法哲学流派起，西方社会就确立了自然主义的基本思维，这种自然主义认为，只有一个自然界，它包括了人类和非人物体，从而也就只有一种研究它的合适方法。其间，西方社会的哲学思想也出现了不少变异，如17世纪出现的理性主义转向，18世纪德国哲学的唯心主义转向，以及20世纪早期推动分析哲学发展的逻辑转向，等等。但是，西方社会中的自然主义思维却一直没有被瓦解甚至是削弱，而且，20世纪中叶认识论乃至一般性的哲学重新兴起了自然主义的转向（naturalistic turn）。

自然主义转向首先是将认识论自然化，它颠覆了关于哲学和科学之间关系的传统看法，并区分了两个层次的问题：第一层次的问题与经验的、因果的和科学的事物有关，它由科学来回答；第二个层次的问题关注的是基本的、合理辩护的、合乎法则的、理性的和认识论问题，由哲学来回答。也即，传统问题认为是元问题的东西成了自然主义的第二层次的问题。这样，自然主义的进路从第一层次的问题开始，而后用对第一层次问题的回答以帮助第二层次的问题。也即，自然主义者从科学（后验的）开始并借此帮助哲学（原来是先验的），这样，就根本上改变了具体科学（包括经济学）和科学哲学之间的关系，自然科学成了其他社会科学发展的指南。[①]

自然主义认识论认为，知识论应该使用研究自然的任何其他方面相同的科学工具；同时，这种自然化又产生了“方法论的一元化”，强调社会科学能够且应该使用与自然科学相同的科学方法。正是深受这种自然主义思维的影响，现代主流经济学极力模仿物理科学的研究路线来探究经济现象，试图在人类世界中发现像自然世界那样不变的规律。因此，自然主义认识论就促使了现代主流经济学朝这样两个方向发展：（1）自然主义认为，描述科学最好地得到以科学实践为基础的物理主义语言的支持，而不是以传统经验主义和现象主义语言的支持，这导致了经济学开始大量使用数学工具，并热衷于数理建模；（2）自然主义认为，科学仅仅是描述自然，从而应该对“是”和“应该”做严格的区分，不能从是推出应该，这导致了描述主义在经济学界的盛行，并热衷于计量实证。

同时，自然主义还从心理学上做了改良而形成了改良的自然主义认识论，正是改良的自然主义认识论沟通了描述性与规范性之间的关系，它使用科学（第一层次的问题）来解决规范性（第二层次的）问题。正因如此，认知革命在心理研究中重新引入了信念、意义、欲望以及意向性等概念，并经过一般化后而产生了后行为主义心理学以及进化生物学等。心理学自然化一般涉及这样三个问题：（1）我们应该如何形成自己的信念？（2）我们是如何形成自己的信念的？（3）我们实际上形成自己信念的过程是我们应该形成自己信念的过程吗？奎因的自然主义就强调，问题（1）不能独立于问题（2）而得到回答，并用问题（2）来取代问题（1）。[②] 正因如此，西方社会赋予了自然主义一定的价值信念，从而就形成了伦理自然主义。显然，这种伦理自然主义把存在的就当成合理的，进而对存在的认知又衍生出了实证主义；相应地，现代主流经济学开始热衷于计量实证来为现实辩护，这就是实证自然主义。

正是基于根深蒂固的自然主义思维，现代主流经济学接受了社会达尔文主义，将人类社会视为简单的“物竞天择、优胜劣汰”的竞争过程，

① 参见汉兹《开放的经济学方法论》，段文辉译，武汉大学出版社 2009 年版，第 140—143 页。

② 同上书，第 154 页。

将存在的都视为最大化者，社会制度也是有效的。道格拉斯·诺思就指出："经济学家的行为假设并非意味着所有人的行为都与理性选择相一致。但是，他们却从根本上依赖于这样的假设：竞争力量能使那些按照理性方式行事的人幸存下来，而另一些不这样做的人将被打败；因而在一个演化的、竞争的环境（符合所有新古典经济学的有关稀缺和竞争的基本假设）中，能被不断地观察到的行为一定是出自于那些按照这种标准行事的人。"① 将自然选择说引入经济解释中来的重要人物就是弗里德曼，他指出："除非厂商可以通过这样或那样的方法而使行为近似于回报最大化行为，否则，他们不太可能持久地维持生意……不论何时，只要这一决定因素碰巧导致了与理性的、信息完全的回报最大化相符合的行为，生意就会兴旺发达，进而获得可以扩大经营的资源；反之，生意将会亏损，企业将会丧失资源，只有从外部不断引入新资源才能苟延残喘。于是，'自然选择'的过程确立了该假说的有效性——或者说，给定自然选择，该假说恰当地概括了生存条件，这一判断成为了人们接受该假说的主要依据。"②

可见，经济人假设之所以为现代主流经济学所广泛接受，主要与西方世界的典型文化心理和基本认知思维密切相关：（1）受这种自然主义思维的影响，现代主流经济学把人视为自然界中的一个客体，从而撇开其社会性来抽象地分析其动物性的本能反应；（2）受19世纪后期兴起的"科学主义"及"功能主义"的哲学思潮的影响，新古典经济学以降的主流经济学日益追求形式逻辑的严密以及对表现之间的功能解释。这样，就促使了经济学的庸俗化发展。一般地，这种庸俗化主要表现在相互联系的两个方面：（1）缺乏对现实的批判意识，从而热衷于对现象的功能性解释；（2）追求形式上的优美，从而走上了形式化的数理道路。就前者而言，它从自然主义思维出发，将现实存在的等同于合理的，视为每个人追求最大化并进而带来社会最大化的结果；相应地，它缺乏否定和

---

① 诺思：《制度、制度变迁与经济绩效》，杭行译，格致出版社/上海三联书店/上海人民出版社2008年版，第104页。

② 弗里德曼：《实证经济学方法论》，载豪斯曼编《经济学的哲学》，丁建峰译，世纪出版集团/上海人民出版社2007年版，第161页。

批判意识，进而陷入马尔库塞宣称的单向度状态。于是，现代主流经济学也就逐渐蜕化为一门解释现象而不是发现问题以及改造世界的学问。就后者而言，经济学为了追求形式上的优美，就在自然主义的支配下将人类个体还原为只具本能且高度理性的矛盾原子，并以理性经济人为基础打造出一系列的数理模型；相应地，它逐渐走上了形式化的数理道路，进而陷入了与现实日益脱节的状态。

第五节 结语

现代主流经济学在自然主义思维的支配下确立了经济人这一核心假设，这种经济人假设认为，所有人类只是冷淡的个体：只关心涉及自身的结果，而不关心那些影响他人的结果。但显然，这一假设不仅与儒家的人性观及其倡导的“知行合一”社会观之间存在很大的差异，而且与人类的一般特性以及社会发展的基本诉求很不相同。心理健康专家甚至用“反社会者”这一术语来指称其行为完全受自利算计所支配的经济人，它们没有对错意识，缺乏对他人的健康快乐或者是痛苦的任何关心。[①] 究其原因，这种人性假设没有赋予社会性以应有的地位，没有考虑社会文化伦理对人性及其行为的影响。（1）由于经济人假设抽掉了人的亲社会性，就成为一种没有血肉的空壳，也就不可能有任何的快乐感觉。一位经济学家就幽默地说：“纯粹的经济人令人生厌、呆头呆脑，我可不想让我的孩子和一个经济人结婚。”[②]（2）抽掉了亲社会性的经济人只能是一种数字的运算符号，从而也不可能与任何现实行为相符。正是在这种假设的支配下，现代主流经济学日益庸俗化，不仅越来越形式化，而且以这种形式逻辑来为现实种种不合理情形进行辩护。

其实，早期经济学本身是与伦理学分不开的，甚至可以说经济学是从属于伦理学的。正因为关于文化理论对人类行为的影响以及由此而来

---

① 鲍尔斯等：《理解资本主义：竞争、统制与变革》，孟捷等译，中国人民大学出版社2010年版，第33页。

② 参见卢兹、勒克斯《人本主义经济学的挑战》，王立宇等译，西南财经大学出版社2003年版，第222页。

的社会经济现象，早期经济学家大多关注生活福利、个体福祉的提高，关注现实中存在的种种问题。在很大程度上，与其说经济学先天地是一种对个体利益追求的艺术，不如说它是对增进整体利益的手段的探究。只不过，自边际革命以降，这一切都发生了巨大变化。究其原因，随着经济学将其研究对象从社会结构问题转向资源配置问题，经济学就逐渐与伦理学以及其他社会科学脱离，而蜕变为主要集中于私利最大化的技术问题的学问，从而确立了经济人假设这一硬核。即使如此，就新古典经济学的研究对象而言，经济人这一假设还是具有一定的合理性和可行性，它与传统的物质经济领域相适应，有助于处理人与自然的关系。但是，随着20世纪70年代以后经济学的研究内容重新拓展到广泛的生活领域，越来越涉及人与人之间的互动之时，这种研究范式就会遇到越来越多的问题。事实上，处于社会关系之中的人并不是像经济人所描述的那样，时时刻刻准备实行机会主义的短期功利主义者；相反，它更倾向于通过增进别人的利益来达到自己的目的，这就是“为己利他”行为机理。

不幸的是，尽管经济人这一假设已经如此地脱离了社会现实、脱离了经济研究的需要，但现代主流经济学却似乎对这种漠视真实世界的研究取向毫不在乎，反而刻意地以理论的抽象性必然要求假设的不现实性这一说辞为之辩护。其中，最为典型的人物就是弗里德曼，他以物理学等自然科学中非现实的外围假设来为其假设的非现实性辩护，借助最大化假设与真空假设进行类比来为利润最大化辩护，并提出假设的现实不相关性学说。其实，尽管现代主流经济学刻意模仿物理学等自然科学，却混淆了不同层次假设的特性差异：在物理学中，万有引力这类核心假设会尽可能地接近事物的本质，而非现实的真空假设仅仅是外围假设；在经济学中，作为核心假设的理性经济人却是非现实的，而作为其外围假设的完全信息等条件也无法通过实验条件而获得控制。正因如此，物理学等自然科学理论可以日益深入到自然现象的本质，而经济学的理论与现实却日益脱节。

一般地，尽管理论必须建立在抽象的基础之上，但不同学科进行抽象的限度必须与其研究对象相适应，社会科学的理论抽象必须基于历史和逻辑的统一。显然，作为一门致用之学，经济学的理论价值根本在于增进人们对社会经济现象的认知以及提高人们对社会实践的效率，这需要对社会经济现象进行客观而真实的刻画和揭示，需要通过考察特定时空下行为主体的具体社会性以及特定偏好，进而对其行为进行解释和预测。因此，我们就必须重新审视现代主流经济学的基石——经济人假设——的适用性范围，并重新探索更能解释人类的社会互动行为的更具普遍性的行为机理。而且，一个好的人性假设和行为机理不仅能够对各种现实行为提供解释和预测，也能够引导社会实践，促进社会的合作和有序。显然，在现代经济学的理论与现实如此脱节的今天，正如奥默罗德（Ormerod）指出的，目前已经到了舍弃理性经济人假说、重建现代经济学的时候了。① 根据本书的研究和提炼，真实世界的行为机理可以合理地概括为“为己利他”，而这不仅可以基于儒家文化和社会结构获得更深切的认识，而且儒家“知行合一”的哲学观也有助于这一行为机理的推行。

① Ormerod P.，“Shun the Rational Agent to Rebuild Economics”，*Post-autistic Economics Review*，Vol. 40，No. 1，2006，pp. 59 – 60，http：//www. paecon. net/PAEReview/issue40/Ormerod40. pdf.

第二十一章

行为经济学的微观逻辑基础：基本假设及其维度

【导读】 行为经济学对人性有两个基本假设：(1) 具有自我保存的本能；(2) 具有关注他人感受的亲社会性。相应地，人类行为也就具有双重特性：(1) 潜含着“为己”的根本目的；(2) 倾向于采用“利他”的手段来实现“为己”目的。由此提炼出的人类一般行为机理就是“为己利他”。显然，基于“为己利他”行为机理对现实世界中的人类行为展开分析也就可以沿着这样两大基本维度展开：(1) 个体的社会性水平；(2) 互动者之间的关系状态。从这两个维度出发，我们就可以考察年龄、教育、文化、社会环境以及缘关系、互动频率、互动状态等对个体行为选择和互动行为方式的影响。因此，这两大基本假设以及相应分析维度就为行为经济学提供了坚实的微观逻辑基础和基本分析框架。

第一节 引言

前面各章对人性和行为机理进行系统的探究，尤其对“为己利他”行为机理的来源、证据和应用做了全方位的探讨，不仅大量借用了当前行为经济学和实验经济学的研究成果，也充分契合了社会学、伦理学、心理学、人类学、生物学以及政治哲学等方面的知识积累，“为己利他”行为机理也充分嵌入在儒家文化、各宗教戒律以及亚里士多德、斯密等人的著作中。当然，人性假设作为现代经济学的硬核，牵一发而动全身。

因此，对人性的研究不能仅仅停留在一个个现象上，而是要运用萃取和回溯的方法从这些“发现”和效应中提炼出一个简洁而有用的分析框架，从而可以对真实世界中的具体行为进行分析，为现代经济的理论发展夯实微观基础。威廉姆森在构建交易成本经济学时主张微观分析需要涉及三个基本方面：（1）行为假设；（2）交易维度化；（3）过程特征。[①] 本章借鉴这一基本思路从基本假设与分析维度两个层次为现实行为的经济分析以及行为经济学构建一个基本分析框架。

第二节 行为实验的发现与理论困境

现代主流经济学的理性经济人假设往往将现实社会的丰富多样的个体视为相互冷淡而只关心个人利益最大化的原子个体，并热衷于使用数学符号和数理逻辑来分析人类的互动行为。但是，无论是经验事实还是行为实验，我们都可以发现个体行为之间的协调现象，都可以发现人们对公平的关注，这些显然都“证伪”了经济人假设以及相应的标准经济学理论。（1）就经验事实而言，大量的现实生活都显示人们之间往往能够相互帮助、相互合作，也甚少刻意地采取机会主义行为。例如，Andreoni 等指出，绝大多数人都主动交税，这就难以用严格的自利原则加以解释。[②] Muller 则指出，尽管投票的收益几乎为 0，但大部分人都会去投票，这显然也与主流经济学的分析结论不一样。[③] Kahneman 和 Thaler 等人也指出，企业在追求利润时也往往会关注公平性，而不会以降低工资来应对经济困境。[④]（2）就行为实验而言，迄今积累的大量行为实验也表明，人们往往愿意采取某种公平的行为，而很少遵循标准经济理论所鼓吹的那种自利假设之行为：这包括 Fehr 等的礼物交换博

① 威廉姆森：《经济组织的逻辑》，载威廉姆森、温特编《企业的性质：起源、演变和发展》，姚海鑫、邢源源译，商务印书馆 2008 年版，第 119 页。

② Andreoni J. , Erard B. & Feinstein J. , “Tax Compliance”, *Journal of Economic Literature*, Vol. 36, No. 2, 1998, pp. 818 – 860.

③ Muller D. C. , *Public Choice Iii*, Cambridge: Cambridge University Press, 2003.

④ Kahneman D. , Knetsch J. L. & Thaler R. , “Fairness as a Constraint on Profit Seeking: Entitlements in the Market”, *American Economi. Review*, Vol. 76, 1986, pp. 728 – 741.

弈实验，[①] McKelvey 和 Palfrey 的蜈蚣博弈实验，[②] Ledyard 的公共品投资博弈实验，[③] Andreoni 和 Miller 的囚徒博弈实验，[④] 等等。例如，上百个最后通牒博弈实验就表明，向接收方提供份额在 20% 以下的提议方非常的少，绝大多数提议方提供的份额都在 40%—50% 之间。[⑤]

显然，这些经验事实和行为实验都反映出，现实世界中的个体往往关注他人的收益，努力寻求与他人的合作，从而呈现出明显的亲社会性。而且，正如 Meier 指出的，亲社会行为受一系列制度环境的影响，这包括社会规范、社会制裁、财产权利、团体认同效用、信息交流，等等。[⑥] 针对行为实验所展示的不同于标准经济学理论的结果，行为经济学家和实验经济学专家在过去 20 多年里发展出了多种解释理论，其中甚为流行的就是社会偏好模型（social preference model），其基本假设是：个体是自利的，但也会关注其他人的支付。同时，从社会偏好理论又衍生出更细的几类模型：（1）差异厌恶模型（different-aversion model），它假设个体行为受减少自己与其他人的收益差距的激励；（2）社会福利模型（social-welfare model），它假设个体倾向于增进社会剩余，尤其是热衷于帮助那些低收入者；（3）互惠模型（reciprocity model），它假设个体是否倾向于提高或降低其他人的收益主要取决于这些其他人的行为是否公平。[⑦] 显然，这些实验和理论在一定程度上对大量呈现的那些社会经济现象提供了更有说服力的解释，如消费者对价格变化的反映、居民对税收方案的

---

① Fehr E. , Kirchsteiger G. & Riedl A. , "Does Fairness Prevent Market Clearing? An Experimental Investigation", *Quarterly Journal of Economics*, Vol. 107, 1993, pp. 437 – 460.

② McKelvey R. D. & Palfrey T. R. , "An Experimental Study of the Centipede Game", *Econometrica*, Vol. 60, 1992, pp. 803 – 836.

③ Ledyard J. O. , "Public Goods: A Survey of Experimental Research", in Kagel J. & Roth A. E. eds. , *Handbook of Experimental Economics*, Princeton, NJ: Princeton University Press, 1995.

④ Andreoni J. & Miller J. H. , "Rational Cooperation in the Finitely Repeated Prisoner's Dilemma: Experimental Evidence", *Economics Journal*, Vol. 103, 1993, pp. 570 – 585.

⑤ Fehr E. , & Schmidt K. , "A Theory of Fairness, Competition and Cooperation", *Quarterly Journal of Economics*, Vol. 114, 1999, pp. 817 – 868.

⑥ Stephan M. , "A Survey of Economic Theories and Field Evidence on Prosocial Behavior", in Frey B. S. & Stutzer A. eds. , *Economics and Psychology: A Promising New Field*, Cambridge, MA: MIT Press, 2007, pp. 51 – 88.

⑦ Charness G. & Rabin M. , "Understanding Social Preferences with Simple Tests", *Quarterly Journal of Economics*, Vol. 117, 2000, pp. 817 – 869.

态度、雇员对工资调整的反映等。同时，这些理论也为如何提升行为协调提供了一些机理和机制，进而有助于说明社会合作何以形成并得以持续下去。

在这些大量的实验结果以及相应的众多模型中，行为实验专家所关心的主要集中在行为的互惠性以及相应的理论解释上，因为只有互惠行为才具有长期的生命力。例如，Falk 等人的公共资源博弈实验就发现，当一部分受试者显示出互惠的偏好时，公共资源无效占用的情况就得到明显的缓和。① 那么，如何理解互惠呢？行为经济学家一般将互惠行为分为两种基本类型：（1）积极的互惠（positive reciprocity），即选择一个有利的反应，奖励合作者；（2）消极的互惠（negative reciprocity），即选择一个不利的反应，惩罚背信者。显然，积极的互惠是不用多说的，这可以从大量的最后通牒博弈实验中窥见一斑：提议方的出价越公平，就越容易为接收方接受。② 同样，消极的互惠也是司空见惯，如妻子往往会选择与那种拈花惹草的丈夫离婚，家族企业的继承者之间往往会打花费甚巨且旷日持久的诉讼官司，一个偶发性冒犯往往会引发街头械斗。实际上，行为经济学家提出的诸多理论都是为了解释这种互惠行为。例如，Bolton 和 Fehr 等发展出的差异厌恶理论或不平等厌恶理论就是用来解释那些宁愿花费私人成本的强互惠行为。③

问题是，迄今为止所提出的这些模型对互惠行为的解释也并不是非常成功。例如，Falk 等人指出，不平等厌恶说并不能完全解释人类的互惠行为：（1）不平等厌恶理论是一个后果论概念，如行为意图或动机都不起任何作用，而互惠则重在突出意图的重要性；（2）一个不平等厌恶者往往会惩罚或奖励其他人，前提仅仅在于如果它会降低他们之间的不

① Falk A., Fehr E. & Fischbacher U., “Appropriating the Commons: A Theoretical Explanation”, in Ostrom E., Dietz T., Dolsak N., Stern P., Stonich S., Weber E. eds., *The Drama of the Commons*, Washington, DC.: National Academy Press, 2002, pp. 157 - 191.

② 凯莫勒：《行为博弈：对策略互动的实验研究》，贺京同等译，中国人民大学出版社 2006 年版，第 52—55 页的表 2—3。

③ Bolton G. & Ockenfels A., “ERC — A Theory of Equity, Reciprocity and Competition”, *American Economic Review*, Vol. 90, No. 1, 2000, pp. 166 - 193; Fehr E. & Schmidt K., “A Theory of Fairness, Competition, and Cooperation”, *Quarterly Journal of Economics*, Vol. 114, No. 3, 1999, pp. 817 - 868.

平等，而互惠则意味着人们会奖励友好行为和惩罚不友好行为。也就是说，互惠可以预测那些即使无法降低不平等情形下的惩罚和奖励行为。[①] 明显的现象就是“强互惠”行为，它惩罚的对象并不是曾经损害自己的背信者，而是曾经损害他人的背信者。例如，银行往往不愿贷款给曾有过不良信用记录的人，日本企业往往也不愿与违背行业规范的企业做生意。当然，从孤立的角度看“强互惠”行为在很大程度上不利于自身，而往往有利于其他人或集体；但从相互联系的角度看，多数人的类似行为形成了相互利他主义，最终也会有利于自身的长期利益。所以，Fehr 和 Gächter 通过一个例子指出，“强互惠”行为“有非常强大的经济含义”。[②] 那么，又如何理解人类社会大量存在的互惠合作现象呢？这就需要突破现代主流经济学的经济人所设定的孤立、冷淡的原子思维，而分析具体个体的社会性因素。

然而，尽管大量的行为实验已经证伪了经济人假说，而且，行为经济学也已经提出了差异厌恶理论、社会偏好理论、亲缘利他主义、互惠利他主义、共生利他主义等理论来解释个体的亲社会性和利他行为，这种发展也赢得了学术界的广泛兴趣。但是，迄今为止，行为经济学和实验经济学的发展似乎并没有撼动现代主流经济学的支配地位，没有对占主流地位的经济人假说构成致命的威胁，甚至也没有能够促使现代主流经济学修改其人性假说的意愿。那么，为何会出现这种“叫好不叫座”的现象呢？关键就在于，迄今为止的行为实验从不同角度对经济人假设进行了瓦解，却没有提供相应的微观逻辑和基本分析框架，从而也就无法提供间接而清晰的研究路线以对具体行为展开分析。例如，苏黎世大学的费尔（Fehr）及其团队就撰写了数百篇的实验经济学文章，但基本上都是变更数据和博弈类型等的“重复性”实验，而没有提出真正有助于修正或替换经济人假设的系统学说和分析框架。同样，Meier 总结了超越自利人假设的行为经济学理论：（1）基于结果的亲社会性偏好，这又

---

① Falk A. & Fischbacher U., “A Theory of Reciprocity”, *Games and Economic Behavior*, Vol. 54, No. 2, 2006, pp. 293－315.

② Fehr E. & Gächter S., “Fairness and Retaliation: the Economics of Reciprocity”, *Journal of Economic Perspectives*, Vol. 14, 2000, pp. 159－181.

包括直接影响自身效用的纯粹利他主义理论、部分影响自身效用的不纯粹利他主义以及影响自身有关自身和他人福利差距之效用的不平等厌恶理论；（2）互惠和有条件的合作，主要是行为存在引导他人选择的意图；（3）自我认同，主要是指行为者采取某种行为是为了显示他们好的特性。[①] 问题是，这种行为经济学理论能够为分析人类具体行为提供一般路线和基本框架吗？

事实上，现代经济学已经出现了非常多的分支和流派，如演化经济学、新马克思经济学、女性经济学，等等，这些分支和流派都从一定侧面对以新古典经济学为代表的现代主流经济学进行挑战。但是，由于它们基本上都没有形成一条明确的研究路线和微观的分析框架，从而无法根本上撼动现代主流经济学的支配地位。例如，阿罗在比较新旧制度经济学时就提出了这样的质疑：“为何旧制度经济学派失败得如此悲惨，尽管它包含了诸如凡勃伦、康芒斯、米契尔这样有能力的分析家。”[②] 阿罗给出的自问自答是：（1）问题本身就有难度；（2）更为重要的是，老制度学派缺乏一种战略。同样，尽管自20世纪80年代起西方就逐渐兴起了比较制度分析，并出现了多个流派，这包括以詹科夫（Djankov）为代表并侧重于对不同资本主义制度进行比较分析的新“主义”学派，以蒙泰斯（J. montias）为代表的并将组织的分析与比较置于核心地位的组织学派，以青木昌彦（M. Aoki）为代表的并在统一的博弈论框架下分析制度多样性源泉和影响的比较制度分析学派以及以格雷夫（A. Greif）为代表的并依赖比较和历史的知识来分析制度演化的历史的比较制度分析学派。但是，由于这些比较制度分析主要提供相对空泛的概念、理论和分析工具而缺乏条理清楚的分析路线，因而迄今为止制度分析中占主流地位的依然是以科斯、威廉姆森、阿尔钦、德姆塞茨等为代表的新制度经济学。事实上，库恩范式就强调，一门非常规范式决不能简单地是对现行的常规科学范式的批判，而必须探索和建立新的范式，由此才能最终实现科

---

① Meier.,“A Survey of Economic Theories and Field Evidence on Pro-Social Behavior”, in Frey B. S. & Stutzer A. eds., *Economics and Psychology: A Promising New Field*, Cambridge, MA: MIT Press, 2007, pp. 51 –88.

② Arrow K.,“Reflections on the Essays”, in Feiwel G. ed., *Arrow and the Foundations of the Theory of Economics Policy*, New York: New York Unversity Press, 1987.

学范式的革命。布劳格也指出：要战胜旧理论，需要的是提出新理论，而不仅仅是破坏性地去揭露其假设，或者堆砌新的事实。[①]

第三节　行为经济学的基本假设："为己利他"行为机理

探索和建立行为经济学的研究范式，很大程度上可以借鉴和吸收奥地利学派的分析思维。原因是，奥地利学派致力于探究宏观现象的微观基础，其最为坚守的方法论原则就是：经济理论的基本组成部分必须是个人性的，而个人行动是有特定目的的。因此，奥地利学派经济学又有一个更为直观的名称"人类行为学"，它是有关个人性的这个基本事实的逻辑含义的结构。[②] 在奥地利学派看来，人类行动和自然事件是不同的：自然事件仅仅是自然界发生的一个变化，如一块石头从悬崖上落下来砸死了王某；人类行动则是有目的地干预事件的"自然"进程，如李某为杀死王某而推下了悬崖上的一块石头。显然，尽管现代主流经济学受实证主义和行为主义方法论的影响，但由于作为行动的第二要素即反事实命题往往是不可直接观测的，因而现代主流经济学就逐渐撇开了对行为的考察，而热衷于研究可观察事件之间的经验关系。但是，奥地利学派却强调，事件意义上的经济现象忽视了现实的一个重要成分——有目的的行动，为此，它给经济学规定了两大任务：(1)"使这个世界能够用人的行动加以解释"；(2)"解释有目的的人的行动如何能通过社会相互影响而产生无意的结果"，并探索这些无意的结果。[③] 那么，人类行为的目的究竟如何？奥地利学派给出的辅助性公理是：不同的个体具有不同的偏好和能力，行动经由时间发生，个体从经验中学习。同时，奥地利学派强调，个体为实现其特定目标，会有意地选择特定的手段。那么，人类究竟是如何进行手段选择来有效地实现其目的呢？这又要从人类的特性角度着手。从人性出发并将人类行为目的和实现手段相结合，这就是

---

① 布劳格：《经济理论的回顾》，姚开建译校，中国人民大学出版社 2009 年版，第 562 页。

② 罗斯巴德：《人类行为学：奥地利学派经济学的方法论》，载多兰主编《现代奥地利学派经济学的基础》，王文玉译，浙江大学出版社 2008 年版，第 17—37 页。

③ 科兹纳：《论奥地利学派经济学的方法论》，载多兰主编《现代奥地利学派经济学的基础》，王文玉译，浙江大学出版社 2008 年版，第 38—48 页。

行为经济学研究人类行为的基本分析架构。

一般地，人类不同于其他动物的重要体现就是：（1）任何个体都具有生存、自我保护、获得尊重和发展实现等多层次需求，其需求不仅在量上不断增加，而且在质上不断提升，不仅局限于生理本能层次，而且日益上升到心理社会层次；（2）任何个体都难以完全凭其个人孤立地实现自身这种不断上升的需求，而是要依赖于与其他个体或社会的合作和帮助，那些不断上升的心理社会层次的需求更是如此，而要赢得他人帮助就首先需要帮助他人。这意味着，人类个体之间是相互依赖的。相应地，人性也就包含了两大基本内容：（1）基于生理反应促生的本能，它是人和其他动物所共有的，是先天的，体现了自我利益的保护和追求；（2）基于社会互动产生的亲社会性，它是人类所特有的，是后天的，体现了本能冲动所受的社会影响和制度约束。进而，人类的行为机理也呈现出双重特性：（1）从本能的追求动机这一维度出发，任何个体的行为都嵌入了“为己”的目的；（2）从目的的实现途径这一维度出发，任何个体的行为又带有或多或少的利他性。也即，现实社会中的人类个体既有动物性本能，又有社会性需求。本能使得个体行为根本上具有“为己”倾向，亲社会性则限制了个体实现“为己”目的的手段选择。因此，将本能需求和社会需求结合起来考虑，进而将人类行为的根本目的和实现它的有效手段结合起来，我们就可以从人类丰富多样的具体行为中提炼出人类的一般行为机理：“为己利他”行为机理。其中，“己”的需要是行为的根本出发点，“为己”就是人类行为的根本性目的，体现了动物性本能；而“他”的利益则是行为选择时需要关注的，“利他”是实现“为己”目的的有效手段，体现了亲社会性要求。

同时，任何人类个体都处于一定的社会关系中。正是基于社会关系的互动，人性才得以逐渐衍生和丰富；从这个角度上讲，人性不是抽象的，而是演化的。事实上，作为社会行为的单位“己”本身就具有双重内涵：一方面，人类的行为首先是以满足“身体我”的自然需要为根本出发点，因而作为个体的“小我”就是“己”的核心；另一方面，个体在与他人或社会的互动中又会形成不断膨胀的“社会我”，这种具有社会性的“大我”也是另一种“己”。显然，正是“社会我”的存在和扩展，社会中体现“身体我”的各个体在真实世界中就通过千丝万缕的网络联结在一起。由此，我们又可以推出这样两点结论：（1）任何个体都不是纯粹自私和冷淡的（只关注“身体我”），而是会关心相关者的利益（这是“社会我”的特性）；（2）任何个体为实现其“为己”目的所采用的行为方式往往并非是利己主义和机会主义的，而是具有强烈的互惠合作性和利他性。而且，“身体我”向“社会我”的扩展以及“己”的外延的扩展具有某种差序性，这种差序性的重要维度就是个体间的缘关系和发生互动的频率。相应地，“为己利他”行为机理扩展的深度和广度也就与这些因素有关，从中也就可以分析出互惠合作的程度。这也意味着，具有亲社会性的个体行为呈现出一种差序结构，进而体现为：人们在不同的交往半径中所展示出来的“利他”的强度和持久性是不一样的。

因此，基于“身体我”和“社会我”的不同视角以及“己”的外延的不同基准，我们可以更好地认识社会个体在不同角色下所表现出来的行为特征的差异。譬如，我们可以重新审视行为的利己性和利他性：一些从“小我”看来是利他性的行为，如果基于“大我”的视角又具有利己的特性；相应地，一些从“大我”看来是利己性的行为，如果基于“小我”的视角又具有利他的特性。这样，基于“为己利他”行为机理的理解框架，就可以将人类行为中的“利己”性和“利他”性统一起来。实际上，任何个体行为都同时包含了“利己”和“利他”的双重特性，只不过这双重特性的比重不一样以及观察的视角不一样。同时，基于“为己利他”行为机理，即使基于行为的根本目的这一维度而将人性视为自利的（“为己”），那么，我们也应该区分两类自利：（1）非合作的（non-cooperative）或冷漠的（impassive）自利，这是经济人的行为方式；（2）合作的（cooperative）或移情的（empathetic）自利，这是“为己利他”的行为方式。显然，就非合作的自利行为而言，尽管它往往会在特定情境中出现，但这类情形却不是普遍的；同时，这种行为方式也不应该得到社会的鼓励和支持，因为它无助于社会合作秩序的扩展。相反，就合作的自利行为而言，尽管它有时也会受种种因素的限制而无法顺利扩展，但总的来说却是人类社会的普遍情形；同时，这种行为方式也应该得到社会的鼓励和培育，因为它是人类社会合作秩序扩展的基础。

这里，我们就需要对个人主义和利己主义这两个概念做一辨析。其实，现代主流经济学往往把个人主义与利己主义等同起来，但个人主义与利己主义实质上并不是一个相对应的概念。将个人主义与利己主义相等同的先驱是柏拉图，但同时期的伯里克利却坚持个人主义必须与利他主义相联系。20 世纪西方最著名的哲学家之一的波普尔则对个人主义、集体主义、利己主义和利他主义做了划分：个人主义是与集体主义相对，而利己主义与利他主义相对。因此，波普尔认为，个人主义并不必然排斥利他主义，相反，与利他主义相结合的利己主义正是文明的根基。而且，即使作为典型的自由至上主义者，哈耶克所信奉的个人主义也是“分子式的”，而非“原子式的”。[①] 在哈耶克看来，追求自己目标的理想并不意味着个人将会甚至应该仅仅追求自私的目标，相反，“对那些把别人的需要放在相当重要的位置的利他主义者和那些利己主义者同样重要”。

当然，哈耶克也同样承认个体的目标是核心。在哈耶克看来，利他主义首先适合于对家庭朋友以及邻居承担责任，而社会责任或者是社会性的利他主义只不过是一种经过扩展和粉饰的道德上的利己主义。[②] 受此影响，现代主流经济学又从个体的最终目标和自我保全的本能这一视角将利己主义视为人性的本质。例如，宾默尔指出：“无私的利他主义之所以还留存，是因为它不需要付出太大的代价，也不需要经常使用。抛开一些圣徒不说，谁还会把自己的收入捐给慈善机构，一直捐到损害自己的程度？遛狗散步时，如果经常看见陌生人落水，谁会一直不停地跳进水里救人？”[③] 问题是，基于相同的思路，我们也可以对利己主义假设提出质疑：纯粹自私的利己主义之所以还留存，是因为这些东西还非常稀缺，以致无法满足我们基本的生活需求。抛开一些极端的恶棍不说，谁还会努力盗窃他人或公有财产，甚至一直在寻找这样的机会？遛狗散步时，如果看到弱势者在岸边，谁会刻意地推人落水以获得他口袋里的几块钱？其实，宾默尔也承认，“我们所有人都是复杂的混合体，一半是天

① 波普尔：《开放的思想和社会：波普尔思想精粹》，米勒编，张之沧译，江苏人民出版社 2000 年版，第 373—375 页。

② 蔡特勒：《自由和法治国家》，载 G. 帕普克主编《知识、自由与秩序》，黄冰源等译，中国社会科学出版社 2001 年版，第 129—159 页。

③ 宾默尔：《自然正义》，李晋译，上海财经大学出版社 2010 年版，第 17 页。

使像那个无私的杰柯博士，一半是魔鬼像那个自私的海德先生”[①]。因此，要探究真实的人性及其行为机理，就必须将两者结合起来。

综上分析，我们就可以获得行为经济学的基本假设——“为己利他”行为机理，这一行为机理将人的亲社会性纳入了人性之中，从而比只根基于动物性本能的经济人假设更为全面。这里做一简要比较，见表21—1。

表21—1　　人性假设对行为分析的含义

主要含义 人性假设	动物性本能	亲社会性
需求层次	保存、延续和安全等生理需求	爱、尊重及自我实现等社会需求
行为目标	“小我”（“身体我”）的需求最大化	“大我”（“社会我”）的最大化
行为机理	追求“为己”的根本目的	诉诸“利他”的合作手段
行为特质	先天的、普遍的	演化的、特殊的
行为结构	平面的、同序的	立体的、差序的
行为考虑	只关心“己”的收益	关注他人收益、关注公平和正义
行为性质	自利的（乃至自私的）	利他的（乃至无私的）
自利理解	非合作的或冷漠的自利	合作的或移情的自利
利他理解	亲子利他主义	互惠利他主义
互惠理解	算计式互惠	强互惠

总之，契合动物性本能和亲社会性这两方面的人性内容以及基于行为目的和有效手段的分析思维，我们可以获得有关人类行为的一个合理分析框架：“为己利他”行为机理。“为己利他”行为机理不仅是比“经济人”假设更为现实的人性抽象，而且也更有助于对社会实践的指导。事实上，现代主流经济学之所以热衷于经济人假设和分析，与它所研究的稀缺性的资源配置这一对象有关；而且，为了满足人类自身的需要以及资源本身的稀缺性，迄今为止的人类社会都体现出为争夺这些稀缺性

① 宾默尔：《自然正义》，李晋译，上海财经大学出版社2010年版，第17页。

资源的竞争性，这在某种程度上又为主流经济学强调人类“利己”性提供了现实依据。然而，人毕竟不同于其他动物，自从人形成人类意识起，就意识到单纯的争夺是无法在弱肉强食的生物界生存的，因而很早开始就出现了有意识的合作，这也就是“为己利他”行为机理的孕育。在很大程度上，正是根基于“为己利他”行为机理，人类社会才得以形成团队生产方式，社会分工和合作才得以深化和扩展，从而最终使得人类社会具有根本不同于其他动物世界的一般特性。当然，现代主流经济学也强调，本能是人性及其行为冲动的终极原因，而理论要揭示的就是这一终极原因。问题是，如果理论都只是寻找终极原因，那么就根本没有学科分类，也就根本没有“人”的研究。相反，要真正理解人性及其行为，就必须从人与动物的差异入手，必须考虑人类社会环境对人性的影响。正是基于社会性的考虑，我们可以从真实世界中提炼出具有与历史和逻辑相一致的人性及其行为机理。不幸的是，由于现代主流经济学热衷于抽象的研究范式，从而导致了社会性和合作性长期被忽略，乃至将理论建筑在既不现实也无实用的经济人假设之上，从而导致理论与现实之间越来越大的脱节。

第四节 行为经济学的分析维度：个体秉性和互动关系

“为己利他”行为机理表明，人类行为的根本目的是基于“为己”的需求，实现“为己”目的的有效手段是具有“利他”性的合作；同时，“为己利他”行为机理实行的广度和深度又涉及两个因素：个体的亲社会性和“己”的内涵及外延。一方面，个体的亲社会性源于习惯、习俗和伦理的内化，从而产生出对弱势者的关爱情感；进而，还发展出如平等原则、需要原则等一系列的社会性原则，这使得人们更倾向于帮助那些需求更紧迫的人。这样，真实世界的个体行为就呈现出明显的道德差序性。另一方面，“己”的内涵和外延则涉及互动主体之间的社会关系：凡是被纳入“己”的范围内的，相互之间的利他性和合作性就明显；凡是被排除在“己”的范围外的，不同“己”之间就呈现出明显的竞争性。这样，真实世界的个体行为就呈现出明显的社会差序性。例如，Forsythe等提出的公平假说认为，人们的行为与其有关公平分配的信念有关，这实际上涉及了个体的社会性问题。[①] 相应地，Hoffman 等提出的观察者效应假说则认为，人们的行为与其对被实验观察者所接受的期望有关，这显然又涉及了个体间的互动关系。[②] 因此，我们在基于“为己利他”行为机理来分析或预测具体个体的行为选择以及互动的行为模式时就有两个基本维度：（1）行为个体的秉性；（2）互动双方间的关系状态。

当然，行为个体的秉性和个体间的互动关系并不是割裂的，它们相互强化，共同影响了行为选择。例如，Branas-Garza 等人的独裁者博弈实验就表明，社会距离和社会化程度相互补充、共同决定了受试者的利他行为。[③] 事实上，就公平信念的解释而言，社会公平信念不仅取决于行为者的个人品性，包括个人经历、文化背景等，也取决于行为者对他人相关正确行为信念的估计。同样，就观察者效应的解释而言，这也反映出，现实生活中的个体行为必然会受环境的影响，会考虑相关者的感受，因为现实生活中存在无数个“观察者”。也就是说，人们追求的效用最大化本身就包括金钱得益和社会得益这两个方面，而社会得益则依赖于其行为遵循或偏离其相信社会正确的行为。[④] 同时，金钱得益和社会得益之间又是互为促进的：符合社会得益的行为容易获得他人的合作和回报，从而促进长期的金钱得益；相反，如果只关注自身的利益而呈现出强烈的无社会性和反社会性倾向，那么就会遭到对方乃至其他第三方的惩罚，从而反过来损害自身的金钱得益。譬如，在最后通牒博弈等实验中，当提议方只关注自身利益的最大化而提出很不公平的分配方案时，就往往会被接收方拒绝，从而导致了一个帕累托损害（pareto-damaging）的结果，此时提议方和接收方都会因此而变得更为糟糕。

不过，出于理论的清晰性和分析的方便性的考虑，这里还是分别从个体秉性和互动关系两个维度来逐条梳理影响行为方式选择的那些重要

---

① Forsythe R., Horowitz J., Savin N. E. & Sefton M., “Fairness in Simple Bargaining Experiments”, *Games and Economic Behavior*, Vol. 6, 1994, pp. 347 – 369.

② Hoffman E., McCabe K., Sachat K. & Smith V. L., “Preferences, Property Rights and Anonymity in Bargaining”, *Games and Economic Behavior*, Vol. 7, 1994, pp. 346 – 380.

③ Branas-Garza P., Cobo-Reyes R., Espinosa M. P., Jimenez N., Kovarik J. & Ponti G., “Altruism and Social Integration”, *Games and Economic Behavior*, Vol. 69, No. 2, 2010, pp. 249 – 257.

④ Cason T. N. & Vai-Lam Mui, “Social Influence in the Sequential Dictator Game1”, *Journal of Mathematical Psychology*, Vol. 42, 1998, pp. 248 – 265.

因素。

第一，就行为主体的秉性而言，它主要体现为个体的社会性水平。一般地，行为主体的亲社会性越强，“为己利他”行为机理就越容易得到践行，合作均衡实现的可能性越高。例如，Dijk 等就将受试者分为三类：(1) 个体主义者 (individualist)，他尽量使得自身支付最大化；(2) 合作主义者 (cooperator)，他尽量使得其自身对对方的联合支付最大化；(3) 竞争主义者 (competitor)，他尽量使其自身和对方的支付差距最大化。[①] 显然，合作主义者就比个体主义者更倾向于对公共品进行投资，从而形成有效合作。[②] 那么，个体的亲社会性又是从哪儿来的呢？跟哪些因素有关呢？一般地，个体特性不是固定不变的，而是逐渐演化和丰富的。同时，人性的演化又源自从过去经验和教训中的不断学习，而这种学习又有两个来源：(1) 源自自身的体认，产生自发性行动；(2) 源自社会的形塑，产生自觉性模仿。显然，影响前者的因素主要有：一是行为主体的直接经验，这往往是年龄的函数；二是行为主体的间接经验，这往往是教育水平的函数。影响后者的因素主要有：一是文化伦理产生的认同，这有助于滋生移情和通感效应；二是社会环境引导的预期，这有助于道德黄金律的确立。因此，我们就可以从年龄、教育、文化和社会环境等几方面对个体的行为选择展开分析。

事实上，人类理性的发育程度不仅与个体的亲社会性有关，也与社会文化和互动关系有关。一般地，一个社会的个体间互动越少，信任关系就越缺乏，也就越不容易通过对“为己利他”行为机理的践行而达致合作，这个社会往往也就会处于落后状态。关于这一点，Banfield 很早就曾对那些经济落后的国家和社会做了发人深省的刻画，他针对意大利南部麦山村描写道：“在麦山村民的心目中，施任何恩惠给外人，就等于是牺牲了自己家人的利益，因此他们负担不起‘奢侈’的慈善举动”；为此，Banfield 将意大利南部的落后归咎于其居民过度追求狭

---

① van Dijk F., Sonnemans J. & van Winden F., “Social Ties in a Public Good Experiment”, *Journal of Public Economics*, Vol. 85, No. 2, 2002, pp. 275 – 299.

② Offerman T., Sonnemans J. & Schram A., “Value Orientations, Expectations and Voluntary Contributions in Public Goods”, *Economic Journal*, Vol. 106, 1996, pp. 817 – 845.

隘的个人利益，并将这种状况称为“不道德的家庭主义”。[①] 事实上，在那些经济发展迅速的国家和地区，互惠的公平观往往起到非常重要的作用；[②] 而且，不同社会的信任程度与社会发展水平之间的正向关系也得到不少行为实验的验证。例如，Ortmann、Fitzgerald 和 Beoing[③] 以及 Jacobsen 和 Sadrien[④] 分别在美国马萨诸塞州以及德国所做的信任博弈实验就发现，这些国家信托人的投资额达到其总资产的60%，平均回报率也达投资额的110%；相反，Ensminger 在肯尼亚的奥玛地区所做的信任博弈实验则发现，奥玛人的平均投资率为40%，而受托人只返还投资额的55%。[⑤]

第二，就行为主体间的互动关系而言，它主要体现为效用的相互依赖性（utility interdependence）。[⑥] 一般地，互动双方的关系越密切，就越关注自身行为给对方福利造成的影响，从而就越倾向于遵行“为己利他”行为机理。例如，G. Charness 等人分别做了互联网实验、教室实验室实验和介于两者之间的实验室实验，实验结果表明：受试者之间的社会距离越远，捡者上交钱包的转换值就越高。同时，实验还表明：在教室实验中，失主更乐于基于钱包对捡者的价值而支付酬金；而在互联网实验中，失主不支付酬金的比例比其他情形都要高很多。[⑦] 那么，个体间的互动关系跟哪些因素有关呢？一般地，个体间关系主要涉及这样几个方面：（1）个体间特殊的缘关系，这体现了个体的身份特征，关系越密切，就越容易在移情和通感的基础上形成合作。一般地，这种密切的私人关系主要来自于共同生活背景、共同的爱好等，而这种生活背景和偏好等可

---

① Banfield E., *The Moral Basis of a Backward Society*, New York: Free Press, 1967, Reprinted.

② Zak P. J. & Knack S., Trust and Growth, *Economic Journal*, Vol. 111, 2001, pp. 295 - 321.

③ Ortmann A., Fitzgerald J. & Beoing G., “Trust, Reciprocity, and Social History: A Re-examination”, *Experimental Economics*, Vol. 3, 2000, pp. 81 - 100.

④ Jacobsen E. &Sadrien A., “Experimental Proof for the Motivational Importance of Reciprocity”, *SFB-Discussion Paper B* - 386, University of Bonn, 1996.

⑤ Ensminger J., “Experimental Economics in the Bush: Why Institutions Matter”, in Claude Menard ed., *Institutions and Organizations*, London: Edward Elgar, 2000.

⑥ Coleman J. S., “Introducing Social Structure into Economic Analysis”, *American Economic Review*, Vol. 74, 1984, pp. 84 - 88.

⑦ Charness G., Haruvy E. & Sonsino D., “Social Distance and Reciprocity: An Internet Experiment”, *Journal of Economic Behavior & Organization*, Vol. 63, No. 1, 2007, pp. 88 - 103.

以源于天然的血缘和亲缘关系，也可以是源于后天志趣培养的同缘和德缘（神缘）。（2）个体间的互动密度，这体现了互动的频率特征，互动的频率越高，就越容易在重复博弈的基础上实现合作。一般地，互动频率主要与共同体的规模和共同体内外的互动关系，以及社会制度和市场机制的健全程度等有关。（3）个体间的互动强度，这体现了互动的状态特征，情境的变和性越强，越愿意在追求合作租金的基础上进行协调和合作。一般地，结果的变和性体现了个体行为之间的互利性，涉及社会分工和互补性，它往往与个体间的异质性以及个体的需求层次有关。因此，我们就可以从互动双方的身份特征、互动的频率以及互动的状态特征等几方面对个体间的互动行为展开分析。

事实上，个体在不同互动情形中的行为模式不是固定不变的，而是与互动双方间的相对关系、交往次数及结果状态存在密切相关。一个明显的例子是，异性之间之所以比同性之间更善于合作，很大程度上也就在于，他们之间的异质性比较明显，从而具有更强的互补性、更强的信任感。[①] 例如，Robert Slonim 做了两类信任博弈：一类是信托方可以选择信托人；一类是信托方不能选择信托人。结果发现：（1）在不能选择信托人的实验中很少出现歧视，而在可以选择信托人的实验中则存在明显的歧视；（2）受试人在选择伙伴以及伙伴确定后的信任水平上往往都歧视同性别的人。而且，就投资人的行为而言（第一行动者），无论是否可以选择信托人，投资者都会投入更多的金额给异性受托人。实验结果是：男性投给女性受托人的金额比投给男性受托人要多 5 美元，而女性投给男性受托人的金额比投给女性受托人要多1.4 美元。此外，当受试者可以选择受托人时，他们往往都更倾向于选择异性受托人。实验结果是：男性 80% 的次数是选择女性，而女性 65% 的次数是选择男性。[②] 显然，这种歧视模式与社会心理学的文献相一致，它部分地可以通过每个性别信赖性的口味和信念来加以说明。

---

① Scharlemann J., Eckel C., Kacelnik A. & Wilson R., “The Value of a Smile: Game Theory with a Human Face”, *Journal of Economic Psychology*, Vol. XXII, 2001, pp. 617 – 640.

② Slonim R., Gender Selection Discrimination: Evidence from a Trust Game, Working Paper, Case Western Reserve University, September, 2004.

上面从行为者的个体特性和双方关系中探究了“为己利他”行为机理所贯彻的广度和深度，但显然，这里撇开了互动方（对方）特性的考虑，而人们互动时所采取的行为方式往往是与互动方有关的。一方面，我们采取行为方式时往往会参照对方过去所累积的行为信号，更愿意与乐善好施者或诚信者打交道，倾向于奖励那些合作者而惩罚那些背信者，这就是鲍尔斯等人所提出的“强互惠”理论所反映的。另一方面，我们的行为方式也受对方过去对待自己的行为和态度影响，人们更愿意与对自己比较友好并经常合作的人进行合作，这也就是博弈论中“tit-for-tat”及“grim strategies”等“触发策略”所表明的。因此，基于自身利益的互动结果考虑，个体的行为模式与互动方在以前与自己和他人互动时累积的行为信号有关，当互动方（对方）所累积的行为信号是积极合作的时，行为者也更倾向于采取“为己利他”行为机理；进而，互动方（对方）所累积的行为信号在很大程度上又反映了他的社会性水平，因而行为者的行为方式又与互动方的社会性水平有关。同时，社会性的个体不仅从自身利益来考虑互动结果，而且从对方利益来考虑互动结果；因此，个体的行为选择就不仅与互动方的社会性水平有关，也与互动方的其他特征尤其是生活处境有关。事实上，具有社会性的任何个体都具有或多或少的恻隐之心，而恻隐之心往往表现在对他人痛苦处境的同感和同情；因此，行为者所采取的行为方式就与互动方的处境有关，人们乐于援助那些遭受苦难而亟待救助的人。当然，互动方的生活处境又可以从绝对生活水平和相对生活水平两方面加以考虑：一般地，对方的生活处境越艰难，我们越愿意加以援助。这也就是为大量行为实验所证实的道德差序性。例如，Fernando Aguiar 等人通过改变受助者信息来测试独裁者的行为，结果发现如果来自第三世界的贫困者且捐赠物用于购买药品，那么，独裁者的捐赠量就会大大增加。[①] 因此，在对具体行为方式进行分析和预测时，就需要再加入互动方（对方）的特性这一维度，而这又进一步可从他的社会性水平以及生活处境等角度进行分析。

综上分析，我们就可以对现实世界中的具体行为的分析维度做一框

① Aguiar F., Brañas-Garza P. & Miller L. M., “Moral Distance in Dictator Games”, *Judgment and Decision Making*, Vol. 3, No. 4, 2008, pp. 344－354.

架性归纳，见图 21—1。

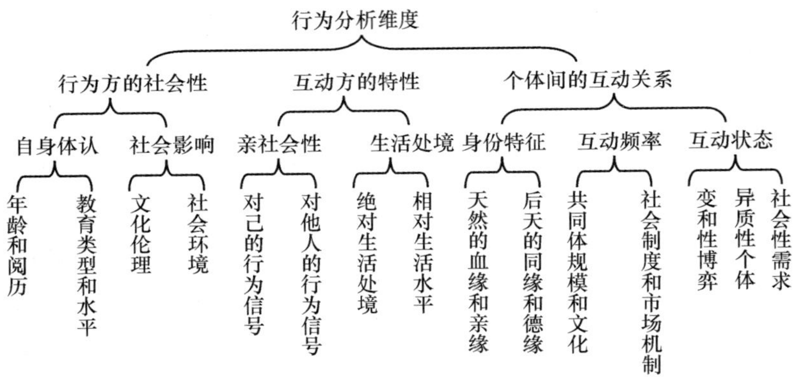

图 21—1　人类行为分析的基本框架

总之，人类个体不是只关注个体利益的经济人，相反往往能够关注他人利益，关注公平和正义。一般地，人们更愿意通过与他人合作的方式以追求自身的目的和偏好，从而在一定程度上体现出利他主义特征。[①] 这也就是“为己利他”行为机理所体现的行为特征。当然，“为己利他”行为机理的遵循和贯彻并不是平面和等序的，相反，它被践行的广度和深度与行为主体的社会性以及行为主体之间的互动关系密切相关。（1）任何个体都不是只具有动物性本能的经济人，而是具有相当程度的亲社会性；即使是在匿名的行为实验中，也无法通过实验控制而完全排除这种已经内化了的亲社会性。正是基于这种亲社会性，人们不会根据狭隘的自利原则而行动，而是会关注其他人的收益，从而产生了一定的合作倾向。同时，这种社会性程度的差异，也使得不同个体所认知的“己”的内涵存在差异，由此产生出不同程度的合作倾向。（2）任何个体都不是孤立的经济人，而是与其他个体间存在或多或少的社会联系和责任关系。在很大程度上，各种变异性的双盲或单盲实验所产生的结果差

① Meier S., “A Survey of Economic Theories and Field Evidence on Pro-Social Behavior”, in Frey B. S. & Stutzer A. eds., *Economics and Psychology: A Promising New Field*. Cambridge, MA: MIT Press, 2007, pp. 51 – 88.

异都体现了这种社会联系对行为的影响。同时，人与人间的社会关系并不是普遍的而是特殊的，不是等序的而是差序的。正因如此，人们往往不会简单地根据固定不变的自利原则而行动，而是会根据互动关系的差异有选择性地采取不同的行为方式，从而产生了不同的互动结果。因此，要理解和预测“为己利他”行为机理在现实生活中的应用，就必须分析行为主体的社会性以及行为主体之间的社会关系。

第五节　微观行为分析的发展：本体论假定的更替

现代主流经济学的经济人假设源于西方社会根深蒂固的自然主义思维，它仅仅反映了动物性的本能需求而忽视了人类的亲社会性；而且，它源自功利主义的退化，却无法揭示“无形的手”来自何处以及如何运作，也无法解释现实生活中大量的利他行为和合作现象。这意味着，经济人假设最大的问题在于：它对人性的刻画是残缺的，注意到了人类“为己”（自利）的本能，却不关心实现这种“为己”目的的手段，从而把处于复杂社会关系中的社会成员设想为相互冷淡和漠不关心的。但实际上，在现实生活中人们常常会关心他人的利益和目的，因为他人的利益和目的会影响“为己”目的的实现。正因为抽象的经济人假设无法揭示出社会真实世界的人类社会行为，也无法有效地指导社会实践，就必须对这一抽象的人性假设进行修正。正是从行为的目的和手段的选择这一思路出发，本章将人类基于动物性的本能目的和基于亲社会性的实现手段结合起来，全面审视了真实世界中的人性特征，并提炼出了“为己利他”这一行为机理。它不仅可以挖掘“无形的手”是如何运作而实现社会协调的，而且也可以解释现实社会中大量存在的分工和合作现象，从而有助于对具体的人类偏好和行为方式进行更合理而可信的分析。因此，“为己利他”机理就是比经济人更合理、有效的行为假设，在此基础上构建的经济分析框架也将更具解释力和预测力。

从某种程度上讲，原子化的“经济人”仅仅反映了“为己利他”行为机理的蜕化，是那些社会性为零的个体所表现出来的行为方式；或者，经济人体现了人类与缺乏能动性的主体进行互动时所呈现的行为特征，这种没有能动性的主体实际上就是人类该利用或改造的自然客体。基于这一点，我们可以得出两点结论：（1）基于经济人的分析可以为社会制度的设立提供思维和基础，可以更好地审视现实制度所存在的漏洞。究其原因，社会制度本身就是对那些社会化程度低以及社会性不足的个体行为进行制约，而具有较高社会性的社会人行为、道德人行为或者更一般的“为己利他”人行为是有利于他人或社会的。事实上，在现实生活中，绝大多数人的日常行为都是制度无涉的，他们很少去关心和了解具体法律规章或其他社会制度，因为强烈的亲社会性已经使他们的行为远远超越法律制度所约束的那个层次。（2）经济人分析并不适合作为研究人类现实行为的主要依据，因为由于社会性的差异而使得不同个体的行为呈现出巨大差异，而且几乎所有个体的具体行为都不能绝对符合经济人的分析：时刻准备不择手段地利用一切可能的资源去实现自身效用的最大化。事实上，一个合理的人类行为分析框架应该有助于人们去分析和认识那些差异化的个体行为，要能够将人类行为和其他动物行为区分开来，而不是将不同个体的行为以及人与其他动物的行为混为一谈。波普尔指出：“凡是告诉我们更多东西的理论就更为可取，就是说，凡是包含更大量的经验信息或内容的理论，也即逻辑上更有力的理论，凡是具有更大的解释力和预测力的理论，从而可以通过把所预测事实同观察加以比较而经受更严格检验的理论，就更为可取。”① 在很大程度上，正是以没有任何亲社会性的经济人假设为基石，由此形成的新古典经济学就是一个极其特殊的理论体系，以一个特殊的理论去解释和解决纷繁芜杂社会问题，当然也就行不通。卡尔·波兰尼指出，新古典经济学家所犯的严重错误就在于，通过形式化的选择框架来分析所有类型的经济行为，而其所依赖的前提却是假定个人具有理性算计的本质属性——这里所谓的“理性”被界定为在给定的情形下利用资源来最大化自己所希望的收益。②

同时，按照施蒂格勒的看法，经济理论应该根据三个标准进行衡量：

---

① 波普尔：《猜想与反驳：科学知识的增长》，傅季重、纪树立、周昌忠、蒋弋译，中国美术学院出版社 2003 年版，第 279 页。

② 戴尔：《卡尔·波兰尼：市场的限度》，焦兵译，中国社会科学出版社 2016 年版，第 109 页。

与现实的一致性（congruncewith reality）、一般性（generality）和易操作性（tractability）。[①] 就第一个要求而言，人性假设必须来自日常生活经验，从而与人们的差序性行为方式相适应；就第二个要求而言，人性假设必须具有普适性，只是在社会化严重不足的标准经济模型之上添加一些变量；就第三个要求而言，人性假设必须富于某种具体性，从而有助于识别和预测不同类型的行为。当然，这三个要求之间往往会存在某种冲突，如一般性与现实性之间就很可能不一致，因而关键在于在这些特性中取得平衡。显然，流行的经济人假设就明显偏于一端，过分注重一般性而忽视现实性；相反，"为己利他"行为机理却很好地将这三个特性结合起来，并在其中取得平衡。首先，它将人的动物性本能和亲社会性结合起来，从而更好地满足第一个要求；其次，它是在经济人假设基础上加入行为的手段选择这一变量，从而也能满足一般性的要求；最后，它所具有的丰富内涵以及由此得出的系列推论有助于对具体行为的分析，从而也能够满足易操作性的要求。正因如此，"为己利他"行为机理比经济人假设更能够符合施蒂格勒所提出的三大要求，从而能够更好地成为经济学的理论基石，甚至成为探讨社会经济行为的各相关学科的共同基础。

而且，根据批判实在论的观点，人类对事物本质和实在结构的认知本身就是在不断批判和否弃以前那种认知的基础上才得以深化的，大量行为实验对经济人假设内含的两大含义所提出的证伪则会激发我们去寻找一种更为合理的本体论认知。其实，任何科学本质上都应该是对社会事物的实在结构的探索，应该对个体、制度以及社会发展过程的本质进行探究，从而确定社会生活的基本实体，这就是社会本体论。当然，人们不仅因自身的有限认知而不能完全认知社会实在，而且，对社会实在的研究本身也往往反映着关于这种实在概念的社会基础，关于实在的理论内容受社会语境的影响。因此，从某种意义上说，我们对事物本质和实在结构的认知只是一种猜测和假定，它包括了按照观察者自身的信念而对世界产生的看法；相应地，由此发展出的社会本体论在很大程度上

---

① Stigler G.，"The Development of Utility Theory"，*The Journal of Political Economy*，Vol. 58，No. 4，1950，pp. 307 –327.

也只是一种形而上学的理论，需要进一步的实践检验。因此，相对于以前的先验实在论，后来又兴起了批判实在论，该理论认为，科学的主要目标不是关注事件的恒常联系，而是关注隐藏在现象背后的结构、机制、力量和趋势。同时，由此发展而来的批判本体论强调，当有关实在结构的假定被证伪时，就不能再在同一本体论界定中构建出另一替代理论；否则，即使存在许多与某种理论不相符的观察，也产生不了理论观点的真正进步。在很大程度上，由现代主流经济学所衍生出的诸流派如新制度经济学、公共选择理论以及博弈论等都面临着这一困境，因为它们都继承了新古典经济学的经济人假设，尽管这种人性假设已经为大量的行为实验所证伪。

一般地，不仅对社会实在结构的认知与人们的心智有关，而且，人类心智的发展以及由此产生的行为又与社会环境以及对此的认知有关。关于这一点，马克思做了深刻的刻画，他不是把社会关系中的个人看作固定的而是看作历史地变化的，而是认为个人不能离开他们的关系而被理解。[①] 也就是说，心智和世界就在互动中共同演化。这是柏格森的创化论思想，[②] 也是何梦笔的“二重本体论”思想。[③] 正是从这个角度上，我们就应该从社会互动和历史演化的角度来审视人性的发展，来重新理解人类的理性，只有这种理性才可以为社会经济现象的理解和分析奠定真正的微观基础。

然而，由新古典经济学派生出的各种经济学流派的人性假设都是抽象而先验的，凡勃伦很早在《为什么经济学还不是一门进化科学》中就指出：“进化经济学的目标，必然是探索文化序列中的积极利益是如何累积式地产生的。它一定是关于人类或者社会的经济生活过程的理论。（但新古典）经济学家们已经接受了关于人性和人类行为的快乐主义先入之见，而快乐主义心理学所给出的经济利益观是不能为一种人性发展理论提供素材的。快乐主义不是根据行为来考虑经济利益。因此，它很难根据思想习惯的累积式发展来理解和鉴别经济利益，也不能激发（尽管它

① 参见古尔德《马克思的社会本体论：马克思社会实在理论中的个性和共同体》，王学虎译，北京师范大学出版社 2009 年版，第 15 页。

② 柏格森：《创造进化论》，姜志辉译，商务印书馆 2004 年版。

③ 何梦笔：《演化经济学的本体论基础》，载多普菲编《演化经济学》，贾根良等译，高等教育出版社 2004 年版，第 82—127 页。

有助于）通过进化方法来对待经济利益。同时，流行于人们对人性的惯常理解中的人类学先入之见（经济学家也习惯性地依赖这种先入之见），也不会强化根据生活习惯的一种累积式发展来阐述人性。”① 当然，新古典经济学之所以坚持此种先入之见，根本上又在于其根深蒂固的自然主义思维，这种思维将人类社会和自然世界都视为客观的存在：不仅自然世界独立于观察者而存在，而且人类的行为也独立于自然世界而存在。同时，现代主流经济学又将自然主义思维和方法论工具主义相结合，将人类在与自然的互动中所形成的工具理性推广到人与人之间，从而犯了严重的工具主义谬误。正因如此，我们就应该从根本上反思人性及其行为机理：要从社会发展中理解心智问题，理解人性以及行为机理，要保持人性的历史和逻辑的一致。

近40年来，行为经济学以及实验经济学所获得的“发现”和“效应”对传统的理性经济人分析框架提出了诸多挑战，这包括预期效用理论的失败、非理性的合作以及时间不一致性的偏好，等等。但迄今为止，这个挑战还是零星的，这些观察和实验结果还没有被合并成一个系统的理论，从而还没有出现一个可以取代经济人的分析框架。也正是由于缺乏这样的一个理论基础，迄今为止的行为经济学实验大多都是割裂的：形成了一篇又一篇的文章，却依然缺乏对人类行为的系统认知。Cohen 和 Dickens 对当前行为经济学研究中存在的问题做了归纳：（1）经验分析能够解释主流经济学的不足，却无助于发展出一个替代理论；（2）没有一个内在逻辑一致的理论，就难以发展新的应用；（3）由于目前的行为经济学对被观察现象背后的东西、反常行为出现的环境以及对政策改变的反应等还缺乏预测能力，因而行为经济学的政策影响就非常有限；（4）由于我们还不了解这类行为的起源，从而也就无法判断相关政策的福利含义；（5）尽管有限理性常常被当作行为经济学的理论基础，但是，现代主流经济学所理解的有限理性仅仅只能对那些次优行为做事后的解释，而无法成功地产生一个新理论或者预测那些异常行为。② 因此，尽管

① 凡勃伦：《科学在现代文明中的地位》，张林、张天龙译，商务印书馆2008年版，第62页。

② Cohen J. L. & Dickens W. T.，“A Foundation for Behavioral Economics”，*American Economic Review*，Vol. 92，No. 2，2002，pp. 335－338.

近20年来实验经济学以及行为经济学的兴起极大地促进了对更为现实的人类行为的探究，但迄今为止，行为经济学提出的分析思维和手段都是极其烦琐而难以应用的，无法形成所提出的取代传统经济人假设的分析路线。

与目前大多数的行为研究不同，“为己利他”行为机理具有很强的系统性和全面性，并能够很好地补充经济人假设的内在不足：它基于行为目的和实现手段的视角而将人性中动物性本能和亲社会性结合起来，不仅可以根据人性中动物性本能和亲社会性的比重来预测具体个体的行为，而且还可以从人类社会发展的基本方向来引导个体的行为。同时，为了更好地分析和预测现实生活的具体个体行为以及“为己利他”行为机理被贯彻的程度，本章又进一步梳理了影响互动行为的维度：个体的亲社会性和个体间的互动关系，并基于这两大维度进一步考察了影响行为方式选择的诸因素。一方面，由于每个个体的亲社会性水平存在不同，这对行为选择来说衍生出了不同的内在心理动机；另一方面，由于每个个体与社会其他成员之间的互动关系又是不同的，这对行为互动方式来说产生了不同的外在环境条件。正是基于“为己利他”行为机理，并从个体特性和互动关系这两大维度出发，我们就可以更好地理解人类的现实理性，更好地识别个体之间的理性差异，并预测他们的行为选择。同时，我们还可以借助这一行为机理来重新理解和评估现实生活中的种种行为，并反思现代主流经济学基于经济人范式得出的分析结论。

第六节　结语

本章从基本假设与分析维度两个层次构建了行为经济学的微观逻辑基础，进而为人类行为分析提供了更一般、更有条理的基本框架。显然，这不仅有助于对大量的社会经验事实和行为实验结果进行解释，而且有助于为日常生活中具体行为的分析和预测提供理论基础，进而可为合理的日常行为实践和社会经济政策提供有意义的理论指导。譬如，基于“为己利他”行为机理，我们就可以更好地认识人们在家庭中的行为与市场上的行为差异，更好地认识家庭中的友爱、合作和市场中的竞争。不幸的是，贝克尔开创的新家庭经济学却运用经济学的理性分析来分析家庭成员之间的内部行为，以经济行为来统一家庭内部行为与家庭外部。结果，抹杀了人类行为的差序性，无视人类行为的情境效应。

其实，基于“知行合一”的思维，任何社会科学理论往往面临着这样一个中心问题：人们真的会实践他所信奉的那些理念和原则吗？作为“为己利他”行为机理这一理念和原则的提出者，笔者会说：是的，笔者一直如此践行；而且，观察周边人物，他们日常行为也大致遵行这一原则。但同时，每个人践行“为己利他”行为机理的广度和深度又是不同的，这与亲社会性差异以及人际关系有关。正因如此，我们又要采取措施提高人的亲社会性，从而拓展“为己利他”行为机理的践行范围。相反，面对经济人假设，大多数经济学家却只是将它作为构建模型的前提假设，而在实际行为中则表现得与经济人格格不入，但同时又努力向世人宣扬经济人行为的好处。

显然，经济人假设本身就潜含了双重内涵的冲突：一是描述性的经济人，它认为经济人假设本身就来自经验观察，因为现实社会中的人都只是关注自身利益并努力实现最大化；二是规范性的经济人，它认为经济人应该成为人们的行为准则，因为每个人最大化自身利益的行为将促进社会利益的提升。但显然，这个假设潜含了两个明显悖论：（1）如果你持有描述性经济人信条，认为现实世界的人们总是会采取经济人行为方式，那么，你为何还要不厌其烦地告诉和劝说人们这样做呢？（2）如果你持有规范性经济人信条，相信每个人都应该追求自利最大化，那么你劝说别人也追求自身的利益最大化时对自己有利吗？相反，如果此时你劝说别人都去追求公共利益，这对自己岂非更好？①

张五常为现代经济学所设定的经济人进行辩护说：自私是经济分析进行有效约束的基础假设，因为每个人在局限的情况下都会为自己争取最大的利益，无论是勤奋、休息、欺骗还是捐钱都是如此；进而，在一些指定的条件下，我们可以很好地分析人因自私而做出的选择，而当这个局限条件发生转变又会导致相应行为的转变。譬如，邵逸夫对教育的

① 参见穆尔、布鲁德《思想的力量》，李宏昀、倪佳译，北京联合出版公司2017年版，第253页。

捐助不遗余力，但往往将一所大学的建筑物命名为“邵逸夫堂”，这又体现出，邵逸夫的捐钱是以争取自己的利益为出发点。为此，张五常强调，自私的假设具有惊人的解释力，而放弃自私假设则难以解释邵逸夫捐钱给大学的选择性而不是随便行为。① 然而，这种解释显然面临着两大挑战：（1）其他众多的富人为何没有像邵逸夫那样通过捐助教育来追求个人利益？（2）这个逻辑的分析使得理论具有可证伪性了吗？拉卡托斯强调，“知识的诚实性不在于力图通过证明（或者‘或然的证明’）来加强或确立自己的见解，而在于明确地规定自愿放弃自己见解的条件。”② 显然，张五常等人也并没有确立这样的条件或标准。

明显地，理性经济人分析框架具有这样的根本性缺陷：它使用的是一种套套逻辑，因为偏好和效用的内涵可以任意变动，理性内涵也因效用的事后设定而具有随意性；相应地，理性经济人分析框架这一套套逻辑几乎可以应付各种批评，但同时也就没有给出任何有价值的内容。当然，正如张五常所说：“套套逻辑有一点可取特色：它有极大的一般性，假若我们把范围加以约束、收窄，有时可以促成一个有内容的——可能错的——理论，其解释力之强，令人拍案”；“例如（就）……‘争取个人最大利益’与抽烟（来说），把这二者天经地义地——好像下定义似的——混为一谈，是套套逻辑，没有内容；但如果我们能加进一些约束条件（即局限条件），我我们能推断在什么情况下一个人会多抽烟、少抽烟，或抽烟，那么理论就有内容，可以被验证。”③ 问题在于，我们如何通过添加约束条件而使得理论对真实世界中的多种行为和多样现象具有更强分析力和解释力。从这个意义上说，“为己利他”行为机理就是比经济人更好的假设，因为它添加了远比经济人假设多得多的内容，这包括人性中的亲社会性及其差异、行为主体“己”的内涵及其扩展、人与人之间的关系及其行为差序性等，这些都可以得到验证，进而也可以对不同文化或时空下的行为进行比较和预测。

可见，“为己利他”行为机理显然比经济人假设更符合社会科学理论

---

① 张五常：《科学说需求．经济解释（卷一）》，中信出版社 2010 年版，第 74—75 页。

② 拉卡托斯：《科学研究纲领方法论》，兰争译，上海译文出版社 2005 年版，第 2 页。

③ 张五常：《科学说需求．经济解释（卷一）》，中信出版社 2010 年版，第 43—44 页。

的要求，更应该成为行为经济学乃至整个社会科学理论体系的基石，并有助于推动有关真正关注“人”的经济学的兴起。奥地利学派就强调指出，经济学应被视为理解动态过程的人类行为的科学。为此，它倡导一种有助于探究社会扩展秩序的一般的人类行为学，而反对新古典经济学把经济学视为探索理性经济人在约束条件下寻求效用最大化的决策科学。显然，人类行为不仅局限于在“给定”目的—手段的知识条件下的决策，更主要涉及行为者对目的—手段的感知。为此，奥地利学派积极引入个体行动中的意向性，努力探究人类社会中的具体互动及其趋向协调的一般过程。而且，在奥地利学派看来，个体互动过程的协调程度是高低不一的，结果涵盖了从“囚徒困境”的纳什均衡到“帕累托最优”的一般均衡整个谱系。显然，本章基于“为己利他”行为机理的分析框架可以为这种一般的人类行为学提供有效的理论基石和研究路线。

后　记

——本书的写作历程和付梓过程

“为己利他”行为机理是有关“人”的经济学科的理论基石，也是笔者所持的根本人生观，更是一生行为的基本准则。中国历代先贤都强调要“知行合一”，笔者最初也是从个人的生活态度中感悟到这一行为机理的存在，并从社会实践中认识到这一行为机理的重要性，在后来的学术思考中逐步将之系统化和理论化。事实上，自从事经济学的研究和教学之后，笔者深刻感受到理论逻辑与社会实践之间存在的巨大反差，由此萌生出对现代主流经济学理论进行批判性审视和反思的路向，而反思的重心就在于现代经济学理论的核心假设——人性。因此，本丛书就基于强烈的问题意识来审视经济学科的基本特性，进而揭示经济学范式的本土化要求；尤其是，通过将新古典经济学的研究对象与中国社会经济的问题症结相对照，可以清晰地发现运用现代主流经济学的研究方法和理论观点来指导社会实践时所潜含着的深深偏误。为此，后记部分对本丛书的写作过程做个简要的梳理和说明，一方面可以清楚地显露本书的不足，另一方面也能够增进读者对本丛书的认识。

一　“为己利他”的词源

人类社会的发展是渐进而难以跳跃的，思想的发展史实质上也就是社会现实的反映，因而人类社会中也就存在清晰的思想传承史。同时，特定时空下的思想往往又充满了混杂性，而思想大师的经典著作则经历了时间的筛选，更能体现出人类实践的智慧，体现为思想智慧的结晶。

因而，思想传承史根本上也就体现为思想大师的传承史。由此来对照当前求新求异而变动不居的知识界：流行的思想往往你方唱罢我登场，活脱脱呈现为一种相互传染亢奋而缺乏独立思考的剧场，进而看似热闹的学术背后实质上并没有多少新东西。有鉴于此，笔者历来主张要积极从具有系统理论的古典著作中汲取营养，而对现代刊物文章则较少涉猎。正是由于长期专注于经典文献的爬梳，笔者对社会的认知以及思想的形成也主要源于思想大师和经典著作；同时，由于与当今学人甚少交流以及与时下学术界也乏于联系，笔者往往会忽略一些学术的新发展，乃至会暴露出对流行学术动向的浅陋和无知。

基于个人的人生体悟，同时也是为了思想表达的需要和读者理解的方便，笔者创造性运用“为己利他”一词。在后来的书籍阅读过程中，偶然也会发现其他一些学人开始使用这一术语，但往往都以为是受到笔者的影响。事实上，本套丛书初步完成已有相当一段时间，只是由于缺乏费用而迟迟没有出版。在这漫长的时间内，笔者曾与一些同人就“为己利他”行为机理做过交流，在课堂上以及讲义中也多次涉及和阐述这一术语的含义，以致不少学生在作业论文中也会使用这一术语。不过，也正是由于这些著作迟迟没有出版，因而一些学生在使用这一术语时往往会误会它的出处。譬如，在2004年的“经济学说史”期末课程考试中，布置了一道“为己利他”行为机理的名词解释，结果，不少学生竟答称是斯密提出来的。其原因主要是，笔者在课堂上曾反复用“为己利他”行为机理来阐释斯密的“道德人”和“经济人”，以此来解析被称为斯密悖论的人性观何以是统一的。

面对误解这一术语起源的长期存在，笔者从没有任何的在意。笔者相信，只有出自内心的真实体悟和头脑的长期思考，才可能形成较为系统的阐述和分析；相反，如果仅仅是粗略地受了他人的启发而没有做更进一步的思考，根本就无法真正理解这些概念、术语和原理的真正含义。举目前盛行的现象为例：一些博导喜欢把学生在做学位论文时所提出的一些新思想以及所写的相应文章冠上自己的名字发表（或者合作发表）。由此，我们就可以发现这样的现象：这些博导每年发表的文章随着所带学生数的增加而不断增多，文章所涉及的领域不断拓展，也不断推出一些“新”的观念和“新”的理论；但是，如果细观他们所发的这些文章就会发现，这些文章大多仅仅停留在大而化之的概念和口号上，每篇文章之间往往呈现出明显的孤立状态，从而根本就没有任何对社会问题的系统的理论分析。其原因也就在于，这些博导根本就没有弄明白那些以他们名义所发表的文章中所包含的真正思想，也不会在此基础上做进一步的深入思考。

这种认识一直持续到2005年5月初，笔者突然获知有一位叫王海明的学者在更早时期就提出“为己利他”这一术语，并且对之做了相当系统的阐述。缘由是：一位硕士研究生拿其学位论文来请笔者提意见，笔者发现论文中有一节提到了“为己利他”行为机理，但并没有说明此术语的来源；相应地，也就自以为是受了笔者课堂上的启发，因为笔者在2002年曾为该学生本科授课时系统阐述过这一术语。于是就随口问了一句：“为己利他”一词是不是来自笔者上课时讲的内容？但该学生的回答却是：从王海明的《新伦理学》一书中看来的。笔者大感意外的同时也非常兴奋，因为竟然也有其他学人提出了同一术语，因而也马上找来《新伦理学》一书。由此才知道，王海明早在1987年就从自身的经历和追求中悟出这一人类合理的行为机理，并率先使用“为己利他”这一术语。实际上，王海明顿悟出这一机理的历程与笔者大致相同，不但王海明的思维历程和笔者有异曲同工之处，而且对“为己利他”行为机理的分析和描述和笔者也有很多的一致。

对此，笔者深觉惭愧，真是孤漏寡闻。在网购还很不发达之时，笔者会经常逛逛书店，留意那些最新的理论书籍，并力图将最新观念不断补充到著作中以充实自己的分析，尽管如此，竟遗漏了《新伦理学》一书。当然，说实在的，笔者早先也已经看到过这本书，但觉得书太厚且书价不菲而没有买（因为笔者的研究从没有获得过任何资金的支持，因此，在不断为自己的书库增添新的理论书籍之时，对所购书籍也不得不持慎重态度而有所选择）；同时，尽管笔者关注社会科学所有领域的基本理论和新进展，但自身核心领域毕竟在经济学，因而对社会科学其他分支的一些理论发展也就关注不够了。基于这一发现的触动，笔者担心或许有另外的学者曾对“为己利他”行为机理有所关注而被自己所忽略，因此又以“为己利他”为关键词在网上进行了论文检索。结果发现，其中数量不多的几篇相关文章基本上都与王海明有关，尽管也偶有其他学者零星提及，但所言都不详。后来，又在书店里看到王海明的《伦理学方法》和《人性论》等著作，也在第一时间购买回来进行了翻阅，同时还把他的一些论述补充到书稿之中。

因此，就“为己利他”行为机理这一术语而言，王海明比笔者早提出了10多年，但笔者也是独立地提出的。同时，笔者和王海明赋予“为己利他”行为机理的基本内涵也极为相似，但由于学科背景以及关注重点上的不同，本书和王海明提出该术语时的研究视角、剖析重点以及分析框架也就存在着明显差别，进而，两者对实然道德和应然道德的理解以及对“爱有差等”规律对道德善结构影响的认知等也存在明显差异。不过，由于学科领域以及本书篇幅的关系，这里不详加说明，有兴趣的读者大可根据需要自己去比较。

二 本丛书的写作过程

“为己利他”一词的提出可以追溯到2000年笔者撰写博士学位论文提纲之时，它是笔者博士学位论文《博弈、协调与社会发展》一书的理论基石。博士论文不但通篇贯穿了“为己利他”行为的协调机理，而且还专门用一“篇”的篇幅来探究它的产生及在社会中的作用。2002年4月，笔者受聘于中山大学岭南学院而从事经济学的教学科研工作后，开始静下心来深入地对这种行为机理进行了探讨，到2004年初基本上完成上下卷的《真实世界的经济学反思和人类行为分析》一书。然而，在现代主流经济学支配的学术界，似乎没有多少人关注其他可能的思维反思，面对中国学者提出的理论和思维更是如此。尤其是，实证主义日益偏盛的中国经济学界，似乎没有多少人感兴趣于基础理论的发展：新观点被接受是困难的，一个新体系要被接受更是难上加难。在这种情况下，一个致力于理论追寻的青年学者尽管充满热情以期望向社会披露他的认知，而学术界却似乎没人有“闲心”给予稍许的反应。因此，在一些文章投出而杳无音信后，就只能效仿戈森、杰文斯、门格尔、瓦尔拉斯乃至埃几沃斯和威克斯蒂德等先驱们，独自而静静地梳理并系统化自己的思维乃至将之做长时间的冷藏，希望终有一天能够以专著的形式交付社会而自慰。

因此，尽管本丛书初稿在2004年3月就已大致完成，但由于书生的清贫，这些书稿也就迟迟无法付梓。尽管如此，笔者仍旧在不断地阅读其他更多的书籍，这使得书中的一些想法也不断得到新材料的支持、充实和完善。但同时，正是断断续续地不断增添新的旁证材料和分析，导致这些书稿也恰似“懒婆娘的裹脚布”变得越来越长，到了2005年就已经有了100多万字的篇幅。然而，商业社会却使得享乐文化越来越盛行以及功利主义越来越膨胀，不但社会大众缺少真正思考的兴趣，而且活跃在学术界的那些人几乎也都成了大忙人而根本无暇读这么长的书。与此同时，几年积累下来的东西又总是敝帚自珍，青毡旧物又何忍丢弃呢？在这种情况下，笔者只能将不断出现的想法和思考尽可能地记录下来，以期望一个新时代的来临：在这个时代，越来越多的人将真正关注人生，思考社会，注重追求自己的真正认知，而不愿为大众意识和流行思潮所左右。

长期坚守的学术理念导致笔者不愿过早出版该丛书，因为它确实还很不成熟，甚至也永远不会成熟。不过，后来的两大考虑促使笔者燃起尽早付梓的念想。（1）由于长时期沉浸于文献的梳理，而这种研究方式在重视论文指标的当今学术界已经日益被边缘化，以致笔者及家人的生活日趋贫困。实际上，尽管笔者的物质欲望无多，但往往却因不能承担起基本的家庭责任而惶惶不安，这不可避免地影响研究的精力和心境，也是儒者对待生活和社会的基本态度。（2）在平常与一些同人的学术交流中，偶然也会涉及本套丛书中的一些观点和思想，并常常可以得到这些同人的由衷感喟；而且，一些同人也不时呼吁笔者将已经撰写的心得尽早付梓，以便引起更多学界同人的关注和讨论。因此，在一些同人的建议下，趁岭南学院准备资助一批学术著作出版之机，笔者于2006年4月开始着手将原来手稿中有关探究经济学发展取向的部分内容整理出了《现代主流经济学的理论危机：经济学的人本主义之挑战》一书，准备单独成册在2006年5月出版。

不过，在整理过程中，笔者又萌生出一个新念头：既然已经整理出其中一部分，为何不将其他部分也单独整理出来呢？于是，在随后的两三个月又将其他几部书稿的粗略框架陆续整理出来，而在后来更长的时间里则一直在做更系统的梳理和更深入的阐述。而且，考虑到这几部书之间具有很强的关联性，如果分开在不同的出版社出版，就会阉割它们的承续性和整体性，也会增加那些有全面了解兴趣的读者进行搜寻的麻烦，因而很希望能够一起出版。为此，笔者决定将原先已经提交并通过学院资助的那本书稿撤回来，继续等待以期最终能够以丛书系列的形式付梓，以飨读者。目前，之所以准备出版本套丛书，一方面是希望学界同人能够更好地了解笔者的研究思维，以有利于扩大交流；另一方面也是希望通过对当前学风之弊的揭示，以有利于中国学术风气的改良。

三 本丛书的付梓过程

笔者的求知和认知过程明显具有风暴性、质疑性和开放性的特点。每当在认知一个事物之初，笔者总是力求尽可能地积累尽可能多的知识，尽可能地吸纳基于不同视角的观点，尽可能不先验地排斥某些理论和观点。正因如此，笔者不会像经院哲学那样根基于某一人或某一流派的观点进行阐释，或者仅仅在那些理论的基础上做些细枝末节的补充、修正或发展。为此，笔者不喜欢追逐时下的“前沿”或“热点”，不愿意盲目地接受和宣扬某些个别理论，更不倾向于接受流行的说教，而通常乐于以反思的态度来对待每个理论、学说和流派。罗素指出：“重要的不是给出答案，而是提出问题。”① 事实上，如果对一个理论或政策的内在缺陷都认识不清，我们又如何说是理解这个理论和政策了呢？这种认知必然是盲目和片面的。因此，笔者强调，只有发现某理论的缺陷，才可算是真正理解了该理论，包括该理论提出的社会背景、所基于的哲学思维、所侧重的分析视角以及提出者的主要目的，等等。

当然，笔者对理论的任何反思都不会停留在简单的批判和解构上，而是会尽可能地从中汲取营养以助形成和提高自己的认知和理论体系。在很大程度上，这些学问方式有两大特点：一是强烈的“六经注我”特质，二是强烈的风暴性。后者就像中小学时期风暴式记忆英语单词一样，开始的时候总是感觉模模糊糊和杂乱无章，只有经过一段时间的反复记

① 罗素：《西方的智慧》，崔权醴译，文化艺术出版社 2005 年版，第 15 页。

忆，单词记忆才愈渐明确，愈渐牢靠；相应地，笔者的思想形成也经历了此种过程，在思考之初只有懵懵懂懂的感觉，一切都处于混沌模糊的状态，而只是经过后来长期的沉淀和积累，才愈渐成熟，并形成自身的洞见。显然，本丛书所提出的一些观点也经历了一个从混沌到逐渐成熟的过程，而且，笔者相信，它迄今还处于很不成熟的状态，甚至永远不会达到完善的程度。相反，随着笔者阅读愈多，思考愈广，理论上的认识才会逐渐深入和成熟。这也是本丛书所研究的问题需要今后不断推进的原因。

同时，正是基于这种风暴式的研究路径，在经历一段时期的困顿以后，笔者总是试图提出自己的真正认知，而不是停留在某单一事实或现象的理解上。确实，笔者一直努力使自己的看法或理论系统化，直至某个细微的理论或视角能够进一步解释和分析更广的乃至经济学或整个社会科学的基础理论问题。正是基于这种“六经注我”式的研究，笔者在十几年内撰写了数百万字具有内在联系的理论书稿，其中一部分整理出来就形成本丛书。正是基于这样一条从困惑到清晰的思考路径，待到笔者最终确定研究对象时，实际上已经完成几乎所有的前期研究。即使如此，这些著作还是迟迟无法获得资助出版。究其原因，（1）笔者在长期的梳理和思考中形成的观点本身就是个体性的，往往只有相似知识结构且有相当思考的学人才会有所体悟，但这样的学人往往不可得；（2）这些思考往往因为系统性而形成看似不可为的大框架，即使这套丛书仅仅是笔者研究的一个部分，但在一般人眼里也显得框架太大了；（3）这些理论往往涉及很多领域的思考和认知，其中的创见和意义很难仅仅依靠申请书中的几千字而能使那些原先从没有对相关问题做过系统思考的评审者明白，而不误以为这些研究不过是大而化之的“教材式”编撰。

此外，这也涉及现代经济学的研究取向。一般地，人类的思想具有非常强的继承性，真正的好理论不会如目前这般的不断变化，而是契合了人类在各个领域所积累的知识，由此形成更为全面而系统的分析。理论的发展路径主要源于对经典文献的梳理，发现传统理论中逻辑推理和前提假设上所存在的问题，而不是在一些所谓热点问题和“前沿”文章上猎奇，更难以从基于经验数据的功能性分析中获得真正的理论认知。因此，经济学乃至社会科学的理论发展必须借鉴其他学科的研究，必须知晓其他人的研究视角和观点，必须契合各方面的知识，走交叉的发展之路。但是，当前经济学界却盛行截然不同的学风，它关注的不是独特的理论创新，不是对事物本质的系统分析，而是细枝末节的实证或者没有内在逻辑的观点陈述。在这种研究取向下，经济学人可以在对准备研究的问题几乎是零认知的情况下，通过简单地列出几条分析线路和一些“创新”观点而获得研究资助，但最终给出的往往是拼凑之作。

正是基于这种研究取向的差异，尽管笔者也希望能够获得稍许的资助以利于学术探究的展开，问题是，如何能够让那些从未谋面的人士了解笔者沉思了多年的思维和理论呢？事实上，笔者可以通过面对面的个体间交流而几乎使任何学人理解本书研究的意义，却不能在大众场合让那些深受流行意识支配而又不愿认真听讲的人明白其中的逻辑。过去的经历表明，几乎所有与笔者有过交流的真正学者，即使他本人并不甘于寂寞而从事理论探索，但几乎都会大力赞叹笔者所做的这些思考。例如，有同人就对笔者说：“你有这么多科研成果，为什么不申报课题呢？我们平时没有什么研究，而在课题申报指南下来时才努力设计一个题目来申报。”问题是，自学术学院化、制度化之后，那些真正有创见的探索就很难获得支持，那些评议者的匿名评审只不过是在强化主流和权威的意见，只不过在强化既有的规范和形式，而把它美其名曰“科学方法”，这也正是现代主流经济学研究取向的问题所在。

最后，本书最终得以出版的最大功臣是才国伟教授，他主持岭南学院科研工作后就积极劝说笔者出版这些长期积累的书稿，进而在他的积极张罗下由岭南学院学科建设经费资助出版。同时，也要感谢陆军等新一届院领导对本丛书出版的支持，感谢李义华女士提供的热忱协助，感谢喻苗女士的细心编辑校对。当然，尽管本丛书已经写完多年，但笔者也深知其中依旧存在理论的不成熟性。其主要原因是：（1）任何一个理论必然要受作者的认知和时代的社会条件所限制，此书也不例外；（2）笔者的写作思路过于庞杂，往往同时在撰写几部著作；（3）本丛书经历了不断修改和补充，篇幅越来越长，从而无法对具体语句做经常性的修改、润色。不过，既然本丛书都是自己基于个人知识背景而长期思维的产物，当然也就敝帚自珍。至于理论价值和社会性究竟如何，只能交付广大读者、社会大众以及学界同人评判了。此次出版的目的也是希望引起广大同人的共鸣，通过多角度的思辨以促进理论的深化和发展。希求教于学界贤哲也！

朱富强

2019 年 4 月 1 日